D1727611

Susanne Günthner

Susanne Günthner

Sprache in der kommunikativen Praxis

Herausgegeben von
Marcel Fladrich, Wolfgang Imo, Katharina König,
Jens Philipp Lanwer und Beate Weidner

DE GRUYTER

ISBN 978-3-11-102353-3
e-ISBN (PDF) 978-3-11-102556-8
e-ISBN (EPUB) 978-3-11-102569-8
DOI https://doi.org/10.1515/9783111025568

Library of Congress Control Number: 2023946891

Bibliografische Information der Deutschen Nationalbibliothek
Die Deutsche Nationalbibliothek verzeichnet diese Publikation in der Deutschen Nationalbibliografie; detaillierte bibliografische Daten sind im Internet über http://dnb.dnb.de abrufbar.

© 2024 bei den Autorinnen und Autoren, Zusammenstellung © 2024 Marcel Fladrich, Wolfgang Imo, Katharina König, Jens Philipp Lanwer und Beate Weidner, publiziert von Walter de Gruyter GmbH, Berlin/Boston. Dieses Buch ist als Open-Access-Publikation verfügbar über www.degruyter.com.

Einbandabbildung: Kubkoo / iStock / Getty Images Plus
Druck und Bindung: CPI books GmbH, Leck

www.degruyter.com

Inhalt

Marcel Fladrich, Wolfgang Imo, Katharina König, Jens Philipp Lanwer, Beate Weidner

Susanne Günthner: Sprache und ihr Sitz im Leben

1 Zur Einleitung

Der vorliegende Band versammelt zentrale Arbeiten von Susanne Günthner, die einen Querschnitt ihrer langjährigen Forschung bilden. Bei aller thematischen Vielfalt wird ihre Forschung dadurch geklammert, dass Sprache in ihrem Sitz im Leben, als Werkzeug zwischenmenschlicher Interaktion und als sozial wie kulturell geformte Praxis betrachtet wird. Sprache, so eine der zentralen Annahmen, kann nicht dekontextualisiert beschrieben werden. Vielmehr bedarf es bei der Beschreibung grammatischer Strukturen stets der Reflexion ihrer lebensweltlichen Verankerung sowie ihrer zeitlich-sequenziellen Entfaltung. Ferner ist für Susanne Günthners Arbeiten ein konsequent empirisches Vorgehen grundlegend. ‚Intuitionen‘ bzw. introspektivem ‚Wissen‘ über sprachliche Angemessenheit, Korrektheit oder Grammatikalität begegnete sie stets mit analytischer Vorsicht und widmete sich daher konsequent der Analyse authentischer, nicht experimentell gewonnener Interaktionsdaten, deren vermeintliche ‚Unordnung‘ es zu erschließen galt. Die in natürlichen Gesprächen vorzufindende Variation ist nicht etwa ‚störendes Rauschen‘, sondern muss im Sinne des konversationsanalytischen Diktums *order at all points* auf ihre Methodizität hin hinterfragt werden. So zeigt sich in Susanne Günthners Arbeiten etwa, dass syntaktische Variation von Konnektoren wie *weil* oder *obwohl* keinesfalls Ausdruck von ‚Performanzproblemen‘ ist, sondern als pragmatische Rahmung hochfunktional eingesetzt

Fladrich, Marcel, Universität Hamburg, Von-Melle-Park 6, 20146 Hamburg,
marcel.fladrich@uni-hamburg.de
Imo, Wolfgang, Universität Hamburg, Von-Melle-Park 6, 20146 Hamburg,
wolfgang.imo@uni-hamburg.de
König, Katharina, Universität Münster, Schlossplatz 34, 48143 Münster,
katharina.koenig@wwu.de
Lanwer, Jens P., Universität Münster, Schlossplatz 34, 48143 Münster, jp.lanwer@wwu.de
Weidner, Beate, Universität Duisburg-Essen, Universitätsstraße 2, 45141 Essen,
beate.weidner@uni-due.de

https://doi.org/10.1515/9783111025568-001

wird. Außerdem legen ihre Untersuchungen immer wieder offen, dass grammatische Konstruktionen reflexiv auf ihren Handlungskontext rückbezogen sind: Sie bringen kommunikative Gattungen hervor; zugleich machen kommunikative Gattungen bestimmte grammatische Konstruktionen erwartbar und verstehbar. Gerade im interkulturellen Austausch konnte Susanne Günthner aufzeigen, dass sedimentierte Muster den SprecherInnen als Orientierungsfolie dienen und Divergenzen im Rekurs auf diese beschreib- und bearbeitbar werden. Sie hat sich in ihren Publikationen daher wiederholt und mit Nachdruck dafür ausgesprochen, die Herstellung sozialer Ordnung im sprachlichen Handeln stets im lebensweltlichen Vollzug zu erfassen und zu analysieren.

Konkret umspannen ihre empirischen Arbeiten Forschungsfelder aus den Bereichen der Konversationsanalyse bzw. Gesprächsforschung, der Interaktionalen Linguistik, der Anthropologischen Linguistik, der Analyse kommunikativer Gattungen, der linguistischen Genderforschung, der Analyse der Grammatik gesprochener Sprache und der Konstruktionsgrammatik, der Kommunikation in den Neuen Medien, der interkulturellen Kommunikation, der kontrastiven Linguistik und interkulturellen Aspekten des Deutsch-als-Fremdsprache-Unterrichts.

2 Stationen

Die Genese dieser Forschungsfelder ist eng mit dem wissenschaftlichen Werdegang von Susanne Günthner verzahnt: Von 1976 bis 1983 studierte sie Germanistik, Anglistik, Romanistik und Soziologie an der Universität Konstanz sowie am St. Olaf College, Northfield (USA). Nach dem Studium wurde sie DAAD-Lektorin zunächst von 1983 bis 1986 an der Jiao Tong Universität Shanghai und am Fremdspracheninstitut Guangzhou und im Jahr 1988 nochmals an der Tongji Universität Shanghai. Diese Aufenthalte legten den Grundstein für die enge Verbindung mit China, die sich in zahlreichen weiteren Forschungs- und Lehraufenthalten vor allem an der Tongji Universität Shanghai und der Xi'an International Studies University, aber auch, basierend auf dem Interesse an Deutsch als Fremdsprache, an Universitäten in anderen Ländern wie Vietnam, Litauen, Usbekistan, Taiwan oder Thailand, sowie in ihren sprach- und kulturkontrastiven Studien als fruchtbar erwies. Im Jahr 2011 wurde ihr für ihr Engagement bei der Sprach- und Kulturvermittlung von der Xi'an International Studies University eine Ehrenprofessur verliehen. Im Bereich der Forschung zu Sprache und Interkulturalität sind als Arbeiten in diesem Bereich u.a. solche zu interkultureller Kommunikation und Fremdsprachenunterricht (157), zu interkulturellen Aspekten von Schreibstilen

(156), zum kulturell unterschiedlichen Gebrauch von Sprichwörtern (159, 160, 173), zu interkulturell begründeten Kommunikationsproblemen (161, 169), zu kommunikativen Gattungen im Kulturvergleich (176, 177, 179), zum *doing culture* (185, 186), zur Wissenschaftskommunikation (zus. mit Zhu 187) oder zu Anredeformen und Verwandtschaftsbezeichnungen (zus. mit Zhu 189 sowie 192, 194, 195, 197, 198, 199) entstanden.

Den Lektoratsaufenthalten folgten Studien- und Forschungsaufenthalte an der University of California, Berkeley, an den Departments of Anthropology und Linguistics. Von 1990 bis 1991 vertrat sie dann eine Assistentenstelle bei dem Soziologen Prof. Dr. Thomas Luckmann (Universität Konstanz) – auch dies eine Verbindung, die zu einer langen wissenschaftlichen Kooperation und nicht zuletzt zum Entstehen der nicht nur für die Linguistik so einflussreich gewordenen Analyse der kommunikativen Gattungen (mehr zu den Arbeiten zur Gattungsanalyse gemeinsam mit Thomas Luckmann s.u.), geführt hat (vgl. ihren Beitrag zu dem nach dem Tod Luckmanns herausgegebenen Sammelband *Lebenswelttheorie und Gesellschaftsanalyse. Studien zum Werk von Thomas Luckmann* (2018) mit dem Titel *Thomas Luckmanns Einfluss auf die Sprachwissenschaft – Kommunikative Gattungen im Alltagsgebrauch am Beispiel onkologischer Aufklärungsgespräche* (127)).

Ihre im Jahr 1991 abgeschlossene und mit dem *Preis der Stadt Konstanz zur Förderung des wissenschaftlichen Nachwuchses* ausgezeichnete Promotion in der Sprachwissenschaft zum Thema „Chines/innen und Deutsche im Gespräch: Aspekte der interkulturellen Kommunikation" (erschienen als *Diskursstrategien in der Interkulturellen Kommunikation. Analysen deutsch-chinesischer Gespräche* (1) bei Niemeyer) griff Fragen der interkulturellen Begegnung zwischen deutschen und chinesischen Interagierenden auf und verband Linguistik und Soziologie mit einem sprach- und kulturkontrastiven Ansatz. Die Dissertation – sowohl in Bezug auf ihren methodologischen als auch theoretischen Hintergrund – war einerseits geprägt von der engen Kooperation in Konstanz zwischen der Soziolinguistik und der Soziologie (v.a. Jörg Bergmann und Thomas Luckmann) und der damit verbundenen Ausrichtung an der *Phänomenologie* und *Conversation Analysis* und andererseits von den Arbeiten von John Gumperz, der die *Interaktionale Soziolinguistik* entwickelte, die an der Schnittstelle von Linguistik, Anthropologie und Soziologie angesiedelt war und schwerpunktmäßig die kulturelle Kontextualisierung von Bedeutung in zwischenmenschlicher Interaktion aufgriff.

Von 1992 bis 1994 war sie im Anschluss an die Promotion als wissenschaftliche Mitarbeiterin in dem von Prof. Dr. Jörg Bergmann und Prof. Dr. Thomas Luckmann geleiteten DFG-Projekt *Formen der kommunikativen Konstruktion von*

Moral. Gattungsfamilien der moralischen Kommunikation in informellen, instituti-onellen und massenmedialen Kontexten an der Universität Konstanz im Fachbe-reich Soziologie angestellt. Aus Forschungsfragen zur moralischen Kommunika-tion ging eine Reihe von einflussreichen Arbeiten zum Ansatz der Analyse kommunikativer Gattungen hervor (zus. mit Knoblauch 82 sowie 84, 88 und 92), viele davon zusammen mit dem Soziologen Hubert Knoblauch, mit dem sie eben-falls langjährig wissenschaftlich verbunden war – die Persistenz der Konstanz-Verbindungen (insbesondere zu Thomas Luckmann, John Gumperz und Aldo di Luzio) zeigt sich exemplarisch in ihrem Beitrag zur Festschrift für Hubert Knob-lauch zum 60. Geburtstag mit dem Titel *Konschdanz* (131).

Eine weitere enge Konstanz-Verbindung, die an dieser Stelle erwähnt werden muss, besteht zu Helga Kotthoff, die nach ihrer Promotion in Konstanz von 1988 bis 1991 DAAD-Lektorin in Tiflis (Georgien) war. Das geteilte Interesse am Sprach- und Kulturvergleich führte zur gemeinsamen Herausgabe von zwei Themenhef-ten der Zeitschrift *Beiträge zur Fremdsprachenvermittlung* aus dem Konstanzer Sprachlehrinstitut (3 und 4) sowie Beiträgen in von Helga Kotthoff herausgege-benen Bänden zu interkultureller Kommunikation (178, zus. mit Luckmann 174). Ein weiteres Thema, das Susanne Günthner ihren gesamten wissenschaftlichen Werdegang über beschäftigte (u.a. 143, 144, 145, 146, 147, 148, 149, 150, 154), war die Genderlinguistik, und auch hier wurden die Grundsteine u.a. in der Koopera-tion mit Helga Kotthoff in Form von zwei Herausgaben (*Von fremden Stimmen. Weibliches und männliches Sprechen im Kulturvergleich* (5) und *Die Geschlechter im Gespräch. Kommunikation in Institutionen* (6)) gelegt.

In Zusammenhang mit der engen Kooperation mit Thomas Luckmann, Jörg Bergmann und Hubert Knoblauch und der Anwendung des Ansatzes der kommu-nikativen Gattungen im Bereich der Sprachwissenschaft entstanden aus dem be-reits erwähnten Moralprojekt heraus Arbeiten zum Themenfeld von Moral und Sprache, wie zum Frotzeln (dem halb scherzhaften, halb ernsthaften Necken) (87, 97), zu Entrüstung und Affekt (85, zus. mit Christmann 89, 90, 100), zu Beschwer-deerzählungen (99), zu moralischen Aspekten von Geheimnissen (zus. mit Luck-mann 95; zus. mit Keppler/Luckmann 101), zu Wissensasymmetrien in der inter-kulturellen Kommunikation (zus. mit Luckmann 172) und nicht zuletzt zu Vorwürfen (93, 98). Letzteres wurde auch Thema ihrer im Jahr 1998 an der Philo-sophischen Fakultät der Universität Konstanz abgeschlossenen Habilitation mit dem Titel *Vorwurfsaktivitäten in der Alltagsinteraktion. Grammatische, prosodi-sche, rhetorisch-stilistische und interaktive Verfahren bei der Konstitution kommu-nikativer Muster und Gattungen* (2) (veröffentlicht 2000 bei Niemeyer).

In dem Titel manifestiert sich der zuvor vollzogene Wechsel von der Soziologie wieder zurück in die Sprachwissenschaft, wenn auch soziologische Fragestellungen weiterhin stets eine zentrale Rolle in Susanne Günthners Arbeit spielten: Von 1995 bis 2000 war sie als wissenschaftliche Assistentin in der Fachgruppe Sprachwissenschaft an der Universität Konstanz bei Prof. Dr. Elizabeth Couper-Kuhlen beschäftigt. 1996 bis 2001 leitete sie zusammen mit Elizabeth Couper-Kuhlen, Thomas Luckmann, Hubert Knoblauch und Helga Kotthoff den Projektbereich *Anthropologische Funktionen nicht-schriftlicher kommunikativer Formen und Gattungen: Thematisierung des Menschlichen, sekundäre Ästhetisierung und Fiktionalisierung* des SFB 511 *Literatur und Anthropologie* an der Universität Konstanz. Ferner leitete sie zusammen mit Elizabeth Couper-Kuhlen das Projekt *Adverbiale Satzverknüpfungskonstruktionen: Variation und Entwicklung im englischen und deutschen Lexikon* (1997–2002) im Rahmen des SFB 471 *Variation und Entwicklung im Lexikon*, ebenfalls an der Universität Konstanz und von 2001 bis 2002 ebenfalls zusammen mit Elizabeth Couper-Kuhlen das Projekt *Praktiken der mündlichen Kommunikation: Zur Wechselwirkung zwischen Sprach- und Interaktionsstrukturen* innerhalb des bereits erwähnten SFB 511 *Literatur und Anthropologie* (die Verbindung von Linguistik, Soziologie und Anthrophologie war Susanne Günthner ein wichtiges Anliegen – eine gute Einführung hierzu findet sich in ihrem Kapitel Sprache und Kultur (185) in Auers 2003 erschienener Einführung in die Sprachwissenschaft). Zusätzlich war sie von 2000 bis 2001 Heisenberg-Stipendiatin, und in diesem Rahmen verbrachte sie einen Aufenthalt als *visiting scholar* in Berkeley in den Abteilungen für Linguistik und Anthropologie.

Dieser Wechsel von der Soziologie in die Linguistik ist allerdings eher eine Verschiebung institutioneller Zuordnungen als ein Wechsel der Forschungsinteressen gewesen – wie bereits erwähnt, sind in Susanne Günthners Arbeiten (interaktions)soziologische und (interaktions)linguistische Ansätze stets miteinander verzahnt. So entstand bereits 1993 eine einflussreiche Arbeit zur Verwendung des Konjunktors *weil* mit Verbzweitstellung (19), gefolgt von einer Reihe von Untersuchungen zum Gebrauch von Konnektoren und Diskursmarkern (1994, 20, 22, 23, 25, 26, 28, 29, zus. mit Gohl 24), die stets die rekonstruierten sprachlichen Gebrauchsmuster im Spiegel der sozialen Gebrauchskontexte, d.h. in ihrer lebensweltlichen Einbettung, betrachten.

Zum Wintersemester 2001 erhielt Susanne Günthner schließlich einen Ruf auf den Lehrstuhl für Deutsche Philologie (Sprachwissenschaft) an die Universität Münster, an der sie bis zu ihrer Emeritierung forschte und lehrte. Hier richtete sie das *Centrum für Sprache und Interaktion (CeSI)* ein, in dessen Rahmen sie das *Forschungslabor Gesprochene Sprache* betrieb, mit dem Studierende – im Zuge einer forschungsbezogenen Lehre – in der Erhebung und Transkription gesprochener

Sprache geschult wurden. Hierfür baute Susanne Günthner von Beginn an systematisch webbasierte Datenbanken zu authentischer Alltagskommunikation auf. Die *linguistische Audio-Datenbank (lAuDa)* stellt das Herzstück dieser auf eine forschungsorientierte, empirisch fundierte Lehre ausgerichteten Korpusarbeit dar. Die *lAuDa* umfasst Aufnahmen sowie GAT-Transkriptionen privater und institutioneller Interaktionen und bietet insbesondere für Studierende zahlreiche Recherchefunktionen. Durch die Konzeption einer Online-Datenbank mit dyadischer SMS-Kommunikation (später erweitert um eine SMS-Datenbank für die Auslandsgermanistik) schuf Susanne Günthner eine bis dahin einzigartige Korpusressource für die Untersuchung dialogischer Kurznachrichten-Interaktionen und entwickelte so grundlegende methodische Standards, die richtungsweisend für die Architektur weiterer Datenbanken in dem Forschungsfeld waren. Über die *Plattform Gesprochenes Deutsch* (Ko-Leitung Beate Weidner; gefördert durch das Ministerium für Innovation, Wissenschaft und Forschung des Landes Nordrhein-Westfalen) sowie das DAAD-Projekt *Gesprochenes Deutsch für die Auslandsgermanistik* wurden gezielt Alltagsinteraktionen erhoben und für den Einsatz als authentisches Lehr- und Lernmaterial im Deutsch-als-Fremdsprache-Unterricht aufbereitet. Als weitere digitale Ressourcen gab sie zwei Online-Arbeitspapierreihen heraus, mit denen aktuelle Forschungsergebnisse (*Arbeitspapiere Sprache und Interaktion*, SpIn) und studentische Abschlussarbeiten (*Studentische Arbeitspapiere Sprache und Interaktion,* studSpIn) am CeSI dokumentiert wurden. Zudem war sie Mitglied der Gruppe von WissenschaftlerInnen, die das Gesprächsanalytische Transkriptionssystem GAT bzw. die überarbeitete Nachfolgeversion GAT 2 (zus. mit Selting et al. 94, zus. mit Selting et al. 119) entwickelten. Im Jahr 2002 begründete sie zusammen mit Klaus Konerding, Andreas Liebert und Thorsten Roelke die Buchreihe *Linguistik: Impulse und Tendenzen* bei De Gruyter, die sich zu einem einflussreichem Publikationsort für die Sprachwissenschaft entwickelte.

Von 2004 bis 2009 war sie Mitglied in dem DFG-Netzwerk zur Förderung des wissenschaftlichen Nachwuchses *Construction Grammar,* was zu zahlreichen Publikationen im Bereich der neu entstehenden interaktionalen Ausrichtung der Konstruktionsgrammatik führte (zus. mit Auer 35 sowie 46, 47, 49, 55, 56). Von 2006 bis 2008 leitete sie außerdem das von der DFG geförderte Projekt *Grammatik in der Interaktion: Zur Realisierung fragmentarischer und komplexer Konstruktionen im gesprochenen Deutsch*, in dem grammatische Strukturen in der kommunikativen Praxis analysiert wurden, um die konzeptionelle Verknüpfung zwischen der Konstruktionsgrammatik und einer interaktional ausgerichteten Sprachbeschreibung mit ihrem Fokus auf Prozesshaftigkeit und Dialogizität weiter auszubauen. Aus diesem Projekt sind sowohl Sammelbände zu *Konstruktionen in der*

Interaktion (zus. mit Imo 9) und *Grammatik im Gespräch* (zus. mit Bücker 11) als auch verschiedene Forschungsarbeiten zu verschiedenen Konstruktionstypen (etwa „dichten Konstruktionen" (40, 58), *wo*-Konstruktionen (30, 41), Projektor-konstruktionen (42, 44)) sowie zur Verzahnung von Konstruktionen und kommunikativen Gattungen (39, 52) hervorgegangen.

Ein weiteres DFG-Projekt, das sich mit grammatischen Strukturen gesprochener Sprache befasste, war das Projekt *Grammatik und Dialogizität: Retraktive und projektive Konstruktionen im interaktionalen Gebrauch* (Laufzeit 2010 bis 2013). Im Fokus stand die systematische Beschreibung von zeitlich zurückweisenden und zeitlich vorwärtsgewandten Konstruktionen, um auf dieser Basis eine systematische Beschreibung der Grammatik gesprochener Sprache liefern zu können. Die Projektergebnisse umfassten unter anderem einen mit Arnulf Deppermann zusammen herausgegebenen Sammelband zu *Temporality in Interaction* (15) sowie weitere Arbeiten zur interaktionalen Fundierung der Konstruktionsgrammatik (Günthner zus. mit Imo und Bücker 14 und zus. mit Bücker und Imo 16), zu auf den Strukturen der Zeitlichkeit aufbauenden grammatischen Strukturen wie *und zwar* (59, 68), zu ,geteilter Syntax' und Ko-Konstruktionen (66, 71) sowie zu Diskursmarkern (61, 63, 69, 77).

Wie bereits angesprochen, spielten immer auch die Bezüge zu China in ihrer Forschung eine wichtige Rolle. So warb sie zunächst im Rahmen des projektbezogenen Personenaustauschs des DAAD und des *China Scholarship Council* ein Forschungsprojekt mit der Xi'an International Studies University ein, das die kontrastive Analyse von interaktionalen Textgattungen in den Neuen Medien zum Gegenstand hatte. Der Fokus auf die Analyse von computervermittelter Kommunikation (genauer: SMS- und Messengerkommunikation) eröffnete das neue Feld der Analyse interaktionalen Schreibens und führte zu grundlegenden Arbeiten zur Dialogizität von SMS-Nachrichten (220) und zur interaktiven Organisation von SMS-Dialogen (221) am Beispiel des Deutschen einerseits und andererseits zu zahlreichen sprach- und kulturkontrastiven Arbeiten zum Deutschen und Chinesischen (222, 223, 224). Die Projektarbeit lieferte die Grundlage für eine von 2017 bis 2022 vom DAAD geförderte Germanistische Institutspartnerschaft, die neben der Ausbildung künftiger DaF-Lehrkräfte in den Bereichen Linguistik und Rhetorik auch ein standortübergreifendes kontrastives Forschungsprojekt zu kommunikativen Praktiken im Kontext chinesischer und deutscher Hochschulen umfasste (194). Insbesondere die Ausbildung chinesischer NachwuchswissenschaftlerInnen, die ihrerseits als MultiplikatorInnen für die empiriebasierte Sprachbeschreibung und interaktionale Ansätze in der DaF-Forschung fungieren, war Susanne Günthner in der langjährigen Kooperation ein Anliegen. Ihr Engagement für den interkulturellen Austausch zeigte sich auch in ihrer langjährigen Mitgliedschaft im Beirat des DAAD (seit 2005) und zwischen 2012 und 2018 als Ko-Sprecherin des DAAD-Beirats *Germanistik*.

Neben den oben genannten Arbeiten an der Schnittstelle von interaktionaler Syntax und Konstruktionsgrammatik forschte Susanne Günthner immer auch weiter zu Fragestellungen der Konversationsanalyse/Interaktionalen Linguistik und Anthropologischen Linguistik und nahm dabei etwa Formen und Funktionen komplexer kommunikativer Muster bzw. Gattungen in den Blick. So entstanden Arbeiten zur Stilisierung und Polyphonie bei Redewiedergaben (93, 96, 104, 108, 113, 116), zu rhetorischen Verfahren bei der Vermittlung von Panikattacken (110) oder Anredeformen (126, 129), zur Analyse mündlicher Alltagserzählungen (109, 123) und Beschwerdegeschichten (112), um nur einige Forschungsfelder zu benennen, die zu einer konzeptionellen Fundierung der Anthropologischen Linguistik (107, zus. mit Linke 111 sowie 120) beitrugen.

Durch Forschung zu medizinischer Kommunikation in der Onkologie bzw. Palliativmedizin (in Kooperation mit Wolfgang Imo) kamen schließlich in den letzten Jahren auch Fragen der Übermittlung schlechter Nachrichten in onkologischen Aufklärungsgesprächen (130), die Analyse dieser Gespräche unter der Gattungsperspektive (127) oder die Rolle namentlicher Anreden in der medizinischen Kommunikation (136) hinzu. Über die interaktionale Onomastik erschloss sich Susanne Günthner gegen Ende ihrer universitären Laufbahn schließlich das Forschungsfeld der Personenreferenz.

Mit dem Stichwort der Personenreferenz ist dann auch die zukünftige Station des wissenschaftlichen Werdegangs von Susanne Günthner genannt: Ende 2022 wurde eine DFG-Forschungsgruppe zum Thema *Praktiken der Personenreferenz: Personal-, Indefinit- und Demonstrativpronomen im Gebrauch* bewilligt, an der sie zusammen mit Wolfgang Imo mit dem Projekt *Praktiken der Personenreferenz: Der Gebrauch von Pronomina in onkologischen Aufklärungsgesprächen* beteiligt ist. Erste Arbeiten aus dem Projektkontext sind bereits publiziert, so etwa eine Untersuchung zum Gebrauch von *wir* in onkologischen Aufklärungsgesprächen (135). Das Projekt läuft bis 2026, sodass Forschungsergebnisse über den Publikationszeitpunkt des vorliegenden Bandes hinaus entstehen, der zur Emeritierung von Susanne Günthner zum Ende des Wintersemesters 2023/2024 erscheint. So sehr wir Susanne Günthner den wohlverdienten Ruhestand in – nicht überraschend – Konstanz gönnen, freuen wir uns alle, die wir mit ihr zusammenarbeiten durften, dass sie uns im Rahmen dieses Projekts noch weiter wissenschaftlich ‚erhalten' bleibt, und bedanken uns an dieser Stelle für hochkompetente, motivierende und im positivsten Sinne kritische, die Interaktionale Linguistik voranbringende Betreuungen von Dissertationen und Forschungsprojekten und für eine entspannte, familiäre, lockere und immer auch fröhliche Arbeitsatmosphäre an ihrem Lehrstuhl!

3 Die Aufsätze in diesem Band

Angesichts der facettenreichen Forschungsinteressen und der zahlreichen Publikationen von Susanne Günthner erschien es uns als überaus sinnvoll, zu ihrer Emeritierung eine Sammelpublikation herauszugeben, die einen möglichst umfassenden und konzisen Überblick ihres wissenschaftlichen Oeuvres liefert. Bei der Auswahl der Schriften war es uns außerdem ein Anliegen, bislang ausschließlich in gedruckter Version vorliegende Aufsätze in einem *open access*-Format zugänglich zu machen. Die Aufgabe, zu diesem Zweck eine exemplarische Auswahl ihrer wichtigsten Aufsätze zu den verschiedensten Themengebieten vorzunehmen, war keine leichte. Wir haben dabei versucht, ihre zentralen Arbeitsfelder, wie sie im Rahmen der Skizzierung des wissenschaftlichen Werdegangs dargestellt wurden, abzubilden, die versammelten Arbeiten wurden jedoch nicht nach Themen, sondern chronologisch geordnet, da eine inhaltliche Gliederung aufgrund der zahlreichen Überlappungen der verschiedenen Gebiete ebenso unmöglich wie sinnlos gewesen wäre. Im Folgenden ordnen wir die ausgewählten Arbeiten kurz in ihren jeweiligen Forschungshorizont ein.

Den Auftakt bildet der 1993 in den Linguistischen Berichten erschienene Aufsatz ‚... **weil - man kann es ja wissenschaftlich untersuchen' – Diskurspragmatische Aspekte der Wortstellung in WEIL-Sätzen** (19). Der Beitrag kann insofern als exemplarisch angesehen werden, als er eine ganze Reihe von Untersuchungen zu syntaktisch nicht oder nur schwach integrierten Konnektoren im gesprochenen Deutsch angestoßen hat und zugleich entscheidend zur Etablierung des Konzepts des Diskursmarkers in der germanistischen Linguistik beigetragen hat. Bis in die Duden-Grammatik haben es Belege aus den Arbeiten von Susanne Günthner gebracht, die neben *weil* u.a. auch *obwohl* (23) und *wobei* (28) analysierte und darauf aufbauend zahlreiche weitere grundlegende konzeptuelle Arbeiten zur Entwicklung des Diskursmarkerbegriffs vorlegte (32, 43, zus. mit Hopper 50). Die Untersuchung spiegelt zudem auch die Entwicklung der Linguistik wider: Noch in den 90er-Jahren wurde das Phänomen der Diskursmarker bzw. syntaktisch desintegrierten Konnektoren in Grammatiken des Deutschen weitgehend ignoriert. Grammatischen Strukturen gesprochener Sprache als Gegenstand sui generis wurde kein analytischer Mehrwert beigemessen; sie galten vielmehr als ‚Performanzphänomene', die keiner eigenen Beschreibung bedurften. Nicht zuletzt durch die Arbeiten Susanne Günthners sind syntaktisch peripher positionierte Konnektoren in ihrer interaktionalen Funktion inzwischen breit untersucht worden. Die Erkenntnisse können auch DaF-Lernenden zugänglich gemacht werden (208, 214), die sich nicht selten wundern, weshalb Deutschsprechenden so oft der ‚Fehler' unterläuft, nach einer subordinierenden Konjunktion eine Hauptsatzstruktur folgen zu lassen.

Der 1995 in der Zeitschrift Deutsche Sprache erschienene Aufsatz *Gattungen in der sozialen Praxis – Die Analyse 'kommunikativer Gattungen' als Textsorten mündlicher Kommunikation.* (84) steht stellvertretend für die Arbeiten, in denen Susanne Günthner das Konzept der kommunikativen Gattungen für sprachwissenschaftliche Fragestellungen erschließt. Den Anstoß dafür lieferte Luckmann, der Gattungen als verfestigte Großmuster sozialer Interaktion betrachtete, die einen beträchtlichen Teil des kommunikativen Haushalts regeln, indem sie den Interaktionspartnern mehr oder weniger verbindliches und routiniertes Wissen über sprachliche Ablaufmuster liefern, beispielsweise darüber, wie ein Prüfungsgespräch, ein Arztgespräch, ein Klatschgespräch etc. abläuft. Der Beitrag von Susanne Günthner und Hubert Knoblauch bestand darin, den genuin interaktionalen Anteil von Gattungen herauszustellen und dieses Konzept zu einem für die Linguistik praktikablen Analysemodell auszubauen.

In dem 1997 von Barbara Sandig und Margret Selting herausgegebenen Sammelband *Sprech- und Gesprächsstile* ist der Aufsatz **Stilisierungsverfahren in der Redewiedergabe – Die ‚Überlagerung von Stimmen' als Mittel der moralischen Verurteilung in Vorwurfsrekonstruktionen** (93) erschienen. Er umfasst gleich drei Forschungsbereiche von Susanne Günthner: Die Beschreibung von Redewiedergabeverfahren in gesprochener Sprache, ihre Relevanz in der Moral- und Vorwurfskommunikation sowie die Analyse prosodischer Ressourcen für die Stilisierung der wiedergegebenen SprecherInnen. Ferner greift das von ihr in die Analyse eingebrachte Konzept der Überlagerung von Stimmen auf die Bachtin'sche Idee der Polyphonie zurück und etabliert damit einen kulturreflexiven Zugang zur Linguistik. Neben der konkreten linguistisch-prosodischen Analyse liefert der Beitrag so eine kulturanalytische Fundierung der Interaktionalen Linguistik.

Eine ganz ähnliche theoretische Orientierung weist das 2003 in dem von Angelika Linke, Hanspeter Ortner und Paul Portmann herausgegebenen Sammelband *Sprache und mehr. Ansichten einer Linguistik der sprachlichen Praxis* erschienene Plädoyer für *Eine Sprachwissenschaft der ‚lebendigen Rede',* in der *Ansätze einer anthropologischen Linguistik* begründet werden (107). Hier zeigt Susanne Günthner, wie der Anspruch einer soziologisch und linguistisch informierten Analyse, Sprache in ihrem Sitz im Leben zu erfassen, konzeptionell umgesetzt werden kann. Der Aufsatz formuliert programmatisch grundlegende Annahmen aus, die der Analyseperspektive in ihren Arbeiten unterliegen.

Gleich zwei Forschungsfelder, die von Susanne Günthner systematisch und umfangreich bearbeitet wurden, deckt der 2006 in der Zeitschrift *Deutsche Sprache* erschienene Artikel ***Von Konstruktionen zu kommunikativen Gattungen: Die Relevanz sedimentierter Muster für die Ausführung kommunikativer Aufgaben*** (39) ab: Einerseits setzt er die schon früh begonnene Arbeit an dem Konzept der kommunikativen Gattungen fort, andererseits greift er das Interesse an Konstruktionen im Sinne der *Construction Grammar* auf, welches vor allem im Kontext der beiden DFG-Projekte zwischen 2006 und 2013 aufgekommen ist: Der Beitrag zeigt, dass sprachliche Konstruktionen und kommunikative Gattungen nicht nur viele Gemeinsamkeiten aufweisen, indem beide als komplexe Zeichen gedeutet werden müssen, sondern dass auch auf einer ganz konkreten Ebene Konstruktionen und Gattungen einander wechselseitig bedürfen – z.B. indem bestimmte Ellipsentypen zur Charakterisierung von Höhepunkten von Erzählungen eingesetzt werden können, umgekehrt aber erkennbar sein muss, dass gerade eine Erzählung im Gange ist, damit diese Ellipsen in dieser Funktion interpretiert werden können.

Mit dem 2006 in dem von Doerte Bischoff und Martina Wagner-Egelhaaf herausgegebenen Sammelband Mitsprache, Rederecht, Stimmgewalt: Genderkritische Strategien und Transformationen der Rhetorik erschienen Aufsatz **Doing vs. Undoing Gender? Zur Konstruktion von Gender in der kommunikativen Praxis** (150) wird exemplarisch das Forschungsfeld der Genderlinguistik repräsentiert. Auch auf diesem Gebiet scheint die lebenswelttheoretische Grundierung ihrer linguistischen Arbeit durch: Susanne Günthner nimmt in dieser wie in anderen genderlinguistischen Untersuchungen den emergenten, prozessualen und interaktionalen Charakter von Gender ernst, der auf dem für die Konversationsanalyse typischen *doing*-Konzept, der Idee des verbalen, kollaborativen Hervorbringens von sozialen Kategorisierungen, fußt. Der Ansatz positioniert sich damit gegen Annahmen einer vermeintlichen Omnirelevanz von Geschlechterdifferenzen in der sozialen Interaktion und fordert vielmehr eine empirische Analyse der Relevanzsetzung und Verhandlung von Identitätskategorien im gemeinsamen sprachlichen Handeln ein.

Erneut Bezug auf die DFG-Projekte *Grammatik in der Interaktion* und *Grammatik und Dialogizität* nimmt der 2011 in dem von Peter Auer (einem weiteren langjährigen Wegbegleiter aus Konstanzer Zeiten) und Stefan Pfänder herausgegebenen Sammelband *Constructions: Emerging and Emergent* erschienene Aufsatz *Between emergence and sedimentation: Projecting constructions in German interactions* (56). Hier steht das Interesse an der fundamental auf der sich zeitlich entwickelnden Struktur aufbauenden gesprochenen Sprache und dem Einfluss dieser zeitlichen Prozessualität für die Entwicklung grammatischer Konstruktionen im Mittelpunkt. Dabei eignen sich vor allem die Ränder von Äußerungen – der Anfang und das Ende von Sätzen oder besser *turn constructional units* –, um den Effekt der Zeitlichkeit in den Blick zu nehmen. In dem vorliegenden Aufsatz fokussiert Susanne Günthner auf den aus konkreten Situationen emergierenden Anfang von Äußerungseinheiten, indem Sperrsätze (*pseudocleft sentences*) wie *Was ich sagen will, ist*, Extrapositionen wie *Es ist so, dass*, und formelhafte Konstruktionen wie *Die Sache ist die, dass* in ihrer projizierenden Funktion analysiert werden, anhand derer zugleich auf sedimentierte sprachliche Wissensvorräte geschlossen werden kann.

Auch im Vor-Vorfeld positionierte Diskursmarker wie *nur* und *guck mal*, die in dem 2015 erschienenen Aufsatz *Diskursmarker in der Interaktion – zum Einbezug alltagssprachlicher Phänomene in den DaF-Unterricht* (214) im von Wolfgang Imo und Sandro M. Moraldo herausgegebenen Sammelband *Interaktionale Sprache und ihre Didaktisierung im DaF-Unterricht* behandelt werden, gehören zu den äußerungs- und handlungsprojizierenden sprachlichen Konstruktionen. Sie sind hoch frequent und somit zentraler Bestandteil der Grammatik gesprochener Sprache. Der Aufsatz wurde ausgewählt, weil hier mit der Frage der Didaktisierung der Forschungsergebnisse zu den Strukturen gesprochener Sprache ein weiterer zentraler Interessenbereich von Susanne Günthner aufgegriffen wird. Diskursmarker sind so weit verbreitet im alltäglichen, informellen Sprachgebrauch – nicht nur in der gesprochenen Sprache, sondern auch in der computervermittelten Kommunikation – dass DaF-Lernende unmittelbar mit ihnen konfrontiert werden, wenn sie in den kommunikativen Alltag eintauchen. Für Lehrende eines kommunikativ ausgerichteten Fremdspracheunterrichts besteht daher die Notwendigkeit, diese interaktional hochfunktionalen Strukturen zu kennen, erklären und vermitteln zu können.

Den Interessenschwerpunkt Sprache und Kultur repräsentiert der 2017 in der Zeitschrift für Angewandte Linguistik erschienene Aufsatz *Die kommunikative Konstruktion von Kultur: Chinesische und deutsche Anredepraktiken im Gebrauch* (194). Die langjährigen engen Verbindungen mit China und das Interesse am Sprach- und Kulturvergleich des Deutschen mit dem Chinesischen kommen hier zum Ausdruck. Besonders in der Zeit ab 2017, als die germanistische Institutspartnerschaft mit der Xi'an International Studies University (XISU) begann, entstanden zahlreiche Arbeiten zu Anredepraktiken in der computervermittelten Kommunikation, meist gemeinsam mit dem Kooperationspartner an der XISU,

Qian Zhu. Der ausgewählte Beitrag stammt aus eben dieser Zeit und widmet sich einer kultur- und sprachkontrastiven Analyse des situativen Gebrauchs von Verwandtschaftstermini in chinesischen und deutschen SMS-Dialogen und somit einer schriftbasierten Form von *Sprache-in-Interaktion*, mit der sich Susanne Günthner über lange Jahre befasst hat. Soziale Beziehungen und kulturelle Vorstellungen von *kinship*-Relationen werden im Vollzug der schriftbasierten Interaktionen hervorgebracht und können so einer empirisch basierten kontrastiven Betrachtung zugeführt werden, die kulturell-sedimentierte Wissensvorräte zu sozialer Interaktion zum Gegenstand hat.

Auch der Aufsatz **,Kultur-in-kommunikativen-Praktiken': Kommunikative Praktiken zur Übermittlung schlechter Nachrichten in onkologischen Aufklärungsgesprächen** (130), der 2019 in dem von Juliane Schröter, Susanne Tienken, Yvonne Ilg, Joachim Scharloth und Noah Bubenhofer herausgegebenen Sammelband *Linguistische Kulturanalyse* erschienen ist, fokussiert auf die Rolle von Sprache als Träger von Kultur und greift dabei auf Daten der medizinischen Kommunikation zurück. Zahlreiche Forschungsfelder von Susanne Günthner laufen in diesem Beitrag zusammen: Das Interesse an verfestigten Routinen (Praktiken, Konstruktionen, Gattungen), die Rolle von Sprache als konstitutives Mittel sozialer Interaktion und der soziologische bzw. konversationsanalytische Blick auf kollaboratives, kulturgeprägtes Handeln. Die Analysen zeigen, dass und wie in den onkologischen Aufklärungsgesprächen kulturelle Vorstellungen von emotionaler Belastung und Belastbarkeit ebenso verhandelt werden wie kulturell sedimentierte Vorstellungen der Aufgaben von medizinischen Institutionen und den mit ihnen verknüpften Beteiligungsrollen.

Bei dem letzten in diesem Band veröffentlichte Aufsatz handelt es sich nicht um eine Wiederveröffentlichung, sondern eine neu erschienene Arbeit. Sie spiegelt die Forschungsinteressen von Susanne Günthner im Rahmen der Ende 2022 eingerichteten, von der DFG geförderten Forschungsgruppe *Praktiken der Personenreferenz* (Projektnr. 457855466) wider, an der sie mit einem Teilprojekt zum Thema *Praktiken der Personenreferenz: Der Gebrauch von Pronomina in onkologischen Aufklärungsgesprächen* (zus. mit Wolfgang Imo) beteiligt ist. In dem Aufsatz mit dem Titel **„mit ner beSTRAHlung (.) wirken sie lokal auf eIne stelle" – zum Gebrauch des generischen Sie in medizinischen Interaktionen"** wird gezeigt, dass nicht nur – wie länger bekannt und erforscht – das adressierende Pronomen *du* generisch verwendet werden kann, sondern in bestimmten Kontexten auch die Distanzform (oder Höflichkeitsform) *Sie*. In den analysierten Daten, onkologischen Aufklärungsgesprächen, setzen Ärztinnen und Ärzte das *Sie* in unterschiedlich stark generalisierenden Funktionen ein: Maximal generalisiert funktioniert es ähnlich wie das Indefinitpronomen *man* und wird dann verwendet, wenn auf die „fraglose Gegebenheit" beispielsweise von Verhaltensratschlägen oder medizinischen Vorgängen verwiesen wird. Eine eingeschränktere generische Variante von *Sie* wird verwendet, um z.B. PatientInnen Szenarien zu erläutern, die vorkommen können, aber nicht müssen, wie z.B. bestimmte Nebenwirkungen. Über dieses *Sie* wird somit eine Inklusion der Angesprochenen in die neue Kategorie bzw. Gruppe als KrebspatientIn erzeugt. Schließlich finden sich auch Verwendungsweisen, die die Angesprochenen (und teilweise auch die SprecherInnen selbst) exkludieren. Damit kann beispielsweise auf Expertengruppen wie StrahlentherapeutInnen verwiesen werden.

Wir hoffen, dass die Auswahl einen guten Einstieg in die Forschung von Susanne Günthner liefert und Lust darauf macht, weitere Arbeiten von ihr zu lesen. Zu diesem Zweck fügen wir zum Abschluss eine Liste ihrer bis Herbst erschienenen Publikationen nach Themenfeldern geordnet (außer Monographien und Herausgaben) an.

4 Gesamtliste der Publikationen von Susanne Günthner

4.1 Dissertation und Habilitation

4.1.1 Dissertation:

(1)　1993: Diskursstrategien in der Interkulturellen Kommunikation. Analysen deutsch-chinesischer Gespräche. Tübingen: Niemeyer.

4.1.2 Habilitation:

(2)　2000: Vorwurfsaktivitäten in der Alltagsinteraktion. Grammatische, prosodische, rhetorisch-stilistische und interaktive Verfahren bei der Konstitution kommunikativer Muster und Gattungen. Tübingen: Niemeyer.

4.2 Herausgaben von Sammelbänden und Themenheften

(3)　1988 (zus. mit Helga Kotthoff): Interkulturelle Kommunikation und Fremdsprachendidaktik. Themenheft der Zeitschrift Beiträge zur Fremdsprachenvermittlung aus dem Konstanzer Sprachlehrinstitut 18.

(4)　1989　(zus. mit Helga Kotthoff): Zur Pragmatik fremden Sprechens. Themenheft der Zeitschrift Beiträge zur Fremdsprachenvermittlung aus dem Konstanzer Sprachlehrinstitut 20.

(5)　1991 (zus. mit Helga Kotthoff): Von fremden Stimmen. Weibliches und männliches Sprechen im Kulturvergleich. Frankfurt: Suhrkamp.

(6)　1992 (zus. mit Helga Kotthoff): Die Geschlechter im Gespräch. Kommunikation in Institutionen. Stuttgart: Metzler.

(7)　2001 (zus. mit Aldo Di Luzio und Franca Orletti): Culture in Communication. Analyses of intercultural situations. Amsterdam: Benjamins.

(8)　2006 (zus. mit Angelika Linke): Linguistik und Kulturanalyse. Themenheft der Zeitschrift für Germanistische Linguistik 34.

(9)　2006 (zus. mit Wolfgang Imo): Konstruktionen in der Interaktion. Berlin/New York: De Gruyter.

(10)　2008 (zus. mit Markus Denkler et al.): Frischwärts und unkaputtbar. Sprachverfall oder Sprachwandel im Deutschen? Münster: Aschendorff Verlag.

(11)　2009 (zus. mit Jörg Bücker): Grammatik im Gespräch. Konstruktionen der Selbst- und Fremdpositionierung. Berlin/New York: De Gruyter.

(12)　2012 (zus. mit Dagmar Hüpper und Constanze Spieß): Genderlinguistik. Sprachliche Konstruktionen von Geschlechtsidentität. Berlin/Boston: De Gruyter.

(13) 2012 (zus. mit Wolfgang Imo, Dorothee Meer und Jan Georg Schneider): Kommunikation und Öffentlichkeit: Sprachwissenschaftliche Potenziale zwischen Empirie und Norm. Berlin/Boston: De Gruyter.

(14) 2014 (zus. mit Wolfgang Imo und Jörg Bücker): Grammar and Dialogism. Sequential, syntactic, and prosodic patterns between emergence and sedimentation. Berlin/Boston: De Gruyter.

(15) 2015 (zus. mit Arnulf Deppermann): Temporality in Interaction. Amsterdam/Philadelphia: John Benjamins.

(16) 2015 (zus. mit Jörg Bücker und Wolfgang Imo): Konstruktionsgrammatik V. Konstruktionen im Spannungsfeld von sequenziellen Mustern, kommunikativen Gattungen und Textsorten. Tübingen: Stauffenburg.

(17) 2021 (zus. mit Juliane Schopf und Beate Weidner) Gesprochene Sprache in der kommunikativen Praxis. Analysen authentischer Alltagssprache und ihr Einsatz im DaF-Unterricht. Tübingen: Stauffenburg.

(18) 2023 (zus. Mit Nathalie Bauer und Juliane Schopf) Kommunikative Konstruktion von Normalitäten in der Medizin – Gesprächsanalytische Perspektiven. Berlin/Boston: De Gruyter.

4.3 Zeitschriften- und Sammelbandbeiträge geordnet nach Themenfeldern:

4.3.1 Interaktionale Syntax, Konstruktionsgrammatik

(19) 1993: „…weil – man kann es ja wissenschaftlich untersuchen" – Diskurspragmatische Aspekte der Wortstellung in WEIL-Sätzen. In: Linguistische Berichte 143, 37–59.

(20) 1996: From Subordination to Coordination? Verb-Second Position in German Causal and Concessive Constructions. In: Pragmatics 6 (3), 323–371.

(21) 1997: Direkte und indirekte Rede in Alltagsgesprächen. Zur Interaktion von Syntax und Prosodie in der Redewiedergabe. In: Schlobinski, Peter (Hg.): Syntax des gesprochenen Deutsch. Opladen: Westdeutscher Verlag, 227–263.

(22) 1999: Wenn-Sätze im Vor-Vorfeld: Ihre Formen und Funktionen in der gesprochenen Sprache. In: Deutsche Sprache 3, 209–235.

(23) 1999: Entwickelt sich der Konzessivkonnektor *obwohl* zum Diskursmarker? Grammatikalisierungstendenzen im gesprochenen Deutsch. In: Linguistische Berichte 180, 409–446.

(24) 1999 (zus. mit Christine Gohl): Grammatikalisierung von weil als Diskursmarker in der gesprochenen Sprache. In: Zeitschrift für Sprachwissenschaft 18 (1), 39–75.

(25) 2000: Sprechen wir ungrammatisch? Zur Verwendung von *weil* und *obwohl* mit Hauptsatzstellung im gesprochenen Deutsch. In: Deutscher Akademischer Austauschdienst (DAAD) (Hg.): Germanistentreffen Deutschland-Indien-Indonesien-Philippinen-Taiwan-Thailand-Vietnam 1999: Tagungsband. Bonn: Rosch, 243–260.

(26) 2000: From concessive connector to discourse marker: The use of *obwohl* in everyday German interaction. In: Couper-Kuhlen, Elizabeth/Kortmann, Bernd (Hg.): Cause, Condition, Concession, Contrast. Cognitive and Discourse Perspectives. Berlin/New York: De Gruyter, 439–468.

(27)   2000: Zwischen direkter und indirekter Rede. Formen der Redewiedergabe in Alltagsge-
       sprächen. In: Zeitschrift für Germanistische Linguistik 28 (1), 1–22.

(28)   2000: Grammatik im Gespräch: Zur Verwendung von ‚wobei' im gesprochenen Deutsch.
       In: Sprache und Literatur 85 (31), 57–74.

(29)   2001: ‚wobei (.) es hat alles immer zwei seiten.' Zur Verwendung von *wobei* im gespro-
       chenen Deutsch. In: Deutsche Sprache 4, 313–341.

(30)   2002: Zum kausalen und konzessiven Gebrauch des Konnektors *wo* im gesprochenen
       Umgangsdeutsch. In: Zeitschrift für Germanistische Linguistik 30 (3), 310–341.

(31)   2003 (zus. mit Wolfgang Imo): Die Reanalyse von Matrixsätzen als Diskursmarker. *ich
       mein*-Konstruktionen im gesprochenen Deutsch. In: Orosz, Magdolna/Herzog, Andreas
       (Hg.): Jahrbuch der Ungarischen Germanistik 2003. Budapest/Bonn, DAAD, 181–216.

(32)   2003: Lexical-grammatical variation and development: The use of conjunctions as dis-
       course markers in everyday spoken German. In: Eckardt, Regine/v. Heusinger,
       Klaus/Schwarze, Christoph (Hg.): Words in Time. Diachronic Semantics from Different
       Points of View. Berlin/New York: De Gruyter, 375–403.

(33)   2004 (zus. mit Katrin Mutz): Grammaticalization vs. Pragmaticalization? The develop-
       ment of pragmatic markers in German and Italian. In: Bisang, Walter/Himmelmann, Niko-
       laus/Wiemer, Björn (Hg.): What makes Grammaticalization? A Look from its Fringes and
       its Components. Berlin/New York: De Gruyter, 77–107.

(34)   2005: Grammatikalisierungs-/Pragmatikalisierungserscheinungen im alltäglichen
       Sprachgebrauch. Vom Diskurs zum Standard? In: Eichinger, Ludwig M./Kallmeyer, Wer-
       ner (Hg.): Standardvariation. Wie viel Variation verträgt die deutsche Standardsprache?
       IDS-Jahrbruch 2004. Berlin/New York: De Gruyter, 41–62.

(35)   2005 (zus. mit Peter Auer): Die Entstehung von Diskursmarkern im Deutschen – ein Fall
       von Grammatikalisierung? In: Leuschner, Torsten/Mortelsmans, Tanja (Hg.): Grammati-
       kalisierung im Deutschen. Berlin/New York: De Gruyter, 335–362.

(36)   2005: Grammatical constructions in 'real life practices'. *Wo*-constructions in everyday
       German. In: Hakulinen, Auli/Selting, Margret (Hg.): Syntax and Lexic in Conversation.
       Studies on the use of linguistic resources in talk-in-interaction. Amsterdam: Benjamins,
       159–184.

(37)   2006: ‚Was ihn trieb, war vor allem Wanderlust' (Hesse: Narziss und Goldmund) Pseudo-
       cleft-Konstruktionen im Deutschen. In: Günthner, Susanne/Imo, Wolfgang (Hg.): Kon-
       struktionen in der Interaktion. Berlin/New York: De Gruyter, 59–90.

(38)   2006 (zus. mit Wolfgang Imo): Konstruktionen in der Interaktion. In: Günthner,
       Susanne/Imo, Wolfgang (Hg.): Konstruktionen in der Interaktion. Berlin/New York: De
       Gruyter, 1–23.

(39)   2006: Von Konstruktionen zu kommunikativen Gattungen: Die Relevanz sedimentierter
       Muster für die Ausführung kommunikativer Aufgaben. In: Deutsche Sprache 34:1–2,
       173–190.

(40)   2006: Grammatische Analysen der kommunikativen Praxis – ‚Dichte Konstruktionen' in
       der Interaktion. In: Deppermann, Arnulf/Fiehler, Reinhard/Spranz-Fogasy, Thomas (Hg.):
       Grammatik und Interaktion – Untersuchungen zum Zusammenhang von grammatischen
       Strukturen und Gesprächsprozessen. Radolfzell: Verlag für Gesprächsforschung, 95–
       122.

(41)   2007: Zur Emergenz grammatischer Funktionen im Diskurs – *wo*-Konstruktionen in All-
       tagsinteraktionen. In: Hausendorf, Heiko (Hg.): Gespräch als Prozess. Tübingen: Narr,
       125–155.

(42) 2008: Projektorkonstruktionen im Gespräch: Pseudoclefts, *die Sache ist*-Konstruktionen und Extrapositionen mit *es*. In: Gesprächsforschung – Online-Zeitschrift zur verbalen Interaktion 9, 86–114.

(43) 2008: Die ‚die Sache/das Ding ist'-Konstruktion im gesprochenen Deutsch – eine interaktionale Perspektive auf Konstruktionen im Gebrauch. In: Stefanowitsch, Anatol/Fischer, Kerstin (Hg.): Konstruktionsgrammatik II. Von der Konstruktion zur Grammatik. Tübingen: Stauffenburg, 157–178.

(44) 2008: ‚Die Sache ist…': eine Projektorkonstruktion im gesprochenen Deutsch. Zeitschrift für Sprachwissenschaft 27 (1), 39–72.

(45) 2008: ‚weil – es ist zu spät'. Geht die Nebensatzstellung im Deutschen verloren? In: Denkler, Markus/Günthner, Susanne/Imo, Wolfgang et al. (Hg.): Frischwärts und Unkaputtbar. Sprachverfall oder Sprachwandel im Deutschen? Münster: Aschendorff, 103–128.

(46) 2009: Extrapositionen mit *es* im gesprochenen Deutsch. In: Zeitschrift für Germanistische Linguistik 37, 15–47.

(47) 2009: Adjektiv + *dass*-Satz-Konstruktionen als kommunikative Ressourcen der Positionierung. In: Günthner, Susanne/Bücker, Jörg (Hg.) Grammatik im Gespräch. Konstruktionen der Selbst- und Fremdpositionierung. Berlin, New York: De Gruyter, 149–184.

(48) 2009: (zus. mit Jörg Bücker): Grammatik im Gespräch: Konstruktionen der Selbst- und Fremdpositionierung. Einleitung zum Sammelband. In: Günthner, Susanne/Bücker, Jörg (Hg.): Grammatik im Gespräch. Konstruktionen der Selbst- und Fremdpositionierung. Berlin, New York: De Gruyter, 1–19.

(49) 2010: Konstruktionen in der kommunikativen Praxis – Zur Notwendigkeit einer interaktionalen Anreicherung konstruktionsgrammatischer Ansätze. In: Zeitschrift für Germanistische Linguistik 37 (3), 402–426.

(50) 2010 (zus. mit Paul Hopper): Zeitlichkeit und sprachliche Strukturen: Pseudoclefts im Englischen und im Deutschen. In Gesprächsforschung – Online-Zeitschrift zur verbalen Interaktion 11, 1–18.

(51) 2010: Grammatik und Pragmatik – eine gebrauchsorientierte Perspektive auf die Grammatik gesprochener Alltagssprache. In: Habermann, Mechthild (Hg.): Grammatik wozu? Vom Nutzen des Grammatikwissens in Alltag und Schule. Mannheim/Zürich: Dudenverlag, 126–149.

(52) 2010: Grammatical constructions and communicative genres. In: Dorgeloh, Heidrun/Wanner, Angelika (Hg.): Approaches to Syntactic Variation and Genre. Berlin/New York: De Gruyter Mouton, 195–217.

(53) 2011: Aspekte einer Theorie der gesprochenen Sprache – Plädoyer für eine praxisorientierte Grammatikbetrachtung. In: Freienstein, Jan Claas/Hagemann, Jörg/Staffeldt, Sven (Hg.): Äußern und Bedeuten. Festschrift für Eckard Rolf. Tübingen: Stauffenburg, 231–250.

(54) 2011: N *be that*-constructions in everyday German conversation. A reanalysis of 'die Sache ist/das Ding ist' ('the thing is')-clauses as projector phrases. In: Laury, Rita/Suzuki, Ryoko (Hg.): Subordination in Conversation. A cross-linguistic perspective. Amsterdam: Benjamins, 11–36.

(55) 2011: Konstruktionen in der gesprochenen Sprache. In: Habscheid, Stephan (Hg.): Textsorten, Handlungsmuster, Oberflächen. Linguistische Typologien der Kommunikation. New York/Berlin: De Gruyter, 296–313.

(56) 2011: Between emergence and sedimentation: Projecting constructions in German inter-
      actions. In: Auer, Peter/Pfänder, Stefan (Hg.): Constructions: emerging and emergent.
      Berlin/New York: De Gruyter, 156–185.

(57) 2011: Syntax des gesprochenen Deutsch. In: Moraldo, Sandro (Hg.): Deutsch Aktuell 2.
      Tendenzen der deutschen Gegenwartssprache. Rom: Carocci, 108–126.

(58) 2011: The construction of emotional involvement in everyday German narratives – inter-
      active uses of 'dense constructions'. In: Pragmatics 21 (4), 573–592.

(59) 2012: Eine interaktionale Perspektive auf Wortarten: das Beispiel ‚und zwar'. In: Roth-
      stein, Björn (Hg.): Nicht-flektierende Wortarten. Berlin/Boston, De Gruyter, 14–47.

(60) 2012: Verlottert die deutsche Sprache? Zur Entwicklung der deutschen Gegenwartsspra-
      che. In: Döring, Diether/Kroker, Eduard J.M. (Hg.): Kommunikation und Gesellschaft.
      Frankfurt a.M.: Societäts-Verlag, 53–80.

(61) 2012: Die Schriftsprache als Leitvarietät, die gesprochene Sprache als Abweichung?
      ‚Normwidrige' wenn-Sätze im Gebrauch. In: Günthner, Susanne/Imo, Wolfgang/Meer,
      Dorothee/Schneider, Jan (Hg.): Kommunikation und Öffentlichkeit: Sprachwissenschaft-
      liche Potenziale zwischen Empirie und Norm. Berlin/Boston: De Gruyter, 61–84.

(62) 2012 (zus. mit Wolfgang Imo, Dorothee Meer, Jan Georg Schneider): Kommunikation und
      Öffentlichkeit: Sprachwissenschaftliche Potenziale zwischen Empirie und Norm. Zur Ein-
      führung. In: Günthner, Susanne/Imo, Wolfgang/Meer, Dorothee/Schneider, Jan (Hg.):
      Kommunikation und Öffentlichkeit: Sprachwissenschaftliche Potenziale zwischen Empi-
      rie und Norm. Berlin/Boston: De Gruyter, 1–22.

(63) 2013: Vom schriftsprachlichen Standard zur pragmatischen Vielfalt? Aspekte einer inter-
      aktional fundierten Grammatikbeschreibung am Beispiel von dass-Konstruktionen. In:
      Hagemann, Jörg/Klein, Wolf Peter/Staffeldt, Sven (Hg.): Pragmatischer Standard. Tübin-
      gen: Stauffenburg, 223–243.

(64) 2014 (zus. mit Wolfgang Imo und Jörg Bücker): Introduction. In: Günthner, Susanne/Imo,
      Wolfgang/Bücker, Jörg (Hg.): Grammar and Dialogism. Sequential, syntactic, and pro-
      sodic patterns between emergence and sedimentation. Berlin/Boston: De Gruyter, 1–14.

(65) 2014: The dynamics of dass-constructions in everyday German interactions – a dialogical
      perspective. In: Günthner, Susanne/Imo, Wolfgang/Bücker, Jörg (Hg.): Grammar and Dia-
      logism. Sequential, syntactic, and prosodic patterns between emergence and sedimen-
      tation. Berlin/Boston: De Gruyter, 179–206.

(66) 2015: ‚Geteilte Syntax': Kollaborativ erzeugte dass-Konstruktionen. In: Ziem, Alexan-
      der/Lasch, Alexander (Hg.): Konstruktionsgrammatik IV. Konstruktionen als soziale Kon-
      ventionen und kognitive Routinen. Tübingen: Stauffenburg, 25–40.

(67) 2015 (zus. mit Arnulf Deppermann): Introduction: Temporality in interaction. In: Arnulf
      Deppermann/Susanne Günthner (Hg.): Temporality in Interaction. Amsterdam/Philadel-
      phia: John Benjamins, 1–26.

(68) 2015: A temporally oriented perspective on connectors in interaction: und zwar
      ('namely/in fact')-constructions in everyday German conversations. In: Arnulf Depper-
      mann/Günthner, Susanne (Hg.): Temporality in Interaction. Amsterdam/Philadelphia:
      John Benjamin, 237–266.

(69) 2015: Zwar...aber-Konstruktionen im gesprochenen Deutsch: Die dialogische Realisie-
      rung komplexer Konnektoren im Gespräch. In: Deutsche Sprache 43, 193–219.

(70) 2015 (zus. mit Katharina König): Temporalität und Dialogizität als interaktive Faktoren
      der Nachfeldpositionierung – ‚irgendwie' im gesprochenen Deutsch. In: Vinckel-Roisin,

Hélène (Hg.): Das Nachfeld im Deutschen: Theorie und Empirie. Berlin, De Gruyter, 255–278.

(71) 2015: Ko-Konstruktionen im Gespräch: Zwischen Kollaboration und Konfrontation. In: Dausendschön-Gay, Ulrich/Gülich, Elisabeth/Krafft, Ulrich (Hg.): Ko-Konstruktionen in der Interaktion. Die gemeinsame Arbeit an Äußerungen und anderen sozialen Ereignissen. Bielefeld, transcript Verlag, 55–74.

(72) 2015 (zus. mit Jörg Bücker und Wolfgang Imo): Einleitung zu Konstruktionsgrammatik V: Konstruktionen im Spannungsfeld von sequenziellen Mustern, kommunikativen Gattungen und Textsorten. In: Bücker, Jörg/Günthner, Susanne/Imo, Wolfgang (Hg.): Konstruktionsgrammatik V: Konstruktionen im Spannungsfeld von sequenziellen Mustern, kommunikativen Gattungen und Textsorten. Tübingen: Stauffenburg, 1–14.

(73) 2015: Grammatische Konstruktionen im Kontext sequenzieller Praktiken – ,was heißt x‘-Konstruktionen im gesprochenen Deutsch. In: Bücker, Jörg/Günthner, Susanne/Imo, Wolfgang (Hg.): Konstruktionsgrammatik V: Konstruktionen im Spannungsfeld von sequenziellen Mustern, kommunikativen Gattungen und Textsorten. Tübingen: Stauffenburg, 187–218.

(74) 2016: *Dass*-Konstruktionen im alltäglichen Sprachgebrauch – Facetten ihrer interaktionalen Realität. In Schulze, Kordula/Tyan, Natahlia/Engelhardt, Laura (Hg.): Usbekisch-deutsche Studien IV. Kontakte: Sprache, Literatur, Kultur, Didaktik. Berlin: LIT, 35–69.

(75) 2016: Concessive patterns in interaction: uses of *zwar...aber* ('true...but')-constructions in everyday spoken German. In: Language Sciences 58, 144–162.

(76) 2017: Alleinstehende Nebensätze: Insubordinierte *wenn*-Konstruktionen in der kommunikativen Praxis. In: Ekinci, Yüksel/Montanari, Elke/Selmani, Lirim (Hg.): Grammatik und Variation. Festschrift für Ludger Hoffmann zum 65. Geburtstag. Heidelberg: Synchron Wissenschaftsverlag der Autoren, 97–111.

(77) 2017: Diskursmarker in der Interaktion – Formen und Funktionen univerbierter *guck mal*- und *weißt du*-Konstruktionen. In: Blühdorn, Hardarik/Deppermann, Arnulf/Helmer, Henrike/Spranz-Fogasy, Thomas (Hg.): Diskursmarker im Deutschen. Reflexionen und Analysen. Göttingen: Verlag für Gesprächsforschung, 103–130.

(78) 2020: Practices of clause-combining. From complex *wenn*-constructions to insubordinate ('stand-alone') conditionals in everyday spoken German. In: Maschler, Yael/Pekarek Doehler, Simona/Lindström, Jan/Keevallik, Leelo (Hg.): Emergent Syntax for Conversation. Clausal patterns and the organization of action. Amsterdam/New York: John Benjamins Publishing Company, 185–219.

(79) 2021: *Wenn*-Konstruktionen im Gespräch: Zur Verwobenheit kognitiver und interaktionaler Faktoren bei der Realisierung grammatischer Muster. In: Binanzer, Anja/Gamper, Jana/Wecker, Verena (Hg.): Prototypen – Schemata – Konstruktionen – Untersuchungen zur Deutschen Morphologie und Syntax. Berlin/Boston: De Gruyter, 93–124.

4.3.2 Gesprächsforschung / kommunikative Gattungen / anthropologische Linguistik / Prosodieforschung

(80) 1989: Internationaler Workshop ,Kontextualisierung von Sprache‘ an der Universität Konstanz (3.–5. Oktober 1988). In: Linguistische Berichte 120, 173–177.

(81)   1992: Comments on: Klaus Müller: Theatrical Moments. On Contextualizing funny and
       dramatic moods in the course of telling a story in conversation. In: Auer, Peter/di Luzio,
       Aldo (Hg.): Contextualizing Language. Amsterdam: De Gruyter, 223–232.

(82)   1994 (zus. mit Hubert Knoblauch): 'Forms are the food of faith'. Gattungen als Muster
       kommunikativen Handelns. In: Kölner Zeitschrift für Soziologie und Sozialpsychologie 4,
       693–723.

(83)   1995 (zus. mit Hubert Knoblauch): Culturally patterned speaking practices. The analysis
       of communicative genres. In: Pragmatics 5 (1), 1–32.

(84)   1995: Gattungen in der sozialen Praxis. Die Analyse ,kommunikativer Gattungen' als
       Textsorten mündlicher Kommunikation. In: Deutsche Sprache 3, 193–218.

(85)   1995: Exemplary stories: The cooperative construction of moral indignation. In: VERSUS
       70/71, 145–176.

(86)   1996: The prosodic contextualization of moral work. An analysis of reproaches in *why*-
       formats. In: Couper-Kuhlen, Elizabeth/Selting, Margret (Hg.): Prosody in conversation.
       Cambridge: Cambridge University Press, 271–302.

(87)   1996: Zwischen Scherz und Schmerz – Frotzelaktivitäten in Alltagsinteraktionen. In:
       Kotthoff, Helga (Hg.): Scherzkommunikation. Opladen: Westdeutscher Verlag, 81–108.

(88)   1996 (zus. mit Hubert Knoblauch): Die Analyse kommunikativer Gattungen in Alltagsin-
       teraktionen. In: Michaelis, Susanne/Tophinke, Doris (Hg.): Texte – Konstitution, Verar-
       beitung, Typik. München: Lincom, 35–57.

(89)   1996 (zus. mit Gabriela B. Christmann): Entrüstungs- und Mokieraktivitäten. Kommuni-
       kative Gattungen im Kontextvergleich. In: Folia Linguistica 30 (3–4), 327–358.

(90)   1996 (zus. mit Gabriela B. Christmann): Sprache und Affekt. Die Inszenierung von Entrüs-
       tungen im Gespräch. In: Deutsche Sprache 1, 1–33.

(91)   1997: The Contextualization of Affect in Reported Dialogues. In: Niemeier, Su-
       sanne/Dirven, René (Hg.): The Language of Emotions. Conceptualization, Expression,
       and Theoretical Foundation. Amsterdam: Benjamins, 247–276.

(92)   1997 (zus. mit Hubert Knoblauch): Gattungsanalyse. In: Hitzler, Ronald/Honer, Anne
       (Hg.): Qualitative Methoden und Forschungsrichtungen in den Sozialwissenschaften.
       Opladen: Leska & Budrich (UTB), 281–308.

(93)   1997: Stilisierungsverfahren in der Redewiedergabe. Die ,Überlagerung von Stimmen'
       als Mittel der moralischen Verurteilung in Vorwurfsrekonstruktionen. In: Sandig, Bar-
       bara/Selting, Margret (Hg.): Sprech- und Gesprächsstile. Berlin/New York: De Gruyter,
       94–122.

(94)   1998 (zus. mit Margret Selting, Peter Auer, Birgit Barden, Elizabeth Couper-Kuhlen, Uta
       Quasthoff, Peter Schlobinski und Susanne Uhmann): Gesprächsanalytisches Transkripti-
       onssystem (GAT). In: Linguistische Berichte 173, 91–122;.

(95)   1998 (zus. mit Thomas Luckmann): Are secrets immoral? The construction of secrets in
       everyday conversations. In: Social Processes 31 (3–4), 327–358.

(96)   1999: Polyphony and the 'layering of voices' in reported dialogues. An analysis of the
       use of prosodic devices in everyday reported speech. In: Journal of Pragmatics 31, 685–
       708.

(97)   1999: Frotzelaktivitäten in Alltagsinteraktionen. In: Bergmann, Jörg/Luckmann, Thomas
       (Hg.): Kommunikative Konstruktion von Moral. Opladen: Westdeutscher Verlag, 300–
       324.

(98) 1999: Vorwürfe in der Alltagskommunikation. In: Bergmann, Jörg/Luckmann, Thomas (Hg.): Kommunikative Konstruktion von Moral. Opladen: Westdeutscher Verlag, 206–241.

(99) 1999: Beschwerdeerzählungen als narrative Hyperbeln. In: Bergmann, Jörg/Luckmann, Thomas (Hg.): Kommunikative Konstruktion von Moral. Opladen: Westdeutscher Verlag, 174–205.

(100) 1999 (zus. mit Gabriela B. Christmann): Entrüstung: Moral mit Affekt. In: Bergmann, Jörg/Luckmann, Thomas (Hg.): Kommunikative Konstruktion von Moral. Opladen: Westdeutscher Verlag, 242–274.

(101) 1999 (zus. mit Angela Keppler und Thomas Luckmann): Geheimnisenthüllung und Geheimniswahrung im Gespräch. In: Bergmann, Jörg/Luckmann, Thomas (Hg.): Kommunikative Konstruktion von Moral. Opladen: Westdeutscher Verlag, 381–410.

(102) 2000 (zus. mit Hubert Knoblauch): Textlinguistik und Sozialwissenschaften. In: Brinker, Klaus/Antos, Gerd/Heinemann, Wolfgang/Sager, Svend F. (Hg.): Text- und Gesprächslinguistik. Ein internationales Handbuch zeitgenössischer Forschung. 1. Halbband. Berlin/New York: De Gruyter, 811–819.

(103) 2001: 'Adding Jade and Pearls to One's Speech': Aesthetic and Interactive Functions of Proverbs in Chinese and German Interaction. In: Knoblauch, Hubert/Kotthoff, Helga (Hg.): Verbal Art across Cultures. The Aesthetics and Proto-Aesthetics of Communication. Tübingen: Narr, 255–272.

(104) 2002: Stimmenvielfalt im Diskurs. Formen der Stilisierung und Ästhetisierung in der Redewiedergabe. In: Gesprächsforschung – Online-Zeitschrift zur verbalen Interaktion 3, 59–80. Online verfügbar unter: www.gespraechsforschung-online.de/heft2002/ga-guenthner.pdf

(105) 2002: Perspectivity in reported dialogues. The contextualization of evaluative stances in reconstructing speech. In: Graumann, Carl/Kallmeyer, Werner (Hg.): Perspectivity and Perspectivation in Discourse. Amsterdam: Benjamins, 347–374.

(106) 2002: Formen der Stilisierung und Ästhetisierung in der Redewiedergabe. In: Kugler, Hartmut et al. (Hg.): Vorträge und Referate des Erlanger Germanistentags. Bielefeld: Aisthesis, 187–197.

(107) 2003: Eine Sprachwissenschaft der ‚lebendigen Rede'. Ansätze einer anthropologischen Linguistik. In: Linke, Angelika/Ortner, Hanspeter/Portmann, Paul (Hg.): Sprache und mehr. Ansichten einer Linguistik der sprachlichen Praxis. Tübingen: Niemeyer, 189–209.

(108) 2005: Fremde Rede im Diskurs: Formen und Funktionen der Polyphonie in alltäglichen Redewiedergaben. In: Assmann, Aleida/Gaier, Ulrich/Trommsdorff, Gisela (Hg.): Zwischen Literatur und Anthropologie: Diskurse, Medien, Performanzen. Tübingen: Narr, 339–359.

(109) 2005: Narrative Reconstructions of Past Experiences. Adjustments and Modifications in the Process of Recontextualizing a Past Experience. In: Quasthoff, Uta/Becker Tabea (Hg.): Narrative Interaction. Amsterdam: Benjamins, 285–301.

(110) 2006: Rhetorische Verfahren bei der Vermittlung von Panikattacken. Zur Kommunikation von Angst in informellen Gesprächskontexten. In: Gesprächsforschung – Online-Zeitschrift zur verbalen Interaktion 7, 124–151.

(111) 2006 (zus. mit Angelika Linke): Linguistik und Kulturanalyse. Ansichten eines symbiotischen Verhältnisses. In: Zeitschrift für Germanistische Linguistik 34, 1–27.

(112) 2007: Techniken der ‚Verdichtung' in der alltäglichen Narration – Kondensierungsverfahren in Beschwerdegeschichten. In: Bär, Jochen/Roelcke, Thorsten (Hg.): Sprachliche

Kürze. Konzeptuelle, strukturelle und pragmatische Aspekte. Berlin/New York: De Gruyter. 391–412

(113) 2007: The construction of otherness in reported dialogues as a resource for identity work. In: Auer, Peter (Hg.): Style and Social Identities: Alternative Approaches to Linguistic Heterogenity. Berlin/New York: De Gruyter, 419–444.

(114) 2007: Beschwerdegeschichten: Narrative Rekonstruktionen vergangener Erfahrungen. In: Abduaziziov, Adulat et al. (Hg.): Usbekisch-deutsche Studien II. Taschkent: Usbekische Nationale Mirzo Ulugbek Universität, 11–34.

(115) 2007 (zus. mit Hubert Knoblauch): Wissenschaftliche Diskursgattungen – PowerPoint et al. In: Auer, Peter/Baßler, Harald (Hg.): Reden und Schreiben in der Wissenschaft. Frankfurt a.M.: Campus, 53–65.

(116) 2007: Ansätze zur Erforschung der ‚kommunikativen Praxis'. Redewiedergabe in der Alltagskommunikation. In: Ágel, Vilmos/Hennig, Mathilde: Gesprochene Sprache und Nähekommunikation in Theorie und Praxis. Tübingen: Niemeyer, 73–98.

(117) 2008: Interactional Sociolinguistics. In: Antos, Gerd/Ventola, Eija (Hg.): Handbook of Applied Linguistics: Interpersonal Communication. Vol 2. Berlin/New York: Mouton, 53–76.

(118) 2009: Eine Grammatik der Theatralität? Inszenierungsverfahren in Alltagserzählungen. In: Buss, Mareike et al. (Hg.): Theatralität des sprachlichen Handelns. Eine Metaphorik zwischen Linguistik und Kulturwissenschaften. München: Fink.

(119) 2009 (zus. mit Margret Selting, Peter Auer, Birgit Barden, Elizabeth Couper-Kuhlen, Uta Quasthoff, Peter Schlobinski und Susanne Uhmann): Gesprächsanalytisches Transkriptionssystem 2 (GAT 2). In: Gesprächsforschung – Online-Zeitschrift zur verbalen Interaktion 10, 353–402.

(120) 2010: Sprache und Sprechen im Kontext kultureller Praktiken. Facetten einer Anthropologischen Linguistik. In: Meyer, Silke/Owzar, Armin (Hg.): Disziplinen der Anthropologie. Frankfurt, Waxmann, 121–144.

(121) 2010: Rush-throughs as social action: Comments on Gareth Walker 'The phonetic constitution of a turn-holding practice: Rush-throughs in English talk-in-interaction'. In: Barth-Weingarten, Dagmar/Reber, Elisabeth/Selting, Margret (Hg.): Prosody in Interaction. Amsterdam/Philadelphia: John Benjamins, 73–79.

(122) 2011: The dynamics of communicative practices in transmigrational contexts: 'insulting remarks' and 'stylized category animations' in everyday interactions among male youth in Germany. In: Text & Talk 31:4, 447–473.

(123) 2012: Kleine interaktionale Erzählungen als Ressourcen der Fremd- und Selbststilisierung. In: Kern, Friederike/Morek, Miriam/Ohlhus, Sören (Hg.): Erzählen als Form – Formen des Erzählens. Berlin/Boston, De Gruyter, 65–83.

(124) 2014: Discourse Genres in Linguistics: The Concept of 'Communicative Genres'. In: Fludernik, Monika/Jacob, Daniel (Hg.): Linguistics and Literary Studies: Interfaces, Encounters, Transfers. Berlin: De Gruyter, 307–332.

(125) 2016 (zus. mit Katharina König): Kommunikative Gattungen in der Interaktion: Kulturelle und grammatische Praktiken im Gebrauch. In: Deppermann, Arnulf/Feilke Helmuth/Linke, Angelika (Hg.): Sprachliche und kommunikative Praktiken. Berlin/Boston: De Gruyter, 177–204.

(126) 2016: Praktiken erhöhter Dialogizität: onymische Anredeformen als Gesten personifizierter Zuwendung. In: Zeitschrift für Germanistische Linguistik, 44 (3), 406–436.

(127) 2018: Thomas Luckmanns Einfluss auf die Sprachwissenschaft – Kommunikative Gattungen im Alltagsgebrauch am Beispiel onkologischer Aufklärungsgespräche. In: Endreß,

Martin/Hahn, Alois (Hg.): Lebenswelttheorie und Gesellschaftsanalyse. Studien zum Werk von Thomas Luckmann. Köln: Herbert von Halem Verlag, 358–400.

(128) 2018: Routinisierte Muster in der Interaktion. In: Deppermann, Arnulf/Reineke, Silke (Hg): Sprache im kommunikativen, interaktiven und kulturellen Kontext. Berlin/Boston: De Gruyter, 29–50.

(129) 2019: ‚der herr ingenIEUR hi isch was -BESSeres.' – Formen und Funktionen nominaler Bezugnahmen auf das Gegenüber. In: Gnosa, Tanja/Kallass, Kerstin (Hg): Grenzgänge. Digitale Festschrift für Wolf-Andreas Liebert, 1–12.

(130) 2019: ‚Kultur-in-kommunikativen-Praktiken': Kommunikative Praktiken zur Übermittlung schlechter Nachrichten in onkologischen Aufklärungsgesprächen. In: Schröter, Juliane/Tienken, Susanne/Ilg, Yvonne/Scharloth, Joachim/Bubenhofer, Noah (Hg.): Linguistische Kulturanalyse. Berlin/Boston: De Gruyter, 269–292.

(131) 2019: Konschdanz. In: Schnettler, Bernt/Tuma, René/vom Lehn, Dirk/Traue, Boris/Eberle, Thomas (Hg.): Kleines Al(e)phabet des Kommunikativen Konstruktivismus. Fundus Omnium Communicativum – Hubert Knoblauch zum 60. Geburtstag. Wiesbaden: Springer, 263–279.

(132) 2020 (zus. mit Pepe Droste): ‚das mAchst du bestimmt AUCH du;': Zum Zusammenspiel syntaktischer, prosodischer und sequenzieller Aspekte syntaktisch desintegrierter *du*-Formate. In: Imo, Wolfgang/Lanwer, Jens P. (Hg.): Prosodie und Konstruktionsgrammatik. Berlin/Boston, De Gruyter, 75–110.

(133) 2021 (zus. mit Pepe Droste): Enacting 'Being with You': Vocative uses of du ("you") in German everyday interaction. In: Pragmatics 31/1, 87–113.

(134) 2021: Facetten einer Interaktionalen Onomastik: ‚Die Maus liebt dich!' – Onymische Selbstreferenzen in der Interaktion. In: Namenkundliche Informationen 112, 187–212.

(135) 2021: WIR im interaktionalen Gebrauch: Zur Verwendung des Pronomens der 1. Person Plural in der institutionellen Kommunikation – am Beispiel onkologischer Aufklärungsgespräche. In: Zeitschrift für Germanistische Linguistik 49 (2), 292–334.

(136) 2022: Relationship Building in Oncological Doctor-Patient Interaction: The Use of Address Forms as 'Tie Signs'. In: Scarvaglieri, Claudio/Graf, Eva-Maria/Spranz-Fogasy, Thomas (Hg.): Relationships in Organized Helping. Analyzing interaction in psychotherapy, medical encounters, coaching and in social media. Amsterdam/Boston: John Benjamins, 195–219

(137) 2022: Personenbezeichnungen im Deutschen. Aspekte der aktuellen Debatte um eine gendergerechte Sprache. In: Becker, Lidia/Kuhn, Julia/Ossenkop, Christina/Polzin-Haumann, Claudia/Profti, Elton (Hg): Geschlecht und Sprache in der Romania: Stand und Perspektiven. Tübingen: Narr Francke Attempto, 17–38.

(138) 2023: Kategorische Formulierungen als Praktiken der Rekalibrierung von Normalität in ‚brüchigen Zeiten': Strategien der Vermittlung von allgemeingültigem Wissen in onkologischen Aufklärungsgesprächen. Erscheint in: Bauer, Nathalie/Günthner, Susanne/Schopf, Juliane (Hrsg.): Kommunikative Konstruktion von Normalitäten in der Medizin – Gesprächsanalytische Perspektiven. Berlin/Boston: De Gruyter.

(139) 2023 (zus. mit Bauer, Nathalie/Schopf, Juliane): Zur kommunikativen Konstruktion von Normalitäten in der Medizin – Eine Einführung in den Band. In: Bauer, Nathalie/Günthner, Susanne/Schopf, Juliane (Hg.): Kommunikative Konstruktion von Normalitäten in der Medizin – Gesprächsanalytische Perspektiven. Berlin/Boston: De Gruyter.

(140) i.Dr.: Calibrating Sensitive Actions in Palliative Care Consultations. Physicians' Use of Routinized *wenn ich ehrlich bin/wenn man ehrlich ist*-Constructions. In: Selting, Margret/Barth-Weingarten, Dagmar (Hg.): New Perspectives in Interactional Linguistic Research. Amsterdam/Philadelphia: John Benjamins.

4.3.3 Genderlinguistik

(141) 1991: ‚Die Frau ist nicht wie die Sonne, sie scheint auch ohne Mond‘: Chinesinnen und Chinesen im Gespräch. In: Günthner, Susanne/Kotthoff, Helga (Hg.): Von fremden Stimmen: Weibliches und männliches Sprechen im Kulturvergleich. Frankfurt: Suhrkamp, 194–228.

(142) 1991 (zus. mit Helga Kotthoff): Einleitung: Von fremden Stimmen: Weibliches und männliches Sprechen im Kulturvergleich. In: Günthner, Susanne/Kotthoff, Helga (Hg.): Von fremden Stimmen: Weibliches und männliches Sprechen im Kulturvergleich. Frankfurt: Suhrkamp, 7–51.

(143) 1992: Die interaktive Konstruktion von Geschlechterrollen, kultureller Identitäten und institutioneller Dominanz. In: Günthner, Susanne/Kotthoff, Helga (Hg.): Die Geschlechter im Gespräch: Kommunikation in Institutionen. Stuttgart: Metzler, 91–126.

(144) 1992: Sprache und Geschlecht: Ist Kommunikation zwischen Frauen und Männern interkulturelle Kommunikation? In: Linguistische Berichte 138, 123–142. (Nachgedruckt 1996 in: Hoffmann, Ludger (Hg.): Sprachwissenschaft. Ein Reader. Berlin/New York: De Gruyter, 235–260).

(145) 1992: The construction of gendered discourse. An analysis of German-Chinese interactions. In: Discourse & Society 3, 167–191. (Nachgedruckt 1998 in: Cheshire, Jenny/Trudgill, Peter (Hg.): The Sociolinguistics Reader, Band 2: Gender & Discourse, 153–177).

(146) 1996: Male-female speaking practices across cultures. In: Hellinger, Marlis/Ammon, Ulrich (Hg.): Contrastive Sociolinguistics. New York: Mouton, 447–474.

(147) 1997: Complaint Stories. Constructing emotional reciprocity among women. In: Kotthoff, Helga/Wodak, Ruth (Hg.): Communicating Gender in Context. Amsterdam: Benjamins, 179–218.

(148) 1997: Zur kommunikativen Konstruktion von Geschlechterdifferenzen im Gespräch. In: Braun, Frederike/Pasero, Ursula (Hg.): Kommunikation von Geschlecht - Communication of Gender. Pfaffenweiler: Centaurus, 122–146.

(149) 2001: Die kommunikative Konstruktion der Geschlechterdifferenz. Sprach- und kulturvergleichende Perspektiven. In: Muttersprache 3, 205–219.

(150) 2006: Doing vs. Undoing Gender? Zur Konstruktion von Gender in der kommunikativen Praxis. In: Bischoff, Doerte/Wagner-Egelhaaf, Martina (Hg.): Mitsprache, Rederecht, Stimmgewalt: Genderkritische Strategien und Transformationen der Rhetorik. Heidelberg: Winter, 35–58.

(151) 2012 (zus. mit Dagmar Hüpper und Constanze Spieß): Perspektiven der Genderlingusitik – eine Einführung in den Sammelband. In: Günthner, Susanne/Hüpper, Dagmar/Spieß, Constanze (Hg.): Genderlinguistik. Sprachliche Konstruktionen von Geschlechtsidentität. Berlin/Boston: De Gruyter, 1–27.

(152) 2012 (zus. mit Elisa Franz): Zur Konstruktion von Gender beim Speeddating: Zwischen Relevanzrückstufung und Inszenierung. In: Günthner, Susanne/Hüpper, Dagmar/Spieß,

Constanze (Hg.): Genderlinguistik. Sprachliche Konstruktionen von Geschlechtsidentität. Berlin/Boston: De Gruyter, 223–250.

(153) 2014: ‚Ein Empathietraining für Männer'? Zur Reaktivierung des generischen Femininums
an deutschen Hochschulen. In: Die Sprachwandlerin – Luise Pusch. Göttingen: Wall-
stein, 44–53.

(154) 2019: Geschlechterforschung in der Sprachwissenschaft: Übermittelt unsere Sprache ein
androzentrisches Weltbild? In: Kortendiek, Beate/Riegraf, Birgit/Sabisch, Katja (Hg.):
Handbuch Interdisziplinäre Geschlechterforschung (Vol. 65: Geschlecht und Gesellschaft). Wiesbaden: Springer, 571–579.

4.3.4 Interkulturelle Kommunikation / Sprache und Kultur / Soziolinguistik

(155) 1986 (zus. mit Rainer Rothenhäusler): Interethnische Kommunikation zwischen Deutschen und Chinesen. In: Info DaF 4, 304–309.

(156) 1988: Interkulturelle Aspekte von Schreibstilen. Zur Verwendung von Sprichwörtern und
Routineformeln in Deutschaufsätzen chinesischer Deutschlerner/innen. In: Lieber, Ma-
ria/Posset, Jürgen (Hg.): Texte Schreiben im Germanistik-Studium. München: Iudicium,
145–159.

(157) 1988: Interkulturelle Kommunikation und Fremdsprachenunterricht unter besonderer
Berücksichtigung deutsch-chinesischer Unterschiede. In: Günthner, Susanne/Kotthoff,
Helga (Hg.): Interkulturelle Kommunikation und Fremdsprachenunterricht. Themenheft
der Zeitschrift Beiträge zur Fremdsprachenvermittlung aus dem Konstanzer Sprachlehrinstitut 18, 23–52.

(158) 1988: Hochschulstudium aus interkultureller Sicht. Chinesische Studierende an chinesischen und deutschen Hochschulen. In: Internationales Asienforum 19 (3-4), 137–158.

(159) 1991: PI LAO ZHENG (Müdigkeit im Kampf): Zur Begegnung deutscher und chinesischer
Gesprächsstile. In: Müller-Jacquier, Bernd (Hg.): Interkulturelle Wirtschaftskommunika-
tion. München: Iudicium, 297–323.

(160) 1991: ‚A language with taste'. Uses of Proverbial Sayings in Intercultural Communication.
In: TEXT 3, 399–418.

(161) 1993: German-Chinese Interactions. Differences in Contextualization Conventions and
resulting miscommunication. In: Pragmatics 3 (3), 283–304.

(162) 1994: ‚Also moment SO seh ich das NICHT' – Informelle Diskussionen im interkulturellen
Kontext. In: Zeitschrift für Literaturwissenschaft und Linguistik 24, 97–122.

(163) 1994: Cultural differences in recipient activities: Interactions between Germans and Chinese. In: Pürschel, Heiner et al. (Hg.): Intercultural Communication. Frankfurt: Lang, 481–
502.

(164) 1994: QI ZUI BA SHE (aus sieben Mündern mit acht Zungen). Verständigungsprobleme in
der interkulturellen Kommunikation. In: Sandig, Barbara (Hg.): Europhras 92. Tendenzen
der Phraseologieforschung. Bochum: Brockmeyer, 259–280.

(165) 1995: Language and culture. An analysis of a Chinese-German conversation. In: Beiträge
zur Fremdsprachenvermittlung 28, 3–39.

(166) 1995 (zus. mit Thomas Luckmann): Asymmetries of Knowledge in Intercultural Communication. The Relevance of Cultural Repertoires of Communicative Genres. Universität Konstanz: Fachgruppe Sprachwissenschaft, Arbeitspapier Nr. 72.

(167) 1995: Deutsch-Chinesische Gespräche. Interkulturelle Mißverständnisse aufgrund kulturspezifischer Kontextualisierungskonventionen. In: Wolff, Armin/Welter, Winfried (Hg.): Materialien Deutsch als Fremdsprache 40, 55–74.

(168) 1999: Thematisierung moralischer Normen in der interkulturellen Kommunikation. In: Bergmann, Jörg/Luckmann, Thomas (Hg.): Kommunikative Konstruktion von Moral. Opladen: Westdeutscher Verlag, 325–351.

(169) 1999: Zur Aktualisierung kultureller Differenzen in Alltagsinteraktionen. In: Rieger, Stefan/Schahadat, Schamma/Weinberg, Manfred (Hg.): Interkulturalität. Zwischen Inszenierung und Archiv. Tübingen: Narr, 251–268.

(170) 2000: Argumentation in German-Chinese conversations. In: Spencer-Oatey, Helen (Hg.): Culturally Speaking: Managing Relations in Talk across Cultures. London: Cassell, 217–239.

(171) 2001: Höflichkeitspraktiken in der interkulturellen Kommunikation – am Beispiel chinesisch-deutscher Interaktionen. In: Lüger, Heinz-Helmut (Hg.): Höflichkeitsstile. Frankfurt: Lang, 295–314.

(172) 2001 (zus. mit Thomas Luckmann): Asymmetries of Knowledge in Intercultural Communication: The Relevance of Cultural Repertoires of Communicative Genres. In: Di Luzio, Aldo/Günthner, Susanne/Orletti, Franca (Hg.): Culture in Communication. Analyses of intercultural situations. Amsterdam: Benjamins, 55–86.

(173) 2001: Kulturelle Stildifferenzen – am Beispiel der Verwendung von Sprichwörtern. In: Jakobs, Eva-Maria/Rothkegel, Annely (Hg.): Perspektiven auf Stil. Tübingen: Niemeyer, 229–245.

(174) 2002 (zus. mit Thomas Luckmann): Wissensasymmetrien in der interkulturellen Kommunikation. Die Relevanz kultureller Repertoires kommunikativer Gattungen. In: Kotthoff, Helga (Hg.): Kultur(en) im Gespräch. Tübingen: Narr, 213–244.

(175) 2002: Moral Work in Intercultural Communication. Explicit Reference to Moral Norms in German-Chinese Interaction. In: Li, David (Hg.): Discourses in Search of Members. Festschrift for Ron Scollon. Norwood, N.J.: Ablex, 361–392.

(176) 2005: Kommunikative Gattungen in interkulturellen Kommunikationssituationen. In: Bismark, Heike/Honemann, Volker/Neuß, Elmar and Tomasek, Tomas (Hg.): Usbekisch-deutsche Studien: Indogermanische und außerindogermanische Kontakte in Sprache, Literatur und Kultur. Münster: Lit-Verlag, 43–62.

(177) 2007: Die Relevanz der kommunikativen Gattungen für die Erforschung interkultureller Kommunikationssituationen. In: Zhu, Jianhua et al. (Hg.): Neuere Arbeiten zur Interkulturellen Kommunikation. Chinesisch-Deutsch. Beijing: Verlag für Fremdsprachen, 154–180.

(178) 2007: Intercultural Communication and the Relevance of Cultural Specific Repertoires of Communicative Genres. In: Kotthoff, Helga/Spencer-Oatey, Helen (Hg.): Intercultural Communication. Handbook of Applied Linguistics. Vol. 7. Berlin/New York: De Gruyter, 127–152.

(179) 2007: Die Analyse kommunikativer Gattungen. In: Straub, Jürgen/Weidemann, Arne/Weidemann, Doris (Hg.): Handbuch interkulturelle Kommunikation und Kompetenz. Stuttgart: Metzler, 374–383.

(180) 2008: Interactional Sociolinguistics. In: Antos, Gerd/Ventola, Eija (Hg.): Interpersonal Communication. Handbook of Applied Linguistics. Vol. 2. Berlin/New York: De Gruyter Mouton, 53–76.

(181) 2011: The dynamics of communicative practices in transmigrational contexts: 'insulting remarks' and 'stylized category animations' in everyday interactions among male youth in Germany. In: Text & Talk 31 (4), 447–473.

(182) 2011: Interkulturelle Kommunikation aus linguistischer Perspektive. In: Krumm, Hans-Jürgen/Fandrych, Christian/Hufeisen, Britta/Riemer, Claudia (Hg.): Deutsch als Fremdsprache. Ein internationales Handbuch. HSK Handbücher zur Sprach- und Kommunikationswissenschaft. Berlin/New York: De Gruyter, 331–342.

(183) 2012 (zus. mit Katharina König): Die sprachliche Rekonstruktion migrationsbedingter Mehrsprachigkeit: Aspekte einer interaktiven Konstruktion von ‚Andersheit' In: Heike Roll, Andrea Schilling (Hg.): Mehrsprachiges Handeln im Fokus von Linguistik und Didaktik. Duisburg: UVRR, 67–83.

(184) 2013: Communicative practices among migrant youth in Germany: 'Insulting address forms' as a multifunctional activity. In: Du Bois, Inke/Baumgarten, Nicole (Hg.): Multilingual Identities: New Global Perspectives. Frankfurt: Peter Lang, 15–34.

(185) 2013: Sprache und Kultur. In: Auer, Peter (Hg.): Sprachwissenschaft: Grammatik – Interaktion – Kognition. Stuttgart: Metzler, 347–369.

(186) 2013: Doing Culture – Kulturspezifische Selbst- und Fremdpositionierungen im Gespräch. In: Bogner, Andrea et al. (Hg.): Jahrbuch Deutsch als Fremdsprache (38/2012). München: iudicium, 30–48.

(187) 2014 (zus. mit Qiang Zhu): Wissenschaftsgattungen im Kulturvergleich – Analysen von Eröffnungssequenzen chinesischer und deutscher Konferenzvorträge. In: Meier, Simon/Rellstab, Simon/Schiewer, Gesine (Hg.): Dialog und (Inter-)Kulturalität. Tübingen: Narr, 175–196.

(188) 2015: Zur Verwobenheit von Sprache und Kultur – Ansätze einer Anthropologischen Linguistik. In: Dobstadt, Michael/Fandrych, Christian/Riedner, Renate (Hg.): Linguistik und Kulturwissenschaft. Zu ihrem Verhältnis aus der Perspektive des Faches Deutsch als Fremd- und Zweitsprache und anderer Disziplinen. Frankfurt a.M.: Peter Lang, 37–64.

(189) 2016 (zus. mit Qiang Zhu): ‚Doing Culture' als kommunikative Praxis: Zur Dynamisierung des Kulturkonzepts in der Gesprächsforschung. In: Muttersprache. Vierteljahresschrift für deutsche Sprache 126, 208–220.

(190) 2016: Kulturwissenschaftliche Orientierung in der Gesprächsforschung. In: Jäger, Ludwig/Holly, Werner/Krapp, Peter/Weber, Samuel/Heekeren, Simone (Hg.): Sprache – Kultur – Kommunikation. Ein internationales Handbuch zu Linguistik als Kulturwissenschaft. Berlin/Boston: De Gruyter, 809–817.

(191) 2016 (zus. mit Silvia Bonacchi, Beata Mikolajczyk, Claudia Wich-Reif, Britt-Marie Schuster und Qiang Zhu): Beziehungsgestaltung durch Sprache. In: Zhu, Jianhua/Szurawitzki, Michael (Hg.): Akten des XIII. Internationalen Kongresses Shanghai 2015, Germanistik zwischen Tradition und Innovation. Band 3. Frankfurt a M.: Peter Lang, 15–20.

(192) 2017 (zus. mit Qiang Zhu): Anredeformen im Kulturvergleich. Verwandtschaftsbezeichnungen als Mittel der kommunikativen Konstruktion sozialer Beziehungen in chinesischen und deutschen SMS-Interaktionen. In: Linke, Angelika/Schröter, Juliane (Hg.): Sprache und Beziehung. Berlin/Boston: De Gruyter, 119–149.

(193) 2017: Doing Culture – kulturowa samoidentyfikacja i identyfikacja innych w rozmowie. In: Czachur, Waldemar (Hg.): Lingwistyka kulturowa i miedzykulturowa. Warschau: Wydawnictwa Uniwersytetu Warzwaskiego, 187–214.

(194) 2017: Die kommunikative Konstruktion von Kultur: Chinesische und deutsche Anredepraktiken im Gebrauch. In: Zeitschrift für Angewandte Linguistik 66, 1–29.

(195) 2018: Perspektiven einer sprach- und kulturvergleichenden Interaktionsforschung: Chinesische und deutsche Praktiken nominaler Selbstreferenz in SMS-, WhatsApp- und WeChat-Interaktionen. In: Gesprächsforschung – Online-Zeitschrift zur verbalen Interaktion 19, 478–51.

(196) 2019: Musikalische Inszenierungen des eigenen Sterbens – Der thanatopoetische Abschied von Leonard Cohen und David Bowie. In: Vögele, Jörg/Schiller, Anna/Rittershaus Luisa/Waap, Kelly Gisela (Hg.): Dancing with Mr. D. – Tod in Popmusik und Kunst. Köln: Wienand, 318–323.

(197) 2021: Kommunikative Praktiken und Kulturalität – Namentliche Selbstreferenzen in deutschen und chinesischen SMS-, WhatsApp- und WeChat-Interaktionen. In: Zhao, Jing (Hg.): Kulturalität der Sprache und Sprachlichkeit der Kultur. Berlin: Peter Lang, 99–121.

(198) 2021: Praktiken der Personenreferenz in chinesischen und deutschen Chat-Interaktionen: Die kommunikative Konstruktion von Kulturalität. In: Interkulturelles Forum deutsch-chinesischer Kommunikation 1. https://doi.org/10.1515/ifdck-2021-2003.

(199) 2021: Sprach- und kulturkontrastive Studien zu Referenzen auf das Gegenüber in der 3. Person am Beispiel chinesischer WeChat- und deutscher WhatsApp-Interaktionen. In: Nazarkiewicz, Kirsten/Schroer, Norbert (Hg.): Verständigung in Pluralen Welten. Hannover: Ibidem-Verlag, 103–131.

4.3.5 Interkulturelle Kommunikation mit Schwerpunkt Deutsch als Fremdsprache

(200) 1984: Fremdsprachenunterricht in China. In: Beiträge zur Fremdsprachenvermittlung 14, 64–71.

(201) 1986 (zus. mit Rainer Rothenhäusler): Zur Vermittlung von Modalpartikeln im Deutschunterricht. In: Beiträge zur Fremdsprachenvermittlung 14, 64–70.

(202) 1986 (zus. mit Renate Bürner-Kotzam): Beobachtungen und Erfahrungen mit chinesischen Kolleginnen und Studentinnen nach zweijähriger Unterrichtstätigkeit in China. In: Frauen in der Literaturwissenschaft 12, 6–13.

(203) 1988: Fremdkulturelle Begegnungen im Umfeld ‚Deutsch als Fremdsprache‘. In: Zielsprache Deutsch, 3–10.

(204) 1989: Interkulturelle Kommunikation und Fremdsprachenunterricht. In: Info DaF 4, 431–447.

(205) 1992: Hochschulstrukturen und Deutschausbildung in Vietnam. In: Info DaF 5, 604–616.

(206) 2000: Grammatik in der gesprochenen Sprache. In: Info DaF 7, 352–366.

(207) 2001: Kulturelle Unterschiede in der Aktualisierung kommunikativer Gattungen. In: Info DaF 28, 15–32.

(208) 2002: Konnektoren im gesprochenen Deutsch: Normverstoß oder funktionale Differenzierung? In: Deutsch als Fremdsprache 2 (39), 67–74

(209) 2004: Inszenierung und Spiel mit Varietäten am Beispiel von Redewiedergaben. In: Der Deutschunterricht 1, 1–20.

(210) 2010: ‚ICH (-) die karTOFFeln fertig,‘ – Brauchen wir die ‚Gesprochene Sprache‘ in der Auslandsgermanistik? In: Suntrup, Rudolf/Medjitowa, Halida/Rzehak, Kristina (Hg.): Usbekisch-deutsche Studien III: Sprache - Literatur - Kultur - Didaktik. Münster: LIT-Verlag, 241–260.

(211) 2011: Syntax des gesprochenen Deutsch. In: Moraldo, Sandro (Hg.): Deutsch Aktuell 2. Tendenzen der deutschen Gegenwartssprache. Rom: Carocci, 108–126.

(212) 2011: Übergänge zwischen Standard und Non-Standard – welches Deutsch vermitteln wir im DaF-Unterricht? Wyss, Eva L./Stotz, Daniel (Hg.): Sprachkompetenz in Ausbildung und Beruf. Übergänge und Transformationen. Neuenburg/Neuchâtel, Bulletin VALS ASLA 94/201, 24–47.

(213) 2013 (zus. mit Lars Wegner und Beate Weidner): Gesprochene Sprache im DaF-Unterricht – Möglichkeit der Vernetzung der Gesprochene-Sprache-Forschung mit der Fremdsprachenvermittlung. In: Moraldo, Sandro M./Missaglia, Frederica (Hg.): Gesprochene Sprache im DaF-Unterricht. Grundlagen – Ansätze – Praxis. Heidelberg: Universitätsverlag Winter, 113–150.

(214) 2015: Diskursmarker in der Interaktion – zum Einbezug alltagssprachlicher Phänomene in den DaF-Unterricht. In: Imo, Wolfgang/Moraldo, Sandro (Hg.): Interaktionale Sprache und ihre Didaktisierung im DaF-Unterricht. Tübingen: Stauffenburg Verlag, 135–164.

(215) 2017 (zus. mit Lars Wegner): Der konversationsanalytische Ansatz. In: Der Deutschunterricht 6, 35–43.

(216) 2021: Anredepraktiken in der Hochschulkommunikation: Gesprächssegmente und Erfahrungen deutscher und internationaler Studierender. In: Günthner, Susanne/Schopf, Juliane/Weidner, Beate (Hg.): Gesprochene Sprache in der kommunikativen Praxis. Analysen authentischer Alltagssprache und ihr Einsatz im DaF-Unterricht. Tübingen, Stauffenburg, 43–66.

(217) 2021 (zus. mit Juliane Schopf und Beate Weidner): Einleitung: Gesprochene Sprache in der kommunikativen Praxis. Analysen authentischer Alltagssprache und ihr Einsatz im DaF-Unterricht. In: Günthner, Susanne/Schopf, Juliane/Weidner, Beate (Hg.): Gesprochene Sprache in der kommunikativen Praxis. Analysen authentischer Alltagssprache und ihr Einsatz im DaF-Unterricht. Tübingen, Stauffenburg, 9–24.

(218) 2023: An der Schnittstelle von Interaktionaler Linguistik und DaFZ: Kommunikative Praktiken in der Hochschulinteraktion am Beispiel universitärer Sprechstundengespräche. In: Zeitschrift für Interaktionsforschung in DaFZ 2 (1), 41–64.

4.3.6 Medienkommunikation

(siehe auch unter der Rubrik Interkulturelle Kommunikation/Sprache und Kultur für sprachkontrastive Analysen von Medienkommunikation)

(219) 2001 (zus. mit Gurly Schmidt): Stilistische Verfahren in der Welt der Chat Groups. In: Keim, Inken/Schütte, Wilfried (Hg.): Soziale Welten und kommunikative Stile. Tübingen: Narr, 315–338.

(220) 2011: Zur Dialogizität von SMS-Nachrichten – eine interaktionale Perspektive auf die SMS-Kommunikation. In: Networx 60, 1–37.

(221) 2012: ‚Lupf meinen Slumpf‘ – die interaktive Organisation von SMS-Dialogen. In: Meier, Christian/Ayaß, Ruth (Hg.): Sozialität in Slow Motion. Theoretische und empirische Perspektiven. Wiesbaden: Springer, 353–374.

(222) 2012 (zus. mit Saskia Kriese): Dialogizität in der chinesischen und deutschen SMS-Kommunikation – Eine kontrastive Studie. In: Linguistik Online 57 (7), 43–70.

(223) 2014: Die interaktive Gestaltung von SMS-Mitteilungen – Aspekte der interaktionalen Matrix chinesischer und deutscher SMS-Dialoge. In: Mathias, Alexa/Runkehl, Jens/Siever, Torsten (Hg.): Sprachen? Vielfalt! Sprache und Kommunikation in der Gesellschaft und den Medien – Eine Online-Festschrift zum Jubiläum von Peter Schlobinski. Networx 64, 129–148.

(224) 2015 (zus. mit Qiang Zhu): Formen ‚verbaler Fellpflege': Kosende Anredepraktiken in chinesischen und deutschen SMS-Dialogen. In: Deutsche Sprache 43 (1), 42–73.

(225) 2022: Aspekte der sequenziellen Organisation von Personenreferenzen in translokaler Chat-Kommunikation: Zur Ko-Produktion ‚alternativer' Selbst- und Fremdreferenzen in deutschen und chinesischen WhatsApp- und WeChat-Interaktionen. In: Gesprächsforschung – Online-Zeitschrift zur verbalen Interaktion 23, 66–88.

(226) 2023.: 'Deine Frau würde sich über ein kleines Lebenszeichen freuen'. Adnominale Possessivkonstruktionen als kommunikative Praktik der uneigentlichen Selbst- und Fremdreferenz in WhatsApp-Interaktionen. In: Beiträge zur Namenforschung 58 (1-2), 143–168.

(227) i.Dr.: Practices of person reference in Chinese and German interactions: A contrastive analysis of 'third person reference forms' in SMS, WhatsApp, and WeChat communication". In: Baumgarten, Nicole/Roel Vismans (Hg.): Forms of Address in Contrastive Contexts. Amsterdam/Philadelphia: John Benjamins.

Susanne Günthner

"... weil – man kann es ja wissenschaftlich untersuchen"

Diskurspragmatische Aspekte der Wortstellung in WEIL-Sätzen

Dieser Beitrag[1] wendet sich einer vorrangig in der gesprochenen Sprache auftretenden syntaktischen Konstruktion zu: den WEIL-Sätzen mit "Hauptsatz"stellung.

A: ne das stimmt so sicher nicht.
    also weil – man kann es ja WISSENSCHAFTLICH untersuchen.

Trotz ihrer weiten Verbreitung in der gesprochenen Sprache wird diese syntaktische Konstruktion noch immer von zahlreichen Grammatiken, von der Duden Sprachberatungsstelle[2] sowie von vielen MuttersprachlerInnen[3] als "inkorrekt" beurteilt. "Sprachpfleger" warnen geradezu vor dieser Konstruktion, die angeblich zum "Verfall der deutschen Nebensatzstellung" führt.[4]

Wird die Nebensatzstellung in der gesprochenen Sprache tatsächlich immer mehr zurückgedrängt? Wird WEIL+Verbzweitstellung die Verbendstellung

---

1 Für die detaillierte und anregende Kommentierung früherer Versionen dieses Beitrags danke ich Peter Auer. Gabriele Christmann danke ich für die Bereitstellung einiger Daten.
2 Die Sprachberatungsstelle der DUDENREDAKTION (7.8.1991) schickte auf meine Anfrage zu den "weil"-Stellungstypen folgende Antwort: "Die mit weil eingeleiteten Sätze sind Nebensätze. Deshalb muß das Zeitwort wie bei allen mit einem Bindewort (einer Konjunktion) eingeleiteten Nebensätzen am Ende stehen: Ich kann nicht kommen, weil ich keine Zeit habe. Die besonders in der gesprochenen Sprache vorkommende Voranstellung des Zeitwortes (Ich kann nicht kommen, weil ich habe keine Zeit. Sie war ärgerlich, weil er war nicht gekommen) ist nicht korrekt." (Unterstreichung: Dudenredaktion).
3 Viele meiner InformantInnen stritten zunächst ab, diese Satzstellung zu verwenden – selbst wenn ich Gesprächsausschnitte von ihnen auf Band hatte, in denen sie WEIL+Verbzweitstellung benutzen. Dies verdeutlicht den "Nonstandardcharakter" dieser Konstruktionen und damit die Einstellung vieler deutscher SprecherInnen, es handle sich hierbei um eine "normwidrige Abweichung".
4 Vgl. u.a. den Artikel in der ZEIT vom 8.9.1989, wo vor Sätzen wie "weil: es ist leichter" gewarnt wird: "Und wenn es auch schwer sein sollte, so darf dennoch gewachsener Sprache nicht Gewalt angetan werden nur, weil sie dadurch scheinbar leichter würde. *Principiis obsta* heißt es in einer europäischen Ursprache, die heute leider nur wenige noch verstehen. Auf gut deutsch gesagt: Wehret den Anfängen!"

---

ablösen, wie Weinrich (1984) in seiner Prognose zur Zukunft der deutschen Sprache voraussagt? Oder haben die beiden Satzstellungstypen gar unterschiedliche Diskursfunktionen?

Zur Beantwortung der Frage nach möglichen Unterschieden in den Funktionen der beiden Satzstellungsvarianten ist es erforderlich, ihre diskurspragmatischen Aufgaben im Kontext spontaner Alltagsgespräche und damit ihre konkrete Verwendung im Interaktionszusammenhang zu analysieren. Hierbei sind Fragen wie die folgenden entscheidend: Treten WEIL+Verbzweitstellungstypen in bestimmter sequentieller Umgebung auf? Gibt es bestimmte pragmatische Phänmomene, die typischerweise durch die WEIL+Verbzweitstellung realisiert werden?

Wollen wir syntaktische Strukturen gesprochener Sprache analysieren, sind also empirische Daten als Basis der Analyse unabdingbar – zumal der konkrete Sprachgebrauch im sequentiellen Verlauf nicht nur die Instantiierung von Sprachkompetenz darstellt, sondern vielmehr die Grundlage für ihre strukturellen Eigenschaften bildet. Nur konkrete empirische Daten liefern die Indizien dafür, welche syntaktischen Konstruktionen der gesprochenen Sprache zur Darstellung welcher Art von Information, in welchem sequentiellen Kontext präferentiell verwendet werden. Diese Muster erlauben uns wiederum Rückschlüsse auf die Grundstrukturen sprachlicher Äußerungsorganisation.[5] Darüberhinaus versperren sich Strukturen gesprochener Sprache häufig der Reproduzierbarkeit durch reine Introspektion, da in der gesprochenen Sprache Strukturen auftreten, die unserer sprachlichen Kompetenz nicht bewusst sind, und deren vielfältige Verwendungsweise wir nicht memorieren oder die wir als "Fehler" abklassifizieren.

Anhand einer empirischen Analyse von WEIL-Konstruktionen in der gesprochenen Sprache werde ich im folgenden verdeutlichen, dass die beiden Satzstellungstypen unterschiedliche Diskursfunktionen haben, nicht austauschbar sind und folglich auch nicht von einer "allgemeinen Tendenz zur Hauptsatzstellung in den deutschen Nebensätzen" gesprochen werden kann.

---

5 Hierzu auch Couper-Kuhlen 1991.

1 Zum Stand der Forschung: Ungrammatische Performanzentgleisungen, Dialektvarianten oder eine allgemeine Tendenz zur Syntaxvereinfachung?

Die primär in der spontanen mündlichen Kommunikation[6] auftretende "WEIL+Verbzweitstellung" wird von zahlreichen gegenwärtigen Grammatiken zur deutschen Sprache schlichtweg ignoriert (Heidolph/Fläming/Motsch 1981; Admoni 1982; Duden Grammatik 1984; Helbig/Buscha 1986; Hentschel/Weydt 1990). Einige andere Grammatiken (Brinkmann 1971; Eisenberg 1986) handeln diese Konstruktion als "ungrammatisch" ab, da "fälschlicherweise die Nebensatzstellung (finites Verb am Schluss) durch die Hauptsatzstellung (finites Verb an zweiter Stelle) ersetzt" wird. (Eisenberg 1986: 19)

Gelegentlich wird die Verbzweitstellung als Charakteristikum bestimmter Mundarten aufgeführt. So betont bereits Behaghel (1927), dass gewisse Mundarten eine Neigung zur Aufgabe der Endstellung des finiten Verbes in Nebensatzkonstruktionen haben.[7] Baumgärtner (1959: 102ff.) beschreibt die "Durchbrechung des Satzrahmens" und die Tendenz zur Nebenordnung statt Unterordnung als Charakteristikum der Leipziger Umgangssprache. Boettcher/Sitta (1972: 141)

---

6 Mittlerweile finden sich WEIL+Verbzweitstellung auch in Werbetexten, wie beispielsweise in einer RITTER SPORT-Werbung im Radio, wo eine Mädchenstimme folgenden Text äußert: "Ich bin die Katja aus Berlin und ich will einen Klassenausflug mit Ritter Sport gewinnen, weil das wäre toll." (SWF 3, 29.8.1991)

In schriftlichen Texten ist diese Konstruktion nur selten zu finden. Eine dieser Ausnahmen findet sich z.B. in einem im SPIEGEL vom 24.7.1989 abgedruckten Leserbrief: "...weil, man will ja zeigen, was man hat.". Arndt (1959: 408) führt Brechts "Mutter Courage und ihre Kinder" an, wo dieser Satzstellungstyp zur Signalisierung eines bestimmten Kommunikationsstils eingesetzt wird:

Courage: *Ich will Sie nicht beleidigen, aber Phantasie haben sie nicht viel. Er heißt natürlich Fejos, weil, als er kam war ich mit einem in Ungarn.*

Feldhauptmann: *Und der Seelenhirt schaut wieder zu, weil er predigt nur, und wies gemacht werden soll, weiß er nicht.*

Koch: *Ich hab dich unterbrochen, weil das ist ein Mißverständnis von deiner Seit, seh ich.*

7 Arndt (1956) weist darauf hin, dass sich die Mhd. – durch den Einfluss des Latein – einsetzende Verbendstellung in Nebensätzen erst im 17. Jhd. unter dem Einfluss standardisierter Schriftsprache als "Norm" durchsetzt. In einigen Dialekten werden – so Arndt – bis heute beide Satzstellungstypen verwendet. Zur historischen Entwicklung der Nebensatzstellung siehe auch Sandig (1973).

betrachten WEIL-Sätze mit Verbzweitstellung als süddeutsche Variante; Gaumann (1983) behauptet eine Korrelation zwischen dieser Satzstellung und der Kategorie (+ dialektal; süddeutsch). Wessely (1981) beschreibt diese Satzstellung als Teil der Österreichischen Syntax. Da jedoch zahlreiche SprachwissenschaftlerInnen die Verbzweitstellung als jeweils spezifische Eigenart der betreffenden Mundart beschreiben, liegt der Schluss nahe, dass es sich hierbei um eine allgemeine, Mundart übergreifende Konstruktion handelt.

Ein weiterer Erklärungsversuch sieht die "WEIL+Verbzweitstellung" als typisches Anzeichen einer allgemeinen Tendenz zur Parataxe in der gesprochenen Sprache.

> Die höhere Frequenz der Kernform in den gesprochenen Texten erklärt sich daraus, daß sie dem Sprecher die Möglichkeit bietet, die syntaktische Ruhelage beizubehalten. Wie stark der Sog der Kernform ist, zeigen die vielen Fälle des Rückfalls der Spannform in die Kernform. Beispiel: Ich muß gehen, weil ... das Zimmer wird verschlossen. (Höhne-Leska 1975: 99)

Dieser "Sog der Kernform" scheint zunächst einmal mit den von Chafe (1985) beschriebenen Charakteristika der gesprochenen Sprache zusammen zu hängen: In der gesprochenen Sprache werden "Ideeneinheiten" (idea units) eher mittels koordinierenden Konjunktionen aneinandergereiht, da Interagierende – so Chafe (1985) – im mündlichen Diskurs über wenig Planungszeit und mentale Ressourcen verfügen und somit die Produktion von komplexen Konstruktionen, die in der geschriebenen Sprache aufgrund der dort möglichen Planung und Umgestaltung möglich sind, erschwert bzw. verhindert wird.

Die Erklärung, dass jene Konstruktionen, die eigentlich die kognitiv komplexere Verbendstellung erfordern, in der gesprochenen Sprache – aufgrund der spezifischen Produktions- und Rezeptionsbedingungen – eher zur Verbzweitstellung tendieren, wirkt zunächst einmal plausibel. Somit wären die beiden Satzstellungstypen (WEIL+Verbend- und WEIL+Verbzweitstellung) funktional äquivalent und würden lediglich die unterschiedlichen Strukturen und Äußerungspräferenzen in der gesprochenen und geschriebenen Sprache reflektieren. Zu fragen wäre allerdings, weshalb sich diese Tendenz speziell bei WEIL-und

OBWOHL[8]-Teilsätzen zeigt, weniger bei WÄHREND[9] und gar nicht bei anderen unterordnenden Konjunktionen (z.B. DA, WENN, ALS).

Grundsätzlich kann man sicher zustimmen, dass in der gesprochenen Sprache mehr parataktische Konstruktionen auftreten (Chafe 1985; Höhne-Leska 1975), doch wäre es simplizistisch zu behaupten, deutsche Nebensatzkonstruktionen lösten sich auf, und es bestehe eine allgemeine Tendenz zur "Aufgabe syntaktischer Komplexität" (Gaumann 1983). Die Situation in der gesprochenen Sprache ist sehr viel komplexer und kann nicht mit der Erklärung einer allgemeinen "Syntaxvereinfachung" abgetan werden, zumal einerseits keineswegs sämtliche subordinierende Konjunktionen in Adverbialsätzen zur Verbzweitstellung tendieren und andererseits die Stellungstypen in den WEIl-Sätzen nicht beliebig austauschbar und damit funktional äquivalent sind.[10] Vielmehr bestimmt der semantische und diskurspragmatische Kontext über die Zulässigkeit und Präferenz der Konstruktion und damit auch darüber, wie eine bestimmte Konstruktion zu interpretieren ist.

In meinem Datenmaterial, das aus a) 12 Gesprächen unter FreundInnen, b) 9 Radio-phone-ins und c) 35 semiformellen Interviewgesprächen besteht, werden WEIL+Verbzweitstellungen sowohl von nord- als auch süddeutschen SprecherInnen verwendet, von AkademikerInnen und Nicht-AkademikerInnen und von SprecherInnen verschiedener Altersgruppen. Jedoch zeigen sich signifikante Unterschiede hinsichtlich der Kommunikationssituation: Sehr häufig treten diese Konstruktionen in den Alltags- und Interviewgesprächen auf, dagegen werden sie in den "phone-ins" nur von den AnruferInnen und nicht von den ModeratorInnen verwendet. Dies könnte mit dem Bewusstseinsgrad der Situation zusam-

---

8 Es zeigen sich in meinem Datenmaterial auch zahlreiche OBWOHL-Äußerungen mit Verbzweitstellung:

12 S: ich bin mir echt nicht ganz sicher ob das auch von München aus geht

13   obwohl da stehts - München Hauptbahnhof dann gehts wohl schon

OBWOHL+Verbzweitstellung hat eine von OBWOHL+Verbendstellung unterschiedliche diskurspragmatische Funktion inne: OBWOHL+Verbzweitstellung wird häufig als Korrektur hinsichtlich der vorausgegangenen Äußerung verwendet bzw. leitet der OBWOHL-Teilsatz den Grund für das Nichtwirksamwerden der vorausgegangenen Sprechhandlung ein:

"Ich nehm noch ein Gläschen Wein. Obwohl - ich hab ja schon drei getrunken."

9 Hier auch nur bei adversativem WÄHREND. Vgl.: "mit ihr komme ich ganz gut klar. während mit ihm, da hab ich ziemliche Probleme."

10 Hiermit wende ich mich auch gegen Gaumanns (1983) These, wonach die meisten der WEIL+Verbzweitstellungskonstruktionen funktional äquivalent mit der Verbendstellung seien. Nach Gaumann korreliert die Verbzweitstellung angeblich mit unspezifischen Textsortenfaktoren wie "+expressiv; +emotional; +schwieriges Thema; +phatisch".

menhängen: In einer Situation, wo auf sprachliche "Korrektheit" geachtet wird, orientieren sich die SprecherInnen weit mehr an der Norm der geschriebenen Sprache.

Sämtliche SprecherInnen in meinen Daten (außer den ModeratorInnen in den Radio-Daten) benutzen beide Konstruktionstypen. Selbst innerhalb einer Äußerung werden gelegentlich beide Satzstellungsmuster verwendet:

ANATOMIE
48 A: DAS wollte ich nur = 'h = des hat mich noch
49   (-) bisschen ú:nruhig gemacht, /hh/
50 B: /ja/
51 A: weil ich niemand gefrágt hab, 'h also von der Kírche.
52   weil die hom doch alle immer kai Zeit.

Im Folgenden sollen nun diejenigen diskurspragmatischen Bedingungen aufgezeigt werden, die die jeweilige syntaktische Konstruktion erforderlich machen.

2 Faktoren, die die „WEIL+Verbzweitstellung" erfordern

2.1 Nicht-faktische Weil-Sätze

In diese Kategorie fallen jene Konstruktionen, die von Sweetser (1990) als "non real-world causalities" und von Ross (1970), Rutherford (1970) und Kac (1972) als "nonrestrictive uses of reason adverbials" bezeichnet werden. Die nicht-faktischen Kausalsätze sollen hier weiter untergliedert werden in Sprechakt-Qualifikationen und epistemische Kausalsätze.[11]

2.1.1 Sprechakt-Qualifikation

Diese Konstruktionen unterscheiden sich insofern von der traditionellen Kausalbeziehung, wonach Teilsätze "so miteinander verbunden (werden, S.G.), daß in

---

11 Zur Differenzierung von Sprechaktqualifikationen und epistemischen Kausalsätzen siehe auch Sweetser (1990).

einem der beiden Teilsätze ein Sachverhalt festgestellt wird und im anderen die Ursache angegeben wird, die zu diesem Sachverhalt führt bzw. geführt hat." (Wessely 1981:41), als sich bei diesen Sprechaktqualifikationen der WEIL-Satz nicht etwa auf den Sachverhalt der Bezugsäußerung, sondern auf die Sprechhandlung selbst, die der/die SprecherIn soeben ausgeführt hat, bezieht.

Die Lesart von Sprechaktqualifikationen ist somit folgende: "Ich frage dich; bzw. bitte dich; fordere dich auf; beschimpfe dich + (Teilsatz A), weil (Teilsatz B)".

KAFFEEKLATSCH
24 S: hol - hol mir bitte die Kanne da runter. -
25   weil - ich kann grad nicht aufstehen.

MOTTEN
22 A: warum kauft Ihr denn keine größeren Müslipäckchen. -
23   weil - DIE reichen doch nirgends hin.

EINKAUF
5 R: ruf mich doch nachher nochmal an. -
6   weil ich bin grad aufm Sprung.

INTERCITY[12]
D: ist da der Intercityzuschlag nich schon dabei?
           - weil am Schalter in Bonn sagten sie nichts
           von wegen ZUSCHLAG.

YANG
89 D: wo siehst DU denn die NATÜRLICHEN Unterschiede? -
90   weil du hast was von natürlichen Unterschieden gere/det/
91 Yang: /viel/leicht

Die Beispiele verdeutlichen, dass auch zwei Teilsätze mit unterschiedlicher illokutionärer Kraft (Interrogativsatz+WEIL-Teilsatz; Imperativsatz+WEIL-Teilsatz) mittels WEIL+Verbzweitstellung verbunden werden können. Dies weist auf die relative "Unabhängigkeit" der beiden Teilsätze hin.[13]

---

12 Dieser Gesprächsausschnitt wurde unmittelbar im Anschluss notiert.
13 Siehe Foley/Van Valins (1984:239) Typologie der Satzverbindungen; sowie Lehmann (1988:193).

Bezieht sich also der WEIL-Teilsatz auf die Illokution des vorausgehenden Teilsatzes und nicht auf die Proposition, so ist in der Regel die WEIL+Verbzweitstellung erforderlich.

KINO
18 H: und was gibts außer Cinema Paradiso.
19   weil - DEN hab ich schon gesehen.

Die Konstruktion "und was gibts außer Cinema Paradiso, weil ich DEN schon gesehen hab" wäre unmöglich bzw. sehr ungewöhnlich;[14] dagegen wäre eine Substitution von WEIL durch die koordinierende Konjunktion DENN bzw. das Satzadverb NÄMLICH durchaus akzeptabel:

18 H: und was gibts außer Cinema Paradiso.
19   denn - DEN hab ich schon gesehen.
18 H: und was gibts außer Cinema Paradiso.
19   DEN hab ich nämlich schon gesehen.

2.1.2 Epistemische Begründung

Eine weitere Subkategorie der "nonrestrictive reason adverbials" stellt die epistemische[15] WEIL-Verknüpfung dar:

> ...in the epistemic domain a causal conjunction will mark the cause of a belief or a conclusion... (Sweetser 1990:76)

Im Falle einer epistemischen WEIL-Verknüpfung wird der WEIL-Teilsatz so verstanden, dass das Wissen bzw. die Erfahrung des WEIL-Satzteils zu der in der Bezugsäußerung dargelegten Konklusion führt.[16]

---

14 WEIL+Verbendstellung bei Sprechaktqualifikationen treten in meinem Datenmaterial nicht auf. Konstruktionen mit vorangestelltem WEIL-Teilsatz (mit Verbendstellung) ist im Falle von Sprechaktqualifikationen dann möglich, wenn die Begründung bereits bekannt ist: "Weil du ja doch keine Ruhe gibst - sie kommt NICHT." Hier steht bezeichnenderweise der folgende "Hauptsatz" mit Inversion.

15 Epistemische WEIL-Verknüpfungen werden in der Literatur gelegentlich als Symptombeziehung bezeichnet (Boettcher/Sitta 1972).

16 Auch in diesem Fall ist eine Substitution durch DENN und NÄMLICH möglich.

KINO
12 D: der Bildschirm ist kaputt . -
13   WEIL - da ist nur noch schwarz aufm Schirm

KAFFEEKLATSCH
42 B: er hängt einfach total an ihr. (0.3)
43   weil ich merk das immer wieder

Eine WEIL+Verbendkonstruktion wäre hier nicht möglich, bzw. würde eine andere Lesart implizieren: *"er hängt total an ihr, weil ich das immer wieder merk". Der WEIL-Teilsatz wäre dann die Begründung dafür, weshalb er an ihr hängt. Charakteristisch für die epistemischen WEIL-Sätze ist, –wie auch bereits bei den Sprechaktqualifikationen der Fall – dass die beiden Teilsätze getrennt assertierbar[17] sind, d.h. eine eigenständige Aussagekraft haben und in der Regel beide Teilsätze "neue Information"[18] enthalten.

Betrachten wir nun folgendes – konstruierte – Minimalpaar[19]:

a) Harry kommt später. weil - ich habe mit seiner Frau geredet.
b) Harry kommt später, weil ich mit seiner Frau geredet habe.

Der WEIL-Satz in (a) gibt meinen Grund an, weshalb ich in der Lage bin, die Behauptung aufzustellen, dass Harry später kommt: Ich habe mit seiner Frau gesprochen, die es mir gesagt habe. Der WEIL-Satz in (b) kann dagegen so gelesen werden, dass Harry – aufgrund meiner Unterhaltung mit seiner Frau – später kommt. Hierbei handelt es sich um eine faktische Begründung.

Bei den epistemischen WEIL-Sätzen wird im Gegensatz zur faktischen Begründung ("real-world causality") keine Begründung auf der Inhaltsebene für den Sachverhalt im ersten Teilsatz geliefert, sondern die Wissens- und Erfahrungsgrundlage, die zu der im Hauptsatz dargelegten Inferenz führt, dargeboten.[20]

---

17 Zum Begriff der "separate assertion" siehe König/van der Auwera (1988:111ff.) sowie Hooper/Thompson (1973).

18 Zur Organisation von "neuen" und "bekannten" Informationen in Zusammenhang mit Adverbialsätzen siehe auch Chafe (1984).

19 Dieses Beispiel (Originalfassung: "Harry will be late, because I just talked to his wife") habe ich Thompson/Longacre (1985:203) entnommen.

20 Im Gegensatz zu den Sprechaktqualifikationen lässt sich bei den epistemischen Kausalbeziehungen mittels Vertauschung der Teilsätze eine "real world causality" wiederherstellen.

FRÜHSTÜCK

12 A: der hat sicher wieder gsoffen. (0.3)
13   weil - sie läuft total deprimiert durch die Gegend.

Anhand dieses Textausschnittes lässt sich sehr gut die Nichtaustauschbarkeit der beiden WEIL-Konstruktionen zeigen. Betrachten wir folgendes Minimalpaar:

a) der hat sicher wieder gsoffen. (0.3) weil - sie läuft total deprimiert durch die Gegend.
b) der hat sicher wieder gsoffen, weil sie total deprimiert durch die Gegend läuft.

Satz (b) legt eine von (a) abweichende Lesart nahe: Die Tatsache, dass "sie deprimiert durch die Gegend läuft" wäre dann der Grund für "sein Trinken". Während also im Satz (b) mit der WEIL-Verknüpfung ein bestimmter Sachverhalt ("sie läuft total deprimiert durch die Gegend") als Grund für einen anderen Sachverhalt ("der hat wieder gsoffen") dargelegt wird, wird in Satz (a) die Schlussfolgerung des/der Sprechenden von einem Sachverhalt auf einen anderen geäußert.

Folgende Operationen verdeutlichen die semantischen Unterschiede zwischen den beiden Lesarten[21]:

- Verneinung:
a) der hat nicht gsoffen. (0.3) weil - sie läuft total deprimiert durch die Gegend.
b) der hat nicht gsoffen, weil sie total deprimiert durch die Gegend läuft, sondern weil....

In Beispiel (a) ist der Skopus der Negation auf den ersten Teilsatz beschränkt, d.h. die Tatsache, dass er getrunken hat, wird hier verneint. In (b) dagegen hat die fokussierende Negation "nicht...sondern" den WEIL-Satz als Fokus und das gesamte Satzgefüge als Skopus. Dadurch ist der nicht fokussierte Hintergrund semantisch impliziert und folglich nicht verneint.

---

21 Ähnliche Unterscheidungen werden bei Rutherford (1970), Kac (1972), Hooper/Thompson (1973) und Chafe (1984) in Bezug auf "restrictive" und "nonrestrictive reason adverbials" getroffen.

- Ja/Nein-Fragen:
a)   Hat er gsoffen? (0.3) weil - sie läuft total deprimiert durch die Gegend.
b)   Hat er gsoffen, weil sie total deprimiert durch die Gegend läuft?

In Beispiel (a) ist der erste Teilsatz der Fokus der Frage. Im Fall (b) ist der WEIL-Satz fokussiert und damit ist wiederum als Hintergrund gegeben, dass "er gsoffen hat".

- Möglichkeit der Paraphrasierung durch Nominalisierung:
Diese Möglichkeit besteht nur bei "restriktiven" WEIL-Teilsätzen:

(b)   "Aufgrund ihres deprimierten Herumlaufens hat er wieder gsoffen".

Bei (a) müsste ein "Hypersatz" eingebettet werden: "Aufgrund ihres deprimierten Herumlaufens folgere ich, dass...."

- Intonationskontur:
Auch die Unterschiede in den Intonationskonturen stützen die semantischen Differenzen: Äußerung (a) weist zwei verschiedene Intonationsphrasen auf: Zwischen den beiden Phrasen entsteht eine Pause; die Vorgängerstruktur hat eine finale Tonhöhenbewegung; der zweite Teilsatz trägt einen eigenen Akzent. Dagegen zeichnet sich die Äußerung (b) durch prosodische Integration aus.

Generative Ansätze erklärten die hier behandelten epistemischen und sprechaktbezogenen WEIL-Sätze im Rahmen der "performative hypothesis" (Ross 1970) und postulierten, dass sich "non-restrictive because-clauses" nicht auf die entsprechenden oberflächenstrukturellen "Hauptsätze" beziehen, sondern vielmehr auf einen in der Tiefenstruktur übergeordneten Satz, der "ich" als Subjekt, "du" als Objekt und ein performatives Verb (mit den Merkmalen: +kommunikativ; +sprachlich; +deklarativ) enthält (z.B. "ich sage dir hiermit..."). Gegen diesen Erklärungsversuch, pragmatische Phänomene auf rein syntaktische Aspekte zu reduzieren, ist jedoch einzuwenden, dass es aufgrund der syntaktischen Oberflächenstruktur keinerlei Hinweise dafür gibt, weshalb ein Hypersatz die postulierten Eigenschaften ("du" als Objekt, performatives Verb etc.) haben sollte und nicht etwa die viel plausiblere Form von "ich vermute..." oder "ich weiß...". Ferner ist die illokutionäre Kraft und damit die Art des betreffenden getilgten Hypersatzes allein aus der syntaktischen Oberflächenstruktur, ohne den betreffenden Kontext und damit pragmatische Aspekte mitzuberücksichtigen, nicht zu ermitteln.[22] Wie kann z.b. rein syntaktisch die illokutionäre Kraft von Äußerungen wie "Kannst du mir mal das Salz reichen - denn ich hab grad das Kind aufm Arm" als Bitte, Aufforderung, Frage etc. bestimmt werden? Statt zu versuchen, mittels der Annahme eines getilgten Hypersatzes die unterschiedlichen "because" (WEIL)-Funktionen zu erklären, scheint es ergiebiger, die verschiedenen kommunikativen Funktionen zu ermitteln und dabei zu zeigen, dass sich die Konjunktion "because"/WEIL eben auch – wie zahlreiche andere Elemente – auf den Sprechakt selbst beziehen kann:

> It (der "non-restrictive-because"-Satz, S.G.) does not modify any verb, since there is no verb, for it to modify, either in the deep or the surface structures, rather, it is predicated of a speech act, the one being performed. But that speech act need not be represented in the syntax by any illocutionary verb and in this case it is not. (Searle 1976:968)

2.2 Faktische WEIL-Sätze: Getrennte Assertierbarkeit[23] der beiden Teilsätze

Sind die Propositionen der beiden Teilsätze getrennt "assertierbar", d.h. liegt ein Teilsatz nicht innerhalb des Skopus des anderen[24], so wird WEIL+Verbzweitstellung verwendet.

2.2.1 Keine direkte Anbindung der Teilsätze

In den folgenden Beispielen bezieht sich der WEIL-Teilsatz nicht auf den direkt vorausgehenden Teilsatz, sondern auf eine Proposition, die entweder nicht direkt ausgedrückt wird, doch für den/die RezipientIn rekonstruierbar ist oder aber einige Äußerungen zuvor verbalisiert wurde.

---

22 Weitere Argumente gegen die "performative hypothesis" finden sich in Kac (1972), Grewendorf (1972) sowie Searle (1976).

23 Zum Begriff der Assertierbarkeit siehe König/van der Auwera (1988:111ff.).

24 Wenn bei zwei aufeinanderfolgenden Teilsätzen der eine im Skopus des anderen liegt, so sind folgende Optionen vorhanden: a) Die Negation und Erfragbarkeit des einen Teilsatzes negiert bzw. hinterfragt auch den anderen; b) Bestimmte Satzstellungsvarianten sind möglich. (Haiman/Thompson 1984:517ff.)

FRAUEN

31 P: und die Fraun sagen dann

32   ICH will jetzt AUCH mei meinen FREIraum,

33   weil es mir ja schließlich geNAUSO zusteht.

34   - weil sie wollen auch mal dem - eh'

35   nachgehn wozu sie LUST habn.

Die syntaktischen Konstruktionen (33; 34) signalisieren zugleich die Abhängigkeit (33) bzw. relative Unabhängigkeit (34) der WEIL-Teilsätze vom vorausgehenden Teilsatz: Während die Verbendstellung in Zeile 33 die Zugehörigkeit zur "fremden Rede" markiert, signalisiert die Verbzweitstellung in Zeile 34 einen Wechsel der Perspektiven: Der WEIL-Satz ist hier nicht mehr Teil der zitierten Rede, sondern hier meldet sich wieder die Sprecherin selbst zu Wort. Die Perspektive zwischen den beiden Teilsätzen ist nicht identisch, was auf eine größere Unabhängigkeit der beiden Konstruktionen hinweist.

YANG

54 A: dass nicht die MÄNNER sagen

55   DU machst DAS und ICH mach DAS.

56   ++weil die Männer bestimmen in unserer Welt

57   wer welche Arbeit tut ++ und es geht darum,

58   dass bei' dass die Arbeit von Frau und Mann

Der WEIL-Satz ist nicht als Begründung des vorausgehenden und damit als Teil der zitierten Rede zu verstehen, sondern hier meldet sich wieder die Sprecherin selbst zu Wort. Zusätzlich zur syntaktischen Signalisierung der Nicht-Anbindung wird diese noch prosodisch - durch Erhöhung der Sprechgeschwindigkeit - markiert.

Auch in den folgenden Textausschnitten fungiert die WEIL+Verbzweitstellung als syntaktisches Mittel zur Signalisierung von Nichtanbindung:

DER WESTEN

33 D: ich finde das ja hh' echt nich so doll,

34   dass alle Chinesen meinen

35   sie k' könnten hier im, im eh´ WESTEN bleiben. -

36   weil - mit DIESER HALTUNG bluten die Hochschulen früher

37   oder später aus, ne?

Der WEIL-Satz liefert keineswegs den Grund für "das Bleiben der Chinesen im Westen", sondern für die Bewertung von D (Zeile 33).

BUNDESBAHN
18 N: ich des auch ziemlich gut finde halt
19   s/o/ zum Beispiel ebn dass
20 I: /mhm/
21 N: die ebn wirklich ebn alle Verkehrsteilnehmer unterstüt/zn/.
22 I: /mhm/
23 N: also wirklich ebn auch Bahn, und dass d/ie/ ebn Auto auch
24 I: /mhm/
25 N: nich ausschließ/en/. weil ohh das=is einfach unrealistisch,
26 I: /mhm/
27 N: jetz noch ne Gesellschaft ohne Aut/o/, das is wirklich Utopie.
28 I: /mhm/

Mittels Satzendintonation sowie WEIL+Verbzweitstellung (Zeile 25) wird signalisiert, dass der folgende Äußerungsteil keine enge Anbindung aufweist und damit nicht als Begründung des vorangehenden Teilsatzes zu interpretieren ist. Auch hier würde die WEIL+Verbendstellung eine andere Lesart implizieren: Der WEIL-Teilsatz würde dann u.U. nicht als Begründung des Sprechers selbst, sondern als Begründung der zitierten Perspektive interpretiert werden.

YANG
81 D: es gibt viel mehr Uneinheitlichkeit,
82   auch so´: eh´Meinungskämpfe in der Regierung,
83   so dass du auch als normale Bürgerin auch sehr viel DENKST -
84   und nich irgendwie alles nur annimmst. -
85   weil es gibt auch GANZ verschiedene Meinungen und
86   du musst denken, welche Meinung finde ich gut.

Der WEIL-Teilsatz (85) hat eine vom vorausgehenden Teilsatz (83) getrennte Aussagekraft ("separate assertability") und hätte auch – ohne eine Bedeutungsänderung zu ergeben – separat geäußert werden können. Die kurze Pause und die Satzendintonation vor dem WEIL-Teilsatz signalisieren ebenfalls, dass keine Integration der Teilsätze beabsichtigt ist.

2.2.2 Parenthetische Einschränkungen

WEIL+Verbzweitstellung wird auch dann verwendet, wenn der mit WEIL einge-leitete Teilsatz nicht den im vorausgegangenen Teilsatz geäußerten Sachverhalt als Ganzes begründet, sondern sich lediglich auf einen Subbereich daraus be-zieht.

JONAS
18 A: und eh´ immer wenn ich den Kleenen ja - mittwochs
19   in'nen Kindergarten bringe,
20   weil - seine Mutter arbeitet ja mittwochs immer,
21   ja dann treffe ich halt auch die Barbara.

Hier wird – wie auch im folgenden Transkriptausschnitt – der WEIL-Teilsatz im Sinne einer parenthetischen Begründung lediglich für einen bestimmten Teilbe-reich des vorangegangenen Teilsatzes herangezogen.[25]

KOEDUKATION
55 D: als das noch ein reines Mädchengymnasium war,
56   weil - das war bis eh´ ich glaub' ja bis in die fünf'zger
57   Jahre hinein ein reines Mädchengym/nasium/
58 K: /ahja./
59 D: da hatte es 'nen sehr sehr guten Ruf.

2.3 WEIL+Verbzweitstellung als konversationelles Fortsetzungssignal

Diese Funktion von WEIL ist eng mit dem interaktiven Charakter des Gesprächs-ablaufs verbunden, wobei das Gespräch als Sequenz von Redebeiträgen zu be-trachten ist, deren Zuteilung durch das turn-taking-System erfolgt.[26] Hierbei hat "WEIL" keine enge Begründungsfunktion, sondern es signalisiert dem

---

25 Eine ähnliche Beobachtung in Bezug auf die Funktion von DENN – im Gegensatz zu WEIL – findet sich auch bei Küper (1984).
26 Sacks/Schegloff/Jefferson (1974).

Rezipienten/der Rezipientin, dass der/die SprecherIn den Redezug am "transition-relevance-place"[27] nicht abgeben wird.

ZÜRICH
53 L:	/also/ ich bin an sich erst durch n DAAD auf die GTZ
54 I:	/ahja/
55 L:	aufmerksam gewor/dn/
56 I:	/mhm./
57 L:	ohh weil (0.5) / wenn/ man /ich/ hab halt diese Zeitschrift
58 I:	/mhm./ /mhm./
59 L:	vorher gelesen

Die von I in Zeile 58 geäußerten Rezipientensignale kommen "continuers"[28] gleich: Der Sprecher wird ermutigt, mit der Äußerung fortzufahren; seine Intention, das Rederecht zu behalten, wird somit bestätigt.

Diese Funktion von WEIL, wo die momentane Sprecherin dem Gegenüber signalisiert, dass sie – trotz semantisch abgeschlossenem Redebeitrag – eine Fortsetzung der Äußerung plant, ist also eng mit der spezifisch dialogischen Natur und den Besonderheiten der Redeplanung in der mündlichen Kommunikation verbunden. Bezeichnend für diese WEIL-Konstruktionen als "floor-holding-device" sind die Pausen und Zögerungspartikeln nach WEIL, die davon zeugen, dass die beiden Syntagmen keineswegs als Einheit geplant waren.

FRÜHSTÜCK
74 A:	das hat dann sehr v' viel ja eh´ bei mir dann aus- ausgelöst.
75	weil eh' (0.5) eh´ ja ich hatte zu DEM Zeitpunkt
76	dann auch gar keine Lust mehr - dadrüber zu reden ne?

Auch wenn die Äußerungen durch WEIL verbunden sind, so liegen hier dennoch – sowohl intonatorisch als auch hinsichtlich der Aussagekraft – zwei getrennte Einheiten vor, die jeweils "neue" Informationen ausdrücken. Der WEIL-Teilsatz könnte auch als völlig unabhängige Äußerung eingeführt werden.

Im folgenden Transkriptausschnitt fungiert WEIL (Zeile 25) ebenfalls als Diskurssignal:

---

27 Unter "transition-relevance-place" werden jene Stellen verstanden, in denen ein Sprecherwechsel möglich ist.
28 "Continuers" signalisieren, dass der/die RezipientIn den bisherigen Äußerungsteil vorbeiziehen lässt und nicht beabsichtigt, vom Rederecht Gebrauch zu machen. Siehe Schegloff (1982).

ZÜRICH

20 L:	is aber nich dann speziell genug, weil ich mit Autos	
21	überhaupt nix am Hut hat zur Zeit.	
22 I:	mhm. - mhm.	
23 L:	aus Kostn und ökologischn Gründn au/ch./	
24 I:	/mhm/	
25 L:	weil (0.2) ohh (für den Verk-) also grad in Zürich is n Auto	
26	in ((lachend)) meinen Augen /n WITZ, un:d/	
27 I:	((lacht))	/ohh mhm./

Die Pausen, Zögerungspartikeln und Korrekturen deuten darauf hin, dass die SprecherInnen zunächst das "WEIL" als "floor-holding"-Signal vorausschicken, ohne eine Kausalbeziehung geplant zu haben. Diese Diskursfunktion von WEIL führte womöglich zu der Annahme, es handle sich bei der WEIL+Verbzweitkonstruktionen um einen "Anakoluth".

Die hier diskutierte Funktion von WEIL reflektiert die Tatsache, dass syntaktische Strukturen in dialogisch organisierten Redezügen auftreten und damit auch der konversationellen Organisation des Sprecherwechsels und des Rezipientendesigns unterworfen sind. Eine funktionale Analyse syntaktischer Strukturen in der gesprochenen Sprache hat somit die spezifisch interaktive Natur der Gesprächsorganisation mitzuberücksichtigen.

Die WEIL+Verbzweitstellung wird – so kann nun resümiert werden – vor allem in jenen Kontexten verwendet, in denen entweder epistemische und Sprechakt-Beziehungen dargestellt werden, oder aber die Teilsatzanbindung weniger eng ist, bzw. die faktische Kausalbeziehung weniger stark im Zentrum steht. Die semantisch betrachtet lockere Anbindung der beiden Teilsätze – die getrennte Assertierbarkeit – wird somit syntaktisch und in der Regel auch prosodisch markiert, indem die beiden Teilsätze sowohl eine syntaktisch nicht-integrierte Satzstellung als auch getrennte Intonationseinheiten aufweisen. Ferner wird die getrennte Aussagekraft der beiden mit WEIL+Verbzweitstellung verbundenen Teilsätze und damit die eher zur Koordination tendierende WEIL+Verbzweitstellung auch dadurch zum Ausdruck gebracht, dass bestimmte "main clause phenomena" (Green 1976) in WEIL-Konstruktionen mit Verbzweitstellung auftreten können. Hierzu gehören u.a.:

- Left Dislocation:

OZON

20 T:	wo ich immer denk, sehn die das- sehn die
21	das eigntlich nicht, was da eigntlich abgeht,
22	dass ja für n- für Umweltbelange zum Teil
23	auch eine ganz große Bedrohung is;
24	weil die Leute, die ham so viel Konsumverzicht,
24	wie sie meinen,
25 J:	mhm,
26 T:	erlittn, dass die ja auf- auf Teufel komm raus alles das
27	nachholn werdn was wir versuchn schon wieder abzubaun

- Besetzung des Vorfeldes (durch Negationsadverbien):

GRIES

17 E:	das is echt n'HAMMER -
18	weil NIE aber auch gar nie hat der mich gefragt
19	ob ich was brauche oder so

- VP-Vorausstellung:

28 A:	aber das is doch dann scheißegal.
29	weil DURCHKOMMEN wirste auf alle Fälle.

- Adjektiv-Vorausstellung:

33 S:	das müsste dann klappen,
34	weil am WICHTIGSTEN für die ist doch ihr RUF - nich?

3 Faktoren, die die "WEIL+Verbendstellung" erfordern

3.1 Enge Zusammengehörigkeit der beiden Teilsätze

Liegt das Hauptgewicht der Äußerung auf der Kausalbeziehung selbst, so sind Verbendstellungen erforderlich. In diesen Fällen der Fokussierung des WEIL-Satzes bildet der begleitende "Hauptsatz" den Hintergrund und folglich liegt eine enge Zusammengehörigkeit der beiden Teilsätze vor.

In den folgenden Transkriptausschnitten umfasst die Frage bzw. Negation beide Teilsätze.[29]

EHE

35 W:	Sie wollen also eh primär h' heiraten´ weil sie nicht
36	ALLEIN sein wollen - und nicht etwa weil sie mit einem
37	bestimmten MANN zusammen leben wollen?

Bezeichnend für diese Art von WEIL+Verbendkonstruktionen ist die Tatsache, dass hier sowohl die Proposition des Hauptsatzes als auch die des Nebensatzes "bekannt" ist. Die WEIL-Verknüpfung selbst liefert nun die "neue" Information.

ALLEIN

3 A:	sie will ez am Gerícht gegen mich ausságen?
4	'h dass ich angeblich ein Liébhaber hab;
5	(-) aber des is net wohr.
6	(1.0)
7 B:	hm
8 M:	=sie=sind ausgezogen weil ihr Mánn sie: so
9	geschlágen hat (nich?) ja:
10 A:	ja

VEGETARIER

24 X:	also des des isch so der politische Hintergrund,
25	/wa/rum ich Vegetarier bin; /ja/, also
26 I:	/ja/ /mhm/
27 X:	ich bin nicht Vegetarier weil ich kein Fleisch mag,
28 X:	/oder/ weil ich gegn was weiß i die
29 I:	/mhm/
30 X:	Abschlachtung von den armn Tiern /bin/; also verstehsch,
31 I:	/ja/
32 X:	irgndwo muss die Menschheit lebn, /und/ wenn sie lebt, nur

Bei den folgenden Transkriptausschnitten sind die WEIL-Konstruktionen in ein Konditionalgefüge eingeschachtelt, was ebenfalls die WEIL+Verbendstellung erforderlich macht:

---

29 In diesem Fall ist der der Adverbialphrase vorausgehender Teilsatz präsupponiert. Zum Zusammenhang von Aussagekraft (assertability) und Präsupposition siehe auch Lakoff (1984).

FRÜHSTÜCK

10 A: aber bei uns ist es so, wenn man eh wenn
11 die Frau merkt, sie wird diskriminiert,
12 weil sie ne Frau IST, dann kann sie was dagegen machen

TEETRINKEN

37 M: eh also ich weiß es nicht GENAU, aber ich denke,
38 dass wenn ein Stahlarbeiter Überstunden machen muss,
39 weil eine bestimmte Produktion fertig werden muss,
40 weil die fürs Ausland bestimmt ist,
41 dann wird der diese Überstunden sicher auch
42 BEZAHLT bekommen

3.2 Signalisierung einer starken Redezug-übergreifenden Anbindung

Die WEIL+Verbendstellung kann zur Signalisierung einer engen Anbindung zwischen zwei Äußerungen selbst dann eingesetzt werden, wenn diese von zwei SprecherInnen bzw. in zwei Redezügen produziert werden.

Im folgenden Textausschnitt ist die WEIL+Verbendstellung erforderlich, da hier – trotz der Verteilung der Teilsätze über einen Sprecherwechsel hinweg – der WEIL-Satz fokussiert ist und die vorausgehende Äußerung den Hintergrund abgibt, d.h. die vorausgehende Äußerung (15-18) sowie Du's Zustimmung werden als präsupponierte Grundlage betrachtet, auf der die Begründung erfragt wird.

STUDIUM IN CHINA 1[30]

15 A: haben Sie´- oder denken Sie, Sie haben in den
16 letzten Jahre ne Entwicklung für sich
17 selbst durchgemacht. dass Sie selbstsicherer WURDEN?
18 Du: ja (hab ich)
19 A: weil sie's bewusst versucht haben´ oder warum?
20 Du: eh ich habe mich auch eh versucht und eh´
21 vor allem ja. wurde ich eh ich wurde
22 von vielen Seiten beeinflusst

---

30 Bei den Gesprächen "STUDIUM IN CHINA" und "YANG" handelt es sich um Interaktionen zwischen deutschen SprecherInnen und den chinesischen DeutschlernerInnen (Du, Tan und Yang). Jedoch werden nur die Äußerungen der MuttersprachlerInnen in bezug auf die WEIL-Konstruktionen analysiert.

Im nächsten Textausschnitt signalisiert E mit ihrer Begründung, die eng an Du's Äußerung (8-10) anschließt, den engen, ja fast duetthaften Anschluss.

STUDIUM IN CHINA 2

8 Du:	und eh bei uns sagt man eh, die FRAUEN´ können ja beim Studium ja.
9	bessere Noten bekommen, aber bei der Arbeit -
10	eh sind sie eh diese eh diese Gedanken so begrenzt=
11 A:	=mhm
12 E:	ja weil man immer sagt, die Frauen sind fleißig=
13 Du:	=ja:hh
14 E:	aber nicht klug

Die folgenden beiden Textsegmente entstammen einem argumentativen Gespräch, wo mittels WEIL-Anbindung ebenfalls ein enger, wenn auch konfrontativer Anschluss hergestellt wird.

YANG

69 Tan:	=eh: ich glaube eh eh
70	NICHT MUSS d ' die FRAU machen,
71	aber dann macht. vielleicht auch schon die Frau=
72 A:	= ja. weil sie so ERZOGEN /is./
73 Tan:	/hi/
74 A:	weil sie denkt sie muss es machen
75	/es is ihre AUFGABE/

YANG

73 Yang:	* keine so stark wie hier*
74 D:	((laut)) JA weil die Frauen hier BEWUSSTER
75	sind=
76 Yang:	= ja.

Diese Redezug-übergreifenden Anbindungen, wobei der/die zweite SprecherIn mit dem Beginn der Äußerung direkt an die Äußerung des/der ersten SprecherIn anknüpft, bilden sowohl prosodisch als auch syntaktisch eine Einheit zum vorherigen Redezug.

WEIL+Verbendstellungskonstruktionen sind – so kann nun gefolgert werden – dann präferiert, wenn eine enge Anbindung der Teilsätze signalisiert werden soll, der Fokus der Äußerung auf der Kausalverknüpfung selbst liegt und ein Teilsatz

im Skopus des anderen liegt. Diese Beobachtung wird durch folgende syntaktische Faktoren unterstützt, die die WEIL+Verbendstellung erforderlich machen:

- Initialstellung:
a) "weil die SPD sowieso keine Chance hat, wähle ich die Grünen"
b) *"weil die SPD hat sowieso keine Chance, wähle ich die Grünen"

Nur im Falle einer Skopusabhängigkeit ist die Initialstellung möglich.[31] Die Initi-
alstellung signalisiert stets eine große Festigkeit der Anbindung, da der erste
Teilsatz kataphorisch auf den zweiten verweist. In a) ist die Aussage des WEIL-
Teilsatzes präsupponiert.

- Mittelfeldstellung:
a) "ich wähle, weil die SPD sowieso keine Chance hat, die Grünen"
b) ??"ich wähle, weil die SPD hat sowieso keine Chance, die Grünen"

- vorausgehende "Vorschlagwörter" ("deshalb, darum, daher, deswegen"), die
kataphorisch auf die folgende Begründung verweisen und damit signalisieren,
dass die Aussagekraft mit dem ersten Teilsatz noch nicht abgeschlossen ist:

INTERVIEW 12
14 E: un:d meine Eltern, (- -) die han eigentlich n sehr mh (- -)
15   öh: (-) sehr großes Ökobewusstsein, (- -) ohh aber des ebn
16   (- -) eher nicht- (1.0) ähm (- -) eher
17   deswegn weil sie sehr sparsam sind.

ALLEIN
33 A: mich imma:(-) gschlagn hat und wollt mich auch
34   ürgendwie vergewáltigen,
35   (0.5)
36 B: mm
37 A: (-) u::nd da hada Pfarrer gsach es kómmt ja davón,
38   weil wir nicht kü´rchlich gehéiratet ham;
39 B: mm des hilft jetzt da wénig wéiter gä?

---

31 Siehe Haiman/Thompson (1984) zu Satzstellungsmöglichkeiten bei Skopusabhängigkeit.

Vorschlagwörter ("davon...", "deswegen...") signalisieren, dass der folgenden Begründung ein besonderes Gewicht zukommt und dass "die kausale Beziehung zwischen Haupt- und Gliedsatz besonders eng und betont" ist (Harweg 1972: 139). Diese Art der Signalisierung von Abhängigkeit und enge Anbindung kookurriert mit der integrativen Satzstellung.

4 Aufgabe der SUBORDINATION?

Eng verbunden mit der Analyse der beiden WEIL-Satzstellungstypen ist die Frage der "Subordination" und "Koordination". Sind WEIL-Konstruktionen mit Verbzweitstellung als zwei koordinierte Teilsätze einzuordnen, während die WEIL+Verbendstellung "Subordination" markiert?

In den letzten Jahren verweisen zahlreiche Arbeiten auf die Schwierigkeiten, die sich bei dem Versuch ergeben, verschiedene Satzstellungstypen in die traditionellen Kategorien Subordination und Koordination einzuordnen. Die vorhandenen Kriterien der Einteilung erweisen sich häufig als inkonsistent, da sehr verschiedene Klassen von Teilsätzen aufgrund unterschiedlicher Kriterien der Kategorie "subordiniert" zugeordnet werden. Angesichts dieser "Inkonsistenz" plädieren Haiman/Thompson (1984) dafür, den Begriff der Subordination völlig aufzugeben, da "Subordination" ein "multidimentionales Phänomen" darstelle mit zahlreichen unabhängigen Parametern,

> where each of these parameters involves a different relationship which two adjacent clauses in discourse can have with each other. (Haiman/Thompson 1984: 520)

Lehmann (1988) sowie König/van der Auwera (1988) schlagen dagegen vor, das Phänomen der Satzverknüpfungsmöglichkeiten als ein Kontinuum von Subordination zu Koordination zu betrachten und dabei mit dem Begriff der "Prototypen" zu arbeiten.[32] (Wie jedoch die genaue Rangordnung hinsichtlich der sehr unterschiedlichen Einteilungskriterien auszusehen hat, wird nicht thematisiert.)

---

[32] Auch Foley/Van Valin (1984) argumentieren in ihrer Typologie des Nexus für ein Kontinuum von stark eingebettet zu koordiniert, doch unterscheidet es sich von Lehmanns und Königs/van der Auwera aufgrund ihrer rigiden "Dreiteilung" in Subordination, Cosubordination und Koordination.

Zur Bestimmung über die Einordnung von Satzverknüpfungen auf der Skala "Subordination-Koordination" sind folgende Parameter ausschlaggebend:[33]

    i.   Grammatisch signalisierte Inkorporation eines Teilsatzes in einen anderen;

   ii.   interpretative Abhängigkeit eines Teilsatzes vom anderen bzgl. Modus, Tempus, Subjekt, illokutionäre Kraft, Perspektive;

  iii.   ein Teilsatz liegt im Skopus des anderen;

  iv.   intonatorische Verbindung der beiden Teilsätze;

   v.   Abwesenheit von 'main clause phenomena';

  vi.   Stellungsvariabilität der beiden Teilsätze.

Betrachten wir nun die beiden WEIL-Konstruktionen hinsichtlich ihrer Zuordnungsmöglichkeiten auf der Skala "mehr oder weniger subordiniert", so zeigen sich erhebliche Differenzen bzgl. ihrer Einordnung. In vielerlei Hinsicht kommt die WEIL+Verbzweitstellung einer parataktischen bzw. koordinierenden Satzverbindung näher als die WEIL-Sätze mit Integration:

    i.   der Adverbialsatz weist keine grammatikalisch signalisierte Inkorporation auf;

   ii.   in den beiden Teilsätzen können unterschiedliche Sprechakte (illokutionäre Kraft) und verschiedene Darstellungsperspektiven ausgedrückt werden;

  iii.   mehr oder weniger gleichwertige Teilsätze werden verbunden, wobei der eine nicht innerhalb des Skopus des andern liegt;

  iv.   die beiden Teilsätze weisen getrennte Intonationskonturen auf;

   v.   in WEIL+Verbzweitsätzen treten bestimmte "main clause phenomena" auf;

  vi.   die nichtintegrierten WEIL-Konstruktionen sind nicht variabel bzgl. ihrer Stellung (sie treten nicht in der Initial- und Mittelfeldstellung auf).

Spätestens bei der Diskussion um die Einordnung von WEIL+Verbzweitstellung auf der Skala möglicher Satzanbindungen stellt sich die Frage, inwiefern diese Satzverknüpfung die Funktion der koordinierenden Konjunktion DENN übernimmt, wie dies u.a. von Weinrich (1984) behauptet wird. Tatsächlich wäre in den meisten der hier diskutierten Fälle von WEIL+Verbzweitstellung eine

---

[33] Die Kategorien habe ich König/van der Auwera (1988) sowie Haiman/Thompson (1984) entnommen.

Substitution durch DENN möglich.[34] Jedoch ist die Frage der Ablösung von DENN durch WEIL+Verbzweitstellung nur anhand empirischer Untersuchungen über die kommunikativen Funktionen dieser Konjunktionen zu beantworten. Da bislang keine empirischen Analysen zu DENN im gesprochenen Diskurs vorliegen, kann darüber nur spekuliert werden. Ein wesentlicher Gesichtspunkt der dieser Vermutung widerspricht, ist jedoch die Tatsache, dass die Konjunktion DENN in der gesprochenen Sprache süddeutscher, schweizer und österreichischer SprecherInnen (Dialekt und Standard) nicht bzw. kaum realisiert wird. Von einer Ersetzung der DENN-Konstruktionen durch WEIL+Verbzweitstellung kann auch deshalb nicht gesprochen werden, da die beiden Konjunktionen unterschiedlichen Stilebenen zugeordnet sind und hinsichtlich der interaktiven Konstruktion von "Stilvarianten" unterschiedliche Bedeutungen innehaben: DENN als Konjunktion scheint in spontanen Alltagsgesprächen wenig beliebt und eher als Kennzeichen des "offiziellen" Sprachgebrauchs zu fungieren. In meinem gesamten Datenmaterial kommt DENN als Konjunktion bis auf eine Ausnahme[35] nur in den Radio-phone-ins und dort fast ausschließlich von seiten der ModeratorInnen vor. Eine genauere Betrachtung dieser DENN-Konstruktionen verdeutlicht, dass DENN zur Einleitung sprechaktbezogener und epistemischer Begründungen sowie zur Signalisierung "lockerer" Kausalbeziehungen verwendet werden kann. Dagegen tritt DENN in meinem Datenmaterial in keinem Fall als "floor-holding"-Signal auf.

5 Zusammenfassung

Die vorliegende Analyse zu den interaktiven Funktionen der beiden Satzstellungsvarianten verdeutlicht, dass keineswegs von einer "allgemeinen Tendenz zur Syntaxvereinfachung" bzw. zur "Aufgabe der Nebensatzstellung"

---

34 Zur grammatisch-pragmatischen Funktion von DENN siehe auch Küper (1984), der als typische Gebrauchsweisen von DENN einige der hier in Zusammenhang mit WEIL+Verbzweitstellung vorgestellten Aspekte anführt. Da sich seine Analyse jedoch auf schriftsprachliche, konstruierte und rein sprecher-bezogene Beispielsätze beschränkt, werden gerade jene uns interessierenden Fälle der interaktiven Funktion von DENN in der gesprochenen Sprache nicht diskutiert.

35 Hier wird DENN als Einleitung einer Sprechakt-Begründung verwendet:
FRÜHSTÜCK
69 D: und wie is es eigentlich in HOHEN Positionen´
70   also wirklich in den ganz hohen?
71   denn bei uns is zum Beispiel so, dass dort auch nur MÄNNER sind

gesprochen werden kann und damit der These widersprochen werden muss, dass "sich die Zweitstellung des Verbs ("Hauptsatzstellung") nach der Konjunktion WEIL in Zukunft durchsetzen wird" (Weinrich 1984: 102). Vielmehr repräsentiert die Verb- zweitstellung – neben anderen Phänomenen wie Intonation, Pausen etc. – ein wesentliches Diskursmittel zur Signalisierung von Abhängigkeitsbeziehungen zwischen Teilsätzen und ihren semantischen Lesarten. Die beiden hier diskutierten Satzstellungstypen können nicht als funktional äquivalent betrachtet werden, vielmehr entscheiden diskurspragmatische Faktoren – einschließlich der spezifischen Gegebenheiten spontaner Kommunikation (Satzplanung, Redewechsel) – über die Wahl des jeweiligen Satzmusters. Die Analyse zeigt eine direkte Relation zwischen der Enge der semantischen Beziehung der Teilsätze und der Stärke ihrer syntaktischen Verknüpfung.

Literatur

Admoni, W. (1982): Der deutsche Sprachbau. 4. Auflage. München: Beck.

Arndt, E. (1956): Die begründenden Sätze im Neuhochdeutschen und ihre wichtigsten Konjunktionen. Dissertation. Humboldt Universität Berlin.

Arndt, E. (1959): "Das Aufkommen des begründenden WEIL." Beiträge zur Geschichte der deutschen Sprache und Literatur 81: 388-415.

Baumgärtner, K. (1959): Zur Syntax der Umgangssprache in Leipzig. Berlin: Deutsche Akademie der Wissenschaften zu Berlin.

Behaghel, O. (1927): Von deutscher Sprache. Lahr i.B..

Boettcher, W./H. Sitta (1972): Deutsche Grammatik. III. Zusammengesetzter Satz und äquivalente Strukturen. Frankfurt.

Brinkmann, H. (1971): Die deutsche Sprache. Gestalt und Leistung. Düsseldorf.

Chafe, W. (1984): "How People Use Adverbial Clauses." In: C. Brugman/M. Macaulay (eds.): Proceedings of the Tenth Annual Meeting of the Berkeley Linguistics Society. Berkeley: Berkeley Linguistics Society: 437-449.

Chafe, W. (1985): "Linguistic differences produced by differences between speaking and writing." In: D. R. Olson/N. Torrance/A. Hildyard (eds.): Literacy, Language, and Learning. Cambridge: Cambridge University Press: 105-123.

Couper-Kuhlen, E. (1991): "Die englische THERE-Konstruktion aus diskurssyntaktischer Perspektive." Vortrag gehalten im soziolinguistischen Kolloquium, Universität Konstanz.

Duden (1984): Duden Grammatik der deutschen Gegenwartssprache. Der Große Duden: Band 4. Mannheim/Wien/Zürich:Dudenverlag.

Eisenberg, P. (1986): Grundriß der Deutschen Grammatik. Stuttgart: Metzler.

Foley, W./R. Van Valin (1984): Functional Syntax and Universal Grammar. Cambridge: Cambridge University Press.

Gaumann, U. (1982): 'Weil die machen jetzt bald zu.' Angabe- und Junktivsatz in der deutschen Gegenwartssprache. Dissertation. Universität Mainz.

Green, G. (1976): "Main Clause Phenomena in Subordinate Clauses". Language 53, 382-397.

Grewendorf, G. (1972): "Sprache ohne Kontext. Zur kritik der performativen Hypothese". In: Wunderlich, D. (Hrsg.): Linguistische Pragmatik. Frankfurt: Athenäum. 144-182.

Haiman, J./S. Thompson (1984): "'Subordination' in Universal Grammar." In: C. Brugman/M. Macaulay (eds.): Proceedings of the Tenth Annual Meeting of the Berkeley Linguistics Society. Berkeley: Berkeley Linguistics Society. 510-523.

Harweg, R. (1972): "Die kausalen Konjunktionen DA und WEIL." Zeitschrift für Vergleichende Sprachforschung 86: 135-154.

Höhne-Leska, Ch. (1975): Statistische Untersuchungen zur gesprochene und geschriebener deutscher Gegenwartssprache. Berlin: Abhandlungen der Sächsischen Akademie der Wissenschaften zu Leipzig.

Heidolph, K. E./W. Flämig/W. Motsch (1982): Grundzüge einer deutschen Grammatik. Berlin: Akademie-Verlag.

Helbig, G./J. Buscha (1986): Deutsche Grammatik. Leipzig: VEB-Verlag.

Hentschel, E./Weydt, H. (1990): Handbuch der Deutschen Grammatik. Berlin.

Kac, M. B. (1972): "Clauses of Saying and the Interpretation of BECAUSE." Language 48: 626-632.

König, E./J. van der Auwera (1988): "Clause integration in German and Dutch conditionals, concessive conditionals, and concessives." In: J. Haiman/S. A. Thompson (eds.): Clause Combining in Grammar and Discourse. Amsterdam/Philadelphia: John Benjamins, 101-133.

Küper, Ch. (1984): "Zum sprechaktbezogenen Gebrauch der Kausalverknüpfer DENN und WEIL: Grammatisch-pragmatische Interrelationen." Linguistische Berichte 92 :15-30.

Lakoff, G. (1984): "Performative Subordinate Clauses." In: C. Brugman/M. Macaulay (eds.): Proceedings of the Tenth Annual Meeting of the Berkeley Linguistics Society. Berkeley: Berkeley Linguistics Society, 472-480.

Lehmann, Ch. (1988): "Towards a typology of clause linkage." In: J. Haiman/S. A. Thompson (eds.): Clause Combining in Grammar and Discourse. Amsterdam/Philadelphia: John Benjamins, 181-226.

Ross, J.R. (1970): "On declarative sentences." In: R.A. Jacobs/P.S. Rosenbaum (eds.): Reading in English Transformational Grammar. Waltham, Mass.:222-277.

Rutherford, W. W. (1970): "Some Observations Concerning Subordinate Clauses in English." Language 46: 97-115.

Sacks, H./E. Schegloff/G. Jefferson (1974): "A simpliest systematics for the organization of turn-taking for conversation". Language, 50: 696-735.

Sandig, B. (1973): "Zur historischen Kontinuität normativ diskriminierender syntaktischer Muster in spontaner Sprechsprache." Deutsche Sprache 3: 37-57.

Schegloff, E. A. (1982): "Discourse as an Interactional Achievement: Some Uses of 'Uh huh' and other things that come between sentences". In: D. Tannen (ed.): Analyzing Discourse. Washington, D.C.: Georgetown University Press, 71-93.

Searle, J. (1976): "'Towards a linguistic theory of speech acts. By J. M. Sadock' - Reviewed by John R. Searle". Language 52: 966-971.

Sweetser, E. (1990): From Etymology to Pragmatics. Cambridge: Cambridge University Press.

Thompson, S. A./R. E. Langacre (1985):. "Adverbial Clauses." In: T. Shopen (ed.): Language typology and syntactic description. Cambridge: Cambridge University Press, 171-234.

Wessely, G. (1981): Nebensätze im spontanen Gespräch. Wien: W. Braumüller.

Weinrich, H. (1984): "Die Zukunft der deutschen Sprache." In: B. Carstensen et al. (eds.): Die deutsche Sprache der Gegenwart. Göttingen: Vandenhoeck&Ruprecht, 83-108.

Weiss, A. (1975): Syntax spontaner Gespräche. Einfluß von Situation und Thema auf das
Sprachverhalten. Düsseldorf: Pädagogischer Verlag Schwann.
ZEIT (1989): "Unsere Sprache. Weil: es ist leichter." DIE ZEIT, 37 (8. September 1989).

Susanne Günthner
Gattungen in der sozialen Praxis

Die Analyse „kommunikativer Gattungen" als Textsorten mündlicher Kommunikation

1 Einleitung

Linguistische, sprachsoziologische und anthropologische Analysen von Alltagskommunikation sowie Untersuchungen zur Verwendung sprachlicher Strukturen in Gesprächen zeigen, dass mündliche Kommunikation keineswegs unstrukturiert und „formlos" ist. Vielmehr existieren in allen Sprech- und Kulturgemeinschaften bestimmte verfestigte kommunikative Muster, auf die die Interagierenden in kommunikativen Vorgängen zurückgreifen. Solche verfestigten Muster, die kommunikative Vorgänge vorzeichnen, indem sie Bestandteile dieser Vorgänge mehr oder minder detailliert und verpflichtend festlegen, werden in der anthropologischen Linguistik und der Wissens- und Sprachsoziologie – in Anlehnung an die Ethnographie der Kommunikation und die kultursemiotischen Arbeiten von Bachtin und Vološinov – als „Genres" bzw. „kommunikative Gattungen" (Luckmann 1986) bezeichnet.

Die zentrale Rolle der „Textgattungen" bei der linguistischen Analyse von Sprache in ihrer natürlichen Umgebung – der Kommunikation – hob bereits Peter Hartmann (1964; 1971) hervor. In seinen Reflexionen über eine anthropologische Fundierung der Sprachwissenschaft spricht sich Peter Hartmann (1965: 111) dafür aus „die Sprache zu fundieren im Gesamtrahmen der menschlichen Existenz und Verhaltensform, und somit in einer anthropologischen oder für die Anthropologie relevanten Weise: als eine spezielle Form menschlichen Handelns bekommt sie Anteil an allem, was für menschliches Handeln allgemein gilt." In seiner Forderung nach einem „neuen linguistischen Objektgegenstand" – nämlich der tatsächlichen „Sprachverwendung" – betont Peter Hartmann ferner, dass – aufgrund der Tatsache, dass natürliche Sprachen stets in Form von Texten vorkommen – ein zentraler Gegenstand der Linguistik die „Analyse der verschiedenen Möglichkeiten und Ausprägungen von Textformen" darstelle. „Textgattungen" zählte er insofern zu den „grundlegenden Erscheinungen der Sprachverwendung" (Hartmann 1971: 22–23), als diese den Kontext darstellen, „von dem in so vielen Fällen der eigentliche Aufschlus über so zahlreiche [linguistische] Einzelfragen (...) erwartet wird" (Hartmann 1971: 25). Seit Peter Hartmanns Plädoyer

Ende der 60er/Anfang der 70er Jahre für linguistische Untersuchungen von Textgattungen, die so Hartmann (1971: 25) „das eigentliche UNTERSUCHUNGSFELD für Tatsachen und Modi der Sprachmanifestation" darstellen, entstanden zwar zahlreiche textlinguistische Arbeiten zu verschiedenen Textsorten[1] und Texttypen, zu Texttypologien, zu Merkmalen und Klassifikationsmöglichkeiten von Textsorten, doch der Bereich der mündlichen „Textgattungen"[2] in der natürlichen Alltagskommunikation, seine methodologischen Probleme und theoretische Fundierung wurden nur sehr sporadisch bearbeitet. Erste Ansätze hierzu liefern u.a. die in Kallmeyer (1985) versammelten Beiträge, die – von der Gesprächsanalyse inspiriert – eine dialogische Ausrichtung bei der Analyse mündlicher Texte vorstellen. Statt – wie in der Textlinguistik lange Zeit üblich – Typologisierungsversuche durchzuführen, deren Kategorien von außen an die Texte herangetragen werden, wird hier nun der Versuch unternommen, die kommunikative Praxis der Interaktionsteilnehmenden und ihre interaktive Orientierung an Textsorten zu analysieren.[3] Fragen einer möglichen „Typologie der Kommunikation" werden aufgeworfen und Möglichkeiten einer Verbindung textlinguistischer und kommunikations- und gesprächsanalytischer Ansätze diskutiert.[4] In ihrem Beitrag zur Textsortendiskussion in der Kommunikationspraxis weist Gülich (1986) zurecht auf die grundlegenden methodologischen und empirischen Defizite der Textsortenlinguistik hin und plädiert entschieden für eine „empirische Fundierung der Textsortenforschung". Einerseits zeichnet sich die Textsortendiskussion – so Gülich (1986) – durch eine Unterrepräsentation methodologischer und theoretischer Überlegungen aus; andererseits existieren

---

1 Beim Textsortenbegriff ist anzumerken, dass dieser innerhalb der Textlinguistik keineswegs einheitlich verwendet wird. Einerseits existieren neben dem Begriff der „Textsorte" (und teilweise austauschbar mit diesem) die Begriffe „Texttyp", „Textklasse" und „Textmuster". Zum andern finden sich sehr unterschiedliche Konzeptionen, wie weit oder eng der Begriff „Textsorte" (Texttyp, Textklasse etc.) zu fassen ist: Beispielsweise verwendet Sandig (1970) in Zusammenhang mit „Gebrauchsanweisung" und „Kochrezept" den Begriff der Textsorte, während Schmidt (1971) „fiktionale Texte" als Textsorte behandelt. Dressler (1972) redet von der Textsorte der „Übersetzungen".

2 Häufig werden in der Textlinguistik die Begriffe „Textsorte", „Textmuster" oder „Texttyp" für nicht-literarische Texte verwendet und der Gattungsbegriff auf literarische Texte eingeschränkt.

3 Siehe hierzu insbesondere die von Ehlich (1986: 67–68) vorgestellte Folgerung für die Entwicklung phänomenbezogener Typologien sprachlichen Handelns.

4 Vgl. in diesem Zusammenhang insbesondere das Vorwort von Kallmeyer (1986) sowie die Beiträge von Ehlich (1986), Gülich (1986), Nothdurft (1986) und Soeffner (1986).

bislang kaum empirische Untersuchungen über Textsorten in konkreten, alltäglichen Interaktionszusammenhängen.[5]

Gerade von Seiten der anthropologischen Linguistik (Gumperz 1982; Hanks 1987; Briggs/Bauman 1992; Günthner/Knoblauch 1994) und der Wissens- und Sprachsoziologie (Luckmann 1986; Bergmann 1987) wurden und werden in den letzten Jahren nicht nur vermehrt Fragen aufgeworfen, die die Erforschung mündlicher Texte betreffen, sondern es werden auch empirische Untersuchungen zu Alltagsgattungen in verschiedenen Kulturen durchgeführt und daran anknüpfend theoretische Ansätze zur Erforschung mündlicher Genres ausgearbeitet. Diese knüpfen nicht nur in vielerlei Hinsicht an Gülichs Plädoyer für eine konversationsanalytisch ausgerichtete Textsortenanalyse natürlicher Alltagsgespräche an, sondern auch an Peter Hartmanns Konzeption der Analyse tatsächlicher Sprachverwendung in Form von Textgattungen.

Im Folgenden soll die Tradition der Gattungsforschung skizziert und das Konzept der „Gattungen", wie es in der anthropologischen Linguistik und Sprachsoziologie entwickelt wurde, vorgestellt werden.[6] Daran anknüpfend werde ich theoretische und methodologische Unterschiede zur Textsortenanalyse aufzeigen und schließlich mögliche Anknüpfungspunkte der Gattungsforschung an weitere sprachwissenschaftliche Fragestellungen diskutieren.

2 Zur Tradition der Gattungsforschung

Die Gattungsforschung ist seit langem Gegenstand verschiedener Fachrichtungen und Forschungstraditionen (vgl. die *biblische Formenanalyse*, die *Rhetorik* und die *literaturwissenschaftliche Gattungstheorie*), doch standen im Zentrum der Beschäftigung mit Gattungen meist schriftliche Formen der Hochkultur. Eine Ausnahme bildete die *folkloristische Gattungsforschung*, die teilweise an Jolles (1930/1982) Arbeit über „Einfache Formen" anknüpfte. Doch auch sie beschränkte sich lange Zeit auf die Errichtung und Pflege eines Genrekanons und behandelte Formen der mündlichen Kommunikation häufig wie monologisch produzierte literarische Texte. Mit dem Aufkommen der *Ethnographie der Kommunikation* (Gumperz/Hymes 1972; Bauman/Sherzer 1974) und ihrem Fokus auf

---

5 Die wenigen, genauer analysierten Textsorten betrafen in der Regel schriftliche Gattungen (wie Kochrezepte, Horoskope, Witze, Kontaktanzeigen, Briefsorten, journalistische Textsorten). Vgl. hierzu Brinker (1985). Ausnahmen hierzu bilden u.a. die in Ehlich (1980) und Kallmeyer (1994; 1995) versammelten Beiträge.

6 Diese Darstellung basiert auf Günthner/Knoblauch (1994; 1995).

„Sprache im Verwendungszusammenhang" begann die *linguistische Anthropologie* mit der Erforschung von Gattungen als Teil des kommunikativen Haushalts einer Gemeinschaft.[7] Diese Gattungsforschung beschränkt sich weder auf ästhetisch normierte Gattungen, noch ignoriert sie die interaktive Qualität dieser Formen, sondern fragt unter performanzanalytischen Gesichtspunkten immer auch nach den situativen und kommunikativen Handlungsbedingungen und Modifikationen, unter denen Gattungen (wie Witze, Sprichwörter, Parabeln, rituelle Beschimpfungen etc.) realisiert werden. Ähnlich wie bei *Bachtin* (1979/1986) und *Vološinov* (1929/1975) (bzw. in direkter Anlehnung an deren Arbeiten) gelten Gattungen auch für die *anthropologische Linguistik* keineswegs als komplexe, von der Interaktion losgelöste Sprachstrukturen sondern als im Sprechen erzeugte Handlungsmuster. Hanks (1987) liefert mit seiner Verbindung der Bachtinschen soziologischen Poetik und der Bourdieuschen Theorie der Praxis einen wichtigen Rahmen für die Gattungsanalyse. Gattungen sind für ihn „orienting frameworks, interpretative procedures and sets of expectations that are not part of discourse situations, but of ways actors relate to and use language". Auch Briggs/Bauman (1992) lehnen sich in ihrem Gattungskonzept an Bachtin an, indem sie die intertextuelle Beziehung, die durch den Gebrauch von Gattungen im Diskurs hergestellt werden, fokussieren. Gattungen sind in ihren Augen intertextuelle Gebilde; verwendet ein Sprecher eine bestimmte Gattung, so stellt er zugleich eine Verbindung zwischen dem momentanen Text und vorausgehendem Diskurs her. Bei der Orientierung an Gattungsvorgaben sind nach Briggs/Bauman (1992) folgende Prozesse beteiligt: der Prozess der *Dekontextualisierung* (die Herauslösung eines Textes aus dem ursprünglichen Kontext); der Prozess der *Rekontextualisierung* (die Einbettung des Textes in einen neuen Kontext) und der Prozess der *Enttextualisierung* (die Generierung von Textualität). Die *Wissens- und Sprachsoziologie*, die sich als gesellschaftstheoretisch grundlegende Forschungsdisziplin versteht, greift das Programm einer Analyse der „Sprache im Verwendungszusammenhang" auf, und fokussiert hierbei die Frage nach der Funktion von Gattungen „in der gesellschaftlichen Konstruktion der Wirklichkeit" (Luckmann 1992: 8).

Im Folgenden soll das Konzept der kommunikativen Gattungen näher beleuchtet werden.

---

[7] Zu neueren Arbeiten im Bereich der Ethnographie der Kommunikation siehe u.a. Kallmeyer (1995).

3 Merkmale kommunikativer Gattungen

Das in der Anthropologie und Sprach- und Wissenssoziologie verwendete Konzept der „kommunikativen Gattung" knüpft an die in den 20er und 30er Jahren entstandenen Arbeiten Bachtins (1979/86) und Vološinovs (1929/1975) an. Sprache ist für Vološinov (1929/1975) und Bachtin (1979/1986) eng mit der sozialen Wirklichkeit verknüpft, da sie in sozialen Situationen Verwendung findet. Sprache hat ihren eigentlichen Sitz in der kommunikativen Interaktion, und sie wird in Form konkreter Äußerungen in verschiedenartigen Aktivitäten realisiert (Bachtin 1979/1986). Zur Realisierung bedient sich das Sprechen interaktionssteuernder Redegattungen, deren Wahl von sozialen Strukturen geprägt ist. Für Bachtin (1979/1986: 78f.) besteht Sprechen somit hauptsächlich in der Wahl einer Redegattung:

> Gattungen organisieren unser Sprechen auf ähnliche Weise wie grammatische (syntaktische) Formen dies tun. Wir haben gelernt, unsere Äußerungen in Gattungsformen einzupassen. Wenn wir beispielsweise fremde Rede hören, so erraten wir schon nach den ersten Wörtern die Gattung; wir können ebenso einen bestimmten Umfang (...) voraussagen wie eine bestimmte kompositionelle Struktur; wir sehen das Ende voraus; d.h. wir haben von Anfang an ein Gefühl für das Redeganze, das sich selbst erst während des Redeprozesses differenziert. (Übersetzung; Günthner/Knoblauch 1994: 696–697)

Aus dieser Perspektive erscheinen Gattungen nicht etwa als komplexe, von der Interaktion losgelöste Sprachstrukturen, sondern als im Sprechen erzeugte interaktive Handlungsmuster. Bachtins Gattungskonzeption geht also über eine rein formale Betrachtung sprachlicher Textmerkmale hinaus und wendet sich gegen eine statische Gattungsbetrachtung, die stilistische Homogenität und Nichtüberlappung propagiert. Indem er Gattungen sowohl in Beziehung zu Ideologien sozialer Gruppen als auch in den Zusammenhang mit Aktivitäten im historischen Kontext setzt, betrachtet er diese zugleich als Bindeglieder zwischen Gesellschaft und Sprache.

Auf die Analyse solcher interaktiver Handlungsmuster zielt auch die soziologische Gattungsanalyse. Gattungen werden von Luckmann (1988: 283) als *historisch und kulturell spezifische, gesellschaftlich verfestigte und formalisierte Lösungen kommunikativer Probleme betrachtet, deren Funktion in der Bewältigung, Vermittlung und Tradierung intersubjektiver Erfahrungen der Lebenswelt besteht.* Sie unterscheiden sich von „spontanen" kommunikativen Vorgängen dadurch, dass die Interagierenden sich in einer voraussagbaren Typik an vorgefertigten

Mustern ausrichten.[8] So gibt es beispielsweise in unserer Kultur verfestigte, routinisierte Formen von Prüfungsgesprächen. In Prüfungssituationen orientieren wir uns diesem Gattungswissen, das nicht nur bestimmte Handlungszusammenhänge vorgibt und das Repertoire und die Sequenz der konstitutiven Elemente dieses kommunikativen Vorgangs festlegt, sondern auch den an der Kommunikation Beteiligten verhältnismäßig konstante Beziehungsmuster (Prüfer/in – Prüfling) zuordnet.

Je stärker eine Gattung verfestigt und konventionalisiert ist, desto erwartbarer ist auch die Form des Handlungsverlaufs für die an dem kommunikativen Vorgang Beteiligten, für die Sprecher/innen wie für die Rezipient/innen. Gattungen erleichtern die Kommunikation, indem sie die Synchronisation der Interagierenden und die Koordination ihrer Handlungsteile mittels mehr oder weniger vorbestimmter Muster in halbwegs verlässliche, bekannte und gewohnte Bahnen lenken. Sie haben „Entlastungsfunktion" (im Sinne Gehlens) „von der Bewältigung untergeordneter Handlungsprobleme" (Luckmann 1992). Ihre Grundfunktion besteht in der „Bereitstellung von Mustern zur Bewältigung spezifisch kommunikativer Probleme" (Luckmann 1986; Bergmann/Luckmann 1995).[9] Welche kommunikativen Probleme oder Aufgaben mittels welcher Gattung gelöst werden und welche Funktion eine bestimmte Gattung hat, hängt von kulturellen und kontextuellen Gegebenheiten ab.[10] Während beispielsweise mittels der kleinen Form des Vorwurfs das Verhalten des Gegenüber als unangemessen bewertet und kritisiert wird, kann eine solche Kritik auch spielerisch moduliert werden in Form einer Frotzelei (Günthner 1994; Keppler 1994). Die Sprecherin kann aber auch auf die Form des Mokierens zurückgreifen, um sich über das Verhalten einer anderen Person auf eine herablassende Art „lustig zu machen" (Christmann 1995).

---

8 Es bestehen hier – wie auch in zahlreichen anderen Aspekten – Ähnlichkeiten zum Konzept der „sprachlichen Handlungsmuster" von Ehlich/Rehbein (1979), d.h. zu jenen „Formen von standardisierten Handlungsmöglichkeiten, die im konkreten Handeln aktualisiert und realisiert werden" (1979: 250). Unterschiede betreffen a) das methodische Vorgehen der Analyse: Grundlage der Gattungsanalysen bilden stets konkrete empirische Gesprächsdaten; b) das Einbeziehen non-verbaler Gattungen und Strukturmerkmale: Während sich das Konzept der „sprachlichen Handlungsmuster" auf „sprachliche Aspekte" konzentriert, schließt das Gattungskonzept sowohl non-verbale Gattungen als auch non-verbale Aspekte (sowohl prosodische Merkmale und Phänomene der Stimmqualität als auch gestisch-mimische Merkmale), die u.U. für bestimmte kommunikative Handlungen konstitutiv sind, in die Analyse ein.

9 Vgl. die Parallelen zum Konzept des sprachlichen Handlungsmusters (Ehlich/Rehbein 1979) als „standardisiertes Mittel für die Lösung sozial relevanter Aufgaben". Siehe auch Sandig (1987) zur Diskussion des Textmusterkonzepts.

10 Zu kulturellen Unterschieden in der Verwendung kommunikativer Gattungen siehe Günthner/Luckmann (1995).

Gattungen bezeichnen also kommunikative Vorgänge, in denen bestimmte kommunikative Elemente zusammengefügt und in ihren Anwendungsmöglichkeiten vorgezeichnet sind. In gewissen Situationen liegt es aufgrund des vorhandenen kommunikativen Problems für die Interagierenden nahe, eine ganz spezifische Gattung zu verwenden (z.B. Prüfungsgespräch); in anderen Situationen (beispielsweise wenn Sprecher/innen die Handlung ihres Gegenüber kritisieren möchten) bleibt ihnen die Wahl zwischen mehreren möglichen Gattungen und kleinen Formen (Vorwürfen, Frotzeleien, sich Mokieren, Beschwerden etc.).[11] Die Wahl hängt von der spezifischen Sprechsituation, der größeren sozialen Veranstaltung, den betreffenden Teilnehmer/innen, den konkreten Intentionen der Sprecher/innen, dem Habitus etc. ab. Entscheiden sich die Interagierenden für eine bestimmte Gattung, so heißt dies zugleich, dass sie sich den Gattungsregeln bis zu einem gewissen Grad „unterwerfen". Dabei mögen sie – je nach soziokulturellen, situativen und subjektiven Umständen – diesen Regeln mehr oder weniger strikt folgen, sie etwas abändern oder gar mit ihnen „spielen" (Luckmann 1988: 283).

Gattungen sind – wie kommunikative Handlungen allgemein – weitgehend „sozial abgeleitet"; d.h. sie werden nicht von einzelnen Interagierenden ständig neu konstituiert, sondern vom gesellschaftlichen Wissensvorrat bereitgestellt. Sie fungieren als Orientierungsrahmen, auf die sich Interagierende sowohl bei der Produktion kommunikativer Handlungen als auch bei der Rezeption beziehen: Wenn beispielsweise eine Sprecherin ihre Äußerung mit „Kennst du den schon..." beginnt, so erwarten wir in der Regel einen Witz. Hören wir „Es lebte einmal vor langer langer Zeit...", so kreiert auch hier die Sprecherin bestimmte Gattungserwartungen: Diese beziehen sich einerseits auf die Form; d.h. wir können eine bestimmte Länge der Episode und eine bestimmte kompositionelle Struktur vorhersehen; zum andern aber auch auf den Inhalt (sprechende Tiere liegen ebenso im Bereich des inhaltlich Möglichen wie Zaubereien und magische Kräfte). Wir haben also eine bestimmte Vorstellung vom „Redeganzen" (Bachtin 1979/1986: 79). Das Wissen, dass kommunikative Vorgänge mit bestimmten Funktionen in typischen Situationszusammenhängen auf bestimmte Weise verlaufen, steuert also nicht nur das kommunikative Handeln selbst sondern auch die Deutung dieses Handelns. Gattungen bilden also historisch und kulturell spezifische Konventionen, an die sich Sprecher/innen in ihren kommunikativen Aktivitäten und RezipientInnen in ihren Interpretationen anlehnen. Ob wir einen

---

11 Vgl. Günthner (1993b; 1994); Christmann (1995).

Text als Fiktion, Parodie, Gebet oder Dokumentation lesen bzw. hören, ist eine Gattungsfrage, die wichtige Konsequenzen für die Interpretation hat.[12]

Gattungen bezeichnen also *sozial verfestigte und komplexe kommunikative Muster, an denen sich Sprecher/innen und Rezipient/innen sowohl bei der Produktion als auch Interpretation interaktiver Handlungen orientieren.*[13] Was die *Komplexität*[14] von Gattungen betrifft, so könnte man – in Anlehnung an Hymes (1974: 443) heuristische Einteilung – zwischen Minimalgattungen (wie Sprichwörter, Rätsel, Wortspiele, Abzählreime, formelhafte Wendungen, kleine Versformen, Vorwürfe etc.) und komplexen Gattungen (wie u.a. verbale Duelle, Schmähreden, Predigten, Trauergesänge, Anekdoten, Witze und Erzählungen, die wiederum in verschiedene Gattungen untergliedert werden können) unterscheiden.[15] Minimalgattungen können integrierte Bestandteile komplexer Gattungen sein (z.b. können Sprichwörter in Klageliedern auftreten). „Prototypische Gattungen" sind nun jene komplexen Muster, die einen relativ hohen Verfestigungsgrad aufweisen. Darüber hinaus gibt es weniger komplexe Formen, die gattungsähnlich sind.

Der Gattungsbegriff ist also nicht auf literarische (und alltagspoetische) Gattungen reduziert[16]; allerdings kann auch nicht behauptet werden, das alles Sprechen in Gattungen ablaufe.

Ethnokategorien, d.h. alltägliche Kategorien, die bestimmte kommunikative Vorgänge bezeichnen, können nur bis zu einem gewissen Grad als Indiz für kommunikative Gattungen dienen. Jedoch bezeichnen Ethnokategorien nicht nur verfestigte Gattungen; auch weniger verfestigte kommunikative Muster werden mit Ethnokategorien identifiziert. Im Deutschen existiert beispielsweise die Ethnokategorie „Vorwurf", obwohl keineswegs alle Vorwürfe eine verfestigte Struktur aufweisen. Vielmehr können Vorwurfshandlungen in einer Spannweite an kommunikativen Formen auftreten, die von vorgefestigten Mustern („Was GEHST du auch immer wieder zu ihm hin.") mit bestimmten Strukturmerkmalen

---

12 Vgl. Hanks (1987: 670).

13 Hierzu Günthner/Knoblauch (1994; 1995). Vgl. in diesem Zusammenhang auch Raibles (1980) dargelegte semiotische Konsequenzen für Gattungen.

14 Das Kriterium der „Komplexität" wird in der Regel auch für „Textsorten" beansprucht; vgl. hierzu u.a. Brinker (1985: 118), der Textsorten „als komplexe Muster sprachlicher Kommunikation" versteht. Vgl. auch Sandigs (1987: 117) Begriff des „Textmusters", den sie für jene „Einheiten" verwendet, „die den Sprechern einer Sprache für komplexes sprachliches Handeln zur Verfügung stehen".

15 Vgl. in diesem Zusammenhang auch Bachtins (1979/86) Unterscheidung zwischen „primary (,,simple") and secondary (,,complex") genres".

16 Dies trifft u.a. auf Steger (1983: 39) zu, der vorschlug, literarische Texte als „Gattungen" und Texte anderer „Funktionsbereiche" als „Textsorten" zu bezeichnen.

(„was"-Format, Modalpartikel „auch", Extremformulierung „immer", starke Schwankungen in der Tonhöhenbewegung, fallende Satzendintonation, Verum-Fokus etc.) bis zu Äußerungen in vorwurfsvollem Ton („liest du die FAZ") reichen (Günthner 1993b).[17] Insgesamt gilt, dass Ethnokonzepte zahlreiche Überlappungen aufweisen, und je nach lokaler Herkunft, Schicht- und Gruppenzugehörigkeit, Alter, etc. zeigen sich große Unterschiede bei der Benennung bestimmter kommunikativer Vorgänge (vgl. Günthner 1994 in Zusammenhang mit Frotzeln, Hänseln, Sticheln, Spotten; Christmann 1995 in Zusammenhang mit „sich Mokieren", „Lästern über", „sich Lustigmachen über"). Die umgangssprachlichen Begrifflichkeiten enthalten keineswegs systematische und trennscharfe Klassifikationsnamen.[18] Neuere kommunikative Gattungen in statu nascendi sind teilweise noch nicht in die Ethnotaxonomie eingegangen, während alte Begrifflichkeiten noch anhalten. Swales (1990: 55–56) verdeutlicht in seiner Analyse akademischer Gattungen, dass häufig Gattungsnamen erhalten bleiben, auch wenn die betreffende Aktivität sich stark verändert hat: So sind „lectures" im englisch-amerikanischen Kontext meist keine monologischen Vorträge mehr, sondern Studenten sind eingeladen, sich an Diskussionen und Kleingruppenaufgaben zu beteiligen; und „tutorials" beinhalten heutzutage nicht notwendigerweise einen „Tutor" – vielmehr können in „tutorials" Studierende mit Computerprogrammen oder Kassettenrekordern interagieren.

Gattungen, denen einheitliche funktionale Merkmale zugrunde liegen, kann man als *Gattungsfamilien* bezeichnen (Bergmann/Luckmann 1995). Beispiels-

---

17 Eine Gleichsetzung von Gattungen und Ethnobegriffen für Sprechaktivitäten stellt eine Vermischung von „first" und „second order concepts" dar und ignoriert die Tatsache, dass alltägliche Be-nennungen unsystematisch sind, da sie sich an den Bedürfnissen der Alltagskommunikation orientieren und nicht etwa an denen wissenschaftlicher Analyse. Es ist nicht angebracht, alltagssprachliche Kategorien – wie Dimter (1981) dies tut – als wissenschaftliche Konzepte einfach zu übernehmen, denn: a) Textsorten- bzw. Gattungskategorisierungen werden in der Alltagssprache nach sehr unterschiedlichen Kriterien (Kommunikationssituation, Textfunktion, Textinhalt) vorgenommen; b) nicht nur Text-sorten und Gattungen weisen eigene Begrifflichkeiten auf, sondern auch kleinere Einheiten, wie Sprechakte (beispielsweise Drohungen, Warnungen, Kritisieren etc.), haben oft eine eigene ethnokategorische Begrifflichkeit; c) einerseits können bestimmte Alltagskonzepte mehrere verschiedene Gattungen umfassen (z.B. „Rede"; „Rezept"; „Artikel") und andererseits können einer Gattung mehrere Begriffe zur Verfügung stehen (z.B. „Vortrag, Referat, Präsentation..."); d) alltagssprachliche Gattungsbegriffe weisen häufig lokale und soziale Varianten auf (z.B. „frotzeln, hänseln, spötteln, derblecken, necken..." oder „mokieren, sich lustig machen, verspotten..."; bzw. „lästern, herziehen, batschen, spotten..."), die zahlreiche Überlappungen – aber auch Unterschiede – zeigen.
18 Vgl. Silverstein (1993) zum metapragmatischem Diskurs und Grenzen des metapragmatischen Bewusstseins von native speakers sowie dessen Relevanz für linguistische Analysen.

weise versteht man unter der Familie der Gattungen moralischer Kommunikation all jene Gattungen, in denen die Interagierenden moralische Fragen thematisieren und soziale Sachverhalte in moralisierender Weise bearbeiten. Die Gattungsfamilie beinhaltet sowohl alltägliche Formen der moralischen Entrüstung (z.b. Klatsch,[19] Entrüstungsgeschichten[20]) als auch institutionalisierte Formen (z.b. Beichte, Wort zum Sonntag[21]), sie umfasst ebenso einzelne Minimalgattungen (z.b. Sprichwörter[22], Vorwürfe[23]) und komplexe Gattungen (z.b. Lästergeschichten, Klagelieder[24]) der Face-to-Face-Kommunikation wie massenmedial vermittelte Veranstaltungen und Kampagnen (z.b. Fair-Play-Appelle oder Nichtraucherkampagnen[25]). Sie erstreckt sich gleichermaßen auf den Bereich des Privatlebens (z.b. Lästern) wie auf den Bereich der öffentlichen Kommunikation (z.b. Kommentierung politischer Skandale). Die Gattungen können sowohl in situ (d.h. in der aktuellen Kommunikationssituation) produziert werden (z.b. eine momentane Schmährede) als auch rekonstruiert sein (in Form einer Erzählung über eine vergangene Schmährede), und sie können verschiedene Interaktionsmodalitäten[26] aufweisen (z.b. ernste Vorwürfe und spielerische, frotzelnde Konfrontationen). Eine weitere Gattungsfamilie wäre die der „rekonstruktiven Gattungen" (Bergmann/Luckmann 1995), in denen verschiedene Arten vergangener Ereignisse und Erlebnisse rekonstruiert werden, wie beispielsweise Katastrophenberichte, Klatsch, Konversionserzählungen etc.

Was nun die *Verfestigungen* angeht, so betreffen diese Charakteristika, die auf verschiedenen analytisch trennbaren „Strukturebenen" angesiedelt sind. In Anlehnung an Luckmann (1986) und Günthner/Knoblauch (1994; 1995) möchte ich hierbei zwischen *der Binnenstruktur, der situativen Realisierungsebene* und *der Außenstruktur* kommunikativer Gattungen unterscheiden.[27]

---

19 Vgl. Bergmann (1987); Keppler (1987).
20 Vgl. Christmann (1993); Günthner (1993b).
21 Vgl. Ayaß/Bergmann (1993).
22 Günthner (1993a); Ayaß (1993).
23 Vgl. Günthner (1993a).
24 Vgl. Kotthoff (1993b).
25 Vgl. Knoblauch (1994).
26 Zum Begriff der Interaktionsmodalität siehe Kallmeyer (1979a; b).
27 Eine detaillierte Darstellung dieser Ebenen findet sich in Günthner/Knoblauch (1994).

3.1 Zur Binnenstruktur

Die *Binnenstruktur* einer Gattung besteht aus jenen „textinternen", verbalen und nonverbalen Elementen, die für die betreffende Gattung konstitutiv sind. Zu den nonverbalen Phänomenen zählen sowohl die *Prosodie* (Intonation, Lautstärke, Sprechgeschwindigkeit, Pausen, Rhythmus, Akzentuierung) als auch Aspekte der *Stimmqualität* sowie *gestisch-mimische Elemente*. *Phonologische Variationen, lexiko-semantische Phänomene* und *morpho-syntaktische Elemente* (etwa Parataxe oder Hypotaxe, Frageformate, Imperativformen, Passivkonstruktionen, der Gebrauch bestimmter Konjunktionen und Interaktionspartikeln) gehören zu den verbalen Phänomenen der Binnenstruktur. Auch die Wahl einer spezifischen sprachlichen *Varietät* (wie etwa Hochsprache, Jargon, Dialekt, Soziolekt oder die Wahl eines an den Situationstypus angepassten Sprachregisters), *stilistische* und *rhetorische Figuren* (wie bestimmte Wortverbindungen, Worteinsparungen, Worthäufungen, Wortstellungstypen, Metaphern, Metonymien, hyperbolische Ausdrücke und andere stilistische Figuren der Wortwahl sowie Klangfiguren und Wortspiele) sind auf dieser Strukturebene angesiedelt. Ferner können aber auch bereits verfestigte *„Klein-"* und *„Kleinstformen"* – wie verbale Stereotype, idiomatische Redewendungen, Gemeinplätze, Sprichwörter, formulaische Ausdrücke, historisch tradierte Formeln und Rätsel – zum Repertoire der Binnenstruktur einer Gattung zählen.[28] *Gliederungsstrukturen*, wie sie von Labov (1972) für Alltagserzählungen herausgearbeitet hat, mögen ebenfalls konstitutives Merkmal einer Gattung sein. Auch *inhaltliche Verfestigungen*, die sowohl Themen als auch Motive, Figuren oder Schauplätze betreffen, gehören zur Binnenstruktur kommunikativer Gattungen.[29] Die *Interaktionsmodalität* (ernst, spielerisch-spaßhaft, fiktiv,

---

[28] Diese Klein- und Kleinstformen unterscheiden sich von komplexen Gattungen insofern, als sie in diese größeren Gattungen eingebaut werden können und in der Regel funktionsneutral sind. (Komplexe) Gattungen weisen dagegen eine Funktionsdominanz auf, d.h. sie erfüllen eine oder mehrere bestimmte kommunikative Funktionen. Beispielsweise haben die ostgeorgischen Lamentos der Frauen, die mehrere Bausteine (eine bestimmte Rhythmik, die Adressierung an den Toten etc.) und Kleinstformen (wie stilisiertes Hintergrundweinen, bestimmte Redewendungen) beinhalten, die Funktion eines gemeinschaftsstiftenden, expressiven Trauerns der Frauen, und reproduzieren zugleich moralische Werte und Normen der Gemeinschaft (Kotthoff 1993a). Dagegen ist die Funktion einer Kleinstform, wie beispielsweise idiomatischer Redewendungen, stets nur kontextuell bestimmbar (zur Themenbeendigung, zur indirekten Kritik, als Verweis auf allgemein-gültige Normen und Werte, zur Belustigung etc.). Hierzu auch Günthner/Knoblauch (1994). Vgl. auch Kallmeyer/Keims (1994) Analyse zum Gebrauch formelhaften Sprechens innerhalb bestimmter sozialer Gruppen.

[29] Vgl. beispielsweise thematische Verfestigungen im Rahmen des Textmusters „Richtigstellung in Zeitungen" (Sandig 1987).

hypothetisch, prospektiv etc.) und die *Rahmung* des kommunikativen Vorgangs bilden weitere konstitutive Merkmale einer Gattung.[30] Zur Rahmung zählen auch die Formen des Adressatenbezugs, in/direkte Adressierung der Hörer/innen sowie das „recipient-design". Beispielsweise zeichnen sich Frotzeleien durch eine Ambivalenz der Interaktionsmodalität von Spaß und Ernst aus. Einerseits wird eine Verfehlung bzw. ein inadäquates Verhalten des Frotzelobjekts vorgeführt, wodurch die Frotzeläußerung einen mehr oder weniger stark gesichtsbedrohenden und irritierenden Charakter erhält. Andererseits erfährt die Provokation jedoch eine Abschwächung und Milderung aufgrund der Spiel- und Spaßmodalität; d.h. die Stärke der Provokation, Unhöflichkeit und Kritik wird gebrochen durch das „keying" von Spiel. Diese Spiel- bzw. Spaßmodalität wird u.a. durch hyperbolische Ausdrücke, Sprachwitz, Lachpartikeln und starker prosodischer Markierung signalisiert.[31]

Ferner können sich Gattungen durch die Zeitlichkeit unterscheiden: Sie können in-situ (d.h. im konkreten Interaktionszusammenhang) realisiert werden oder aber rekonstruiert sein. So können Interagierende in der konkreten Gesprächssituation eine Beschwerde vorbringen; sie können aber auch von einer vergangenen Beschwerde erzählen und diese dann rekonstruieren.

Auch das *Medium* (mündlich bzw. schriftlich, face-to-face bzw. medial vermittelt) gehört zu dieser Ebene der Gattungsanalyse. Bei Mediengattungen ist ferner zwischen live-Übertragungen und Konserven zu unterscheiden.

Die Auswahlkriterien bzgl. der Elemente der Binnenstruktur können mit sehr unterschiedlicher Verbindlichkeit für bestimmte Gattungen festgelegt sein. Jedoch liegen sie immer über der relativen Beliebigkeit eines gattungsmäßig nicht fixierten kommunikativen Handelns (Luckmann 1992: 17).

3.2 Die situative Realisierungsebene kommunikativer Muster

Während also die Binnenstruktur die „textinternen" Elemente von Gattungen umfasst, gehören jene Phänomene, die den interaktiven Kontext des dialogischen Austauschs zwischen mehreren Interagierenden und die Sequentialität

---

30 Vgl. z.B. die von Spiegel (1995) herausgearbeiteten für Streitgespräche konstitutiven Interaktionsmodalitäten.

31 Zur Rahmung kommunikativer Gattungen und Muster in den Bereichen Spiel und Spaß siehe auch die Analysen zur „Kommunikation in der Stadt" (Kallmeyer 1994); insbesondere Streeck (1994); Kallmeyer/Keim (1994) und Schwitalla (1994); sowie Schütte (1991).

von Äußerungen betreffen, zur *situativen Realisierungsebene* kommunikativer Gattungen.[32] Gerade die Arbeiten der Konversationsanalyse, die die sequentielle Organisation sprachlicher Handlungen, das *System des Redewechsels, Paarsequenzen, Prä-, Post- und Einschubsequenzen und Präferenzstrukturen* beschrieben haben, sind für diese strukturelle Ebene von besonderer Bedeutung. So zeigte Sacks (1971), dass bei Erzählungen aufgrund der Tatsache, dass diese mehr als einen Satz benötigen, Planungsprobleme hinsichtlich der Organisation des Sprecherwechsels entstehen. Diese können mittels eines *„preface"*, das der Sprecher der Erzählung vorausschickt und mit dem er sich die „Erlaubnis zum Erzählen einer ganzen Geschichte" einholt, gelöst werden. „Prefaces" sichern nicht nur, dass der Sprecher eine längere Geschichte vortragen kann, sondern sie enthalten darüber hinaus Informationen darüber, was zur Beendigung der vorgeschlagenen Geschichte erforderlich ist und worauf RezipientInnen achten müssen, um das Ende der Geschichte zu erkennen.

> So fordert etwa eine Erzählung, die 'etwas Schreckliches zu erzählen' ankündigt, die Zuhörer auf, etwas 'Schreckliches' zu entdecken; sie zeigt weiter an, daß die Geschichte beendet ist, wenn die Zuhörer das *Schreckliche* gefunden haben, und impliziert ferner, daß sie dann auch *zeigen* können, daß sie die Geschichte für erkennbar beendet halten, indem sie Äußerungen tun, wie man sie üblicherweise antrifft, etwa wie: 'Oh, wie schrecklich' oder 'Wie furchtbar' etc. (Sacks 1971: 311).

Auch Präferenzstrukturen sind eng mit der betreffenden Gattung verbunden. Pomerantz' (1984) Arbeit zu konversationellen Bewertungen verdeutlicht, dass in small-talk-Situationen eine *Präferenz* für Zustimmung herrscht und Nichtübereinstimmungen in ein dispräferiertes Format gekleidet werden. In Argumentationen dagegen ändern sich die Präferenzstrukturen und nicht-übereinstimmende Äußerungen, in denen die Polarität zur vorherigen Aussage geradezu hervorgehoben und fokussiert wird, sind hier präferiert (Knoblauch 1991; Günthner 1993a; Kotthoff 1993b).

Zur situativen Realisierungsebene gehört auch das *Äußerungsformat* („production format") einer Gattung, das anzeigt, in welcher Beziehung die Sprechenden zu dem kommunizierten Sachverhalt bzw. den zitierten Figuren oder Charakteren stehen. Mittels des Äußerungsformats indizieren die Sprecher/innen, ob sie andere Personen zitieren, als Sprachrohr fungieren (wie beispielsweise bei Nachrichtensprecher/innen im Fernsehen) oder aber eigene Meinungen, Erfahrungen etc. ausdrücken. Auch der *Teilnehmerstatus*, der das Verhältnis der Kommunizierenden zueinander und zu ihren Äußerungen betrifft, ist auf dieser Ebene ange-

---

32 Vgl. hierzu Günthner/Knoblauch (1994).

siedelt. Dieser zeigt an, welche Gesprächsrollen die Interagierenden während der Durchführung einer Gattung einnehmen (z.b. als Belehrte und Belehrende, Frotzelobjekt, Frotzelsubjekt und Frotzelpublikum, Vorwurfsproduzentin und Vorwurfsrezipientin). Ferner gehört zum Teilnehmerstatus auch, ob die Interagierenden in formellen oder aber informellen-intimen Sozialbeziehungen zueinander stehen.

Zur situativen Realisierungsebene kommunikativer Gattungen zählt auch der unmittelbare *soziale Kontext* und damit auch die *soziale Veranstaltung*, in der die betreffende Gattung auftritt. Unter sozialen Veranstaltungen werden jene strukturierten und teilweise sogar institutionalisierten Handlungszusammenhänge gefasst, die räumlich und zeitlich festgelegt und eingegrenzt sind, wie beispielsweise Universitätsseminare, Sprechstundensituationen, Verkaufsveranstaltungen. Aber auch informelle Familientischgespräche (Keppler 1994) oder Kaffeetrinken unter Freundinnen sind soziale Veranstaltungen.

Die letztgenannten Aspekte (wie die Beziehung zwischen Sprecher und Hörer oder die Sprachsituation; Gülich/Raible 1972) entsprechen in etwa den innerhalb der Textsortenforschung als „textextern" bezeichneten Merkmalen von Textsorten.

3.3 Die Außenstruktur kommunikativer Gattungen

Die *Außenstruktur* kommunikativer Gattungen, die ebenfalls einen gewissen Verbindlichkeitsgrad zeigt, bezieht sich auf den Zusammenhang von Gattungen und sozialen Milieus, ethnischen und kulturellen Gruppierungen, Geschlechterkonstellationen, Institutionen etc. Es handelt sich hier um die Strukturebene, „die sich aus der Beziehung zwischen kommunikativen Handlungen und der Sozialstruktur ableiten läßt" (Luckmann 1992: 17).[33]

Gattungen sind häufig nicht nur bestimmten *sozialen Milieus* zugeordnet, sondern soziale Milieus, wie beispielsweise Familien, Frauen- oder Ökogruppen, Studentencliquen oder verschiedene städtische Gruppen, zeichnen sich durch typische, immer wiederkehrende soziale Veranstaltungen aus, in denen typische

---

33 Vgl. in diesem Zusammenhang auch S.J. Schmidts (1971) sprachphilosophischen Ansatz einer transphrastischen Sprachanalyse. Hierbei betont auch er die Notwendigkeit, komplexere, auch nicht-sprachliche Aspekte, wie „kontextuale frameworks" (z.B. die Einordnung von Texten in bestimmte geistesgeschichtliche Positionen, milieuspezifisches Sprechen etc.) in die Textanalyse einzubeziehen. Siehe auch Kallmeyer (1986: 8), der betont, dass Kommunikationstypen und -muster einen wesentlichen Gegenstand „bei der soziolinguistischen Behandlung des Zusammenhangs von sprachlichen und gesellschaftlichen Strukturen" darstellen.

kommunikative Gattungen anzutreffen sind und wiederum andere fehlen. So zeigen die in Kallmeyer (1994) und (1995) versammelten ethnographischen und diskursanalytischen Arbeiten zur Kommunikation in der Stadt (am Beispiel von Mannheim) die unterschiedlichen kommunikativen Stile und Gattungen in den verschiedenen städtischen Milieus. Die Einschätzung, wer in welches Milieu gehört bzw. „wo man hinpasst" und wo nicht, ist sehr eng mit kommunikativen Formen und deren Bewertungen verbunden: Soziale Zugehörigkeit erweist sich – wie diese Arbeiten verdeutlichen – als eng verknüpft mit den sprachlichen Formen der Selbst- und Fremddarstellung. In diesem Zusammenhang sind auch Christmanns (1993; 1995) Analysen kommunikativer Vorgänge in Ökologiegruppen erwähnenswert. Diese veranschaulichen, dass bei deren Versammlungen bestimmte Gattungen und Muster, wie beispielsweise stark affektgeladene Entrüstungen, dispräferiert sind und nur von Gruppenneulingen verwendet werden. Von den Insidern dagegen wird das „Sich-Mokieren" als Form der Kritik präferiert. Mit dieser kommunikativen Gattung, in der die Indignation über das Verhalten bestimmter Personenkreise eher „heruntergespielt" wird, zeigen die Umweltschützer/innen auf „herablassende Weise" ihre Missbilligung hinsichtlich des Handelns eines bestimmten Personentypus, und zwar hinsichtlich des „unter ökologischen Gesichtspunkten unsensiblen Produzenten, Händlers und Konsumenten" und stabilisieren damit zugleich die „geteilte Gesinnung der Gruppenmitglieder" (Christmann 1995). Die Verwendung spezifischer Gattungen trägt somit zur Konstruktion von Gruppenzugehörigkeit (Neulinge versus Insider) bei.

Verschiedene *kulturelle Gruppen oder Milieus* (weiße und schwarze US-Amerikaner/innen, Briten und Inder/innen in Großbritannien, deutsche und chinesische Student/innen) weisen Unterschiede im Gebrauch bestimmter kommunikativer Gattungen (wie z.B. Argumentationen, Jobinterviews und Seminarvorträgen) auf. Diese Unterschiede betreffen nicht nur Aspekte der Binnenstruktur und situativen Realisierungsebene (Organisation des Arguments, prosodische Merkmale zur Signalisierung bekannter und neuer Informationen, Rezipientenreaktionen etc.)[34] sondern auch die kommunikative Funktion dieser Gattungen. So haben Sprichwörter und Redewendungen in chinesischen Argumentationen (in schriftlichen wie auch in mündlichen argumentativen Kontexten) eine wichtige Rolle zur Stützung des Arguments: Die Sprecher/innen bzw. Autor/innen verdeutlichen damit ihre Traditionsverbundenheit sowie die „Allgemeingültigkeit" ihres Arguments (Günthner 1991).

Auch *geschlechtsbedingte Unterschiede* zeichnen sich anhand kommunikativer Gattungen ab (Gal 1989; Günthner/Kotthoff 1991). Im kaukasischen Georgien

---

34 Vgl. Gumperz (1982).

bildet die Gattung der Trinksprüche eine wichtige ritualisierte Handlung und ein zentrales Mittel zur interaktiven Konstruktion von „Männlichkeit". Trinksprüche können sich in bestimmten Kontexten sogar zu einem Wettstreit unter den am Tisch anwesenden Männern entwickeln, wobei jene Georgier, die die Gattung nicht beherrschen und denen es an rhetorischen Fertigkeiten mangelt, als „unmännlich" klassifiziert werden (Kotthoff in Druck). Während in informellen Situationen gelegentlich auch Frauen die Rolle des Trinkspruchmeisters („tamada") übernehmen können, ist in formellen Situationen der Tamada stets ein Mann. Die Frauen sind dann mit der Zubereitung und dem Servieren des Essens beschäftigt und bilden in der Küche meist ihre eigene, weniger formalisierte Gesprächsgruppe.

Kommunikative Gattungen haben auch bei der Konstruktion spezifischer *institutioneller Kontexte* eine zentrale Rolle inne: Beispielsweise zeichnet sich der universitär-wissenschaftliche Bereich durch die Verwendung bestimmter akademischer Gattungen (Seminardiskussionen, Prüfungsgespräche, Referate, Klausuren, abstracts, Rezensionen etc.) aus, die – wie Swales (1990) verdeutlicht – kulturell unterschiedlich organisiert sein können.

Auf die Bedeutung kommunikativer Gattungen zur Aufrechterhaltung *politischer Einheiten* weisen zahlreiche kulturanthropologische Arbeiten hin. Speziell in den mehr oder weniger egalitären Gesellschaften, in denen keine klar ausdifferenzierten politischen Institutionen vorhanden sind, sondern politische Fragen, Entscheidungen und Traditionen bei Dorfversammlungen diskutiert und ausgehandelt werden, sind Performanzaspekte politischer Gattungen zentral. Wie soziopolitische Veränderungen kommunikative Vorgänge im institutionellen Bereich verändern können, verdeutlicht die Studie von Yuan/Kuiper/Shu (1990) über formulaische Redewendungen vor und während der Kulturrevolution in China. Vor der Kulturrevolution war die Begrüßung in Chinas Klassenzimmer stark ritualisiert. Die Lehrerin begrüßte zunächst die Schüler/innen mit der Formel „tongxuemen hao!" (*Schüler gut!*), und die Schüler/innen antworteten mit „laoshi hao" (*Lehrer/in gut!*). Dieses Begrüßungsritual war von nonverbalen Handlungen begleitet: Die Schüler/innen mussten aufstehen, um so der Lehrerin gegenüber Respekt zu erweisen. Während der Kulturrevolution wurde dieses Begrüßungsritual jedoch durch die Redewendung: „rang women jing zhu Mao zhuxi wanshouwuqiang!" (*Lasst uns voller Respekt dem Vorsitzenden Mao ein langes Leben wünschen!*) ersetzt. Der erste Teil der Äußerung „rang women jing zhu Mao zhuxi" wurde vom Klassensprecher vorgetragen, der zweite Teil „wan shouwuqiang" wurde dreimal von allen Schüler/innen sowie der Lehrerin geäußert. Dieser zweite Teil enthält eine idiomatische Redewendung, die vor der Kulturrevolution nur gegenüber dem Kaiser geäußert werden durfte und während der Kulturrevolution nur gegenüber Mao. Mit der chinesischen „Öffnungspolitik" Ende der 70er Jahre wurde die kulturrevolutionäre Variante abgeschafft und die traditionelle Begrüßungszeremonie wieder eingeführt.[35]

Zur Außenstruktur gehört auch die Beziehung zwischen kommunikativen Gattungen und der *Sozialstruktur einer Gesellschaft*. Die Verteilung der kommunikativen Ressourcen und damit die Verteilung gattungsspezifischer Kompetenzen ist von gesellschaftlichen Machtverhältnissen bestimmt. Die soziale Position, die kulturelle Zugehörigkeit, das Milieu etc. haben einen erheblichen Einfluss auf das Repertoire kommunikativer Gattungen einzelner Mitglieder und dieses wiederum regelt den Zugang zu gesellschaftlichen Positionen, Milieus etc.: Kenntnisse kommunikativer Gattungen sind nicht nur Teil der „kommunikativen Kompetenz" sondern auch Teil des „kommunikativen Kapitals" (Bourdieu 1990) und entscheiden häufig – wie zahlreiche Arbeiten im Bereich der interkulturellen Kommunikation verdeutlichen – über Erfolg oder Misserfolg in institutionellen Kontexten. So ist – um Bourdieu (1990: 32) zu zitieren – die Kompetenz, grammatisch korrekte Sätze zu bilden, keineswegs ausreichend, um Äußerungen zu produzieren, *„auf die gehört wird"*, bzw. die eine hohe „soziale Akzeptabilität haben".

> Sprecher ohne legitime Sprachkompetenz sind in Wirklichkeit von sozialen Welten, in denen diese Kompetenz vorausgesetzt wird, ausgeschlossen oder zum Schweigen verurteilt. Nicht die im biologischen Erbgut angelegte *universelle, also ihrem Wesen nach nichtdistinktive Sprechfähigkeit* ist also selten, sondern diejenige Sprachkompetenz, die man braucht, um die vom sozialen Erbe abhängige legitime Sprache zu sprechen, die die sozialen Unterschiede in die genuin symbolische Logik der differentiellen Unterschiede oder, mit einem Wort, in die Logik der Distinktion übersetzt. (Bourdieu 1990: 32)

Einen wesentlichen Teil dieser Sprachkompetenz bilden Kenntnisse kommunikativer Gattungen. So veranschaulicht Auers (1994) Analyse von Bewerbungsgesprächen mit ost- und westdeutschen Teilnehmenden, dass die ostdeutschen Bewerber/innen mit dieser institutionellen Gattung Schwierigkeiten haben: In der ehemaligen DDR waren Bewerbungsgespräche nicht Teil des kommunikativen Haushalts. Seit der Wiedervereinigung sind die Bewerber/innen aus den neuen Bundesländern nun mit einer Gattung konfrontiert, die bislang nicht zu ihrem kommunikativen Repertoire gehörte. Sie „lösen" dieses Problem, indem sie Strategien, die dem offiziellen Sprachgebrauch der ehemaligen DDR entsprechen, anwenden und diese Strategien wiederum mit Techniken mischen, von denen sie

---

35 Zur Entlehnung und Veränderung von Gattungen im historischen Prozess siehe auch Schlieben-Lange (1983).

annehmen, dass sie in dieser „westlichen" Gattung verlangt werden. Folglich kommt es in diesen Gesprächen zu einer Spannung zwischen westlichen und östlichen Diskursstrategien: Während Bewerbungsgespräche im Westen eine explizite Demonstration von Wissen und Erfahrung verlangen, erwartet der ostdeutsche Diskurs die Demonstration von Bescheidenheit; die westliche Gattung verlangt aktives Engagement der Bewerber, im „Oststil" wird dagegen das Agent-Subjekt vermieden; während die westliche Gattung auf einer Ideologie der scheinbaren Gleichheit basiert, die die darunterliegenden Machtverhältnisse verdecken soll, exponiert der „Oststil" diese Machtstrukturen durch einen hohen Formalitätsgrad und die Signalisierung von Unterwürfigkeit; während der westliche Stil Direktheit verlangt, erfordert der östliche Vagheit und Indirektheit; Bewerbungsgespräche im Westen verlangen die Fähigkeit, die Interaktionsmodalität spontan zu wechseln und in eine informelle und spaßhafte Interaktionsphase überzutreten, dagegen zeichnet sich der östliche Bewerbungsdiskurs durch Steifheit und Inflexibilität aus. Die BewerberInnen aus den neuen Bundesländer konstruieren folglich ihre „Ossiheit" durch bestimmte Diskursverfahren, die der westlichen Gattung des Bewerbungsgesprächs nicht entsprechen.

Der Zugang zu Machtressourcen, bestimmten Institutionen und sozialen Milieus wird nicht nur über „Wissen" geregelt, sondern wesentlich auch durch die Formen und Gattungen, in denen dieses Wissen kommuniziert wird.

Die drei hier aufgezeigten Strukturebenen (die *Binnenstruktur*, die *Ebene der situativen Realisierung* und die *Außenstruktur*) konstituieren das Gesamtmuster einer kommunikativen Gattung und legen den Verbindlichkeitscharakter fest. Zwar gelten für jede kommunikative Gattung spezifische Bestimmungsmerkmale als „typisch", doch müssen keineswegs alle Bestimmungsmerkmale gleichermaßen relevant sein. Jedoch dürfte es kaum Gattungen mündlicher Kommunikation geben, an deren Festlegung nicht Bestimmungsmerkmale aus allen drei Strukturebenen beteiligt sind (Luckmann 1992: 18).[36]

---

36 Vgl. auch Stempel (1972: 179), der hinsichtlich der Komponenten von „Textsorten" und „Textgattungen" betont, dass von den „Einzelkomponenten" die eine Gattung oder Textsorte vereint, „kaum eine als spezifisch, d.h. als unverwechselbar und ausschließlich auf EINE Gattung beschränkt angesehen werden kann."

4 Von den Textsorten zu den kommunikativen Gattungen?

Das Konzept der *kommunikativen Gattung* unterscheidet sich von dem in der Text-linguistik gängigen Textsortenbegriff[37], der ja teilweise auch auf mündliche Texte angewendet wird, in mehrfacher Hinsicht:

(i) Die interaktive Ausrichtung des Gattungsbegriffs

Kommunikative Gattungen werden als interaktiv erzeugte, dialogische Kon-strukte im tatsächlichen Interaktionsprozess und nicht etwa als statische, mono-logische Texte außerhalb des interaktiven und sozialen Kontextes, dem sie ent-stammen, untersucht.[38] Sie sind also nicht als gegebene Entitäten zu betrachten, die – je nach strukturellen Merkmalen – bestimmten vordefinierten Typen zuzu-ordnen sind, sondern als interaktiv erzeugte kommunikative Muster, die Intera-gierende produzieren, um bestimmte kommunikative Aufgaben zu lösen.[39] Zur Erfassung kommunikativer Gattungen genügt es folglich auch nicht, isolierte Gattungsmuster aufzuzeigen, vielmehr gehören zur Bestimmung von Alltagsgat-tungen auch die dialogischen Prinzipien und Verfahren, mittels derer die betref-fende Gattung unter jeweils spezifischen Umständen realisiert wird.[40] Gattungen sind also nicht losgelöst vom interaktiven Prozess, dem sie entstammen, zu

---

37 Ich werde im Folgenden den Begriff der „Textsorte" (statt „Texttyp") verwenden und mich dabei an Isenbergs (1983: 308) Unterscheidung halten: „Den Ausdruck *Textsorte* verwenden wir bewusst als vage gehaltene Bezeichnung für jede Erscheinungsform von Texten, die durch die Beschreibung bestimmter, nicht für alle Texte zutreffender Eigenschaften charakterisiert werden kann, unabhängig davon, ob und auf welche Weise diese Eigenschaften im Rahmen einer Textty-pologie theoretisch erfassbar sind. Im Unterschied dazu gebrauchen wir den Terminus *Texttyp* als theoriebezogene Bezeichnung für eine Erscheinungsform von Texten, die im Rahmen einer Texttypologie beschrieben und definiert ist."
38 Vgl. in diesem Zusammenhang auch Gülich (1986), die den Textbegriff verwendet als „kom-plexe sprachliche Handlung, die durch eine interaktive Leistung der Kommunikationspartner zustande kommt und zwar unabhängig davon, ob ein Sprecherwechsel stattfindet". Vgl. auch die dialogische Ausrichtung des Handlungsmusterkonzepts von Ehlich/Rehbein (1979); Ehlich (1986).
39 Vgl. hierzu Luckmann (1986); Günthner/Knoblauch (1994); Bergmann/Luckmann (1995).
40 Vgl. hierzu auch Bergmann (1987: 57).

analysieren, sie haben – wie die Gattungstheoretiker der formgeschichtlichen Bibelexegese dies bezeichneten – ihren „Sitz im Leben" (Gunkel 1925).[41]

Eine der Konsequenzen dieses interaktiv verankerten Gattungskonzeptes ist, dass wir zur Beschreibung mündlicher Texte neben den als „textextern" bezeichneten Merkmalen (wie „Sprecherzahl, Ort, Empfängertypen etc.") Aspekte interaktiver Textproduktion, wie Sprecherwechsel, Präferenzstrukturen, Partizipientenkonstellation, Rezipientendesign etc. zu berücksichtigen haben. Auch die Rezipientenreaktionen fungieren als wesentlicher Bestandteil mündlicher Textgattungen. So gehören beispielsweise zum Frotzeln bestimmte Rezipientenreaktionen wie Lachen, Rechtfertigungen, Kombinationen aus Lachen und Zurückweisung der negativen Zuschreibung, spielerische Expansionen und Retourkutschen. In Klatschgesprächen setzen in der Regel die Klatschproduzenten erst dann zum Klatsch ein, wenn sie bestimmte erwartbare Reaktionen von den Rezipienten erhalten haben: Hierzu gehört einerseits die Signalisierung, dass die betreffende abwesende Person als „Klatschobjekt" geeignet ist, und zum andern die kommunizierte Bereitschaft, die „sozial geächtete Praxis des Klatschen" (Bergmann 1987) mitzutragen.

(ii) Interaktiver Kontextbegriff

Eng mit der Dialogizität kommunikativer Handlungen verbunden ist auch der interaktive Kontextbegriff der Gattungsforschung. Kontext wird im Sinne der Interpretativen Soziolinguistik (Gumperz 1982) nicht einfach als ein Aggregat materiell gegebener Entitäten betrachtet, die losgelöst von der Interaktion einfach vorhanden sind, sondern Kontext wird von den Interagierenden selbst aktiv aufgebaut (Auer 1986). D.h., der Gebrauch kommunikativer Gattungen ist nicht nur kontextabhängig, sondern die sprachlichen Aktivitäten der Interagierenden und damit die interaktive Produktion bestimmter Gattungen konstruieren zugleich den Kontext mit. Die Abfolge bestimmter Gattungen (wie z.B. Gebet, Gesang, Predigt etc.) wird also nicht nur von der Kommunikationssituation (wie z.B. Gottesdienst) bestimmt, sondern die Kommunikationssituation selbst (der Gottesdienst) wird u.a. durch die Ausführung dieser Gattungen erzeugt. Aspekte wie Kommunikationssituation, Verhältnis der Teilnehmenden zueinander, Öffentlichkeitsgrad, Spontanitätsgrad, Modalität der Themenbehandlung (und somit

---

41 Gunkel (1925) war einer der ersten Gattungsforscher, die den Zusammenhang von Gattungen und „soziale Praxis" der Texte betont haben. Vgl. auch Sandig (1983), die ebenfalls den sozialen Kontext von Texten in Zusammenhang mit ihrer „Textsortenbeschreibung unter dem Gesichtspunkt einer linguistischen Pragmatik" hervorhob, sowie Ehlich (1986).

einige der charakteristischen Merkmale der „Redekonstellation") sind somit nicht als einfach gegebene Faktoren, in denen bestimmte Textsorten auftreten, zu betrachten, sondern es besteht eine reflexive Beziehung zwischen Kontextfaktoren und kommunikativer Gattung. So treten beispielsweise Frotzeleien nicht nur gehäuft in informellen Kontexten mit sozialer Nähe zwischen den Interagierenden auf, sondern mit dem Frotzeln produzieren die Interagierenden zugleich eine soziale Nähe und kreieren den informellen, geselligen Kontext (Günthner 1994). Gattungen können folglich nicht losgelöst vom interaktiven Kontext, in dem sie produziert und interpretiert werden und den sie zugleich miterzeugen, analysiert werden.

(iii) Methodische Vorgehensweise

Die Gattungsforschung lehnt sich methodisch an die Konversationsanalyse, die Ethnographie der Kommunikation und die interpretative Soziolinguistik an. Sie nimmt natürlich auftretende Gespräche als Ausgangspunkt der Untersuchung. Diese werden auf Tonband oder Video aufgenommen und transkribiert. Die so „fixierten"[42] Daten werden als integraler Bestandteil des Kontextes, dem sie entstammen, analysiert, und die Interaktion wird als zeitlich fortlaufender, sequentiell organisierter und kollaborativ erzeugter Prozess behandelt. Die Dateninterpretation verfährt also sequenzanalytisch und untersucht nicht nur die Äußerungen der Sprechenden sondern auch die damit verbundenen und sie mitsteuernden Rezipientenreaktionen. Was die postulierten Analysekriterien betrifft, so müssen diese am Material selbst nachzuweisen sein, d.h., es ist zu zeigen, dass sie für die Interagierenden selbst von Relevanz sind.

(iv) Die sozio-kulturelle Verankerung von Gattungen

Wie Gülich/Raible (1972) und auch Steger (1983) ausführen, lassen sich in der Textsortenforschung drei Grundrichtungen der Typisierung von Textsorten unterscheiden:

---

42 Vgl. Bergmann (1985) zur methodischen Fixierung von Gesprächen.

1. Die Richtung, die von „textinternen Kriterien" ausgeht und dabei entweder linguistische Einheiten oder inhaltsanalytische Einheiten als charakteristische Merkmale von Textsorten verwendet.
2. Die Richtung, die „textexterne Kriterien", zur Unterscheidung von Textsorten verwendet.
3. Die Richtung, die „textinterne" mit „textexternen" Merkmalen kombiniert.

Unter den „externen" Faktoren werden in der Regel Aspekte wie „Sprecherzahl, Ort, Empfängertypen etc." verstanden. Wie bereits unter (i) thematisiert, sind diese Faktoren jedoch – gerade was die Analyse mündlicher Texte angeht – insofern zu ergänzen, als interaktiv-dialogische Strukturen zu berücksichtigen sind. Ferner benötigen wir zur Beschreibung von Textgattungen eine weitere Ebene, nämlich jene Faktoren, die die Beziehung zwischen Gattung und Sozialstruktur regeln (wie Milieuzugehörigkeit, Geschlechterrollen, kulturelle Bewertung der betreffenden Gattung etc.). Diese Anbindung grammatischer, textueller und situativer Phänomene an größere soziokulturelle Aspekte fehlt bislang in den (meisten) Textsortenkonzeptionen.[43] Das Gattungskonzept liefert gerade mit der „Außenstruktur" eine Verbindungsmöglichkeit zwischen linguistischen Detailanalysen einzelner sprachlicher Phänomene, interaktiv-situativer Realisierungsformen und Aspekten der sozialen Praxis in einem bestimmten kulturellen Umfeld. Wie auch bereits Bachtin (1979/1986) in seiner Arbeit zu „speech genres" aufzeigte, bilden Gattungen den Knotenpunkt der Interaktion, in dem sich sprachliche und thematische Strukturen, stilistische Formen und kommunikative Funktionen mit gesellschaftlichen Ideologien und sozialen Strukturen treffen. Gattungen können als ein Bindeglied zwischen konkretem Sprachverhalten und soziohistorischem Kontext betrachtet werden: Sie sind Teil des kommunikativen Habitus sozialer Gruppen und haben eine bestimmte soziale Verteilung.[44]

---

43 Vgl. hierzu auch Ehlichs (1986) Thesen zur Entwicklung einer Typologie sprachlichen Handelns, wo ebenfalls die soziale und institutionelle Konstitution von sprachlichen Mustern hervorgehoben wird.
44 Gattungen vermitteln, wie Hanks (1989: 99) ausführt, „between works and larger historical contexts. They share with linguistic approaches the goal of explaining textual form but explicitly seek to relate form to its social context".

(v) Kommunikative Gattungen als Orientierungsmuster: Von „reinen Gattungen"
zu „Gattungsverschachtelungen" und „-hybriden"

Wie Stempel (1972: 179) betont, sind „Textgattungen als homogene Erzeugungs-
muster" im gebrauchssprachlichen Zusammenhang nur selten zu finden. Statt
von „reinen" Textsorten auszugehen, benötigen wir ein dynamisches Gattungskonzept, das der kommunikativen Praxis entstammt und Gattungen nicht mehr
länger als homogene Gebilde betrachtet, sondern als Orientierungsmuster für die
Produktion und Rezeption von Diskursen. Die formalen Charakteristika von Gattungen sind keineswegs als immanente, normative, festgelegte Textstrukturen zu
erfassen, sondern Gattungen repräsentieren konventionalisierte, jedoch flexible
und dynamische Erwartungsstrukturen bzgl. der Organisation formaler Mittel
und Strukturen im konkreten Diskurszusammenhang. Kommunikative Gattungen liefern ein Set an prototypischen Elementen, an denen sich die Interagierenden bei der Produktion und Interpretation kommunikativer Bedeutung orientieren.[45] Mit der Verwendung einer Gattung stellen die Interagierenden
indexikalische Verbindungen her, die über den momentanen Kontext der Textproduktion und -rezeption hinausreichen: So wird beispielsweise eine intertextuelle Beziehung zwischen dem momentanen Text und der kanonisierten Vorlage
hergestellt. Diese Beziehung kann sowohl in Form von puren als auch gemisch-
ten Typen aktualisiert werden (Silverstein 1993: 51). D.h., Interagierende können
sich bei der Rekontextualisierung von Gattungen sehr eng an vorherige Modelle
anlehnen, sehr stark davon abweichen oder aber Hybridformen kreieren – die
Variationsmöglichkeiten sind vielfältig. In der Alltagskommunikation treten
häufig Verschachtelungen und Hybridbildungen von Gattungen auf, die von der
Textsortenforschung bislang kaum beachtet wurden. So zeigt Hanks (1987), wie
im Yukatan im 16. Jhd. aufgrund des Einflusses der spanischen Kolonialmacht
Gattungs„hybride" entstanden, die spanische Gattungselemente mit lokalen
Maya-Elementen mischen. Die Vermischung von Gattungen bzw. die Einblen-
dung bestimmter Elemente einer Gattung in eine andere findet sich in zahlreichen institutionellen und privaten Kontexten: Beispielsweise kann eine Psycho-
therapeutin in ihr Beratungsgespräch einen Witz einbauen und so eine
„einfache" Gattung in eine komplexere integrieren; oder ein Dozent kann in seine

---

45 Wie auch Hanks (1987: 681) ausführt: „Hence, the unitary wholeness of genre, which is axi-
omatic in formalist approaches, becomes a problematic achievement in practice-based framework. The idea of objectivist rules is replaced by schemes and strategies, leading one to view
genre as a set of focal or prototypical elements, which actors use variously and which never become fixed in a unitary structure".

Vorlesung einen bestimmten Gattungsstil – wie den Predigtstil – inkorporieren und dadurch eine interpretative Transformation einer Gattung erzielen. Wie sehr mit Gattungselementen gespielt werden kann, demonstrieren auch Radio-Werbespots: Diese zitieren häufig andere Gattungen, und zwar sowohl Alltagsgenres wie Klatsch, Witze, Belehrungen etc. als auch andere mediale Genres wie Western, Krimis, Nachrichten etc. Die zitierten Genres werden jedoch in der Gattung des Radio-Werbespots nicht einfach übernommen, sondern häufig ironisiert, parodiert und überzogen.

5 Mögliche Anknüpfungspunkte der Gattungsforschung an andere sprachwissenschaftliche Fragestellungen

Die Gattungsanalyse ist in mehrfacher Hinsicht für sprachwissenschaftliche Untersuchungen relevant. Die Funktion und Bedeutung zahlreicher grammatischer, lexiko-semantischer und prosodischer Phänomene ist nur innerhalb des spezifischen kommunikativen Vorgangs – bzw. der kommunikativen Gattung – in dem sie auftreten, zu erklären. Denn Gattungen stellen – um nochmals Peter Hartmann (1971: 25) zu zitieren – den Kontext dar, „von dem in so vielen Fällen der eigentliche Aufschluss über so zahlreiche Einzelfragen z.B. der Satzanalyse erwartet wird".

Im Folgenden sollen einige Bereiche skizziert werden, die verdeutlichen, wie Gattungen mit anderen sprachlichen Phänomenen interagieren und für weitere sprachwissenschaftliche Fragestellungen von Relevanz sein können:

- Zusammenhang zwischen grammatischen Strukturen und kommunikativen Gattungen:

So ist beispielsweise – wie Auers (1993) Analyse zur Verbspitzenstellung zeigt – diese Satzstellung sehr eng mit der Realisierung gewisser Gattungen verknüpft. Bestimmte narrative Texte, wie Witze oder Kinderreime, beginnen häufig mit der Verspitzenstellung (vgl. Witzanfänge, wie „Sitzen zwei Schwaben auf einer Parkbank. Sagt der eine..."; oder „Treffen sich zwei alte Freunde. Fragt der eine...."; oder Kinderverse, wie „Geht ein Männlein d'Treppe hoch...."). Innerhalb einer Erzählung hat die Verbspitzenstellung dagegen die Funktion, den Handlungscharakter zu betonen, die Elemente der Komplikationsphase zu kennzeichnen und die Erzählung „lebendiger" zu gestalten.

Eine Analyse von Vorwurfsäußerungen (Günthner 1993b) verdeutlicht, dass in dieser Kleinform häufig das Interrogativpronomen „WAS" auftritt. Doch statt – wie üblich – unbekannte Sachverhaltskomponenten („Was machst du am Montagabend?") zu erfragen, fragen WAS-Formate in Vorwürfen nach dem Grund für eine bestimmte Handlung („Was fährst du auch immer nach Köln"; oder „Was brauchst du auch jeden Abend en Wein") bzw. hinterfragen diese und machen eine Erklärung interaktiv relevant.

Als weiteres Beispiel für den Zusammenhang von kommunikativer Gattung und grammatischen Strukturen ist das historische Präsens in Erzählgattungen anzuführen.

- Gattungen und Prosodieforschung:

Bislang gibt es zwar noch wenige Analysen über Prosodie in natürlichen Gesprächen (Auer/di Luzio (1992); Couper-Kuhlen/Selting (in Druck)), doch die vorliegenden Arbeiten weisen darauf hin, dass eine der Funktionen prosodischer Elemente die Kontextualisierung kommunikativer Gattungen und Aktivitäten darstellt. Seltings (1992) Analyse der Intonation in Alltagsgesprächen verdeutlicht, dass Interagierende zur Kontextualisierung des Übergangs von einer Gattung in eine andere (z.B. von Argumentation zu Erzählung) ihre Intonationskonturen ändern. Analysen zu Vorwurfsaktivitäten zeigen, dass zahlreiche Vorwürfe prototypische prosodische Parameter aufweisen, die zu dem führen, was wir alltagssprachlich als „vorwurfsvollen Ton" bezeichnen (Günthner in Druck).

- Gattungen und sprachliches Medium:

Eine weitere für linguistische Analysen ergiebige Fragestellung ist die nach der Verwendung spezifischer sprachlicher Mittel zur Realisierung einer Gattung in verschiedenen kommunikativen Medien. Wodurch unterscheidet sich beispielsweise eine schriftliche Beschwerde von einer mündlichen? Wie werden die für mündliche Beschwerden charakteristischen prosodischen Elemente im schriftlichen Text ersetzt? Oder wodurch unterscheiden sich Fernsehwerbespots von Radiospots? Auf welche verbalen und prosodischen Verfahren greift man zurück, wenn die visuellen nicht vorhanden sind? McQuail (1987) demonstriert ferner, wie sich zunehmend auch in den neuen Medien der Massenkommunikation und elektronischen Kommunikation neue kommunikative Vorgänge entwickeln und langsam zu festeren Gattungen gerinnen. Sowohl Nachrichten auf Anrufbeantwortern als auch E-Mail-Texte orientieren sich immer stärker an gattungsähnlichen Verfestigungen (Murray 1988; Alvarez-Caccamo/Knoblauch 1992).

- Gattungsspezifische Ausdrucksformen von Emotionen:

Wie Fiehler (1990) und auch Besnier (1990) in ihren Arbeiten zu „Sprache und Emotionen" ausführen, sind die sprachlichen Ausdrucksformen bestimmter Emotionen sehr stark abhängig von den betreffenden Gattungen, in denen sie auftreten. Beispielsweise kann „Ärger" ganz unterschiedlich realisiert werden, je nachdem ob dieser Affekt in einem Vorwurf im Familienkreis oder in einem Job-Interview zum Ausdruck gebracht wird. Trauer um den Tod eines Familienangehörigen kann in Form ritualisierter Lamento-Gattungen auf konventionell festgelegte Weise (Klagelied, lautes Wehklagen, Ausreißen von Haaren etc.) ausgedrückt werden; dagegen kann die Trauer in Alltagsgesprächen unter Bekannten mittels unterdrücktem Schluchzen, sprachlichen Disfluenzsignalen und langen Schweigephasen indiziert werden.

- Gattungen in der Interkulturellen Kommunikation:

Als historische und kulturelle Produkte sind kommunikative Gattungen offen für historischen Wandel und kulturelle Variation. Da Gattungen sozial konstruierte Lösungen für die Organisation kommunikativer Probleme repräsentieren, ist es naheliegend, dass unterschiedliche Kulturen bestimmte kommunikative Aufgaben unterschiedlich lösen. Das Repertoire der Gattungen variiert von Kultur zu Kultur. In interkulturellen Kommunikationssituationen treffen nun häufig Interagierende aufeinander, die über unterschiedliche „Ausgangs"repertoires an kommunikativen Formen und Gattungen verfügen. Einerseits kann in einer Kultur ein bestimmtes kommunikatives Problem (z.B. Trauern um Verstorbene) gattungsmäßig verfestigt sein (in Form von Klageliedern[46]), während in einer anderen Kultur keine festgelegte Gattung für diese Aktivität existiert. Ferner können jedoch auch kulturell unterschiedliche Realisierungsformen scheinbar gleicher Gattungen auftreten (z.B. wissenschaftlicher Diskussionen, Predigten, politischer Reden, Geschäftsverhandlungen und auch kleinerer Muster, wie beispielsweise Begrüßungen). Die unterschiedlichen Realisierungsformen können alle drei Strukturebenen betreffen (d.h. die Binnenstruktur, die Zwischenebene der situativen Realisierung und die Außenstruktur).

So verwenden chinesische Sprecher/innen nicht nur sehr viel häufiger Sprichwörter, sondern diese fungieren darüber hinaus als Zeichen hoher Bildung und rhetorischer Gewandtheit. Sie werden nicht nur in informellen

---

46 Vgl. u.a. Caraveli-Chaves (1980) zu Klageliedern bei griechischen Frauen und Kotthoff (1993) zu Klagelieder georgischer Frauen.

Kommunikationssituationen zitiert, sondern sie (insbesondere 'chengyu'; Günthner 1991) gehören im chinesischen Kontext durchaus auch zum Repertoire der Binnenstruktur akademischer Gattungen und gelten als „Schmuckelemente" in wissenschaftlichen Vorträgen, Magisterarbeiten und Aufsätzen. In interkulturellen Situationen übertragen chinesische Sprecher/innen und Autor/innen häufig eigene Konventionen der situativen Verwendung dieser kleinen Formen ins Deutsche: Auf Deutsch verfasste wissenschaftliche Vorträge und schriftliche Texte beginnen und enden nicht selten mit einem deutschen Sprichwort (wie „Aller Anfang ist schwer" oder „Ende gut – alles gut"). Dieser Transfer der eigenen Gattungskonventionen und der Bewertung von Sprichwörtern ins Deutsche wird dadurch verstärkt, dass an zahlreichen chinesischen Universitäten das Lernen und Prüfen von deutschen Sprichwörtern Teil der Studienanforderungen im Fach Germanistik darstellen und in Abschlussprüfungen nicht selten deutsche Sprichwörter abgefragt werden. Somit betreffen die Differenzen hinsichtlich der kleinen Formen „Sprichwörter" nicht nur binnenstrukturelle Momente verschiedener akademischer Gattungen, sondern auch die situative Realisierungsebene sowie die Außenstruktur dieser Kleinformen.

6 Zusammenfassung

Das Konzept der kommunikativen Gattungen, wie es in der anthropologischen Linguistik und Wissenssoziologie ausgearbeitet wurde, liefert ein wichtiges analytisches Werkzeug für die Analyse kommunikativer Praxis. Satt immanente, invariante und normative Merkmale von Gattungen festschreiben und ein konsistentes System statischer Gattungen aufstellen zu wollen, ist es angebracht, „Gattungen" als Orientierungsmuster mit prototypischen Elementen, die auf verschiedenen strukturellen Ebenen angesiedelt sind, zu betrachten, an die sich Interagierende in der Herstellung und Interpretation kommunikativer Bedeutung anlehnen. Gerade aufgrund ihrer wissenssoziologischen und anthropologischen Fundierung erscheint mir die Gattungsanalyse als geeigneter Ansatz, um sprachwissenschaftliche Analysen grammatischer, prosodischer, rhetorischer und interaktiver Phänomene mit sozialen und kulturellen Strukturen und sozialwissenschaftlichen Theorien kommunikativen Handelns zu verbinden.

7 Literatur

Alvarez-Caccamo, Celso/Knoblauch, Hubert (1992): 'I was calling you'. Communicative patterns in leaving a message to an answering machine. In: Text 4/12. S. 473–505.

Auer, Peter (1986): Kontextualisierung. In: Studium Linguistik 19. S. 22–47.

Auer, Peter (1993): Zur Verbspitzenstellung im gesprochenen Deutsch. In: Deutsche Sprache 3. S. 193–222.

Auer, Peter (1994): Broken Discourses. Cultural and Intercultural Aspects of East German Job-Interviews. Vortrag gehalten bei der Tagung „Intercultural Communication". Villa Vigoni, Menaggio, Sept. 94.

Auer, Peter/Di Luzio, Aldo (1992) (eds.): The Contextualization of Language. Amsterdam.

Ayaß, Ruth (1993): 'Wer das verschweigt, handelt eigentlich in böser Absicht'. Kategorische Formulierungen als kleine Formen moralischer Kommunikation. Universität Konstanz. FG Soziologie. MORAL-Projekt: Arbeitspapier Nr. 8.

Ayaß, Ruth/Bergmann, Jörg (1993): Rhetorische Elemente als Bestandteile moralischer Kommunikation. Eine Forschungsskizze zur Sendereihe 'Das Wort zum Sonntag'. Universität Konstanz. FG Soziologie. MORAL-Projekt: Arbeitspapier Nr. 4.

Bachtin (Bakhtin), Mikhail M. (1979/86): The problem of speech genres. In: Emerson, C./Holquist, M. (eds.): Speech Genres and other Essays. Austin. S. 60–102.

Bauman, Richard/Sherzer, Joel (1974) (eds.): Explorations in the ethnography of speaking. Cambridge.

Bergmann, Jörg (1985): Flüchtigkeit und methodische Fixierung sozialer Wirklichkeit: Aufzeichnungen als Daten der interpretativen Soziologie. In: Bonß, W./Hartmann, H. (Hg.): Entzauberte Wissenschaft: Zur Relativität und Geltung soziologischer Forschung. Göttingen. S. 299–320.

Bergmann, Jörg (1987): Klatsch. Zur Sozialform der diskreten Indiskretion. Berlin.

Bergmann, Jörg/Luckmann, Thomas (1995): Reconstructive genres of everyday communication. In: Quasthoff, U. M. (ed.): Aspects of Oral Communication. Berlin. S. 289–304.

Besnier, Niko (1990): Language and affect. In: Annual Review of Anthropology 19. S. 419–451.

Bourdieu, Pierre (1990): Was heißt Sprechen? Die Ökonomie des sprachlichen Austausches. Wien.

Briggs, Charles L./Bauman, Richard (1992): Genre, Intertextuality, and Social Power. In: Journal of Linguistic Anthropology 2/2. S. 131–172.

Brinker, Klaus (1985): Linguistische Textanalyse. Berlin.

Caraveli-Chaves, Anna (1980): Bridge between worlds. The Greek Women's Lament as Communicative Event. In: Journal of American Folklore 93. S. 129–157.

Christmann, Gabriela B. (1993): 'Und da hab ich wirklich so einen Zornesausbruch gekriegt ...'. Moral mit Affekt: Die moralische Entrüstung am Beispiel von Ökologie-Gruppen. Konstanz: FG Soziologie. MORAL-Projekt: Arbeitspapier Nr. 6.

Christmann, Gabriela B. (1995): Gequältes Amüsement über die Dummheit des 'Otto-Normalverbrauchers'. Die Aktivität des 'Sich-Mokierens' in Ökologiegruppen. Konstanz. FG Soziologie. MORAL Projekt: Arbeitspapier Nr. 14.

Couper-Kuhlen, Elizabeth/Selting, Margret (in Druck): Prosody in Conversation: Interactional Studies. Cambridge.

Dimter, Matthias (1981): Textklassenkonzepte heutiger Alltagssprache: Kommunikationssituation, Textfunktion und Textinhalt als Kategorien alltagssprachlicher Textklassifikation. Tübingen.

Ehlich, Konrad (Hg.) (1980): Erzählen im Alltag. Frankfurt.

Ehlich, Konrad (1986): Die Entwicklung von Kommunikationstypologien und die Formbestimmtheit sprachlichen Handelns. In: Kallmeyer, W. (Hg.): Kommunikationstypologie. Düsseldorf. S. 47–72.

Ehlich, Konrad/Rehbein, Jochen (1979): Sprachliche Handlungsmuster. In: Soeffner, H.-G. (Hg.): Interpretative Verfahren in den Sozial- und Textwissenschaften. Stuttgart. S. 328–351.

Fiehler, Reinhard (1990): Kommunikation und Emotion. Theoretische und empirische Untersuchungen zur Rolle von Emotionen. Berlin.

Gal, Susan (1989): Between Speech and Silence: The Problematics of Research on Language and Gender. In: IPrA Papers in Pragmatics 3/1. S. 1–38.

Gülich, Elisabeth (1986): Textsorten in der Kommunikationspraxis. In: Kallmeyer, W. (Hg.): Kommunikationstypologie. Düsseldorf. S. 5–46.

Gülich, Elisabeth/Raible, Wolfgang (1972): Textsorten als linguistisches Problem. Vorwort und Einleitung. In: Gülich, E./Raible, W. (Hg.): Textsorten. Frankfurt. S. 1–6.

Gumperz, John J. (1982): Discourse Strategies. Cambridge.

Gumperz, John J./Hymes, Dell (1972) (eds.): Directions in Sociolinguistics. The Ethnography of Communication. New York.

Gunkel, Hermann (1925): Die israelitische Literatur. Leipzig.

Günthner, Susanne (1991): 'A language with taste': Uses of Proverbial Sayings in Intercultural Communication. In: Text 3. S. 399–418.

Günthner, Susanne (1993a): Diskursstrategien in der Interkulturellen Kommunikation. Analysen deutsch-chinesischer Gespräche. Tübingen.

Günthner, Susanne (1993b): ‚Kannst du auch über ANDERE Leute LÄSTERN' – Vorwürfe als Formen moralischer Kommunikation. Universität Konstanz, FG Soziologie. MORAL-Projekt: Arbeitspapier Nr. 9.

Günthner, Susanne (1994): Zwischen Konfrontation und Spiel. Zur kommunikativen Konstruktion von Frotzeleien. Konstanz. FG Soziologie. MORAL-Projekt: Arbeitspapier Nr. 12.

Günthner, Susanne (in Druck): Moral voices. The prosodic contextualization of reproaches in 'why'-formats. Erscheint in: Couper-Kuhlen, E./Selting, M. (eds.), Interactional Perspectives on Prosody in Conversation. Cambridge.

Günthner, Susanne/Kotthoff, Helga (1991) (Hg.): Von fremden Stimmen: Weibliches und männliches Sprechen im Kulturvergleich. Frankfurt.

Günthner, Susanne/Knoblauch, Hubert (1994): 'Forms are the Food of Faith'. Gattungen als Muster kommunikativen Handelns. In: Kölner Zeitschrift für Soziologie und Sozialpsychologie 4. S. 693–723.

Günthner, Susanne/Knoblauch, Hubert (1995): Culturally Patterned Speaking Practices – the Analysis of Communicative Genres. In: Pragmatics 5/1, S. 1-32.

Günthner, Susanne/Luckmann, Thomas (1995): Asymmetries of Knowledge in Intercultural Communication: The Relevance of Cultural Repertoires of Communicative Genres. Arbeitspapier der Fachgruppe Sprachwissenschaft. Universität Konstanz.

Hanks, William F. (1987): Discourse Genres in a Theory of Practice. In: American Ethnologist 4/14, S. 668–696.

Hanks, William F. (1989): Text and Textuality. In: Annual Review of Anthropology 18, S. 95–127.

Hartmann, Peter (1964): Text, Texte, Klassen von Texten. In: Bogawus, Zeitschrift für Literatur, Kunst, Philosophie 2. S. 15–25.

Hartmann, Peter (1965): Zur anthropologischen Fundierung der Sprache. In: Symbolae Linguisticae in honorem G. Kurylowicz. Warschau. S. 110–119.

Hartmann, Peter (1971): Texte als linguistisches Objekt. In: Stempel, W.-D. (Hg.): Beiträge zur Textlinguistik. München. S. 9–30.

Hymes, Dell (1974): Ways of Speaking. In: Bauman, R./Sherzer, J. (eds.): Explorations in the Ethnography of Speaking. Cambridge. S. 433–451.

Isenberg, Horst (1983): Grundfragen der Texttypologie. In: Danes, F./Viehweger D. (Hg.): Ebenen der Textstruktur. Berlin. S. 303–342.

Jolles, Andre (1930/82): Einfache Formen. Tübingen.

Kallmeyer, Werner (1979a): (Expressif) eh ben dis donc, hein pas bien – Zur Beschreibung von Exaltion als Interaktionsmodalität. In: Kloepfer, Rolf (Hg.): Bildung und Ausbildung in der Romania. Bd. I: Literaturgeschichte und Texttheorie. München. S. 549–568.

Kallmeyer, Werner (1979b): Kritische Momente. Zur Konversationsanalyse von Interaktionsstörungen. In: Frier, W./Labroisse, G. (Hg.): Grundfragen der Textwissenschaft. Amsterdam. S. 59–109.

Kallmeyer, Werner (1986): Vorwort. In: Kallmeyer, W. (Hg.): Kommunikationstypologie. Düsseldorf. S. 7–14.

Kallmeyer, Werner/Keim, Inken (1994): Formelhaftes Sprechen in der Filsbachwelt. In: Kallmeyer, W. (Hg.): Exemplarische Analysen des Sprachverhaltens in Mannheim. Berlin/New York. S. 250–317 (= Kommunikation in der Stadt. Teil 1)

Kallmeyer, Werner (Hg.) (1994): Exemplarische Analysen des Sprachverhaltens in Mannheim. Berlin/New York. (= Kommunikation in der Stadt. Teil 1)

Kallmeyer, Werner (Hg.) (1995): Ethnographien von Mannheimer Stadtteilen. Berlin/New York. (= Kommunikation in der Stadt. Teil 2)

Keppler, Angela (1987): Der Verlauf von Klatschgesprächen. In: Zeitschrift für Soziologie 16/4. S. 288–302.

Keppler, Angela (1994): Tischgespräche. Frankfurt.

Knoblauch, Hubert (1991): The taming of foes. The avoidance of asymmetry in informal discussions. In: Markova, I./Foppa, K. (eds.): Asymmetries in Dialogue. Hertforhire. S. 166–194.

Knoblauch, Hubert (1994): Vom moralischen Kreuzzug zur Sozialtechnologie. Die Nichtraucherkampagne in Kalifornien. In: Hitzler, R./Honer, A./Maeder, C. (Hg.): Expertenwissen. Opladen. S. 248–267.

Kotthoff, Helga (1993a): Weibliche Lamento-Kunst in Ostgeorgien. In: Georgica, Zeitschrift für Kultur, Sprache und Geschichte Georgiens und Kaukasiens 93. S. 21–31.

Kotthoff, Helga (1993b): Disagreement and cohesion in disputes: On the context sensitivity and preference structures. In: Language in Society 22. S. 193–216.

Kotthoff, Helga (in Druck): The social semiotics of Georgian Toast performances. Erscheint in: Journal of Pragmatics.

Labov, William (1972): Language in the Inner City: Studies in the Black English Vernacular. Philadelphia.

Luckmann, Thomas (1986): Grundformen der gesellschaftlichen Vermittlung des Wissens: Kommunikative Gattungen. In: Kölner Zeitschrift für Soziologie und Sozialpsychologie, Sonderheft 27. S. 191–211.

Luckmann, Thomas (1988): Kommunikative Gattungen im kommunikativen 'Haushalt' einer Gesellschaft. In: Smolka-Koerdt, G./Spangenberg, P.M./Tillmann-Bartylla, D. (Hg.): Der Ursprung der Literatur. München. S. 279–288.

Luckmann, Thomas (1992): Einleitung zu 'Rekonstruktive Gattungen'. Manuskript. Universität Konstanz: Fachgruppe Soziologie.

McQuail, Denis (1987): Mass Communication Theory. London.

Murray, Denise E. (1988): The context of oral and written language: A framework for mode and medium switching. In: Language in Society 17, S. 351–373.

Nothdurft, Werner (1986): Das Muster im Kopf? Zur Rolle von Wissen und Denken bei der Konstitution interaktiver Muster. In: Kallmeyer, W. (Hg.): Kommunikationstypologie. Düsseldorf. S. 92–116.

Pomerantz, Anita (1984): Agreeing and disagreeing with assessments: some features of preferred/dispreferred turn shapes. In: Atkinson, J. M. /Heritage, J. (ed.): Structures of social action: Studies in conversation analysis. Cambridge. S. 57–101.

Raible, W. (1980): Was sind Gattungen? Eine Antwort aus semiotischer und textlinguistischer Sicht. In: Poetica 12/S. 320–349.

Sacks, H. (1971): Das Erzählen von Geschichten innerhalb von Unterhaltungen. In: Kölner Zeitschrift für Soziologie und Sozialpsychologie 15. S. 307–314.

Sandig, Barbara (1970): Probleme einer linguistischen Stilistik. In: Linguistik und Didaktik 1. S. 177–194.

Sandig, Barbara (1972): Zur Differenzierung gebrauchssprachlicher Textsorten im Deutschen. In: Gülich, E./Raible, W. (ed.): Textsorten. Frankfurt. S. 113–124.

Sandig, Barbara (1979): Ausdrucksmöglichkeiten des Bewertens. Ein Beschreibungsrahmen im Zusammenhang eines fiktionalen Textes. In: Deutsche Sprache 2/S. 137–159.

Sandig, Barbara (1983): Textsortenbeschreibung unter dem Gesichtspunkt einer linguistischen Pragmatik. In: Textsorten und literarische Gattungen. S. 93–102.

Sandig, Barbara (1987): Textwissen. Beschreibungsmöglichkeiten und Realisierungen von Textmustern am Beispiel der Richtigstellung. In: Engelkamp, J./Lorenz, K./Sandig, B. (Hg.): Wissensrepräsentation und Wissensaustausch. St. Ingbert. S. 115–155.

Schlieben-Lange, Brigitte (1983): Traditionen des Sprechens. Elemente einer pragmatischen Sprachgeschichtsschreibung. Stuttgart.

Schmidt, Siegfried J. (1971): 'Text' und 'Geschichte' als Fundierungskategorien. Sprachphilosophische Grundlagen einer transphrastischen Analyse. In: Stempel, W.-D. (Hg.): Beiträge zur Textlinguistik. München. S. 31–52.

Schütte, Wilfried (1991): Scherzkommunikation unter Orchestermusikern. Tübingen.

Schwitalla, Johannes (1994): Die Vergegenwärtigung einer Gegenwelt. In: Kallmeyer, W. (Hg.): Kommunikation in der Stadt. Teil 1: Exemplarische Analysen des Sprachverhaltens in Mannheim. Berlin/New York. S. 467–598.

Selting, Margret (1992c): Intonation as a contextualization device: Case studies on the role of prosody, especially intonation, in contextualizing story telling in conversation. In: Auer, P./di Luzio, A. (Hg.): The contextualization of Language. Amsterdam. S. 233–258.

Silverstein, Michael (1993): The uses and utility of ideology: Some reflections. In: Pragmatics 2/3. S. 311–324.

Sitta, Horst/Brinker, Klaus (1973) (Hg.): Studien zur Texttheorie und zur deutschen Grammatik. Düsseldorf.

Soeffner, Hans-Georg (1986): „Handlung - Szene - Inszenierung. Zur Problematik des 'Rahmen'-Konzeptes bei der Analyse von Interaktionsprozessen". In: Kallmeyer, W. (Hg.): Kommunikationstypologie. Düsseldorf. S. 73–91.

Spiegel, Carmen (1995): Streit. Eine linguistische Untersuchung verbaler Interaktionen in alltäglichen Zusammenhängen. Tübingen.

Steger, H./Deutrich, H./Schank, G./Schütz, E. (1974): Redekonstellation, Redekonstellationstyp, Textexemplar, Textsorte im Rahmen eines Sprachverhaltensmodells. In: Institut für deutsche Sprache: Gesprochene Sprache. Düsseldorf. S. 39–97.

Steger, Hugo (1983): Über Textsorten und andere Textklassen. In: Hochschulgermanisten (Hg.): Dokumentation des Germanistentages. Berlin. S. 25–67.

Stempel, Wolf-Dieter (1972): Gibt es Textsorten?. In: Gülich, E./Raible, W. (Hg.): Textsorten. Frankfurt. S. 175–180.

Streeck, Jürgen (1994): Leichte Muse im Gespräch. Über die Unterhaltungskunst älterer Frauen in der Filsbachwelt. In: Kallmeyer, W. (Hg.): Exemplarische Analysen des Sprachverhaltens in Mannheim. Berlin/New York. S. 578–610.

Swales, John M. (1990): Genre Analysis. English in academic and research settings. Cambridge.

Vološinov, V. (1929/75): Marxismus und Sprachphilosophie. Frankfurt.

Yuan, Ji Feng/Kuiper, Koenraad/Shaogu Shu (1990): Language and revolution: Formulae of the Cultural Revolution. In: Language in Society 19. S. 61–79.

Susanne Günthner

Stilisierungsverfahren in der Redewiedergabe

Die ‚Überlagerung von Stimmen' als Mittel der moralischen Verurteilung in Vorwurfsrekonstruktionen[1]

Auf der Grundlage rekonstruierter Vorwurfsdialoge, die natürlichen Alltagsgesprächen entstammen, werde ich aufzeigen, wie Sprecher/innen vergangene und fiktive Äußerungen (re-)inszenieren und dabei ihre Bewertung hinsichtlich der zitierten Äußerungen kontextualisieren (Gumperz 1982). Die Verwendung von Stilisierungsverfahren dient hierbei sowohl der Unterscheidung zwischen der Reproduktion eigener (Selbststilisierung) und fremder Äußerungen (Fremdstilisierung) als auch der Konstruktion sozialer Typisierung und moralischer Bewertungen der reproduzierten Figuren und deren Äußerungen.

Ich werde argumentieren, dass nicht nur in literarischen Werken sondern auch in Alltagsgesprächen bei der Darstellung fremder Rede verschiedene „Stimmen" (Bachtin 1969) aufeinandertreffen. Hierbei kommt u.a. der Prosodie eine zentrale Rolle zu.

1 Einleitung

Die vorliegende Untersuchung, die sich mit Stilisierungsverfahren befasst, die Interagierende bei der Produktion und Interpretation zitierter Vorwürfe verwenden, versteht sich als Beitrag zur **interaktiven Stilanalyse** (Sandig/Selting 1997; Sandig 1995; Selting 1995; Selting/Hinnenkamp 1989), **die kommunikative Stile** im Gesprächskontext analysiert und dabei aufzeigt, wie sprachliche Stile und stilistische Mittel eingesetzt werden, um interaktive Bedeutung zu konstruieren und wie Rezipient/innen diese Verfahren interpretieren. Stilistische Verfahren haben insofern kontextualisierende Funktionen inne, als sie als Interpretationsanleitungen für die Interagierenden fungieren. Jedoch unterscheiden sie sich von

---

1 Ich danke Elizabeth Couper-Kuhlen, Gabriela Christmann, Aldo di Luzio, Helga Kotthoff und allen Teilnehmer/innen des soziolinguistischen Kolloquiums in Konstanz sowie Barbara Sandig und Margret Selting für ihre Kommentare zu einer früheren Fassung dieses Beitrags.

anderen Kontextualisierungshinweisen dadurch, daß sie in kookkurrierenden Merkmalsbündeln[2] auftreten. Das Zusammentreffen dieser Merkmale, die syntaktische, lexiko-semantische, phonologische, morphologische, prosodische und rhetorische Elemente umfassen können, konstituiert den betreffenden ‚Stil'. Stilistische Mittel entsprechen somit ‚holistischen' Kontextualisierungshinweisen (Sandig/Selting 1997; Selting 1995).

Als Teil des soziokulturellen Wissensvorrats repräsentieren Stil und stilistische Verfahren kommunikative Strategien, an denen sich die Interagierenden bei der Herstellung und Interpretation interaktiver Bedeutung orientieren. Gesprächsstile sind darüberhinaus – als interaktive Ressourcen der Interagierenden – eng verbunden mit den betreffenden kommunikativen Gattungen (Luckmann 1986; Günthner/Knoblauch 1994), in denen sie verwendet werden; bzw. die sie mit-konstituieren: Je nach kommunikativer Gattung sind spezifische konventionalisierte Stilmittel erwartbar und Abweichungen ‚bemerkbar'; bzw. da stilistische Verfahren zugleich zur Konstitution kommunikativer Gattungen beitragen, gilt auch, dass bestimmte stilistische Verfahren die betreffenden Gattungen kreieren, mit Gattungserwartungen ‚spielen' oder sie durchbrechen.

Was nun **Stilisierung** und **Stilisierungsverfahren** betrifft, so bauen diese auf Stilkonzeptionen auf; sie spielen mit ihnen, überhöhen oder verfremden sie – je nach interaktiver Funktion. ‚Stilisierung' setzt also – wie Bachtin (1969, S. 113) anführt – bereits ‚Stil' voraus und reproduziert auf neue Weise etwas, das „einst eine direkte und unmittelbare Bedeutungshaftigkeit aufwies". D.h. Stilisierung verfremdet eine ursprüngliche Stilkonzeption und stellt sie in den Dienst einer neuen Konzeption. Von der ‚Nachahmung' unterscheidet sich die ‚Stilisierung' dadurch, dass „die ursprüngliche direkte und vorbehaltslose Bedeutung (...) jetzt neuen Zielen [dient], die sich seiner von innen her bemächtigen und ihm einen Vorbehalt mitteilen", während die Nachahmung „das Nachgeahmte selber ernst" nimmt, sich dies aneignet und es adaptiert (Bachtin 1969, s. 114).

In diesem Beitrag werde ich verdeutlichen, wie Stilisierungsverfahren in Redewiedergaben eingesetzt werden, um fremde Äußerungen (Vorwurfsäußerungen) so zu bearbeiten, daß diese als gerechtfertigt und adäquat oder aber als moralisch verwerflich und inadäquat porträtiert werden. Durch die stilistische Bearbeitung der Redewiedergabe werden die Rezipient/innen zur gemeinsamen moralischen Verurteilung der inszenierten Figuren und deren Handlungen eingeladen.

---

2 Zum Zusammenhang von Kookkurrenz und Stil siehe Ervin-Tripp (1972).

2 Rekonstruierte Vorwurfsaktivitäten

Vorwürfe können sowohl ‚in situ', d.h. im momentanen Gesprächsverlauf auftreten (*was musch du au immer nach dem seiner Pfeif danze*) oder aber in Form von ‚Rekonstruktionen vergangener Vorwurfshandlungen' (*von dem hor i nix anders als: kannscht denn net pünktlich komme, was machsch au wieder so en Krach*) produziert werden (Günthner 1993a).

Auf der Grundlage von Gesprächsaufzeichnungen, die Familientischgesprächen, informellen Treffen unter Freundinnen sowie Telefongesprächen unter Freundinnen und Familienmitgliedern entstammen, möchte ich diejenigen Sequenzen genauer untersuchen, in denen Sprecherinnen[3] vergangene Vorwürfe rekonstruieren. Hierbei soll nicht nur die Organisation dieser Vorwurfsrekonstruktionen erforscht, sondern auch diejenigen verbalen und prosodischen Mittel untersucht werden, die Interagierende verwenden, um diese vergangenen (bzw. prospektiven) Dialoge zu „reinszenieren". Vergangene Vorwurfsinteraktionen werden in der Regel – wie die vorliegende Analyse verdeutlicht – nicht etwa einfach berichtend wiedergegeben, sondern von den Erzählerinnen geradezu „in Szene gesetzt" (Goffman 1980). Hierbei fungiert die Dialogrekonstruktion als zentrales Stilmittel. Bei diesen Inszenierungen zitieren die Erzählerinnen jedoch nicht nur die fremde Rede und damit die vergangenen Vorwurfshandlungen, sondern auf der Grundlage bestimmter Stilisierungsverfahren signalisieren sie diese zugleich als moralisch korrekt bzw. als verwerflich und unangemessen. Diese Evaluierungen werden durch die prosodische, lexikalische und rhetorische Gestaltung der Redewiedergabe kontextualisiert.

Der Begriff ‚Vorwurf' ist nicht nur ein Konstrukt der Analytiker/innen (im Sinne eines „second order construct"; Schütz 1971), sondern Interagierende verfügen über den Begriff als ‚ethnotheoretisches Konzept', das sie in Alltagsinteraktionen zur Klassifikation bestimmter Sprechhandlungen verwenden.

Eine solche alltagssprachliche Verwendung können wir im folgenden Transkriptsegment beobachten. Es ist Teil eines Gesprächs zwischen Kathi und ihrer Freundin Lea, in dem sich Kathi über ihren Vater beklagt:

```
(1) VATER
001 Kathi:  ((behaucht))< bei meim Vater ALLES. NUR.* ↑SCHEI::SSE↓.>
002     Lea:   ◊ mhm ◊
003     Kathi: ((behaucht))< i kann machen *WAS. I. WILL.>
```

---

3 Da sämtliche hier vorgestellten Vorwurfsrekonstruktionen von Frauen produziert wurden, verwende ich weibliche Personenbezeichnungen.

```
004        ((behaucht))< i komm von sechs Stunden *Unterricht hoim,>
005        ((behaucht))< mocht ne Stund in Ruhe *Zeitung lese,>
006        ((behaucht))< dann kommet *NUR VORWÜRF>
007        (-)
008        ↑<warum=hasch=du=*↑DES↓=net=gMACHT.>=
           =↑<warum=hasch=du=*↑SELL⁴↓=net=gMACHT.>=
010        =↑<so=wird=des=mit=dir=*↑NIE:↓=was.>
011        des=is=doch=*SCHEISSE.
```

Indem Kathi in Zeile 6 die reproduzierten Äußerungen des Vaters als VORWÜRF (Zeile 6) ankündigt, rahmt sie zugleich die Redewiedergabe und kommuniziert damit kontextuelle Informationen, die die Inferenzen der Rezipientin leiten. Die Verwendung von „explicit reflexive language" (Lucy 1993), wie im Falle des hier auftretenden ethnotheoretischen Konzepts ‚Vorwurf', taucht jedoch keineswegs in allen Vorwurfsrekonstruktionen auf.

Der folgende Ausschnitt entstammt einem Tischgespräch unter Geschwistern und Freund/innen. Gesprächsthema sind Verbote von Eltern bzgl. Kleidung und Frisuren. Die 13jahrige Bea berichtet, dass ihre Eltern ihr verboten haben, Rastalocken zu tragen, während ihr Bruder jedoch alles darf. Daraufhin liefert Beas ältere Schwester Dora eine Erklärung (Zeile 1) und rekonstruiert im Anschluss einen Vorwurf der Eltern:

```
(2) HOT PANTS
001 Dora:  ja bei *MÄDLE sin se immer BSONders streng.
002        (1.0)
003        ↑<wie siesch> (.) eh
004        und so: (immer)
005        ↑((gepresst))<WIE *↑SIEHT DENN DES AUS.>
006        ↑((gepresst))<WAS SOLLT DENN(d'Leut jetzt)VON DIR
           *↑DENKE↓.>
007        (1.0)
008        HOT. PANTS. (-)
009        ↑((gepresst))<WAS BRAUCHSCH EN DU *↑HOT PANTS.>
```

Ohne die Sprechhandlung und die Urheber der in Zeilen 5–6 und 9 zitierten Rede explizit zu nennen, signalisiert Dora mittels bestimmter verbaler und prosodischer Indikatoren, dass es sich hierbei um ‚Vorwürfe' handelt: Sie verwendet bestimmte ‚Frage'-Formate, die für Vorwurfshandlungen typisch sind (die ‚WAS'-Formate in Zeilen 6 und 9), negative Bewertungen (*WIE *↑SIEHT DENN DES AUS.*), bestimmte Modalpartikeln (denn) sowie für Vorwürfe typische

---

4 „Sell" ist die süddeutsche, dialektale Variante zu „jenes" bzw. „das".

prosodische Parameter, wie fallende Satzendintonation, Hauptakzent auf dem Verb bzw. Kontrastakzent, Erhöhung der Lautstärke, Schwankungen im Tonhöhenverlauf, etc.[5] Graphisch lässt sich der Intonationsverlauf der rekonstruierten Vorwürfe folgendermaßen darstellen:

```
        •       •   •
    .           .       .
↑((gepresst))<WIE *↑SIEHT DENN DES AUS.>


        .   .       .   .   .   .   •   .
↑((gepresst))<WAS SOLLT DENN(d'Leut jetzt)VON DIR *↑DENKE↓.>

        •       .   .       •
    .               .           .
↑((gepresst))<WAS BRAUCHSCH EN DU *↑HOT PANTS.>
```

((Stärker akzentuierte Silben sind durch dickere Punkte markiert.))

Gerade die prosodischen Parameter (Lautstärke, Tonhöhe) und die gepresste Stimme heben die zitierte Äußerung als fremde Rede von ihrer Umgebung ab.

Vorwürfe sind kommunikative Aktivitäten, in denen ein Erwartungsbruch hinsichtlich situativ angemessenen Verhaltens thematisiert wird und bestimmte Verhaltensweisen oder Handlungen als unangemessen, inadäquat oder verwerflich evaluiert werden (Günthner 1993a). Es handelt sich also bei Vorwürfen um Formen der Moralisierung.[6] In der Rederekonstruktion des Vaters in (1) VATER thematisiert dieser das ,scheinbar' inadäquate Verhalten Kathis (Zeilen 8–10); in (2) HOT PANTS wird das unangemessene Aussehen der Sprecherin kritisiert (Zeilen 5–6). Die in Vorwürfen artikulierte Regelverletzung betrifft meist eine bestimmte Handlung oder Einstellung des Gegenüber, d.h. einer anwesenden Person.[7] Dabei geht der Sprecher davon aus, dass die Vorwurfsadressatin für die betreffende Handlung ,verantwortlich' ist. ,Verantwortung' wird hierbei als ,moralische Verantwortung' verstanden, d. h. der Vorwurfsproduzent unterstellt der Adressatin, dass sie in der Lage ist, die erwartbare und adäquate Handlung

---

5 Zu Vorwurfsindikatoren siehe Günthner (1993a).
6 Zu Formen moralischer Kommunikation siehe Bergmann/Luckmann (1993).
7 Vorwürfe können sich auch auf Charaktereigenschaften bzw. auf die Gesinnung des Gegentiber beziehen und sich nur sehr indirekt oder gar nicht mit konkreten Handlungen befassen (du bist so verdammt phlegmatisch!; du bist politisch aufm völlig falschen Dampfer). Gesinnungs- und Charaktervorwürfe sind dann möglich, wenn man davon ausgeht, dass der Vorwurfsadressat für die Gesinnung oder ,schlechte' Eigenschaft verantwortlich ist und sich anders hätte orientieren bzw. verhalten können. Eine ausführliche Behandlung von Vorwurfssequenzen findet sich in Günthner (1993a).

auszuführen, und dass sie ferner weiß, dass sie – da sie die durch ihre Handlung verletzten Normen ebenfalls als gültig anerkennt – anders hätte handeln sollen (Goffman 1982, S. 142).

Bei den Vorwurfsrekonstruktionen treffen wir auf folgende Möglichkeiten der Teilnehmerkonstellation bzw. des „participation framework" (Goodwin 1990):

Die Erzählerin und Reproduzentin des Vorwurfs ist:
(i) die ursprüngliche Vorwurfsproduzentin;
(ii) die ursprüngliche Adressatin des Vorwurfs (wie dies in den voraus- gehenden Transkriptsegmenten (1) und (2) der Fall ist);
(iii) die Zuhörerin C eines Vorwurfs, der von A an B gerichtet wurde (bzw. diejenige, der A oder B von dem Vorwurf berichteten);
(iv) im Falle des Selbstvorwurfs sowohl Produzentin als auch Adressatin des Vorwurfs.

Rekonstruktionen gehörter oder übermittelter Vorwürfe (iii), an denen die Erzählerin weder als Produzentin noch als Adressatin beteiligt war, treten in meinem Datenkorpus nur selten in direkter Rede auf. Dies mag u.a. darin begründet sein, dass die Reproduktion von Vorwürfen in direkter Rede primär dann verwendet wird, wenn eine starke affektive Anteilnahme – wie im Falle eigener Betroffenheit (sei es als Produzentin oder als Adressatin des Vorwurfs) – vorhanden ist. Im Folgenden werde ich mich auf die ersten beiden Konstellationstypen konzentrieren.[8]

Das interaktive „footing" und damit die während der Vorwurfsaktivität konstruierten interaktiven Rollen der Erzählerin als Vorwurfsproduzentin (i) oder als moralische Adressatin (ii) haben wichtige Konsequenzen für die Rekonstruktionsaktivität und die Stilisierungsverfahren: während im ersten Fall die vergangenen Vorwurfsäußerungen als gerechtfertigt und konkordant rekonstruiert und evaluiert werden, inszenieren die Erzählerinnen im zweiten Fall die Vorwurfsäußerungen als ungerechtfertigt und diskordant. Der Kontrahent oder die Kontrahentin verkörpert dann das rhetorische „Antimodell" (Perelman 1980). Diese moralischen Evaluierungen der Vorwurfshandlung als gerechtfertigt bzw. unangemessen kommen – wie ich hier zeigen möchte – sehr stark durch die Art der Vorwurfsrekonstruktionen und damit durch die Dialog-Reinszenierung zum Ausdruck. Die zitierten Figuren werden meist expressiv übertrieben dargestellt

---

8 Selbstvorwürfe können leider in diesem Beitrag nicht berücksichtigt werden, da in meinem Datenmaterial bislang nur zwei Fülle rekonstruierter Selbstvorwürfe vorkommen und ich somit noch keine systematische Analyse durchführen kann.

und ihre kontrastierenden Positionen (als Vorwurfsproduzent bzw. Vorwurfsadressatin) sehr pointiert dargeboten. Darüberhinaus zeichnen sich in diesen Alltagsinteraktionen bestimmte Stilisierungs- und Ästhetisierungsverfahren „der zweistimmigen und sogar zweisprachigen Abbildung des fremden Wortes" ab, die Bachtin (1969; 1979) in Zusammenhang mit seinen „metalinguistischen" Analysen beschrieben hat.

2.1 Die Erzählerin ist zugleich die ursprüngliche Vorwurfsproduzentin und rekonstruiert ihre eigene Vorwurfsäußerung

Der folgende Transkriptausschnitt entstammt einem Telefongespräch zwischen Gerda und ihrer Freundin Anna. Gerda berichtet von ihrem Vortrag im Kulturzentrum und beklagt sich darüber, dass leider nur wenig Leute gekommen sind.

```
(3) Kulturanzeiger
035 Gerda: hh' das ist glaub ich dann schon ge*laufen,
036        also Katherina meinte hinterher es wär sehr LE*BEN:DIG
           gewesen,
037        und eh: al-so' trotz-dem hats mich das *erstmal-
038        hat mich das TO.*TAL. AB.GE.NERVT,
039        hh' dann auch =ich=hab=der=Kathe*rina=jetzt= auch=gesagt
040        WA↑RUM *↑STE:HT. DAS. NI:CHT. IM. KULTUR. ANZEIGER.
041 Anna:  und was sagt die Kather*ina?
042 Gerda: hh' eh::m ((behaucht)) <hh' ja::hh↑ <es es würd immer
           alles an *↑IH:R hängen,
043        und sie hätt des halt' irgendwie' s'wär irgendwie
           zu*↑VIE:L und> (-) hh'
044 Anna:  ((stöhnend)) ah::::: [hhhhhhhhhhhhh]
045 Gerda:                      [*SCHRECK:LICH] dieses
           Kulturzentrum.
```

Was das „participation framework" des Gesprächs betrifft, so haben wir zunächst einmal Gerda, die Erzählerin und Anna, ihre Gesprächspartnerin. Darüberhinaus treten in der erzählten Welt die Ich-Protagonistin und Vorwurfsproduzentin sowie Katherina, ihre Kontrahentin auf. Die Vorwurfsäußerung der Protagonistin wird in direkter Rede mittels eines ‚WARUM'-Formats zitiert. Durch die erhöhte Lautstärke, die stark fallende Tonhöhenbewegung auf *↑_STE:HT_. und die dichte Akzentuierung der Äußerung signalisiert die Erzählerin eine starke affektive Aufladung in Richtung ‚emotionaler Gereiztheit' und ‚Ärger'. Der Intonationsverlauf der Vorwurfsäußerung entspricht folgender Darstellung:

.   ·   ?   ·   •   •   · · . • .
 ·   •   •
WA.RUM ↑*STE:HT↓ DAS. NI:CHT. IM. KULTUR.ANZEIGER.
((" ? " repräsentiert eine stark fallende Tonhöhenbewegung auf der gedehnten
Silbe)).

Die dichte Akzentuierung verleiht der Vorwurfsäußerung einen insistierenden
Ton.[9] Doch Gerda reproduziert nicht nur ihre eigene Vorwurfsäußerung, sondern
– auf Nachfrage Annas – auch die Entschuldigung der Gegenpartei:
*hh'ja::hh↑<es es würd immer alles an *↑IH:R hängen, und sie hätt des halt' ir-
gendwie' s'wär irgendwie zu*↑VIE:L und>* (Zeile 42-43). Diese Replik steht jedoch
in starkem Kontrast zur eigenen, insistierenden und verärgerten Vorwurfsäußerung. Sie wird (in indirekter Rede) als ‚weinerlich' hingestellt: Die global hohe
Tonhöhe (genau eine Oktave höher als die zitierte Vorwurfsäußerung in Zeile 40),
die langgezogene, abfallende Tonbewegung (glissando) auf den gelängten Silben
ja::hh, *↑IH:R und *zu*↑VIE:L* sowie die starke Aspiration signalisieren eine ‚kla-
gende', ja ‚jammernde' Stimme. Die beiden Redewiedergaben werden jedoch
nicht nur prosodisch kontrastiert, sondern auch durch die Verwendung direkter
versus indirekter Rede und bestimmter lexiko-semantischer Elemente: Die ener-
gische Vorwurfsäußerung kontrastiert mit der vagen, mit Unbestimmtheitsparti-
keln (*irgendwie*) versehenen Rechtfertigung. Auf diese Weise stehen sich nicht
nur Vorwurf und Rechtfertigung gegenüber, sondern zugleich verschiedene Charaktere: die bestimmte, energisch auftretende Gerda und die jammernde, weiner-
liche, unbestimmte Katherina.

Auch wenn zitierte Rede zur Authentizitätsbekundung beiträgt und bereits
in der klassischen Rhetorik als Mittel der ‚evidentia' betrachtet wird, repräsentiert sie meist eine Stilisierung der ursprünglichen Äußerung. Die Sprecherin löst
die betreffende Äußerung aus ihrem ursprünglichen Kontext heraus (im Sinne
der „decontextualization"; Bauman/Briggs 1990), um sie in den Kontext des momentanen Gesprächsablaufs wieder einzubetten („recontextualization";
Bauman/ Briggs 1990). Diese Rekontextualisierung bringt bestimmte Neuorien-
tierungen und neue Akzentsetzungen mit sich, denn fremde Rede ist – wie Vološinov (1975, S. 178) anführt – **die Rede in der Rede, die Äußerung in der
Äußerung, doch gleichzeitig ist es auch die Rede von der Rede, die Äußerung über die Äußerung".** Einhergehend mit der Rekonstruktion des Dialogs

---

9 Vgl. hierzu auch Selting (1989, S. 223), die verdeutlicht, dass dichte Akzenteinheiten meist
„pointiert" wirken und die Äußerung „‚bestimmt', ‚energisch' oder auch ‚belehrend'" erscheint.

der beiden Figuren vermittelt die Erzählerin im Transkriptsegment KULTURAN-ZEIGER zugleich eine bestimmte Perspektive auf das reproduzierte Ereignis. Wie Walter Benjamin über den Zusammenhang von Erfahrung und narrativer Form ausführt, formt auch hier die Erzählerin ein Wissen von der Vergangenheit in Abhängigkeit von der situativen Kommunikationsintention um und prägt dem rekonstruierten Ereignis den Vorgang des Erzählens ein: „So haftet an der Erzählung die Spur des Erzählenden wie die Spur der Töpferhand an der Tonschale" (Benjamin 1955, S. 230).

Die stark affektgeladene Inszenierung des rekonstruierten Dialogs fungiert zugleich als Einladung an die Rezipientin zur Demonstration ihrer Evaluierung: Annas Reaktion orientiert sich an der vorgegebenen affektiven Ausrichtung, und mit ihrem Stöhnen (44) verdeutlicht sie ihre kongruente Einschätzung des Sachverhalts.

Im folgenden Ausschnitt aus einem Telefongespräch berichtet Ira ihrem Freund Otto von einer Begegnung mit dem gemeinsamen Nachbarn Herrn Müller und rekonstruiert einen Gesprächsausschnitt, in dem Herr Müller *asylantenfeindliche* Sprüche geklopft hat (so Iras Worte kurz vor dem präsentierten Ausschnitt):

```
(4) MÄNNERSTAMMTISCH
023 Ira:    naja auf jeden *Fall hh'
024         i hab dann zu ihm *gsagt;
025         ↓<ha *↑SA:GN Se mal Herr Müller,>
026         ↓<WISSEN Se eigentlich mit WEM Sie *↑REDEN.>
027         ↓<wir sin hier nicht am hi *↑MÄNNER
            ((hi))STAMM((hi))TISCH.>
028 Otto:   hihihihi
029 Ira:    ↓<also(-)*SO können Se hier [nicht reden. ]>
030 Otto:                               [mhm] des *↑SIN au BLÖ:DE
            Sprüch.
031 Ira:    aber des HORSCH von SO vielen dieser ID*↑IO:T[EN.]
032 Otto:                                                [mhm]
033 Ira:    da isch de *MULLER gar net allein.
034 Otto:   hh' ja*JA.
035 Ira:    jedenfalls hot er dann *gmeint,
036         ↑<des=*↑STIMMT=ja=aber.>
037         ↑<was *↑DIE: alles kriegen.>
038         ↑< und WO bleibt *↑UNSEREINS.> und=so.
039 Otto:   sisch ja echt *↑U:NGLAUBlich.
```

Auch hier ist Ira die Erzählerin des Vorgangs und zugleich eine der Protagonist/innen im rekonstruierten Dialog. Der eigene Vorwurf, der mit der Entrüstungsformel einsetzt ↓*<ha *↑SA:GN Se mal Herr Müller>* und dann durch:

↓*<WISSEN Se eigentlich mit WEM Sie *f REDEN.>* ↓*<wir sin hier nicht am hi*
*↑MÄNNER((hi))STAMM((hi))TISCH.> fortgeführt wird, wird mit tiefer Stimme
und Schwankungen im Tonhöhenverlauf reproduziert und verweist auf eine affektive Aufladung: Die Stimme wirkt sichtlich entrüstet bzw. empört und zugleich bestimmt.

```
               ⁊
  .           .   .   .      .
↓<ha *↑SA:GN Se mal Herr Müller>


   •   .   .   .   .   .   •     •
                                   .
↓<WISSEN Se eigentlich mit WEM Sie *↑REDEN>

                         •   .          .       .
  .   .   .   .   .
↓<wir sin hier nicht am hi *↑MÄNNER((hi))STAMM((hi))TISCH>
```

*↑MÄNNER ((hi))STAMM((hi))TISCH. wird mittels Lachpartikeln unterlegt, was
zunächst im Widerspruch zur inszenierten Empörung steht. Jedoch wird deutlich, dass diese Lachpartikeln keineswegs Teil der rekonstruierten Vorwurfsäußerung (und damit Teil des Vorwurfs der Ich-Protagonistin in der erzählten Welt)
sind, sondern vielmehr vermischt sich hier die zitierte Äußerung mit dem Kom-
mentar der Erzählerin: Ira lacht über ihre eigene Rede und lädt Otto zum Mitla-
chen ein (28). In Zeile (29) setzt sie jedoch die Redewiedergabe fort. Nach ihrer
Kommentierung und Kategorisierung des Kontrahenten als *ID*↑IO:TEN.* rekonstruiert Ira schließlich Müllers Reaktion. Dessen Rechtfertigung steht prosodisch
in starkem Kontrast zur eigenen Vorwurfsäußerung: Sie wird mit extrem hoher
Tonhöhe, hoher Geschwindigkeit und stark gebunden artikuliert. Sowohl mittels
der prosodischen Markierung als auch der Reproduktion von Sprüchen wie:
↑*<des=*↑STIMMT=Ja==aber>* ↑*<was *↑DIE: alles kriegen.>* ↑*<und WO bleibt*
*↑UNSEREINS.> *und=so.* baut Ira den Antihelden als jemanden auf, dessen verbale Aktivitäten zur „membership category'' (Sacks 1972) ‚Stammtischmitglied'
passen. Wie auch Bachtin (1979, S. 227) in seiner Analyse des „sprechenden Menschen im Roman" ausführt, können Redewiedergaben von der „direkten wortge-
treuen Wiedergabe" bis zur „böswilligen und absichtlichen parodistischen Ver-
fälschung und Verleumdung des fremden Wortes" reichen. In unserem Beispiel
MANNERSTAMMTISCH hätten wir den Fall, den Bachtin (1979, S. 228) als „paro-
distische Stilisierung" bezeichnet.[10]

---

10 Vgl. in diesem Zusammenhang auch Kallmeyer/Keim (1994).

Die prosodisch hervorgehobenen und hochstilisierten Rekonstruktionen des Vorwurf-Rechtfertigungs-Dialogs zielen daraufhin, die interaktive Dynamik und affektive Atmosphäre der Vorwurfsinteraktion vorzuführen. Die Charaktere dieses „kleinen Dramas" (Goffman 1980, S. 508) werden durch den Gebrauch der zitierten Rede animiert, und die erzählte Welt wird dem Rezipienten lebendig vor Augen geführt. Zugleich wird dieser eingeladen, seine moralische Verurteilung der vorgeführten Handlung zu äußern. Dieser Einladung kommt Otto in Zeile 39 mit der Entrüstungsformel *sisch ja echt *↑U:NGLAUBlich.* auch nach.

Der Transkriptausschnitt (4) MÄNNERSTAMMTISCH bringt sehr klar zum Ausdruck, wie Stilisierungsverfahren dazu beitragen, Personen als ‚Typen' (‚Stammtischbrüder') zu kategorisieren und ihnen einen bestimmten Habitus zuzuordnen. Diese Kategorisierungen aktivieren zugleich moralische und soziale Bewertungen. Man könnte in diesem Zusammenhang auch von ‚moralischen Charakteren' (wie hier ‚Männerstammtischmitglied') sprechen. Stilisierungsverfahren in der Redewiedergabe können also als Mittel „sozialer Orientierung" dienen: Sie zeigen „nicht nur an, wer ‚wer' ist oder ‚was' ist, sondern auch wer ‚wer' für wen in welcher Situation ist" (Soeffner 1987, S. 318).

2.2 Die Erzählerin ist zugleich die moralische Adressatin des rekonstruierten Vorwurfs

Betrachten wir nun den umgekehrten Fall, bei dem die Sprecherin die ursprüngliche Adressatin des Vorwurfs ist.

Cora beschwert sich bei ihrer Freundin Lisa über die gemeinsame Bekannte Anna und reproduziert dabei einen an sie adressierten Vorwurf Annas:

```
(5) DRECKSARBEIT
022 Cora:  naja. (.) jedenfalls *RIEF mich dann die Anna an.=
023 Lisa:  =mhm.
024 Cora:  und=ich=SAG=dir=in=nem=*↑TO:N.
025        [also=*echt.] *kennst sie ja.
026 Lisa:  [(........................)]
027 Lisa:  ↑ach. war sie mal wieder am ((hi)) *↑DURCH[KNALLn.]
028 Cora:                                     [legte los]
029        ((schnippisch))t<sie hätt'n *↑HÄ:HNCHEN mit
           mir z- zu RUPFen.>
030 Lisa:  [hm.]
031 Cora:  [und] *MACHte mich an.
032        ↑<WARUM ↑TAUCHST DU NICH *↑AU:F.↓>
```

```
033        ↑<DU ↑GLAUBST WOHL *↑WI:R↓ SEIN FÜR DIE ↑DRECKS-
           ARBEIT ↑ZUSTÄNDIG↓.>
034 Lisa:  echt so *↑HEA[VY?]
035 Cora:             [TO.]*↑TAL.(.) DIE: hatn *KNALL.
036 Lisa:             [A:ber *ECHT.]
037 Cora:  ↑((nachäffend)) <[MEI:- MEINST] DU BIS WAS *↑BESSERES.>
038        ↓<da- dabei *KONNT ich echt nich.>
039 Lisa:  ((gehaucht)) <ja:hh *klar>
040 Cora:  hab=ihr=dann=auch=ge*sacht;
041              ↓((beschwichtigend))<÷jetzt÷*RE:G÷dich÷erst
           mal÷ab÷.>
042 Lisa:  ((behaucht))<ja ich gl- glaub die *DREHT echt
           langsam HOHL.(.)
043        die gute *FRAU.
```

Die Rekonstruktion des Dialogs zwischen der Ich-Protagonistin und der Figur Anna wird bereits in Zeile 24 mit Coras Verweis auf Annas *↑TO:N eingeleitet. Zunächst verständigen sich Cora und Lisa über die gemeinsame Beurteilung der zitierten Figur, die wieder mal am ↑*DURCH- KNALLn war (27), bevor Cora den an sie adressierten Vorwurf reproduziert. Sowohl der Verweis auf den *↑TO:N als auch das negativ wertende verbum dicendi legte los (Zeile 28) deuten auf die Ausrichtung der Redewiedergabe. Doch zunächst wird diese in indirekter Rede produziert: ↑<sie hatt'n *↑ HÄ:HNCHEN mit mir z- zu RUPFen>. Obwohl es sich hier um indirekte Redewiedergabe handelt, dringt dennoch – durch die Verwendung einer hohen globalen Tonhöhe und eines schnippischen Tons – die wiederzugebende Stimme durch. Auch in indirekten Redewiedergaben kann also die Prosodie und Stimmqualität der ursprünglichen Sprecherin durchschlagen. Die in Zeilen 31–33 folgende direkte Redewiedergabe wird erneut mittels verbum dicendi eingeleitet: *MACHte mich an.

Betrachten wir auch hierzu den Intonationsverlauf:

```
        .   .      •     .   .        ❓
↑<WARUM↑TAUCHST DU NICH *↑AU:F↓.>
```

```
             .        •      .        ❓   .      .      .       •   .   .
↑<DU↑GLAUBST WOHL *↑WI:R↓ SEIN FÜR DIE↑DRECKSARBEIT
```

```
     •   .   .
↑ZUSTÄNDIG↓.>
```

```
                           .       •      .   .   .      •  . .
↑((nachäffend))<MEI:- MEINST DU BIS WAS *↑BESSERES.>
```

Die Vorwurfsreproduktion enthalt nicht nur prototypische Elemente einer Vorwurfsstimme (fallende Satzendintonation, steigend-fallende Tonhöhenbewegung, enger Fokus bzw. Kontrastfokus, langgezogene stark abfallende Tonhöhenbewegung auf einer gedehnten Silbe),[11] sondern Cora übersteigt diese prosodischen Merkmale derart, dass der Vorwurf zur Karikatur wird: Die hohe globale Tonhöhe, die Lautstärkenerhöhung und die starken Schwankungen in der Tonhöhenbewegung verzerren den Vorwurf und lassen die Figur ‚hysterisch' erscheinen. Auch die Fortsetzung der Vorwurfsäußerung (Zeile 37), die ohne explizite Ankündigung der zitierten Figur allein aufgrund des Stilwechsels Anna zugeordnet werden kann,[12] setzt die karikierte Reproduktion fort: Die Äußerung wird geradezu zur ‚Nachäffung' verzerrt.

Die vorwurfsvolle Stimme Annas wird somit von der Bewertung der Erzählerin überlagert. Bachtin (1979) beschreibt diese Art der Überlagerung von Stimmen innerhalb seiner Theorie der Polyphonie. Die Expressivität der Erzählerin durchdringt die Grenze der sprechenden Subjekte und breitet sich über die Stimmen ihrer Figuren aus. Auf diese Weise erhält die Erzählerin die Möglichkeit, ihre eigene Evaluation – hinsichtlich der zitierten Vorwurfshandlung – in den Diskurs einzubringen, ohne diese unbedingt explizit zu machen. Lisas Reaktion in Zeile 34 verdeutlicht ihr Erstaunen über die zitierte Handlungsweise Annas und bekräftigt damit zugleich die Inadäquatheit von Annas Handeln. Cora bestätigt die Heftigkeit von Annas Vorwurf und damit zugleich die Authentizität ihrer Wiedergabe. Als weitere Stütze und zugleich als Fortsetzung der Inszenierung reproduziert sie (Zeile 37) die Fortsetzung der fremden Rede. Unmittelbar nach dem Vorwurf wechselt die Erzählerin dann von der erzählten Welt zurück zur momentanen Interaktionssituation und liefert ihre Erklärung ↓<.*da- dabei* *KONNT ich echt nich>* (38). In einem weiteren Wechsel in die erzählte Welt reproduziert Cora schließlich ihre Reaktion auf Annas Vorwurf ↓*((beschwichtigend))<÷jetzt÷*RE:G÷dich÷ erstmal÷ ab.>*, die prosodisch in starkem Kontrast zu Annas Äußerung steht: Während Annas Stimme mittels hoher globaler Tonhöhe, extremen Schwankungen in der Tonhöhenbewegung und Erhöhung der Lautstarke verzerrt wird, zeichnet sich die Stimme der Ich-Protagonistin durch eine global niedrige Tonhöhe, langsames Sprechtempo und eine beschwichtigend wirkende Stimme aus.

Prosodische Mittel fungieren hiermit als Kontextualisierungshinweise (Gumperz 1982; Couper-Kuhlen/Selting 1994), die neben der referentiellen Bedeutung

---

11 Günthner (1996).
12 Zum Wechsel von Sprechstilen in Gesprächen siehe auch Selting (1994) sowie Kallmeyer/Keim (1994).

der betreffenden Äußerung Affekthaltungen mitsignalisieren: Die hohe globale Tonhöhe, extreme Schwankungen in der Tonhöhenbewegung sowie Erhöhung der Lautstärke indizieren eine affektive Überladung einer Person, ‚die sich selbst nicht mehr in der Hand hat' und den Boden der Rationalität verlässt. Dies weist darauf hin, dass die prosodischen Mittel zur Signalisierung von Affekthaltungen nicht beliebig zu sein scheinen, sondern in ikonischer Bedeutungsrelation stehen können: Eine außer Kontrolle geratene, hysterische Person hat auch ihre Stimme nicht mehr unter Kontrolle, was u.a. durch die starken Schwankungen im Tonhöhenverlauf, in der Lautstärke und der Überhöhung der Tonhöhe zum Ausdruck gebracht wird. Die Stilisierung der Figur Anna baut zwar auf deren verärgerter, vorwurfsvoller Äußerung auf, doch verfremdet sie diese auf eine Weise, dass sie in der momentanen Kommunikationssituation „neuen Zielen dient" (Bachtin 1969, S. 114) und zur gemeinsamen moralischen Verurteilung Annas führt. Lisa bestätigt (Zeilen 42–43) die durch die Inszenierung signalisierte Beurteilung Annas: *ja ich gl- glaub die *DREHT echt langsam HOHL.(.) die gute *FRAU.*

Im folgenden Transkriptsegment berichtet die Chinesin Hu, wie sie – da sie sich angeblich *herausgeputzt* hat – während der Kulturrevolution vom Parteisekretär ihrer Universität *zur Rede gestellt* wurde:

```
(6) PARTEISEKRETÄR
086 Hu:    dann hat der d' die der der damalige
           Parteisekre*tär' (-) [ja']
087 Sara:                       [mhm]
088 Hu:    mich ja zur *Re[de] ge-stellt ja.
089 Sara:                 [mhm]
090 Hu:    hat misch ja ge*fragt, ja (-) isch hab isch isch habe
091        damals *auch nichts besonders ange
092        ge[*tragen] oder ange*habt ja
093 Sara:  [mhm]
094 Hu:    nur ja(- -)isch isch sehe sau *SAUBER oder *ORDENTlisch
095        [ja] oder ein bißchen *HÜBSCH[ER] als die
096 Sara:  [mhm].                        [mhm]
    Hu:    anderen
097        ja damals dann, hat misch ja zur Rede ge*stellt,
098        WA*↑RUM ja(-)*↑HANDELN s Sie ja nicht wie die ANDEREN
099        wie Ihre' Kommili*TONEN.
100        WA*↑RUM ja, (-) mußt du (-) eh' m' müssen Sie sich
101        immer HER*↑AUSPUTZEN.
102 Sara:  ((empörte Stimme)) [↑ah *JA:::.]
103 Hu:                       [ich habs] *GA:R NICHT eh
           ich hab[s] gesagt
104 Sara:         [ohm]
105 Hu:    ich habe ei-gent-lich außer dies b' dies b'
           blaue *Jacke ja an[gezogen.]
106 Sara:                     [jaja]
```

```
107 Hu:    ja. (immer blaue) [*JACKE]
108 Sara:              [↓◊(s'is)ja un*glaub] lich!◊↓
```

Die Erzählerin präsentiert sich selbst als jemand, die aufgrund der Eigenschaften *SAUBER oder *ORDENTlisch ... ein bißchen *HÜBSCHER als die anderen* (Zeile 94ff.) positiv aus der Menge heraussticht, doch zugleich wegen dieser Merkmale von der moralischen Instanz des Parteisekretärs gegängelt wird. Hu rekonstruiert nun ab Zeile 98 die Vorwurfssituation, indem sie den Parteisekretär als Figur in Szene setzt und mittels direkter Rede seinen Vorwurf rekontextualisiert: ↑WA*RUM ja(-)*↑HANDELN s Sie ja nicht wie die ANDEREN ...

```
     .   •   .
WA*↑RUM ja,
```

```
     •   •       .    .    .     .  •  . .
*↑HANDELN s Sie ja nicht wie die ANDEREN
```

```
      •    .       .    .     .
WA*↑RUM ja, (-) mußt du(-) eh'
```

```
     .  .  •  .   .   .   .   •   . .
m' müssen Sie sich immer HER*↑AUSPUTZEN
```

Neben der prosodischen Markiertheit (lokale Erhöhung der Lautstarke, Schwankungen im Tonhöhenverlauf) treten syntaktische Vorwurfsindikatoren (wie ‚WARUM'-Formate)[13], lexiko-semantische Elemente (wie das negativ konnotierte Verb *herausputzen*), rhetorische Verfahren (Vergleiche *wie die anderen*; sowie die Extremformulierung *immer*) auf. Darüberhinaus signalisieren auch hier die Art der Vorwurfsreproduktion (karikierte Stimme) sowie die metapragmatische Etikettierung des kommunikativen Vorgangs als zur Rede stellen die Evaluation des rekonstruierten Vorwurfs: Dieser wird als ungerechtfertigt und übersteigert porträtiert.

Die vom Vorwurfsproduzenten vorgenommene Bewertung *HER*AUSPUTZEN* steht im Kontrast zum Verhalten der Ich-Protagonistin *isch habe damals *auch nichts besonders ange*tragen oder ange*habt ja nur ja (--) isch isch sehe sau *SAUBER oder *ORDENTlisch ja oder ein bißchen *HÜBSCHER als die anderen*. Durch diese Art der Konstruktion von Disproportionalität, die das Verhalten des ‚Parteisekretärs', der im China der 70er Jahre als offizieller Repräsentant der sozialen

---

13 Zu Vorwürfen in „Warum"-Formaten siehe Günthner (1996).

Normen und Werte galt, als völlig übertrieben und inadäquat darstellt[14], wird die Rezipientin zur Entrüstung eingeladen. Sowohl das indignierte Erstaunen ↑*ah* **JA:::*↓ (Zeile 102) als auch die Entrüstungsformel ↓◊*(s' is) ja unglaublich!*◊↓ (Zeile 109) bringen die ‚Ungeheuerlichkeit' des Geschehens zum Ausdruck.[15]

Während im Transkriptausschnitt (5) DRECKSARBEIT die Erzählerin neben den beschriebenen prosodischen Mitteln zur Evaluierung einer vergangenen Vorwurfshandlung als unangemessen auch explizite negative Bewertungen *DIE: hatn* *KNALL einsetzt, die die Kontrahentin als moralische Antifigur typisieren, verwendet Hu in diesem Gesprächs- ausschnitt die Figur des Parteisekretärs, der als Vertreter der ‚sozialistischen Moral' häufig in Opposition zu den Intellektuellen gebracht wird (Günthner 1993b). Ihren Konflikt mit den – während der Kulturrevolution gültigen – chinesischen Normen führt sie anhand der Kontrastierung zwischen der Ich-Protagonistin, die sich von den anderen positiv abhebt und folglich im Alltag gegängelt wird, und der moralischen Instanz Parteisekretär, der in Form einer „membership category" eingeführt wird und sich durch typische „category bound activities" (Sacks 1972) – wie „jemanden zur Rede stellen" – auszeichnet, vor.

Die Rezipientin gibt durch ihre Entrüstungsäußerungen (Zeilen 102 und 108) zu erkennen, dass sie die implizite Bewertung verstanden hat und diese teilt. Rekonstruierte Vorwürfe können als Formen ‚sekundärer Moralisierung' betrachtet werden, d.h. als moralisierende Repliken auf vorangegangene Moralisierungen (Vorwürfe).

Eine wichtige Darstellungstechnik, auf die wir in den Vorwurfsrekonstruktionen immer wieder treffen, bilden also Dialogzitate, die nicht nur zur Authentifizierung des dargestellten Ereignisses beitragen, sondern auch als Mittel der Inszenierung verwendet werden, die die Distanz zwischen der erzählten Welt und den Rezipient/innen verringern und somit der Vergegenwärtigung der Ereignisse dienen. Die Erzählerinnen rekonstruieren nicht einfach ein Ereignis, sondern ‚inszenieren' es und versetzen dadurch die Rezipient/innen in die betreffende Situation. Auf diese Weise kreieren sie einen gemeinsamen Kontext zur Beurteilung des dargebotenen Sachverhalts. Auf den Stellenwert des rhetorischen „Schmuckmittels" der „Vergegenwärtigung" bzw. „Anschaulichkeit" zur Persuasion des Hörers hat Quintilianus (VIII,3,61-71) in seiner Schrift „Die Ausbildung des Redners" hingewiesen. Er empfahl bei der Schilderung von vergangenen Sachverhalten ein Höchstmaß an Plastizität: Man bringe ein Gemälde in Worten, man stelle

---

14 Zur Thematisierung von Normen und Werte in deutsch-chinesischen Gesprächen siehe Günthner (1993b).
15 Vgl. Günthner (1993c) zu Entrüstungsformeln.

die Geschehnisse so lebendig dar, dass der Zuhörer sie mit eigenen Augen wahrzunehmen glaubt.

„Eine große Leistung ist es, die Dinge, von denen wir reden, klar und so deutlich darzustellen, dass es ist, als sähe man sie deutlich vor sich. Denn die Rede leistet noch nicht genug und übt ihre Herrschaft noch nicht völlig, wie sie es muss, wenn ihre Kraft nur bis zu den Ohren reicht, und der Redner von dem, worüber er zu Gericht sitzt, glaubt, es werde erzählt, nicht vielmehr, es werde herausmodelliert und zeige sich vor dem geistigen Auge." (Quintilianus VIII,3,62)

Die „evidentia" besteht in einer „in Worten so ausgeprägte(n) Gestaltung von Vorgängen, dass man eher glaubt, sie zu sehen als zu hören" (Quintilianus IX,2,40). Um dieses „Sehen" mittels Worten zu erzielen, stehen den Erzähler/innen verschiedene rhetorische Mittel zur Verfügung: Neben der Detaillierung des Gesamtgegenstandes und dem Gebrauch des Präsens repräsentiert die „direkte Rede der in der Erzählung vorkommenden Personen untereinander" (Lausberg 1960, S. 402ff.) ein wichtiges „evidentia"-Verfahren. Wie Lausberg (1960, S. 408) ausführt, braucht die rhetorische Figur der „sermocinatio", – d.h. der Konstruktion „von Gesprächen wirklicher Personen" – die sowohl den Charakter der inszenierten Person als auch deren Augenblicksaffekt stilistisch gestaltet, „nicht historisch wahr zu sein, sie muß nur ‚wahrscheinlich' sein".

Auch im folgenden Transkriptausschnitt wird das rhetorische Mittel der „sermocinatio" zur Inszenierung einer vergangenen Rede verwendet. Doch dieses Mal verwendet die Erzählerin neben prosodischen Mitteln auch Code-Switching-Techniken zur Stilisierung und moralischen Verurteilung der zitierten Figur.

Sara beklagt sich am Telefon bei ihrer Mutter M über ihren Nachbarn, der ihr Vorwürfe machte, sie würde nachts mit ihrem Licht in sein Schlafzimmer hineinleuchten und ihn vom Schlaf abhalten. Das Gespräch zwischen Mutter und Tochter findet auf Schwäbisch statt. Die Äußerungen des Nachbars werden jedoch in der Hochsprache wieder- gegeben:

```
(7) LICHT
023 Sara:  und dann war auf meim hi An(hi)*rufbeant(hi)worter hihi
024        ne *Nachricht von nem Typ. der sagt,
025        hh' ICH BIN(-) DER *↑NACH↓BAR.
026        UN SO GEHTS *↑NICHT↓ WEITER.
027        SIE LASSEN NACHTS IMMER EIN ↑*LICHT↓ AN.
028        und da können wir nicht *SCHL↑A:FEN.
029        ↑<WARUM STELLEN SIE IHR *LICHT. IMMER SO. HIN.>
030        ↑<DAß. ES. in unSER. SCHLAF.zimmer REIN.*LEUCHTET.>
031 M:     bei *dir oder bei dene?
032 Sara:  bei *↑MI::R↓
033 M:     ha sag ↑a' *MO:::L↓
```

Bereits die Lachpartikeln in der Beschreibung der Umstände (Zeile 23) rahmen die affektive Haltung der Erzählerin zur folgenden Geschichte: Etwas Lustiges bzw. Lächerliches wird angekündigt. Das Zitatformat fungiert auch hier nicht nur als Mittel der Authentizitätsmarkierung, sondern stellt darüberhinaus ein wesentliches Stilisierungsmittel zur szenischen Dramatisierung dar: Indem Sara die Rede des Nachbarn, die im Original ebenfalls im süddeutschen Dialekt auf den Anrufbeantworter gesprochen wurde, in die Hochsprache ‚verfremdet', stilisiert sie den Kontrahenten als ‚Outsider', dessen Redeweise in Kontrast zur Varietät der Interagierenden steht. Darüberhinaus wird seine Stimme karikiert wiedergegeben: Jede Silbe ist stark pronon ziert. Der Intonationsverlauf sieht folgendermaßen aus:

```
       . .         .        . .    •    . .  •   •
      ↑<WARUM STELLEN SIE IHR *↑LICHT↓ IMMER SO. HIN.>

       •    •    .  . •      •  . .  •    •    •
      ↑<DAß. ES. in unSER. SCHLAF.zimmer REIN.*LEUCHTET.>
```

Die manierierte Redewiedergabe, die noch durch dichte Akzentuierung, steigend-fallende Tonhöhenbewegung, Erhöhung der Lautstärke und eine hohe globale Tonhöhe unterstrichen wird, signalisiert nicht nur die stark affektive Färbung der zitierten Figur, sondern auch die Evaluation der Erzählerin bzgl. des Vorwurfs als völlig übertrieben und lächerlich. Auf diese Weise lädt Sara die Rezipientin ein, ihre affektive Übereinstimmung zu signalisieren.

Wir haben hier – ähnlich wie in den vorangegangenen Beispielen – einen Fall von dem, was Bachtin (1979, S. 195) als **„hybride Konstruktionen** mit zwei Akzenten und zwei Stilen" bezeichnet. Eine hybride Konstruktion ist eine Äußerung, „die ihren grammatischen (...) und kompositorischen Merkmalen nach zu einem einzigen Sprecher gehört, in der sich aber zwei Äußerungen, zwei Redeweisen, zwei Stile, zwei ‚Sprachen', zwei Horizonte von Sinn und Wertung vermischen". Hier verschmilzt die Vorwurfsäußerung der zitierten Figur mit der Evaluation durch die Erzählerin (Zeile 25–30). D.h. die Erzählerin verwendet lexikosemantische, rhetorische (*UN SO GEHTS *↑NICHT↓ WEITER.; IMMER*) und prosodische Mittel zur Indizierung der Irritation des Nachbars, und zugleich durchsetzt sie diese Worte mit einem ironischen Unterton. Die Rederekonstruktion schließt somit zwei Ausrichtungen ein: Der vorwurfsvolle Ton des Nachbars trifft auf die moralische Verurteilung dieser Äußerung durch die Erzählerin.

Bei karikierenden Darstellungen fremder Rede treffen – wie Bachtin (1969, S. 119) in seinen Ausführungen zu „Typen des Prosaworts" aufzeigt – nicht nur zwei

Stimmen (die des Autors und die der zitierten Figur) aufeinander, sondern die beiden Stimmen „stehen einander feindlich gegenüber"; d.h. die ursprüngliche Intention der zitierten Figur wird verzerrt, und die zitierte Rede soll „genau entgegengesetzten Zielen dienen". Bachtins Analysen, die sich auf Prosatexte stützen, lassen sich durchaus auf die mündliche Alltagskommunikation übertragen, jedoch hat – wie die vorliegenden Daten zeigen – bei mündlichen „metalinguistischen Phänomenen" die Prosodie eine zentrale Rolle inne.

Eine karikierende Verzerrung der Redewiedergabe repräsentiert stets ein moralisch sensitives Unterfangen und taucht deshalb auch primär in jenen Kontexten auf, in denen die Erzählerin annimmt bzw. sicher ist, dass die Rezipient/innen ihrer affektiven Bewertung zustimmen werden. Auch Vološinov (1976, S. 103) betont dass, „a creatively productive, assured, and rich intonation is possible only on the basis of presupposed ‚choral support'".

Wie das vorliegende Transkript (7) verdeutlicht, wird die Bewertung der reproduzierten Vorwurfsäußerung bzw. die moralische Verurteilung der zitierten Figur (des Nachbars) keineswegs explizit geäußert, sondern durch die markierte Produktion phonologischer Besonderheiten kontextualisiert: Die hohe Stimme, die hochdeutsche Variante sowie die prononcierte Aussprache jeder Silbe indizieren „monitored speech" (Mitchell-Kernan 1972, S. 177) und fungieren zur sozialen Typisierung eines ‚überempfindlichen Pedanten'. Auch prosodische Stilisierungsverfahren tragen somit zur sozialen Typisierung, Kategorisierung bzw. Konstitution „sozialer Identitäten" (Goffman 1982) bei und dienen als Interpretationsanleitung für die Rezipient/innen, indem sie auf bestimmte Alltagstypen verweisen. Die szenische Präsentation lädt auch hier die Rezipientin zur Ko-Entrüstung ein: Mit der Formel: *ha sag ↑a' MO:::L↓.* (Zeile 33) und ihrer entrüsteten Stimme (steigend-fallende Tonhöhenbewegung, Dehnung und langfallende Tonhöhenbewegung) verdeutlicht M ihre affektive Solidarität mit Saras Beurteilung.

Die Interagierenden verwenden – wie die Transkriptausschnitte veranschaulichen – in ihren Dialogrekonstruktionen Stilisierungsverfahren, die zum einen die eigene und fremde Redewiedergabe in eine Kontrastbeziehung setzen. Sind die Erzählerinnen zugleich die Adressatinnen der vergangenen Vorwurfsäußerung, so werden die Vorwürfe in meinen Daten als übertrieben und hysterisch überzeichnet und stehen in Kontrast zu den ‚unschuldigen' und gelegentlich auch ‚empörten' Reaktionen der Ich-Protagonistinnen – ein Kontrast, der deutlich zu Ungunsten der Kontrahenten ausfällt.[16] Darüberhinaus tragen Stilisierungsverfahren der Redewiedergabe zur Kategorisierung und Konstruktion

---

[16] Vgl. auch Christmann (1993) zur Redewiedergabe in moralischen Entrüstungsgeschichten.

‚moralischer Charaktere', wie der des Pedanten, des Stammtischmitglieds, des Parteisekretärs, der hysterischen Bekannten oder des Nörglers, bei. D.h. die fremde Rede wird stilisiert im Hinblick auf den zu porträtierenden Typus.[17]

2.3 Vorwurfskonstruktionen: Fiktive Inszenierungen

Im folgenden Beispiel wird kein vergangener Vorwurf im gegenwärtigen Gespräch rekontextualisiert, sondern die Sprecherin produziert einen prospektiven Vorwurf. Der Transkriptausschnitt entstammt einem Gespräch zwischen Nora und ihrer Freundin Babs. Nora ist *STINKE. SAUER* auf die gemeinsame Bekannte Ute:

```
(8) ZICKE
006 Nora:  *NIE. echt. *NIE hatt i des von der gedacht.
007 Babs:  mhm. ja. ja. sie hat halt au zwei *GSICHTER.
008 Nora:  i sag dir. wenn i *DIE: treff, I *BRÜLL.DIE: AN. Und
009        *stell se zur Rede.
010 Babs:  *SPUCK SE AN. hihihihihi
011 Nora:  hh' i werd der sage
012        ↓<*↑SA:G MOL↓. HASCH DU *NIX ANDERS ZU TUN>
013        ↓<ALS OIM *STÄ:N.DIG.ANZULÜGE.>
014        mol *sehe was se no: sagt
015 Babs:  die wird dann wahrscheinlich ganz *UN:schuldig tun;
016        ((behaucht)) ↑<sie HÄTT doch *↑NIE:::MAND angloge.>
017 Nora:  so eine hinterhältige *ZICKE. ne BLÖDE.
```

Nora, die momentane Sprecherin, inszeniert hier einen Dialogausschnitt zwischen ihr (als Protagonistin) und Ute. Dieser Dialog ist jedoch nicht – wie in den vorangegangenen Beispielen – rekonstruiert, sondern fiktiv. Eine imaginierte Äußerung wird als prospektive wiedergegeben (Brunner 1991). Die Erzählerin (und ab Zeile 15 auch Babs) konstruiert also eine Wirklichkeit, die in der möglichen Zukunft und damit in einer von der Sprechsituation entfernten Welt liegt. Der „Wirklichkeitsakzent" in diesem Dialog wird vorübergehend anders gesetzt (Stempel 1980; 1983), und der Modus des Tatsächlichen wird zugunsten des Modus einer zukünftigen Eventualität (*wenn i *DIE: treff*) verlassen. Die Gesprächsteilnehmerinnen verständigen sich über diesen Modalitätswechsel: Dass Babs zur Teilnahme am fiktiven Rahmen bereit ist, signalisiert sie bereits durch ihre

---

[17] Auf die Funktion von Redewiedergabe zur Charakterisierung von Personen geht auch Brunner (1991) ein. Siehe hierzu auch Kotthoff (in diesem Band).

Handlungsanweisung in Zeile 10. Die Lachpartikeln indizieren die Spaßhaftigkeit der „punktuellen Fiktionalisierung" (Bergmann 1994). Babs spielt weiterhin an der Inszenierung mit und übernimmt in Zeilen 15–16 mittels indirekter Rede den Part von Ute. Die Fiktionalisierungsverfahren haben hier die Funktion, mögliche Fortsetzungen einer Auseinandersetzung vorzu„spielen" und sich gegenseitig der negativen Beurteilung der dargestellten Figur (Ute) zu versichern.

Auch hier ist eine Überlagerung von Stimmen zu beobachten. Noras eigener prospektiver Dialogpart *↑*SA:G MOL↓. HASCH DU NIX *_ANDERS ZU TUN ALS OIM *STÄ:N.DIG. ANZULÜGE._ (Zeilen 12–13) markiert ihre Entrüstung. Die erhöhte Lautstärke, der steigend-fallende Intonationsverlauf auf der Entrüstungsformel sowie die markierte Akzentuierung kontextualisieren einen stark verärgerten Vorwurfston.

```
        •    •     •      •   •    •     •   •
      •              •      •  •            • •
   ↓<*↑SAG MOL↓. HASCH DU NIX *ANDERS ZU TUN>


     •     •     •    •    •  • • •
   ↓<ALS OIM *STÄ:N.DIG. ANZULÜGE.>
```

In Kontrast dazu steht die von Babs produzierte Reaktion der Figur Ute, die mit stark behauchter Stimme, hoher Tonhöhe und einer extremen Vokallängung auf *↑*NIE:::MAND_ (Zeile 16) eine übersteigerte ‚Unschuldsstimme' signalisiert. Gerade die manierierte, übersteigerte Präsentation verdeutlicht die karikierende Stilisierung dieser fiktiven Äußerungskonstruktion. Sie hat – wie der Reaktion von Nora (Zeile 17) zu entnehmen ist – die Funktion, zu einer negativen Beurteilung der Figur einzuladen: so eine hinterhältige *_ZICKE. ne BLÖDE._

Für Gespräche im informellen-privaten Bereich ist - wie auch Bergmann (1992, S. 12) betont – „das Faktische keineswegs die ausschließliche thematische Ressource". Vielmehr verständigen sich die Interagierenden über Vorstellungen, Erwartungen und Möglichkeiten; sie spekulieren, konstruieren und extrapolieren.

3 Die Überlagerung der Stimmen

Rekonstruktionen von Vorwurfsdialogen bzw. Konstruktionen fiktiver Vorwurfsdialoge treten in meinem Datenmaterial innerhalb von Sequenzen auf, in denen die Erzählerinnen sich bei Freundinnen, Freunden und Müttern über vergangene Begegnungen mit dritten Personen entrüsten. Über das vergangene Ereignis wird nicht nur berichtet, sondern es wird „als etwas Nacherlebbares dargeboten, dem man sich widmen, das man auskosten soll" (Goffman 1980, S. 542). Teil der Ausgestaltung und stilistisches Mittel der szenischen Dramatisierung ist die „sermocinatio" – die Dialogrekonstruktion (Quintilianus VIII,3,61; IX,2,31). Diese dient einerseits der Konkretion, indem sie die vergangene Interaktion vor Augen führt, darüberhinaus wird sie mit einer doppelten Orientierung ausgestattet: Zum einen (re)kreiert die Erzählerin die Vorwurfshandlung (mit vorwurfsvollem Ton), und zum andern überlagert sie diese Rekonstruktion mit weiteren prosodischen Merkmalen, die ihrer eigenen Evaluation hinsichtlich der reproduzierten Aktivitäten Ausdruck verleihen. Hierbei kommen zwei verschiedene Intentionen gleichzeitig zum Ausdruck: die Intention der zitierten Figur und die gebrochene Intention der Erzählerin. Diese Art von **„hybriden Konstruktionen"** (Bachtin 1979, S. 247), in denen „zwei individualisierte Sprachbewußtseine enthalten" sind: das „abbildende", (das heißt: das Sprachbewußtsein des Stilisierenden; hier: der Erzählerin) und das „abgebildete, stilisierte" (hier: der zitierten Figur), repräsentieren wesentliche Mittel zur moralischen Evaluierung. Hinter der Entrüstung der zitierten Figur lesen wir folglich eine zweite Entrüstung: die der Erzählerin über die Vorwurfshandlung. Die Erzählerin arbeitet also – in Bachtins (1979, S. 247) Terminologie - „mit dem Material der zu stilisierenden Sprache"; d.h. sie nimmt die ursprüngliche Äußerung der zitierten Person als Grundlage für ihre Reproduktion und „spricht durch die Art der Stilisierung" – indem sie bestimmte Merk- male hervorhebt, verzerrt, karikiert und andere vernachlässigt – zugleich über die zitierte Äußerung.

Die Inszenierungen der Vorwurfsdialoge werden – je nachdem ob die Erzählerin in der Rekonstruktion die Vorwurfsproduzentin oder -adressatin ist – unterschiedlich gestaltet. In den Fällen, in denen sie ihren eigenen Vorwurf reproduziert bzw. konstruiert, wird dieser als ‚gerechtfertigt' vorgeführt:

KULTURANZEIGER
WA.RUM. ↑*<u>STE:HT</u>↓ *DAS. NI:CHT. IM KUL<u>TUR</u>.ANZE|GER.*

MÄNNERSTAMMTISCH
↓*<ha *↑SA:GN Se mal Herr Müller>*
↓*<WISSEN Se eigentlich mit WEM Sie *↑REDEN.>*

ZICKE
↓*<*↑SAG MOL↓. HASCH DU NIX*<u>ANDERS</u> ZU TUN>*
↓*<ALS OIM *STÄ:N.DIG. ANZULÜGE.>*

Die prosodische Gestaltung (dichte Akzentuierung und im Falle von MANNER-
STAMMTISCH und ZICKE auch die global tiefe Stimme) der Vorwurfsäußerung
weist eine gewisse Bestimmtheit auf; der Vorwurf wird mit Nachdruck vorgetragen.

Betrachten wir nun die reproduzierten Rechtfertigungen:

KULTURANZEIGER
hh' eh::m ((behaucht)) <hh 'ja::hh ↑<es es würd immer alles an *↑IH:R hängen,
und sie hätt des halt' irgendwie' s'wär irgendwie zu*↑VIE:L und> (-) hh'

MÄNNERSTAMMTISCH
↑<des=*↑STIMMT=ja==aber> ↑<was *↑DIE: al/es kriegen.>
↑< und WO bleibt *↑UNSEREINS.>

ZICKE
((behaucht)) ↑<sie HÄTT doch *↑NIE:::MAND angloge.>

In allen drei Fällen zeichnen sich die Reaktionen auf den Vorwurf durch ver-
gleichsweise sehr hohe globale Tonhöhen und eine Überzeichnung der Stimmen
aus. In KULTURANZEIGER und ZICKE sind die Stimmen dazuhin noch behaucht.

Wenn wir diese Vorwurfsrekonstruktionen nun mit denjenigen vergleichen,
in denen die Erzählerin zugleich die Adressatin des Vorwurfs ist, so erhalten wir
folgendes Bild:

VATER
↑<warum=hasch=du=*↑DES↓=net=gMACHT.>
↑<warum=hasch=du=*↑SELL↓=net=gMACHT.>
↑<so=wird=des=mit=dir=↑*NIE:↓=was.>

HOT PANTS
↑ ((gepreßt))<WIE *↑SIEHT DENN DES AUS.>
↑ ((gepreßt))<WAS SOLLT DENN(d'Leut jetzt)VON DIR *↑DENKE↓>
↑ ((gepreßt))<WAS BRAUCHSCH EN DU *↑HOT PANTS.>

DRECKSARBEIT
↑<WARUM ↑TAUCHST DU NICH *↑AU:F↓.>
↑<DU ↑GLAUBST WOHL *↑Wl:R↓ SEIN FUR DIE ↑DRECKSARBEIT
↑ZUSTÄNDIG↓ .>
↑ ((nachäffend))<MEI:- MEINST DU BIS WAS *↑BESSERES.>

PARTEISEKRETÄR
WA*↑RUM ja, *↑HANDELN s Sie ja nicht wie die ANDEREN
WA*↑RUM ja, (-) mußt du (-) eh' m' müssen Sie sich immer HER*↑AUSPUTZEN

LICHT
↑<WARUM STELLEN SIE IHR *↑LICHT↓ IMMER SO. HIN.>
↑<DAß. ES. in unSER. SCHLAFzimmer REIN. *LEUCHTET.>

Diesen fremden Vorwurfsrekonstruktionen ist gemeinsam, dass sie die prototypische Vorwurfsstimme durch eine sehr hohe globale (bzw. im Fall des Parteisekretars in einer lokal hohen) Tonhöhe übersteigern und dadurch karikieren.

Diese Gegenüberstellung der Vorwurfsrekonstruktionen weist darauf hin, dass die Wahl der prosodischen Parameter – insbesondere die Wahl der Tonhöhe keineswegs beliebig zu sein scheint: Global hohe Tonhöhe wird eingesetzt, um Vorwürfe zu verzerren und die Äußerung als ,übersteigert' und ,deviant' zu stilisieren. Während die diskordanten,[18] fremden Vorwürfe – mit Ausnahme des chinesischen Parteisekretars – mit sehr hoher globaler Tonhöhe produziert werden, konstruieren die Erzählerinnen die eigenen konkordanten Vorwürfe entweder mit globalen tiefen oder lokalen tiefen Tonhöhen.

Die Analyse verdeutlicht ferner, dass Stilisierungsverfahren in Alltagsdialogen auf eine Art und Weise eingesetzt werden, die eng mit dem von Bachtin beschriebenen ästhetischen Verfahren des **„zweifach gerichteten Wortes"** verwandt ist. Sie fungieren als Ressource, affektive Einstellungen zu kommunizieren. D.h. mit der betreffenden Stilisierung der zitierten Äußerung kommuniziert die Erzählerin weit über die referentielle Bedeutung hinaus: Ihre eigene Einstellung zum Gesagten schimmert durch.

4 Ausblick: Formen des Moralisierens in Alltagsgesprächen

Wie Luckmann (1993, S. 2) in seinem Beitrag zur „Intersubjective Constitution of Morals" ausführt, ist „die moralische Ordnung der menschlichen Welt sozial konstruiert", wobei „die wichtigste Art menschlicher Interaktion, die bei diesem Prozeß beteiligt ist, die Kommunikation" darstellt. Der vorliegende Beitrag

---

18 Zum Begriff der diskordanten und konkordanten Äußerungsrekonstruktionen siehe auch Christmann (1993).

verdeutlicht, dass – auch wenn in mo- dernen Gesellschaften ein allgemeiner obligatorischer moralischer Code nicht mehr vorausgesetzt werden kann – dies noch lange nicht heißt (wie von verschiedenen Seiten propagiert wird), dass die Moral in unserem modernen Alltagsleben keinen Platz mehr habe und moralische Normen aus unserer Lebenswelt verschwunden seien. Trotz der Auflösung einer traditionellen moralischen Ordnung bilden – wie auch Luckmann (1993) betont – verschiedenste Formen des Moralisierens noch immer wesentliche Bestandteile unserer Alltagsgespräche. Wir fällen weiterhin moralische Urteile über andere Personen und bewerten ihre Handlungen gemäß transsituationaler Standards. Ebenso wird unser Verhalten von anderen verurteilt oder gelobt. Die Moral der sozialen Interaktion ist noch immer ein zentraler Aspekt unserer Lebenswelt. Wie die vorliegenden Transkriptausschnitte veranschaulichen, reproduzieren wir nicht nur moralische Äußerungen – beispielsweise indem wir das Verhalten unseres Gegenübers mittels eines Vorwurfs als abweichend und inadäquat konstruieren –, sondern wir produzieren auch Äußerungen ‚sekundärer Moralisierung', indem wir vorausgegangene Moralisierungen (z.B. Vorwürfe, Beschimpfungen) moralisch verurteilen (als deviant, übertrieben, unangemessen).

Da in modernen Gesellschaften – aufgrund der Abwesenheit eines allgemein verbindlichen Maßstabs – die moralischen Normen und Werte der Interaktionspartner/innen nicht unbedingt vorausgesagt werden können (Luckmann 1993), kann explizites, direktes Moralisieren zum Risiko werden. Sind sich die Sprecher/innen jedoch – wie in unseren Beispielen – der kongruenten moralischen Beurteilung durch ihre Gesprächspartner/innen sicher, so können sie ihre Moralisierungen geradezu dramaturgisch in Szene setzen und kleine hochstilisierte, ja geradezu ästhetisierte Alltags‚performances' initiieren, die nicht nur der konkreten und lebendigen Illustration eines vergangenen Vorwurfsdialogs dienen, sondern auch als Einladung an die Rezipientin zur gemeinsamen moralischen Verurteilung fungieren.

Literatur

Bachtin, Michail (1969): Literatur und Karneval. Frankfurt.
Bachtin, Michail (1979): Die Ästhetik des Wortes. Frankfurt.
Bauman, Richard/Briggs, Charles L. (1990): Poetics and performance as critical perspectives on language and social life. In: Annual Review of Anthropology 19, S. 59-88.
Benjamin, Walter (1955): Der Erzähler. Betrachtungen zum Werk Nikolai Lesskows. Schriften, Bd. 2. Frankfurt.
Bergmann, Jorg (1987): Klatsch. Zur Sozialform der diskreten Indiskretion. Berlin/New York.
Bergmann, Jorg (1992): Authentisierung und Fiktionalisierung in Alltagsgesprächen. Vortrag gehalten auf der Tagung La construction interactive du quotidien. Nancy, 22.-24. 10. 1992.
Bergmann, Jorg (1994): Authentification et fictionalisation dans les conversations quotidiennes. In: Trognon, Alain/Dausendschon-Gay, Ulrich/Krafft, Ulrich/Riboni, Christiane (Hrsg.) (1994): La construction interactive du quotidien, Nancy. S. 179-201.
Bergmann, Jorg/Luckmann, Thomas (1993): Formen der kommunikativen Konstruktion von Moral: Gattungsfamilien der moralischen Kommunikation in informellen, institutionellen und massenmedialen Kontexten. MO- RAL-Projekt: Arbeitspapier Nr. 1. Univ. Konstanz.
Briggs, Charles L./Bauman, Richard (1992): Genre, Intertextuality, and Social Power. In: Journal of Linguistic Anthropology 2(2), S. 131-172.
Brunner, Gisela (1991): Redewiedergabe in Gesprächen. In: Deutsche Sprache 19, S. 1-15.
Christmann, Gabriela B. (1993): ,Und da hab ich wirklich so einen Zomesausbruch gekriegt ....' Moral mit Affekt: Die moralische Entrüstung am Beispiel von Ökologie-Gruppen. MORAL-Projekt: Arbeitspapier Nr. 6. Univ. Konstanz.
Couper-Kuhlen, Elizabeth/Selting, Margret (1994): Towards an interactional perspective on prosody and a prosodic perspective on interaction. Arbeitspapiere „Kontextualisierung durch Rhythmus und Intonation". KontRI 29, Fachgruppe Sprachwissenschaft, Universität Konstanz.
Ervin-Tripp, Susan (1972): On Sociolinguistic Rules: Alternation and Co-occurrence. In: Gumperz, John J./Hymes, Dell (Hg.) (1972): Directions in Sociolinguistics. New York. S. 213-250.
Goffman, Erving (1980): Rahmen-Analyse. Ein Versuch über die Organisation von Alltagserfahrungen. Frankfurt: Suhrkamp.
Goffman, Erving (1981): Forms of Talk. Philadelphia.
Goffman, Erving (1982): Das Individuum im öffentlichen Austausch. Mikrostudien zur öffentlichen Ordnung. Frankfurt: Suhrkamp.
Goodwin, Marjorie H. (1990): He-Said-She-Said. Talk as Social Organization among Black Children. Bloomington.
Gumperz, John J. (1982): Discourse strategies. Cambridge.
Günthner, Susanne (1993a): ,Kannst du auch über andere Leute lästern.' Vorwürfe als Formen moralischer Kommunikation. MORAL-Projekt: Arbeitspapier Nr. 9. Univ. Konstanz.
Günthner, Susanne (1993b): ,Solche Menschen, wir sagen, sind moralisch nicht so ganz gut.' Zur Thematisierung moralischer Normen in der interkulturellen Kommunikation. MORAL-Projekt: Arbeitspapier Nr. 2. Univ. Konstanz.

Günthner, Susanne (1993c): Moralische Geschichten. Beispielerzählungen mit Einladungen zur moralischen Entrüstung. MORAL-Projekt: Arbeitspapier Nr. *5.* Univ. Konstanz.

Günthner, Susanne (1996): The prosodic contextualization of moral work. -An analysis of reproaches in ‚why'-formats. In: Couper-Kuhlen, Elizabeth/Selting, Margret (Hg.) (1996): Prosody in Conversation. Cambridge. S. 271-302.

Günthner, Susanne/Knoblauch, Hubert (1994): Forms are the food of faith. Gattungen als Muster kommunikativen Handelns. In: Kölner Zeitschrift fi.ir Soziologie und Sozialpsychologie 4, S. 693-723.

Hinnenkamp, Volker (1989): Die Stilisierung von Ethnizität. In: Hinnenkamp, Volker/Selting, Margret (Hg.) (1989): Stil und Stilisierung. Arbeiten zur interpretativen Soziolinguistik. Tübingen. S. 253-291.

Kallmeyer, Werner/Keim, Inken (1994): Phonologische Variation in der Filsbachwelt. In: Kallmeyer, Werner (Hg.) (1994): Kommunikation in der Stadt. Berlin. S. 142-249.

Kotthoff, Helga (in diesem Band): „Erzählstile von mündlichen Witzen". Lausberg, Heinrich (1960): Handbuch der literarischen Rhetorik. München.

Luckmann, Thomas (1986): Grundformen der gesellschaftlichen Vermittlung des Wissens: Kommunikative Gattungen. In: Kölner Zeitschrift fi.ir Soziologie und Sozialpsychologie, Sonderheft 27, S. 191-211.

Luckmann, Thomas (1993): Moralizing Communication: Observations on some modern Procedures. Vortrag gehalten bei der Tagung über De-Traditionalization: Authority and Self in an Age of Cultural Uncertainty. Lancaster. July 1993.

Lucy, John (1993): Metapragmatic presentationals: reporting speech with quotatives in Yucatec Maya. In: Lucy, John (Hg.) (1993): Reflexive Language. Cambridge. S. 91-126.

Mitchell-Kernan, Claudia (1972): Signifying and Marking: Two Afro-American Speech Acts. In: Gumperz, John J./Hymes, Dell (Hg.) (1972): Directions in Sociolinguistics. New York. S. 161-179.

Perelman, Chaim (1980): Das Reich der Rhetorik. München.

Quintilianus, Marcus Fabius (1972/1975): Ausbildung des Redners. Darmstadt. Sacks, Harvey (1972): Spring Lectures. Manuscript. University of California. Santa Barbara.

Sandig, Barbara (1986): Stilistik der deutschen Sprache. Berlin/New York.

Sandig, Barbara/Selting, Margret (1997): Discourse Styles. In: van Dijk, Teun A. (ed.) (1997): Discourse as Structure and Process. London etc. S. 138-156.

Sandig, Barbara (1995): Tendenzen der linguistischen Stilforschung. In: Stickel, Gerhard (Hg.) (1995): Stilfragen. Berlin. S. 27-61.

Schütz, Alfred (1971): Gesammelte Aufsätze. Bd. I: Das Problem der sozialen Wirklichkeit. Den Haag.

Selting, Margret/Hinnenkamp, Volker (1989): Einleitung: Stil und Stilisierung in der Interpretativen Soziolinguistik. In: Hinnenkamp, Volker/Selting, Margret (Hg.) (1989): Stil und Stilisierung. Arbeiten zur interpretativen Soziolinguistik. Tübingen. S. 1-23.

Selting, Margret (1989): Konstruktion und Veränderung von Sprechstilen als Kontextualisierungsverfahren: Die Rolle von Sprachvariation und Prosodie. In: Hinnenkamp, Volker/Selting, Margret (Hg.) (1989): Stil und Stilisierung. Arbeiten zur interpretativen Soziolinguistik. Tübingen. S. 203-228.

Selting, Margret (1994): Emphatic speech style – with special focus on the prosodic signalling of heightened emotive involvement in conversation. In: Journal of Pragmatics 22, S. 375-408.

Selting, Margret (1995): Sprechstile als Kontextualisierungshinweise. In: Stickel, Gerhard (Hg.) (1995): Stilfragen. Berlin. S. 225-256.

Soeffner, Hans-Georg (1987): Stil und Stilisierung. Punk oder die Überhöhung des Alltags. In: Gumbrecht, H.-U./Pfeiffer, K.L. (Hg.) (1987): Stil. Geschichten und Funktionen eines kulturwissenschaftlichen Diskurselements. Frankfurt. S. 317-341.

Stempel, Wolf Dieter (1980): Alltagsfiktion. In: Ehlich, Konrad (Hg.) (1980): Erzählen im Alltag. Frankfurt. S. 385-403.

Stempel, Wolf Dieter (1983): Fiktion in konversationellen Erzählungen. In: Henrich, Dieter/Iser, Wolfgang (Hg.) (1983): Funktionen des Fiktiven (Poetik und Hermeneutik, Bd. X), München. S. 331-356.

Vološinov, V. (1929/1975): Marxismus und Sprachphilosophie. Frankfurt. Vološinov, V. (1976): Freudianism: A Marxist Critique. New York.

Anhang: Transkriptionskonventionen

`[ja das] finde ich`	die innerhalb der Klammern stehenden Textstellen
`[du ab]`	überlappen sich; d.h. zwei Gesprächspartner reden gleichzeitig;
`(-)`	Pause unter 0.5 Sek.;
`(0.5)`	Pause von einer halben Sekunde;
`(??)`	unverständlicher Text;
`(gestern)`	unsichere Transkription;
`=`	direkter, schneller Anschluß zwischen zwei Äußerungen;
`=und=dann=ging=`	schnelles Sprechtempo;
`÷ und ÷ dann ÷ ging ÷`	langsames Sprechtempo;
`?`	stark steigender Ton;
`´`	leicht steigender Ton;
`.`	fallender Ton;
`,`	schwebender Ton;
`↑<Wort Wort>`	global hohe Tonhöhe;
`↓<Wort Wort>`	global niedrige Tonhöhe;
`↑wie`	high onset;
`↓wie`	low onset;
`↑wo::hr!`	steigend-fallende Intonati-onskontur;
`a: a::`	Silbenlangung;
`◊und so◊`	die Silben werden leiser gesprochen;
`NEIN`	die Silbe wird laut und betont gesprochen;
`NEIN`	die Silbe wird sehr laut und betont gesprochen; Hauptakzent
`*wo:hr`	der Intonati-onsphrase;
`mo((hi))mentan`	die Äußerung wird ki-chernd gesprochen;
`HAHAHA`	lautes Lachen;
`hihi 'hh`	Kichern;
`hh'`	starkes Ausatmen; starkes Einatmen;
`((hustet))`	Kommentare (nonverbale Handlungen, o.a.).

Susanne Günthner

Eine Sprachwissenschaft der „lebendigen Rede"

Ansätze einer anthropologischen Linguistik

> Den linguistischen Denkmethoden, die zur Auffassung der Sprache als eines Systems normativ identischer Formen führen, liegt die *theoretische und praktische Orientierung auf die Erlernung toter Fremdsprachen, die in Schriftdenkmälern überliefert sind*, zugrunde.
> Man muß nachdrücklich betonen, dass diese philologische Ausrichtung das gesamte linguistische Denken Europas in bedeutendem Maße bestimmt hat. Über den Kadavern geschriebener Sprachen ist dieses Denken entstanden und gereift; alle seine grundlegenden Kategorien, Ansätze und Verfahrensweisen wurden durch die Wiederbelebung dieser Kadaver herausgearbeitet. (Vološinov 1929/75: 127-128)

Bereits Vološinov (1929/75) forderte, sprachwissenschaftliche Analysen durchzuführen, die nicht länger auf den „Kadavern toter Sprachen", sondern auf „der lebendigen Praxis der sozialen Kommunikation" beruhen. Er plädierte entschieden für eine Verankerung des „linguistischen Denkens" in der „lebendigen Rede der sprachlichen Kommunikation".[1]

Die Linguistik, ihre Kategorien und Theorienbildungen sind geprägt von der Saussure'schen Trennung zwischen „langue" und „parole" bzw. der Zweiteilung von ‚Sprache als System' und ‚Sprache im Gebrauch' und der damit einhergehenden Abwertung der „parole" bzw. der ‚Sprache im Gebrauch'. Dies hat(te) zur Konsequenz, dass gerade in der modernen Sprachwissenschaft Sprache lange Zeit als autonomes Gebilde – entleert von ihren sozialen, kulturellen, kommunikativen, medialen und funktionalen Dimensionen – untersucht wur-

---

1 Vgl. Wilhelm von Humboldt, der gegen eine rein grammatische Reduktion der Sprache argumentierte, da diese die lebendige Tätigkeit (*energeia*) ignoriere: „Gerade das Höchste und Feinste läßt sich an jenen getrennten Elementen nicht erkennen und kann nur (was um so mehr beweist, dass die eigentliche Sprache in dem Acte ihres wirklichen Hervorbringens liegt) in der verbundenen Rede wahrgenommen oder geahndet werden. Nur sie muss man sich überhaupt in allen Untersuchungen, welche in die lebendige Wesenheit der Sprache eindringen sollen, immer als das Wahre und Erste denken. Das Zerschlagen in Wörter und Regeln ist nur ein todtes Machwerk wissenschaftlicher Zergliederung" (1963: 418).

de, ja sie wurde „so lange idealisiert, d.h. abstrahiert, bis nur mehr das 'todte Gerippe' (*langue* nennen wir den Kadaver) übrig war" (Ortner/Sitta 2003: 29).[2]

Mit den folgenden Ausführungen möchte ich nun Perspektiven für eine Linguistik aufzeigen, die sich an der „lebendigen Rede" (Vološinov) bzw. der „kommunikativen Praxis" (Hanks 1996; Günthner 2000) orientiert.[3] Diese Ausführungen verstehe ich zugleich als Plädoyer für eine Fundierung von Sprache „im Gesamtrahmen der menschlichen Existenz und Verhaltensform und somit in einer anthropologischen oder für die Anthropologie relevanten Weise: als eine spezielle Form menschlichen Handelns bekommt sie Anteil an allem, was für menschliches Handeln allgemein gilt" (Hartmann 1965: 111). Richtungsweisend für eine solche an der kommunikativen Praxis orientierte Linguistik sind Forschungsergebnisse der Anthropologischen Linguistik, der Gesprächs- und Konversationsanalyse, der Interpretativen Soziolinguistik, der Funktionalen Pragmatik und der Interaktionalen Linguistik. Diese verdeutlichen zunächst einmal, dass die gesprochene Sprache nicht etwa chaotisch, unstrukturiert und individuell ist (wie aus generativistischer Perspektive behauptet),[4] sondern einer eigenständigen Strukturanalyse zugänglich ist, wobei die Regelhaftigkeiten in engem Zusammenhang mit spezifischen Diskurs- und Kognitionsfaktoren bzw. mit soziokulturellen Konventionen stehen.[5] Der Forschungsgegenstand einer solchen an der ‚kommunikativen Praxis' orientierten Linguistik zielt also nicht länger auf die Re-Konstruktion eines idealisierten, universellen Regelapparates, dessen separate Module aus allen seinen kommunikativen, funktionalen, medialen und soziokulturellen Vernetzungen herausgeschnitten wurden,[6] sondern auf die Analyse sprachlicher Strukturen in ihrer tatsächlichen, kontextbezogenen und lebensweltlich verankerten Verwendung.

---

2 Vgl. hierzu auch Ehlich (1998).

3 Dieser der Anthropologischen Linguistik entstammende Begriff der ‚kommunikativen Praxis' erfasst einerseits ‚kommunikative' (verbale, prosodische, gestisch-mimische, interaktiv-sequentielle) Verfahren bei der kontextbezogenen Bedeutungskonstitution. Zum anderen verweist der ‚Praxis'begriff auf den Prozesscharakter der Bedeutungskonstitution in sozialen Aktivitäten. Hierzu auch Duranti (1997) und Foley (1997).

4 Vgl. u.a. Grewendorf (1993: 120), der davon ausgeht, dass gesprochene Sprache unstrukturiert und individuell sei, da in der gesprochenen Sprache „Performanzphänomene die intentionalen Produkte natürlicher Sprecher in einer Weise deformieren, die die *tatsächlichen* strukturellen Regeln nur in einer sehr defekten Weise zum Ausdruck bringen".

5 Vgl. u.a. das Themenheft zum „Die Medialität der gesprochenen Sprache" der Zeitschrift „Sprache und Literatur" 85/31 (Jäger/Springer 2000).

6 Siehe auch Jägers (1993: 28ff.) Kritik an der „Autarkisierung der Struktur gegenüber der Funktion" in der formalen Linguistik, bei der Teilphänomene wie Syntax, Semantik etc. in strenge Einzelkammern (sprich: Module) zerlegt wurden.

Statt der Hypostasierung einer ‚reinen Sprache' (verstanden als grammatisches Regelsystem) hinter dem eigentlichen Sprechen/Kommunizieren – und damit eines „Zwei-Welten Modells" (Krämer 2001)[7] – geht der Ansatz der „kommunikativen Praxis" davon aus, dass sprachliche Formen und Funktionen sich in der Kommunikation herausbilden, sedimentieren und transformieren (Schütz/ Luckmann 1979). Denn wie Ortner/Sitta (2003: 8) ausführen: „Sprache (wird) zur Sprache erst im sozialen Kontext und im kommunikativen Gebrauch."

Im Folgenden sollen nun zentrale Gesichtspunkte angeführt werden, die m.E. für eine anthropologische Linguistik, die sich an der ‚kommunikativen Praxis' orientiert, von Relevanz sind.

1 Methodologische Aspekte

Was die Methoden zur Ermittlung sprachlicher Verfahren und deren Funktionen in der „lebendigen Praxis der sozialen Kommunikation" (Vološinov 1929/75) angeht, so bilden Gesprächs- bzw. Textdaten authentischer Interaktionen die Analysegrundlage. Sprachliche Strukturen werden in ihrer ‚natürlichen' Umgebung, d.h. in ihrem kommunikativen Kontext untersucht und als interaktiv relevante und systematisch auf die Erfordernisse der Organisation der Interaktion zugeschnittene Verfahren erforscht. Diese methodologische Vorgehensweise hebt sich somit vom traditionellen Vorgehen linguistischer Untersuchungen ab, deren Analysen auf erfundenen, schriftsprachlich-orientierten Beispielsätzen gründen.

Thematisierungen bzw. Rekonstruktionen von Regeln der Sprachverwendung auf der Grundlage muttersprachlicher Intuition mögen zwar für Untersuchungen zu Konzeptualisierungen sprachlichen Verhaltens geeignet sein, da sie aufzeigen, welches sprachliche Wissen bewusst ist bzw. bewusst gemacht werden kann, doch für die Analyse von Sprache im tatsächlichen Gebrauch sind solche „sekundären Daten" (Schütz 1932/81) nur begrenzt geeignet. Um die Rolle sprachlicher Verfahren in ihrer alltäglichen Verwendungsweise untersuchen zu können, genügt es nämlich keineswegs, sich auf die Intuition und damit auf Aussagen von MuttersprachlerInnen über ihre Sprache und Sprachverwendung zu verlassen: Deren Wissen um die Pragmatik ihrer Sprachver-

---

7 Beim „Zwei-Welten-Modell" wird – wie Krämer (2001) sehr anschaulich verdeutlicht – von einer idealisierten, nicht-beobachtbaren, wissenschaftlich rekonstruierbaren, universalen Sprache ausgegangen. Die tatsächliche Sprachwirklichkeit bzw. Sprachverwendung wird als eine deformierte Repräsentation von Form abgewertet.

wendung ist sehr begrenzt, und es bestehen große Unterschiede zwischen dem, was SprecherInnen darüber sagen, wie sie Sprache verwenden und ihrer tatsächlichen Verwendung (Auer 1993; Schlobinski 1997).[8] So treten in der gesprochenen Sprache Strukturen auf, die wir durch reines Nachdenken nicht produzieren würden, da sie uns als ‚ungrammatisch' erscheinen (wie beispielsweise Apokoinu-Konstruktionen[9]). Dennoch bilden sie Ressourcen, die wir durchaus zur Lösung pragmatischer, diskursiver Probleme verwenden, selbst wenn sie uns nicht bewusst sind. Ferner reduzieren konstruierte Beispielsätze sprachliche Strukturen auf die schriftsprachliche Einheit ‚Satz' und ignorieren damit interaktiv-dialogische und kontextspezifische Aspekte sprachlicher Verfahren. Auch vernachlässigen solche konstruierten Beispielsätze meist prosodische und stimmliche Elemente, die aber durchaus eine zentrale Auswirkung auf grammatische Strukturen und deren Funktion haben können. Für die Erforschung von Sprache im kommunikativen Kontext benötigen wir also Daten, die die sprachlichen Verfahren nicht etwa aus dem Wissensvorrat der MuttersprachlerInnen „rekonstruierend konservieren", sondern diese so detailliert wie möglich in ihrem konkreten, kontextgebundenen Ablauf bewahren und damit „registrierend konservieren".[10] Wir benötigen also Aufnahmen ‚natürlich situierter Daten', d.h. Daten von Gesprächen oder auch schriftlichen Texten, die unabhängig von dem Forschungsvorhaben produziert (und nicht etwa für einen bestimmten Zweck elizitiert oder arrangiert) wurden.

Die Methoden einer praxisorientierten Linguistik sind dem ‚interpretativen Paradigma' zuzuordnen. Sprachliche Interaktion wird hierbei als interpretativer Prozess betrachtet, in dem sich die Interagierenden gegenseitig ihre Absichten und Interpretationen kontextualisieren und kommunikative Bedeutung im Verlauf der Interaktion inferieren. Die Interpretationen der TeilnehmerInnen, die also integraler Bestandteil des Kontextes, dem sie entstammen, sind, bilden wiederum die Grundlage für die wissenschaftliche Analyse. Die Datenanalyse steht ferner in einem Wechselverhältnis mit der Theoriebildung, d.h. die Theoriebildung befindet sich in ständiger Rückkoppelung mit der interpretativen Erforschung der Empirie (Soeffner 1989).

---

8 Vgl. auch Silverstein (1993) zu „metapragmatic awareness".

9 Hierzu Scheutz (1992).

10 Vgl. Bergmann (1985) zum Unterschied zwischen „rekonstruierender" und „registrierender" Konservierung von Gesprächsdaten.

2 Kultureller Kontext

Eng verwoben mit der Analyse kommunikativer Praktiken ist die Kontextfrage. Kommunikative Praktiken sind einerseits nur im Kontext größerer kultureller Praktiken zu interpretieren (Foley 1997: 5). Zugleich tragen kommunikative Praktiken aber auch zur Konstitution und Aufrechterhaltung kultureller Konventionen und sozialer Strukturen (wie kultureller Ideologien, sozialer Milieus, Institutionen, sozialer Kategorien etc.) bei. Die Beziehung zwischen Gespräch/Text und Kontext ist also keineswegs als unidirektional zu verstehen, wobei Sprache als semiotisches System betrachtet wird, dessen Gebrauch einseitig vom Kontext abhängig ist. Vielmehr erzeugt die Verwendung von Sprache zugleich auch den Kontext mit, der wiederum den Rahmen für die Interpretation des Textes bzw. Diskurses bildet. Ein solcher reflexiver Kontextbegriff geht also davon aus, dass Interagierende nicht nur Bedeutungen übermitteln, sondern zugleich auch den Kontext konstruieren, der wiederum ihre Äußerungen interpretierbar macht (Gumperz 1982; Auer/Di Luzio 1992; Auer 1999; Günthner 1993; 2000). Sprache und kommunikative Handlungen werden also im Kontext kultureller Praktiken, in denen sie auftreten und die sie zugleich mitkonstituieren, analysiert (Knoblauch 1995; Duranti 1997; 2001; Foley 1997; Günthner/Luckmann 2001; 2002). Wie gerade auch kulturanthropologische Arbeiten und Studien zur Interkulturellen Kommunikation verdeutlichen,[11] können Kultur und Sprache nicht als zwei voneinander getrennte, homogene Entitäten betrachtet werden (Silverstein/Urban 1996). Kultur ist kein dem Interaktionsprozess ‚aufgepfropftes Etwas‘, sondern integraler Bestandteil jeder menschlichen Interaktion. Kulturelle Prozesse manifestieren sich in der Praxis der Bedeutungsaushandlung, d.h. in semiotisch vermittelten Darstellungsformen, die soziales Handeln zum Ausdruck bringen. Durch Kommunikationsvorgänge werden also kulturelle Vorstellungen, Konventionen, Werte etc. konstruiert und reproduziert, welche wiederum zugleich die Art, wie wir sprechen und handeln bzw. wie wir die Äußerungen und Handlungen des Gegenübers interpretieren, beeinflussen. Eine solche kulturanthropologisch ausgerichtete Perspektive basiert auf einem „realistischeren Zeichenbegriff" innerhalb einer „Sprachverhaltenslehre, die Schluss macht mit dem unzulänglichen Zeichenbegriff, der nur der kleinsten semantischen Einheit ohne Lebensbiotop gilt, herausgenommen aus aller Praxis." (Ortner/Sitta 2003: 19)

---

11 Siehe u.a. die von Di Luzio/Günthner/Orletti (2001) und Kotthoff (2002) herausgegebenen Sammelbände.

3 Kommunikative Gattungen

Die Bedeutungen und Funktionen sprachlich/kommunikativer Verfahren sind nicht nur mit dem größeren soziokulturellen Kontext ihres Auftretens reflexiv verbunden, sondern auch mit der kommunikativen Aktivität ihres Auftretens. Bei der Analyse von Sprache in der kommunikativen Praxis erweist sich das Konzept der „kommunikativen Gattungen" (Luckmann 1986; 1988; Bergmann 1987; Günthner/Knoblauch 1994; 1995; Günthner 1993; 1995; 2000) als sinnvolle Analyseeinheit. Die eine Gattung konstituierenden Merkmale sind jedoch keineswegs – wie beim traditionellen Textsortenbegriff der Fall – auf textinterne, binnenstrukturelle Elemente (wie bestimmte lexiko-semantische Phänomene, die Wahl einer spezifischen sprachlichen Varietät, stilistische und rhetorische Figuren, formularische Ausdrücke etc.) zu reduzieren. Auch interaktive Komponenten (wie die Teilnehmerkonstellation, die sequentielle Organisation und die Rezipientenreaktionen) sowie soziokulturelle Faktoren (wie die Kommunikationssituation, das soziale Milieu, die institutionelle Einbettung, Geschlechterideologien etc.) bilden wesentliche Aspekte bei der Konstruktion und Interpretation kommunikativer Gattungen. Merkmale auf diesen drei Ebenen spielen zusammen, um den jeweils relevanten Interpretationszusammenhang zu liefern (Günthner/Knoblauch 1994). So ist beispielsweise – wie Bergmann (1987) verdeutlicht – die kommunikative Gattung des Klatsches geprägt durch bestimmte binnenstrukturelle Merkmale (wie die Verwendung von Redewiedergaben, moralische Entrüstungen, soziale Typisierungen etc.), interaktive Merkmale (wie die Teilnehmerkonstellation, d.h. die „Klatschtriade", bestehend aus Klatschproduzent, Klatschrezipient und Klatschobjekt, bestimmte sequentielle Abläufe etc.) und soziokulturelle Komponenten (wie die Be- bzw. Verurteilung von Klatsch in unserer Gesellschaft, die Funktion des Klatsches als Mittel der sozialen Kontrolle und als Mechanismus zur Erhaltung sozialer Gruppen etc.).

Das Konzept der kommunikativen Gattungen liefert somit eine Verbindungsmöglichkeit zwischen linguistischen Detailanalysen einzelner sprachlicher Phänomene, interaktiver Realisierungsformen und Aspekten der sozialen Praxis in einem bestimmten kulturellen Umfeld. Wie Bachtin (1986) in seiner Arbeit zu „speech genres" aufzeigt, bilden Gattungen den Knotenpunkt der Interaktion, in dem sich sprachliche und thematische Strukturen, stilistische Formen und kommunikative Funktionen mit gesellschaftlichen Ideologien und sozialen Strukturen treffen. Gattungen können somit als ein Bindeglied zwischen konkretem Sprachverhalten und soziohistorischem Kontext betrachtet werden: Sie sind Teil des kommunikativen Habitus sozialer Gruppen.

Kommunikative Gattungen stellen jedoch keine homogenen, statisch-fixierten Gebilde dar, sondern sie fungieren als Orientierungsmuster, an die sich kommunikative Vorgänge anlehnen. Interagierende können sich bei der Aktualisierung kommunikativer Gattungen eng an prototypische Vorgaben halten, stark davon abweichen oder aber Hybridformen bilden. Die tatsächliche Aktualisierung geschieht im konkreten, situativen Handlungsvollzug und ist bestimmten interaktiven Zielen, individuellen Gestaltungsvorlieben und kontextuellen Begebenheiten unterworfen (Günthner 2000).

Gattungsanalysen verdeutlichen einerseits, wie stark Funktionen grammatischer, prosodischer und rhetorisch-stilistischer Verfahren von den jeweiligen kommunikativen Aktivitäten abhängen: So erfragt beispielsweise das Interrogativpronomen ‚was' im Kontext von Vorwürfen nicht etwa unbekannte Sachverhaltskomponenten („Was machst du morgen abend?"), sondern zunächst einmal den „Grund" bestimmter Handlungen („Was lässt du auch immer den Kühlschrank auf!"). Die betreffende Handlung (den Kühlschrank offen lassen) wird als erklärungsbedürftig bzw. normwidrig konstruiert und folglich wird eine Korrektivhandlung (Erklärung, Entschuldigung) interaktiv relevant gemacht. Andererseits werden kommunikative Gattungen wiederum durch die Verwendung bestimmter grammatischer, prosodischer und rhetorisch-stilistischer Elemente konstituiert: So zeigen Analysen von Beschwerdegeschichten, dass bei dieser narrativen Gattung der Gebrauch des narrativen Präsens häufig mit anderen grammatischen Phänomenen wie Verbspitzenstellung und expressiven Redewiedergaben zusammentrifft. Diese Kookkurrenzen sind keineswegs zufällig, sondern erweisen sich geradezu als konstitutiv für diese narrative Gattung: Es handelt sich um Verfahren der szenischen Appräsentation zeitlich und örtlich verschobener Ereignisse bzw. um Dramatisierungsmittel, die die RezipientInnen zur gemeinsamen Verurteilung des präsentierten Fehlverhaltens einladen (Günthner 2000: 203ff.). Solche Konvergenzen beruhen auf kommunikativen (Gattungs-)Konventionen, die Teil unserer kommunikativen Kompetenz sind und durchaus kulturspezifisch variieren.[12] Gattungsanalysen können also nicht losgelöst vom kulturellen und historischen Kontext betrieben werden. Beispielsweise kann in manchen kulturellen Gruppen ein bestimmtes kommunikatives Problem (etwa das Trauern um Verstorbene) als kommunikative Gattung (z.B. als Lamento) institutionalisiert sein,[13] in anderen dagegen nicht. Auch liegen kulturell unterschiedliche Realisierungsformen, unterschiedliche stilisti-

---

12 Vgl. Günthner (1993) und Günthner/Luckmann (2001; 2002) zur Kulturspezifik kommunikativer Gattungen.
13 Hierzu Kotthoff (1993; 2002).

sche Konventionen und verschiedene situative Ausprägungen scheinbar gleicher Gattungen vor: So berichten Scollon/ Scollon (1981: 180ff.), dass die Landesgerichte in Alaska für bestimmte Vergehen – bei gleicher Schwere des Vergehens und der Vorstrafen – längere Gefängnisstrafen über Angehörige der einheimischen alaskischen Bevölkerung als über Weiße verhängen. Eine Analyse der den Verurteilungen vorangehenden Berichte verdeutlichte kulturell unterschiedliche Realisierungsformen der kommunikativen Gattung der Verhöre vor Gericht: So wurde die Abwesenheit von Zukunftsplänen seitens der Angehörigen der einheimischen alaskischen Bevölkerung bei den Verhören negativ vermerkt. Die weißen Amerikaner hingegen betonten bei den Verhören regelmäßig ihre Absichten, in einen Beruf (bzw. in eine Ausbildung oder Schule) zurückzukehren, sowie ihren Wunsch sich zu bessern. Dieser von Seiten weißer AmerikanerInnen erwartbare Bestandteil der kommunikativen Gattung der gerichtlichen Verhöre, nämlich ‚gute Absichten‘ zu verkünden, hat – so Scollon/Scollon (1981) – einen Einfluss auf die Beurteilung bzw. Verurteilung der Angeklagten durch die weiße amerikanische Rechtsprechung.

Das Konzept der „kommunikativen Gattungen" liefert also ein zentrales analytisches Werkzeug für Untersuchungen von Sprache in der „kommunikativen Praxis", da es – aufgrund seiner anthropologischen und wissenssoziologischen Fundierung – grammatische, prosodische, rhetorisch-stilistische und interaktive Verfahren mit sozialen und kulturellen Phänomenen wie auch mit Theorien kommunikativen Handelns verknüpft.

4 Indexikalische Zeichen

Bei der Vermittlung und Interpretation sprachlicher Bedeutung in der kommunikativen Praxis spielen neben referentiell-denotativen Zeichen, die primär über das *Was* kommunizieren, auch indexikalische Zeichen[14] eine zentrale Rolle: Letztere, zu denen u.a. prosodische Mittel, Aspekte der Stimmqualität, Codeswitching-Verfahren, stilistische Varietäten etc. gehören, legen mit dem *Wie* des Äußerungsvollzugs zugleich den betreffenden Rahmen nahe, in dem bestimmte Inferenzen gezogen werden.[15]

---

14 Indexikalität wird hier im weiteren Peirce'schen Sinne verstanden als die Beziehung zwischen Interpretierenden, Zeichen und dem Kontext der Interpretation (hierzu Gumperz/Levinson 1996: 9).
15 Siehe hierzu Gumperz (1996: 356ff.) und Gumperz/Levinson (1996: 9).

So wird beispielsweise im folgenden Transkriptausschnitt, der einem Familientischgespräch entstammt, Codeswitching in die Standardvarietät zur Stilisierung der zitierten Figur des Hausarztes eingesetzt. Hedda, Sara und Ulla unterhalten sich in ihrem lokalen Dialekt über die Arroganz von Ärzten. Zur Illustration dieser negativen Bewertung rekonstruiert Hedda die Reaktion ihres Hausarztes auf den Röntgenbefund ihres an Lungenkrebs erkrankten Mannes:

```
LUNGENKREBS
33  Hedda:  i han dortmols no: (.) zum doktor hartmann↑↓ gsa:(0.8)
34          i TRAU net. ob des net LUNGEkrebs isch.
35          no¹⁶ hot der glei gsa
36          <<spitz, maniert ↑↑> ACH. DAS könnt auch was
            ANDERS SEIN.>
37  Sara:   hat der gsagt↑↓.
38  Hedda:  und der hats aber GWIssT.
40  Ulla:   haja. FREILE.¹⁷=
```

Während Hedda in der Dialogrekonstruktion ihre eigene Äußerung (Z. 34) im Dialekt – und damit in der Varietät, die sie selbst und auch ihre KommunikationspartnerInnen in der Erzählwelt verwenden – wiedergibt, rekonstruiert sie die barsche Reaktion des Arztes Doktor Hartmann (Z. 36) in der Standardsprache: „<<spitz, maniert ↑↑> *ACH. DAS könnt auch was ANDERS SEIN.>*". Mit dem Codeswitching ins Standarddeutsche sowie dem Einsatz weiterer indexikalischer Zeichen wie dem hohen Tonhöhenregister und der manierierten Stimme kontextualisiert Hedda ihre Einstellung zur rekonstruierten Rede des Arztes. Der Arzt, dessen Stimme mit dem Dialekt der Interagierenden kontrastiert, wird nicht nur als Außenseiter, sondern zugleich als überheblich porträtiert.[18]

Indexikalische Zeichen kommunizieren Bedeutung also nicht direkt, sondern beeinflussen die Interpretation kommunikativer Äußerungen. Auch wenn indexikalische Zeichen keine inhärente, kontextlosgelöste Bedeutung haben (im Sinne von ‚hohes Tonhöhenregister bedeutet Distanz' oder ‚Codeswitching ins Standarddeutsche markiert Arroganz'), so haben sie aber bei der Bedeutungskonstitution keineswegs nur eine randständige Rolle inne. Aufgrund ihrer inhärenten Vagheit kookkurrieren meist mehrere gleichlaufende Kontextualisierungshinweise, die auf verschiedenen Ebenen angesiedelt sind, wie im Beispiel LUNGENKREBS, wo neben dem Codeswitching ins Standarddeutsche zugleich ein Wechsel in ein hohes Tonhöhenregister sowie eine manierierte

---

16 „No" ist eine dialektale (schwäbische) Variante von „dann".
17 „FREILE" ist eine dialektale Variante von „freilich" („selbstverständlich").
18 Vgl. Auer (1990: 204ff) und Kallmeyer/Keim (1994) zu Codeswitching in Zitaten.

Stimme verwendet werden. Auf diese Weise entsteht eine für die Interpretation hilfreiche Redundanz der Kodierung, die in Zusammenhang mit der situativ-kontextuellen Einbettung der betreffenden Zeichen bestimmte Inferenzen nahe-legt und andere ausschließt. Je mehr Indikatoren kookkurrieren, desto eindeu-tiger wird in der Regel die Rahmung und desto schwieriger ist es, diese Rah-mung im Nachhinein zu löschen bzw. sie zurückzunehmen (Silverstein 1992).

Indexikalität gilt zwar als universelles Merkmal menschlichen Sprechens, doch werden indexikalische Zeichen kulturspezifisch unterschiedlich struktu-riert und interpretiert. Wenn beispielsweise im Alemannischen das Zusammen-treffen einer ‚warum'-Äußerung mit bestimmten prosodischen Merkmalen (wie fallende letzte Tonhöhenbewegung, prosodisch markierte Akzente, enger Fokus oder Verum-Fokus, lokale oder globale Lautstärkenerhöhung, Vokaldehnung in der akzentuierten Silbe etc.) die Inferenz einer ‚vorwurfsvollen Stimme' auslö-sen kann,[19] so kann diese Interpretation keineswegs varietätenübergreifend festgeschrieben werden: Was für alemannische Ohren ‚vorwurfsvoll' klingt, mag für Hamburger oder gar Schanghaier Ohren keineswegs so klingen (und umgekehrt).

All dies weist darauf hin, dass die Linguistik sich nicht auf repräsentative Funktionen von Sprache beschränken kann, sondern (im Sinne von Bühler und Peirce) indexikalische Elemente und damit neben dem „*Was* des Gesagten" auch das „*Wie* des Gesagten" mit in die Beschäftigung mit Sprache einzubezie-hen hat.[20]

5 Dialogizität und Prozesshaftigkeit von Sprache

> Die Gemeinsamkeit der Voraussetzungen, im Verein mit der Einwirkung, die der Redner durch den Angeredeten erfährt, bedingt es, daß die Rede in hohem Maße als das Ergebnis *zweier* Größen erscheint: nicht lediglich aus dem Haupte des Redenden entsprungen, sondern gemeinsames Erzeugnis des Sprechers *und* des Hörers. (Behaghel 1927: 15)

Wenn wir das tatsächliche Auftreten von Sprache in der Kommunikation analy-sieren wollen, so heißt dies auch, dass wir der Dialogizität und Prozesshaf-tigkeit von Sprache in Kommunikationssituationen Rechnung tragen müssen.[21]

---

19 Hierzu Günthner (1996).
20 Hierzu auch Auer (1999).
21 Zum Dialogismus siehe Linell (1998).

Wir haben es bei der kommunikativen Verwendung von Sprache mit Handlungen zu tun, die sich am Gegenüber orientieren – selbst wenn das Gegenüber zeitlich oder/und räumlich abwesend ist, wie beispielsweise bei der Kommunikation auf Anrufbeantwortern, beim Chatten oder bei der SMS-Kommunikation. So veranschaulichen Goodwins (1981, 1995) Analysen zur Konstruktion von ‚Sätzen', dass an der Produktion der sprachlichen Einheit ‚Satz' nicht nur der Sprecher beteiligt ist, der den ‚Satz' für bestimmte RezipientInnen konstruiert, sondern auch die RezipientInnen, die durch Blickkontakt, Hörersignale etc. aktiv an der Konstitution des ‚Satzes' beitragen. ‚Sätze' können auch kollaborativ von den GesprächsteilnehmerInnen produziert werden; d.h. die Syntax ‚verteilt' sich dann auf Redebeiträge mehrerer Interagierenden, wie wir im folgenden Ausschnitt beobachten können, wo die Konzessivkonstruktion („da reagiert man dann schon ziemlich heftig und wird sauer, obwohl man es weiß") gemeinsam von zwei Sprechern produziert wird:

```
INTERKULTURELLE PROBLEME
33  Leo:    da reagiert man dann schon zie:mlich HEFTIG.
34         und wird echt SAUER.
35  Paul:   (mhm)
36  Anna:   obwohl mans WEIß.
37  Leo:    ja=ja. obWOHL mans weiß. (.) und schon drüber glesen hat.
```

Auch bei sogenannten ‚Rechtsversetzungen' (der Begriff veranschaulicht wiederum die Orientierung linguistischer Kategorien an der geschriebenen Sprache), wie:

```
WG-Gespräch
31  A:  mit dem zeitabo hat er behauptet,
32      ich wollte das ALLEIN bezahlen,
33      das ABO.
```

wird die Herleitung dieser syntaktischen Konstruktion aus der Dialogizität der Kommunikationssituation deutlich. Sprechende übermitteln den RezipientInnen hierbei u.a. „nachgeholte" Informationen (Auer 1991: 155; Schwitalla 2001: 899). Expansionen, wie Rechtsversetzungen, eröffnen den Interagierenden die Möglichkeit der ständigen Rückkoppelung und bilden ein optimales Verfahren, „um den Abgleich zwischen sprecherseitig präsupponiertem und tatsächlichem Rezipientenwissen zu optimieren" (Auer 1991: 155).

Linguistische Konstruktionen und Kategorien sind also keineswegs nur als Produkte der Kompetenz eines einzelnen Sprechers zu betrachten, sondern als dialogisch ausgerichtete Errungenschaften, die beim Vollzug von Sprechhandlungen und Aktivitäten während der Interaktion in Erscheinung treten (Selting/Couper-Kuhlen 2001).

Eng verwoben mit der Dialogizität von Sprache ist der Aspekt der Zeitlichkeit und damit die „on line-Emergenz" (Auer 2000) mündlicher Sprache. Wie Auer (2000) verdeutlicht, können Aspekte der Zeitlichkeit mündlicher Sprache aus folgenden drei Blickwinkeln betrachtet werden: der Flüchtigkeit mündlicher Sprache, der Irreversibilität des Gesagten („was gesagt ist, ist gesagt") und der Synchronisierung zwischen Sprecher und Hörer und den damit verbundenen Aspekten der Rückkoppelung (siehe oben). Die Dialogizität und Prozesshaftigkeit mündlicher Sprache ernst zu nehmen, heißt also, syntaktische Konstruktionen nicht aus der Vogelperspektive des Analytikers, also als statisches, fertiges Produkt zu betrachten, sondern aus dem Blickwinkel der echtzeitlichen Emergenz und dadurch als zeitlich fortlaufende, sequentiell organisierte und kollaborativ erzeugte Verfahren.

6 Ambiguitäten, Vagheiten und Polyfunktionalitäten

Vagheiten, Ambiguitäten und Polyfunktionalitäten sind in der alltäglichen Kommunikation nicht etwa als (bloße) ‚Störfaktoren' bzw. als ‚Performanzprobleme' zu betrachten, sondern als interaktive Ressourcen, die Interagierende verwenden, um bestimmte kommunikative Ziele zu erreichen.[22] KommunikationsteilnehmerInnen sind keineswegs immer bestrebt, ihre Äußerungen eindeutig zu markieren. Gerade bei gesichtsbedrohenden Äußerungen beuten Sprechende Formen kommunikativer Vagheiten und Unbestimmtheiten aus, indem sie beispielsweise auf rein implizite Rahmungsverfahren (z. B. prosodische Verfahren, Codeswitching) zurückgreifen, oder aber indem sie verschiedene Kontextualisierungshinweise verwenden, die unterschiedliche Rahmen aktivieren bzw. eine der referentiellen Bedeutung konträre Rahmung suggerieren, so dass kein definitiver Interpretationsrahmen sicher und ausschließlich nahegelegt wird (Günthner 2000). Dieser Aspekt von Ambiguität als Interaktionsressource kommt beispielsweise bei Frotzeleien zum Ausdruck. Hier wird eine Kritik am Gegenüber durch die spielerisch-spaßhafte Interaktionsmodalität konterkariert, so dass diese sich einer rein ernsten Interpretation sperrt. Frotzeleien haben somit Ähnlichkeiten mit dem von Freud (1940/92) beschriebenen

---

22 Hierzu ausführlicher Günthner (2000). Siehe auch Nerlich/Clarke (2001).

„aggressiven Witz", diesem „doppelzüngigen Schelm, der gleichzeitig zwei Herren dient": Sie gestatten uns, Kritik am Gegenüber zu äußern und zugleich – durch die Spiel- und Spaßmodalität – „die Lacher auf unsere Seite" zu ziehen. Auffallend ist, dass SprecherInnen mit der frotzelnden Bemerkung häufig ihre Stimme verändern (z.b. ein extrem hohes Tonhöhenregister wählen, eine Kinderstimme imitieren etc.), in eine andere sprachliche Varietät (z.b. in eine breitere Dialektvariante) wechseln, witzige, überzogene Formulierungen wählen oder punktuelle Fiktionalisierungen einsetzen.

Im folgenden Gesprächsausschnitt, der einem Abendessengespräch unter FreundInnen entstammt, frotzelt Ira über Bert. Auslöser für Iras Frotzeln ist der von Bert an Eva gerichtete Vorwurf, sie steigere sich zu sehr in ihre Schlafstörungen hinein und rede über nichts anderes mehr:

```
SCHLAFSTÖRUNGEN
1  Bert:  du ↑STEIGERST dich aber auch TOTAL REIN.
2         <<p> und redest von NIX anderm mehr.>
3  Ira:   kann man gut s- sa((hi))gen
4         wenn man selbst ((hi)) KEINE schlafpr- STÖRUNGEN hat.
5  Bert:  naja. aber [die Eva ]
6  Ira:              [der hihi] ist hi <<↑DERART ↑U:Nsensible.>
          <<↑> dass'de-dass bei DEM man- kann man nachts auf
          SEIM ↑KOPF↑DISKO tanzn,>
8         <<↑> und er=würd=friedlich=weiterschlummern.>
9  Eva:   hihihi[hihihi]
10 Ira:         [hihihi]
11 Bert:  also ECHT. du hast vielleicht ne ↑FRECHE KLAPPE.
12        U::NVERSCHÄMT.
13  I&E:  hahahahahahaha
```

Mit Iras Frotzelei in Zeile 3ff. wird Bert, der gerade zuvor Eva aufgrund ihrer Thematisierung von Schlafstörungen kritisiert hat, als Frotzelobjekt vorgeführt. Ira unterbricht in Zeile 6 seine Rechtfertigung und steigert die Frotzelei. Sowohl die Kicherpartikeln, die auffallend hohe globale Tonhöhe (markiert durch „<<↑>") als auch die hyperbolische Übersteigerung des Vergleichs kontextualisieren die Spielmodalität dieser Zuordnung. Dennoch bleibt die Doppelbödigkeit der Frotzelei erhalten: Einerseits ,entlarvt' Ira Bert als jemanden, der unsensibel ist und Evas Probleme nicht ernst nimmt (dadurch erhält das Frotzeln den Charakter eines kaschierten Vorwurfs), und andererseits zieht Ira zugleich ihre Kritik an Berts Verhalten mit der witzigen Bemerkung und hyperbolischen Übertreibung „bei DEM man- kann man nachts auf SEIM ↑KOPF↑DISKO tanzn, und er=würd=friedlich=weiterschlummern" ins Spielerische.

Diese dem Frotzeln inhärente Mehrstimmigkeit bzw. Doppelbödigkeit lässt den Frotzelnden die Möglichkeit, sich von der inhaltlichen Ebene zu distanzieren, indem sie sich auf die Spaßmodalität – im Sinne von ‚war doch nur Spaß‘ etc. – zurückziehen können. Aber auch den RezipientInnen bleibt aufgrund der inhärenten Vagheit die Option, die Kritik auszublenden und auf der spaßhaften Ebene weiterzublödeln. Die interpretative Offenheit dieser kommunikativen Gattung erlaubt es somit den Interagierenden, eine gewisse Pufferzone auszuhandeln, in der das Verhalten des Gegenüber zwar kritisiert doch die Kritik gleichzeitig durch die Spielmodalität zurückgenommen wird (Günthner 2000: 155ff.).[23]

7 Grammatik in der kommunikativen Praxis

Auch bei der Analyse grammatischer Strukturen gilt es, deren Verwendungsweisen und Funktionen nicht aus ihrer ‚natürlichen‘ Umgebung herauszuschälen und in dekontextualisierter Form zu studieren, sondern diese in der ‚kommunikativen Praxis‘ der betreffenden Interaktionssituation zu untersuchen. Aspekte grammatischer Strukturen und Strukturbildungen sind (wie bereits ausgeführt) eng mit Faktoren des Sprachgebrauchs verwoben, wie beispielsweise mit der gattungsbezogenen Einbettung, der sequenziellen Anordnung, dem dialogischen Charakter und der „on line-Emergenz" (Auer 2000) mündlicher Sprache inklusiver kognitiver Aspekte, Gedächtnisleistung der Interagierenden etc. So ist beispielsweise die Unterscheidung zwischen Verb und Präposition im Chinesischen keine intrinsische, sondern sie ist abhängig von der Organisation der Informationen im Diskurs (Li/Thompson 1974; 1975). Aber auch neuere Arbeiten der Interaktionalen Linguistik verdeutlichen, dass grammatische Strukturen und der kommunikative Gebrauch von Sprache eng verwoben sind (Selting/Couper-Kuhlen 2001).[24] Beispielsweise ist die scheinbar ‚ungrammatische‘ Verwendung der Verbzweitstellung in ‚obwohl‘-Konstruktionen an die kommunikative Funktion der Korrektur bzw. des Per-

---

23 Vgl. auch Kotthoffs (1998) Analysen zu konversationellem Humor, die ebenfalls verdeutlichen, dass Interagierende Ambiguitäten, Polysemien und Inkongruenzen zwischen mehreren Bedeutungen geradezu ausbeuten, um witzige, humorvolle Effekte zu erzielen.
24 Gerade neuere Arbeiten der Grammatikalisierungsforschung zeigen, dass man das Sprachsystem nicht einfach als gegeben betrachten kann, sondern es durch sprachliche Aktivitäten hergestellt wird (Lehmann 1985; Haspelmath 2002). Vgl. auch Ford et al. (2001), die vom „grammaticization"-Prozess sprechen, d.h. davon, dass sprachliche Strukturen durch den alltäglichen Sprachgebrauch geformt werden.

spektivenwechsels im Diskurs geknüpft. Im folgenden Ausschnitt fragt Willi seine Frau (Nora), ob sie noch ein weiteres Kissen benötigt:

```
WEIHNACHTSESSEN
33  Willi:   brauchst du noch en KISSEN?
34  Nora:    hm. ne. das reicht.
35           (0.5)
36  Nora:    obWOHL (.) des isch DOCH unbequem.
37  Willi:   ((wirft ihr ein Kissen zu))
```

Nach Noras Ablehnung eines weiteren Kissens (Z. 34) tritt eine Pause von 0.5 Sekunden ein. Kurz danach revidiert sie mittels der durch ‚obwohl' eingeleiteten Äußerung ihre vorausgehende Sprechhandlung (Ablehnung eines Kissens). Die ‚obwohl'-Konstruktion zeigt hier Verbzweitstellung. Diese syntaktische Nicht-Integration geht mit der prosodischen Unabhängigkeit der beiden Syntagmen einher: Beide Äußerungen tragen eine fallende Tonhöhenbewegung, die jeweils das Ende eines Redezugs markiert. Auch die Pause zwischen den beiden Redezügen indiziert, dass die dem ‚obwohl' vorausgehende Äußerung als abgeschlossen präsentiert wird. Eine syntaktische Integration würde eine andere – nämlich eine konzessive – Lesart implizieren: ‚das reicht, obwohl es unbequem ist'. Doch im vorliegenden Fall kommuniziert die Sprecherin zunächst einmal, dass sie kein weiteres Kissen benötigt. Dann realisiert sie, dass sie doch unbequem sitzt und korrigiert ihre vorausgegangene Sprechhandlung.

Sprachliche Strukturen fungieren also als Ressourcen für die Konstruktion von kommunikativen Aktivitäten, zugleich bilden sich grammatische Strukturen aus kommunikativen Praktiken heraus und werden zunehmend konventionalisiert und sedimentiert (Emergenzaspekt grammatischer Strukturen):[25] „Grammars shape discourse, and discourse, in turn, shapes grammars" (Lichtenberk 1991: 476).[26]

Die Begriffe ‚Grammatik' und ‚Kommunikation' sind somit nicht mehr länger als unverbundene Forschungsaufgaben geradezu entgegengesetzter linguistischer Traditionen zu betrachten, sondern grammatische Strukturen erweisen sich als eng mit den Anforderungen der interaktiv-dialogischen Aushandlung kommunikativer Aktivitäten verbunden.

---

25 Hierzu auch Hopper (1992).
26 Siehe auch DuBois (1985) sowie Ford/Fox/Thompson (2001).

8 Schlussfolgerung

Mit ihrem Ziel, linguistische Analysen „der lebendigen Praxis der sozialen Kommunikation" (Vološinov 1929/75) durchzuführen, ist die anthropologische Linguistik bestrebt, das „linguistische Denken" wieder stärker in der „lebendigen Rede der sprachlichen Kommunikation" zu verankern und dabei eine Verbindung herzustellen zwischen zwei in der Sprachwissenschaft noch immer als getrennt betrachteten Bereichen: dem der sprachlichen (grammatischen, semantischen, prosodischen) Strukturen und dem der alltäglichen, soziokulturell verankerten Kommunikation.[27] Sprache wird also in ihrer kontextbezogenen, lebensweltlich verankerten und dialogischen Verwendung betrachtet und nicht etwa aus allen kommunikativen, funktionalen, medialen und soziokulturellen Vernetzungen herausgelöst. Dies sollte aber weder bedeuten, dass biologische und kognitive Faktoren von Sprache ignoriert werden, noch dass eine anthropologische Linguistik den Kontakt zur theoretischen Sprachwissenschaft verliert. So veranschaulichen u.a. Foleys (1997) Arbeiten, dass anthropologische Fragen zur Sprache, zur sprachlichen Praxis und soziokulturellen Einbettung kommunikativer Vorgänge eng mit Fragen nach möglichen anthropologischen Konstanten, Universalien und allgemeinen Faktoren menschlicher Kognition verwoben sind.

Wie Peter Hartmann (1965: 111) bereits vor 25 Jahren in seinen Ausführungen „zur anthropologischen Fundierung der Sprache" betont hat, hat die Linguistik einen interessanten Beitrag zu leisten bei der Untersuchung „der Rolle von Sprache im Rahmen und als Konstitutivum für menschliche Lebensformen".

Dieser Aufgabe muss sie sich allerdings konsequenter stellen.

9 Literatur

Auer, Peter (1990): Zur Phonologie der Alltagssprache. Berlin: de Gruyter.
Auer, Peter (1991): Vom Ende deutscher Sätze. In: Zeitschrift für germanistische Linguistik 19, 41–59.
Auer, Peter (1993). Über ----->. In: Lili – Zeitschrift für Literaturwissenschaft und Linguistik 90/91, 104–138.
Auer, Peter (1999): Sprachliche Interaktion. Eine Einführung anhand von 22 Klassikern. Tübingen: Niemeyer.
Auer, Peter (2000): On line-Syntax. In: *Sprache und Literatur*, 85 (31), 43–56.

---

27 Hierzu auch Feilke (1996:33) sowie Günthner (2000).

Auer, Peter/Luzio, Aldo di (1992) (eds.): *The Contextualization of Language*. Amsterdam: Benjamins.

Bachtin (Bakhtin), Mikhail M. (1986): The Problem of Speech Genres". In: Mikhail Bachtin (ed. by C. Emerson and M. Holquist): Speech genres and Other Late Essays. Austin: University of Texas Press, 60–102.

Behaghel, Otto (1927): Geschriebenes Deutsch und gesprochenes Deutsch. In: Otto Behaghel (Hrsg.): Von deutscher Sprache. Wiesbaden: Dr. Martin Sandig, 11–34.

Bergmann, Jörg (1985). Flüchtigkeit und methodische Fixierung sozialer Wirklichkeit: Aufzeichnungen als Daten der interpretativen Soziologie. In: W. Bonß und H. Hartmann (Hrsg.): Entzauberte Wissenschaft: Zur Relativität und Geltung soziologischer Forschung. Göttingen: Otto Schwartz, 299–320.

Bergmann, Jörg (1987): Klatsch. Zur Sozialform der diskreten Indiskretion. Berlin: de Gruyter.

Di Luzio, Aldo / Günthner, Susanne / Orletti, Franca (2001) (eds.): Culture in Communication. Analyses of Intercultural Situations. Amsterdam: Benjamins.

DuBois, John W. (1985): Competing motivations. In: John Haiman (ed.): Iconicity in Syntax. Amsterdam: Benjamins, 343–365.

Duranti, Alessandro (1997): Linguistic anthropology. Cambridge: Cambridge University Press.

Duranti, Alessandro (2001): Key Terms in Language and Culture. Amsterdam: Benjamins.

Ehlich, Konrad (1988): Medium Sprache. In: GAL-Bulletin 34, 9–21.

Foley, William A. (1997): Anthropological Linguistics. An Introduction. Malden / Oxford: Blackwell.

Ford, Cecilia E. / Fox, Barbara A. / Thompson, Sandra A. (2001): Social Interaction and Grammar. In: Michael Tomasello: The New Psychology of Language: Cognitive and Functional Approaches to Language Structure, Vol. 2. Mahwah, N.J.: Erlbaum, 204 – 221.

Freud, Sigmund (1940/1992): Der Witz und seine Beziehung zum Unbewußten. Frankfurt a.M.: Fischer.

Goodwin, Charles (1981): Conversational organization: Interaction between speakers and hearers. New York: Academic Press.

Goodwin, Charles (1995): Sentence Construction Within Interaction. In: Uta Quasthoff (ed.): Aspects of Oral Communication. Berlin: de Gruyter, 198–219.

Grewendorf, Günther (1993): Der Sprache auf der Spur: Anmerkungen zu einer Linguistik nach Jäger Art. In: Zeitschrift für Sprachwissenschaft 12/1, 113–132.

Gumperz, John J. (1982): Discourse strategies. Cambridge: Cambridge University Press.

Gumperz, John J. (1996): The linguistic and cultural relativity of inference. In: John J. Gumperz and Stephen C. Levinson (eds.): Rethinking linguistic relativity. Cambridge: Cambridge University Press, 374–406.

Gumperz, John J. / Levinson, Stephen, C. (1996): Rethinking linguistic relativity. Cambridge: Cambridge University Press.

Günthner, Susanne (1993): Diskursstrategien in der Interkulturellen Kommunikation. Analysen deutsch-chinesischer Gespräche. Tübingen: Max Niemeyer Verlag.

Günthner, Susanne (1995): Gattungen in der sozialen Praxis. In: Deutsche Sprache 3, 193–217.

Günthner, Susanne (1996): The prosodic contextualization of moral work: An analysis of reproaches in „why" formats. In: Elizabeth Couper-Kuhlen and Margret Selting (eds.): Prosody in conversation: Interactional studies. Cambridge: University Press, 271–302.

Günthner, Susanne (2000): Vorwurfsaktivitäten in der Alltagsinteraktion. Grammatische, prosodische, rhetorisch-stilistische und interaktive Verfahren bei der Konstitution kommunikativer Muster und Gattungen. Tübingen: Niemeyer.

Günthner, Susanne / Knoblauch, Hubert (1994): 'Forms are the Food of Faith'. Gattungen als Muster kommunikativen Handelns. In: Kölner Zeitschrift für Soziologie und Sozialpsychologie 4, 693–723.

Günthner, Susanne / Knoblauch, Hubert (1995): Culturally Patterned Speaking Practices – The Analysis of Communicative Genres. In: Pragmatics 5/1, 1–32.

Günthner, Susanne / Luckmann, Thomas (2001): Asymmetries of Knowledge in Intercultural Communication: The Relevance of Cultural Repertoires of Communicative Genres. In: Aldo Di Luzio / Susanne Günthner / Franca Orletti (eds.): Culture in Communication: Analyses of Intercultural Situations. Amsterdam/Philadelphia: Benjamins, 55–86.

Günthner, Susanne / Luckmann, Thomas (2002): Wissensasymmetrien in der interkulturellen Kommunikation. In: Helga Kotthoff (Hrsg.): Kultur(en) im Gespräch. Tübingen: Narr, 213–244.

Hanks, William F. (1996): Language and Communicative Practices. Boulder: Westview Press.

Hartmann, Peter (1965): Zur anthropologischen Fundierung der Sprache. In: Symbolae Linguisticae in honorem G. Kurylowicz. Warschau, 110–119.

Hopper, Paul (1992): Emergence of Grammar. In: William Bright (Hrsg.): International Encyclopedia of Linguistics. Vol. I. Oxford: Oxford University Press, 364–367.

Humboldt, Wilhelm von (1963): Schriften zur Sprachphilosophie. Band III. Darmstadt: Wissenschaftliche Buchgemeinschaft.

Jacobson, Roman (1960): Closing statement: Linguistics and poetics. In: Thomas A. Sebeok (ed.): Style in Language. Cambridge MA: MIT Press, 350–377.

Jäger, Ludwig (1993): Sprache oder Kommunikation? Zur neuerlichen Debatte über das Erkenntnisobjekt der Sprachwissenschaft. In: Hans-Jürgen Heringer und Georg Stötzel (Hrsg.): Sprachgeschichte und Sprachkritik. Berlin/New York: de Gruyter, 11–33.

Kallmeyer, Werner / Keim, Inken (1994): Phonologische Variation als Mittel der Symbolisierung sozialer Identität in der Filsbachwelt. In: Werner Kallmeyer (Hrsg.): Kommunikation in der Stadt. Berlin: de Gruyter, 142–237.

Knoblauch, Hubert (1995): Kommunikationskultur: Die kommunikative Konstruktion kultureller Kontexte. Berlin: de Gruyter.

Kotthoff, Helga (1993): Weibliche Lamento-Kunst in Ostgeorgien. In: Georgica. Zeitschrift für Kultur, Sprache und Geschichte Georgiens und Kaukasiens 3, 96–108.

Kotthoff, Helga (1998): Spaß Verstehen. Zur Pragmatik von konversationellem Humor. Tübingen: Niemeyer.

Kotthoff, Helga (2002): Dein Leid mir. Über die Kommunikation von Gefühlen in georgischen Trauerritualen. In: Helga Kotthoff (Hrsg.): Kultur(en) im Gespräch. Tübingen: Narr, 99–151.

Kotthoff, Helga (2002) (Hrsg.): Kultur(en) im Gespräch. Tübingen: Narr.

Krämer, Sybille (2001): Sprache, Sprechakt, Kommunikation. Sprachtheoretische Positionen des 20. Jahrhunderts. Frankfurt/Main: Suhrkamp.

Lehmann, Christian (1985): Grammaticalization: Synchronic variation and diachronic change. In: Lingua e stile 20, 303–318.

Li, Charles / Thompson, Sandra (1974): A linguistic discussion of the 'co-verb' in Chinese grammar. In: Journal of the Chinese Language Teachers Association 9, 109–119.

Li, Charles /Thompson, Sandra (1975): The Semantic Function of Word Order; a Case Study in Mandarin. In: Charles Li (Hrsg.): Word Order and Word Order Changes. Austin: University of Texas Press, 163–195.

Lichtenberk, Frantisek (1991): Semantic Change and Heterosemy in Crammaticalization. In: Language 67, 475–509.

Linell, Per (1998): Approaching Dialogue: Talk, interaction and contexts in dialogical perspectives. Amsterdam: Benjamins.

Luckmann, Thomas (1986): Grundformen der gesellschaftlichen Vermittlung des Wissens: Kommunikative Gattungen. In: Kölner Zeitschrift für Soziologie und Sozialpsychologie, Sonderheft 27, 191–211.

Luckmann, Thomas (1988): Kommunikative Gattungen im kommunikativen Haushalt einer Gesellschaft. In: Gisela Smolka-Koerdt, Peter M. Spangenberg, Dagmar Tillmann-Bartylla (Hrsg.): Der Ursprung der Literatur. München: Fink, 279–288.

Nerlich, Brigitte / Clarke, David D. (2001): Ambiguities we live by: Towards a pragmatics of polysemy. In: Journal of Pragmatics, 33, 1–20.

Ortner, Hanspeter / Sitta, Horst (2003): Was ist der Gegenstand der Sprachwissenschaft. In: Linke, Angelika/Ortner, Hanspeter/Portmann-Tselikas, Paul R. (Hg.): Sprache und mehr. Berlin: Niemeyer, 3–66.

Scheutz, Hannes (1992): Apokoinukonstruktionen. Gegenwartssprachliche Erscheinungsformen und Aspekte ihrer historischen Entwicklung. In: A. Weiss (Hrsg.): Dialekte im Wandel. Göppingen: Kümmerle, 242–264.

Schlobinski, Peter (1997). Zur Analyse syntaktischer Strukturen in der gesprochenen Sprache. In: Peter Schlobinski (Hrsg.): Syntax des gesprochenen Deutsch. Opladen: Westdeutscher Verlag, 9–26.

Schütz, Alfred (1932/81): Der sinnhafte Aufbau der sozialen Welt. Frankfurt: Suhrkamp.

Schütz, Alfred / Luckmann, Thomas (1979): Strukturen der Lebenswelt. Band 1. Frankfurt: Suhrkamp.

Schwitalla, Johannes (2001): Gesprochene-Sprache-Forschung und ihre Entwicklung zu einer Gesprächsanalyse. In: Klaus Brinker, Gerd Antos, Wolfgang Heinemann, Svend Sager (Hrsg.): Text- und Gesprächslinguistik. Berlin: de Gruyter, 896–904.

Scollon, Ron / Scollon, Suzanne B.K. (1981): Narrative, Literacy and Face in Interethnic Communication. Norwood, NJ: Ablex.

Selting, Margret / Couper-Kuhlen, Elizabeth (2001): Forschungsprogramm ‚Interaktionale Linguistik'. In: Linguistische Berichte 187, 257–287.

Silverstein, Michael (1992): The Indeterminacy of Contextualization: When is Enough Enough? In: Peter Auer and Aldo Di Luzio (eds.): The Contextualization of Language. Amsterdam: Benjamins, 55–76.

Silverstein, Michael (1993): Metapragmatic discourse and metapragmatic function. In: John Lucy (ed.): Reflexive Language: Reported Speech and Metapragmatics. Cambridge: Cambridge University Press, 33–58.

Silverstein, Michael / Urban, Greg (1996): The Natural History of Discourse. In: Michael Silverstein and Greg Urban (eds.): Natural Histories of Discourse. Chicago: University of Chicago Press, 1–20.

Soeffner, H.-G. (1989). Auslegung des Alltags – Der Alltag der Auslegung. Frankfurt a. M.: Suhrkamp.

Vološinov, Valentin (1929/75): Marxismus und Sprachphilosophie. Frankfurt: Ullstein

Susanne Günthner

Von Konstruktionen zu kommunikativen Gattungen:

Die Relevanz sedimentierter Muster für die Ausführung kommunikativer Aufgaben[1]

1 Einleitung

Wie Arbeiten zur kommunikativen Praxis verdeutlichen, orientieren sich Interagierende bei der Durchführung sprachlicher (mündlicher wie schriftlicher) Handlungen immer wieder an vorgeformten Mustern – nicht nur im Bereich der Phraseologie.[2] Auch Studien zur Syntax gesprochener Sprache belegen, dass SprecherInnen über relativ detaillierte, oberflächennahe und redundante „constructional schemata" (Ono/Thompson 1995), „pre-fabricated parts" (Hopper 1987), „pre-packed units" (Langacker 1999), bzw. „constructions" (Fillmore/Kay/O'Connor 1988; Goldberg 1995; Michaelis/Lambrecht 1996; Croft 2001) verfügen, die interaktionale Ressourcen zur Bewältigung kommunikativer Aufgaben darstellen.[3] Aufgrund ihrer gestalthaften Qualität bauen diese syntaktischen Konstruktionen Projektionen hinsichtlich des Formulierungsprozesses auf, machen somit bestimmte Handlungen erwartbar und ermöglichen darüber hinaus strukturelle Vervollständigungen durch den Gesprächspartner (Ono/Thompson 1995; Auer 2005a, b; Günthner i.Dr. b; Deppermann i. Dr.; Thompson/Couper-Kuhlen i.Dr.).

Arbeiten der wissenssoziologischen und anthropologisch-linguistischen Gattungsanalyse zeigen ebenfalls, dass sich Handelnde in informellen wie formellen, mündlichen wie schriftlichen, privaten wie institutionellen Situationen

---

1 Dieser Beitrag ist in Zusammenhang mit dem von der Verfasserin geleiteten DFG-Projekt „Grammatik in der Interaktion: Zur Realisierung fragmentarischer und komplexer Konstruktionen im gesprochenen Deutsch" entstanden. Für Kommentare danke ich Wolfgang Imo und Janet Printing sowie den anonymen GutachterInnen von DEUTSCHE SPRACHE.
2 Siehe Deppermann (i. Dr.) sowie Günthner/Imo (i. Dr.).
3 Siehe u.a. Ono/Thompson (1995), Hopper (2004), Thompson (2002), Auer (2005a, b), Günthner (2006; i. Dr. a, b), Günthner/Imo (i.Dr.), Deppermann (i.Dr.), Thompson/Couper-Kuhlen (i. Dr.).

bei der Durchführung komplexer kommunikativer Handlungen an vorgefertigten Mustern – so genannten „kommunikativen Gattungen" – orientieren.[4]

Vorgeformtheiten umfassen somit nicht nur phraseologische Ausdrücke im
engeren Sinne, sondern auch erhebliche Teile der Grammatik („constructions")
sowie ganze Diskursmuster („kommunikative Gattungen").[5]

Unterschiedliche Richtungen der Linguistik, der Kulturanthropologie und
Wissenssoziologie, die bislang nicht explizit aufeinander bezogen wurden,
argumentieren also, dass vorgeformte Muster nicht etwa als Randbereich der
Sprache zu betrachten sind, sondern einen wesentlichen Bestandteil des
Sprachgebrauchs repräsentieren. Sprachliche Produktivität ist folglich nicht auf
eine rein regelgeleitete Sprecherzeugung im Sinne der Generativen Grammatik
zu reduzieren, sondern Interagierende greifen u.a. auf memorierte Vorlagen
zurück, die sich im Verlauf einer langen Kette vergangener Interaktionssituationen verfestigt haben und als sedimentierte Muster zur Lösung bestimmter
kommunikativer Aufgaben im Wissensvorrat der Mitglieder von Sprechgemeinschaften abgespeichert sind.[6] Da sowohl die Construction Grammar als auch die
Gattungsanalyse von im Wissensvorrat gespeicherten, oberflächennahen, holistischen Mustern ausgehen, sind diese Ansätze eher geeignet, die situative Pro-
zessierbarkeit sowie Aspekte der Sedimentierung, Aktualisierung und Modifi-
zierung kommunikativer Praktiken zu beschreiben als traditionelle
Sprachtheorien kompositioneller Ausprägung.

Wie Luckmann (1992: 155f.) im Rahmen seiner wissenssoziologischen Hand-
lungstheorie ausführt, liegen die Vorteile solcher routinisierter, ja institutionali-
sierter und sozial approbierter Lösungen gesellschaftlicher Handlungsprobleme
auf der Hand:

> Der Einzelne braucht, wenn das gesellschaftliche Repertoire an Institutionen Lösungen
> nicht nur bereitstellt, sondern ihn zu deren Gebrauch verpflichtet, erstens, nicht selbst

---

4 Siehe Luckmann (1986; 1988); Bergmann (1987); Hanks (1987); Günthner/Knoblauch (1994;
1995; 1997); Keppler (1994); Knoblauch (1995); Ayaß (1997); Bergmann/Luckmann (1999 a, b);
Günthner (2000); Günthner/Luckmann (2001).
5 Hierzu auch Gülich/Krafft (1998) sowie Stein (1995). Auch Feilke (1998: 73) betont, dass die
„idiomatische Prägung" weit über den Bereich der traditionellen Phraseologie hinausreicht.
Siehe auch die Arbeiten der funktionalen Pragmatik zum Konzept der „Handlungsmuster".
Diese gelten als „gesellschaftlich produzierte und reproduzierbare Handlungsformen, [...] die
im konkreten Handeln aktualisiert und realisiert werden" und „standardisierte Mittel für die
Lösung sozial relevanter Aufgaben" darstellen (Ehlich/Rehbein 1979: 250). Siehe auch Fiehler
et al. (2004) zum Konzept der kommunikativen Praktiken.
6 Zum Sedimentierungsprozess sprachlicher Muster siehe Luckmann (1992) sowie Günth-
ner/Knoblauch (1994) und Günthner/Luckmann (2001).

nach Lösungen zu suchen. Zweitens muß er sich hinsichtlich der Lösung nicht mit anderen Handelnden erst mühsam (etwa über die Vorteile der einen gegenüber einer anderen Lösung argumentierend) abstimmen. Hinzu kommt, dass, drittens, die institutionalisierten Handlungsweisen 'überprägnant' sind, also leicht einprägsam und dadurch fast automatisch anwendbar.

Was für soziales Handeln allgemein gilt, gilt auch für sprachliches Handeln: Verfestigte Muster für spezifische kommunikative Aufgaben entlasten die Beteiligten und erleichtern die Kommunikation. Diese Entlastungsfunktion betrifft sowohl die Produktion als auch die Rezeption kommunikativer Handlungen: Die Sprecherin muss sich bestimmte Formulierungen, Abfolgen von Äußerungen und deren Anwendungsmöglichkeiten etc. nicht ständig neu ausdenken, und dem Rezipienten wird aufgrund tradierter Gestaltungsverfahren und deren konventionalisierter Verwendungsweisen der Interpretationsvorgang erleichtert. Mit der Orientierung an vorgeformten Mustern stellen Interagierende zugleich intertextuelle Verbindungen her, die über den momentanen Kontext der sprachlichen Produktion und Rezeption hinausreichen; sie schließen sich – im Sinne Bachtins (1979) – einer Tradition des Sprechens an. Neben der potentiellen Entlastungsfunktion haben verfestigte Konstruktionen und Muster noch weitere Funktionen: Sie stellen interaktive Ressourcen dar, deren Aktualisierung zugleich zur Konstitution spezifischer kommunikativer Kontexte beiträgt.

Im Folgenden sollen anhand der grammatischen Konstruktion der „Infinitkonstruktionen" und des „kommunikativen Musters"[7] der „Vorwürfe" interaktive Merkmale und kommunikative Aufgaben vorgeformter Muster aufgezeigt und Verbindungen zwischen einer interaktional ausgerichteten Construction Grammar[8] und der Gattungsanalyse hergestellt werden.

2 „Infinitkonstruktionen": „I: (.) sofOrt ankAlte;"

Innerhalb von Alltagserzählungen finden sich immer wieder grammatische Strukturen, die mit den Regeln der deutschen Standardgrammatik nur schwer zu beschreiben sind und im Sinne Fries' (1987) „randgrammatische Erscheinun-

---

7 Bei verfestigten, weniger komplexen kommunikativen Handlungen wird in der Gattungsanalyse von „kommunikativen Mustern" bzw. in Anlehnung an Hymes und Bachtin auch von „kleinen Gattungen" gesprochen. Hierzu detailliert Günthner/Knoblauch (1994; 1995).
8 Hierzu auch Günthner/Imo (i.Dr.).

gen" darstellen. Sie bilden jedoch rekurrente, konventionalisierte – ja grammatikalisierte – Ressourcen mit formalen und funktionalen Charakteristika, die von Interagierenden zur Ausführung spezifischer kommunikativer Aufgaben eingesetzt werden. Hierzu zählen Infinitkonstruktionen vom Typ „I: (.) sofOrt ankAlte;",[9] die teilweise auch als „Emphase-Satzmuster" (Sandig 2000) bezeichnet werden. Diese Konstruktionen, die eine Turnkonstruktionseinheit einnehmen, zeichnen sich u.a. dadurch aus, dass kein Finitum verbalisiert wird und sie in der Regel mit einem deiktischen bzw. anaphorischen Element (häufig einem Pronomen der 1. Person) einsetzen, das zugleich die Rolle des Ereignisträgers innehat.[10]

Im folgenden Ausschnitt berichtet Klaus von einer Panikattacke während einer Autofahrt:

```
(1) PANIK-ATTACKEN: KLAUS
145  Klaus:      da: han ich=s gmErkt-
146              wie=s kOmmt,
147              I: (.) sofOrt ankAlte;[11]
148              s=AUto parkt,
149              ond mir GSA:,
150              <<len> so:h jetztele bisch GANZ RUHig;>[12]
151              <<len> hh' GANZ RUHig.>
```

Die Äußerung „I: (.) sofOrt ankAlte;" (Z. 147) setzt mit der Nennung des Ereignisträgers (durch die Proform „I:") ein, nach einer kurzen Pause folgt schließlich die Thematisierung der die Erzählung vorantreibenden Handlung durch Nennung des Partizips („sofOrt ankAlte;").[13] Durch die Einsparung des finiten Verbs trägt die „verdichtete" Äußerung dazu bei, Spannung und Emphase zu kontextualisieren.

„Infinitkonstruktionen" bestehen aus zwei Angaben – dem Ereignisträger und dem betreffenden Ereignis (das häufig eine narrative Zuspitzung präsentiert) –, die zu einem kontextuell erschließbaren, sprachlich aber nicht realisier-

---

9 Infinitkonstruktionen zähle ich zu den „Dichten Konstruktionen". Hierzu ausführlicher Günthner (2005; im Druck c).

10 Hierzu Sandig (2000: 310ff.) sowie Günthner (2005). Siehe auch Hoffmann (2006) zu „Ellipsen im Text".

11 „ankAlte" ist dialektal (Alemannisch) für „angehalten".

12 „so:h jetztele bisch GANZ RUHig;" ist dialektal für „so jetzt bist du ganz ruhig".

13 Die Nähe zu Partizipialkonstruktionen, wie sie von Redder (2003) beschrieben werden, sind offensichtlich; allerdings weisen nicht alle Infinitkonstruktionen ein Partizip auf.

ten Finitum in Beziehung gebracht werden können.[14] Sie zeichnen sich ferner durch ein spezifisches prosodisches Design mit markiertem Rhythmus aus. Häufig weisen sie eine „dichte Akzentuierung" (Uhmann 1996) auf: Wenige Silben pro Zeiteinheit werden mit einer hohen Anzahl akzentuierter Silben kombiniert; d.h. in diesen kurzen Turnkonstruktionseinheiten (TCUs; „turn construction units") ist nahezu jede mögliche Silbe akzentuiert. Diese Kombination aus markiertem Rhythmus und dichter Akzentuierung trägt zur prosodischen Emphasemarkierung (Selting 1994; Sandig 2000; Schwitalla 2003) bei.

Im vorliegenden Gesprächsausschnitt folgen der Infinitkonstruktion weitere „subjektlose Infinitkonstruktionen": „s=AUto parkt[15], ond mir GSA:," (Z. 148-149). Ist einmal der Ereignisträger eingeführt, setzen Sprecher häufig den Erzählvorgang (wie im vorliegenden Ausschnitt) durch listenartige Aneinanderreihungen von „subjektlosen Infinitkonstruktionen" fort.[16] Diese thematisieren neu eintretende Ereignisse, die die Handlungsabfolge vorantreiben. Auf diese Weise wird die narrative Gestaltung weiter verdichtet.

Im folgenden Ausschnitt berichtet Lena von einer Panikattacke während der Fahrt durch einen Tunnel. Auch sie verwendet hierbei eine Infinitkonstruktion:

```
(2) PANIK-ATTACKEN: LENA
273 Lena:      dann oimol[17] (0.5) war de FIlip ond de JUStus
               dabei,
274            no isch de TUNNel einGWEIHT [wore,][18]
275 Anna:                                  [mhm  ]
276 Lena:      no hab i gsSAgt,
277            HU- huRRA
278            HEUT fahre mer (.) s'erschte mal
               durch de TUnnel.
279            ICH (.) KOIne fünf MEter do DRIN gwese,
280            (0.5)
281            FURCHTbar. (.)
282            VOLLbremsung GMACHT.
283            i- i w-WEISS net
284            sen[19] mir DURCHgfahre,
```

---

14 Vgl. hierzu auch Jürgens (1988: 167), der die Äußerung „Strunz in der Liberoposition" in Fußballreportagen als „Konstruktion ohne Zentralregens" beschreibt. Ries (1931: 143) beschreibt solche Strukturen als „mehrgipflige[s] Gebilde ohne engeren syntaktischen Zusammenhang der Gipfelworte". Siehe auch Sandig (2000).

15 Bei der Form „parkt" handelt es sich um die dialektale Realisierung des Partizips „geparkt".

16 Zu „subjektlosen Infinitkonstruktionen" siehe Günthner (2005; im Druck c).

17 „oimol" ist dialektal für „einmal".

18 „no isch de TUNNel einGWEIHT [wore]" ist dialektal für „dann ist der Tunnel eingeweiht worden".

```
285          <<hi> oder ben i RÜCKwärts gfahre.>
286          i WEISS es nemme20.
```

Die Infinitkonstruktion „ICH (.) KOIne fünf MEter do DRIN gwese," (Z. 279) hat hier eine zentrale Funktion für die narrative Gestaltung: Zunächst rekonstruiert Lena ihre Freude darüber, mit ihren beiden Kindern zum ersten Mal durch den neu gebauten Tunnel zu fahren („HU- huRRA HEUT fahre mer (.) s'erschte mal durch de TUnnel."; Z. 277-278). Doch dann wird mit der Infinitkonstruktion die Wende initiiert und damit die Zuspitzung auf die folgende Panikattacke. In der Infinitkonstruktion „ICH (.) KOIne fünf MEter do DRIN gwese," werden wiederum zwei Angaben aneinander gereiht: Die Ereignisträgerin („ICH") wird eingeführt, und nach einer kurzen, spannungsaufbauenden Mikropause „(.)" wird das Ergebnis („KOIne fünf MEter do DRIN gwese,") präsentiert. Die Äußerung hebt sich auch hier durch die dicht aufeinander folgenden akzentuierten Silben und die markierten Pausen rhythmisch von ihrer Umgebung ab.

Die akustische Analyse mittels PRAAT ergibt folgendes Bild:

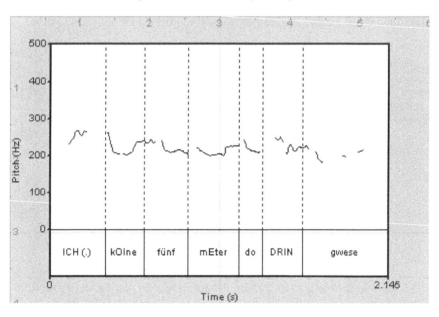

Abb. 1: fo-Extraktion und Oszillogramm für „ICH (.) KOIne fünf MEter do DRIN gwese," (Z. 279).

---

19 ‚sen" ist dialektal für „sind".
20 „nemme" ist dialektal" für „nicht mehr".

Die Konstruktion hat gewisse Ähnlichkeiten mit eingeleiteten Redewiedergaben („ich: du hast wohl ne Meise!"; „er: was soll das?") bzw. kurzen Regieanweisungen einer dramatischen Inszenierung, wo ebenfalls zunächst die Figur präsentiert und dann deren Handlung vorgeführt werden. Diese Zweiteilung in Kombination mit dem für die Konstruktion typischen prosodischen Design (die kurzen, akzentuierten Silben, die Pause und der markierte Rhythmus) trägt entschieden zur szenischen Performanz und zur Konstruktion einer dramatischen Darstellung bei.

Auch im vorliegenden Beispiel folgt der Infinitkonstruktion eine „subjektlose Infinitkonstruktion" bzw. eine „Partizipalkonstruktion" („VOLLbremsung GMACHT.", Z. 282), die sich hinsichtlich des ausgesparten Subjekts auf die vorausgehende Infinitkonstruktion bezieht.

Im nächsten Ausschnitt erzählt Thore, wie er überfallen und zusammengeschlagen wurde:

```
(3) ÜBERFALL
218   Thore:     (.) der EINe typ ist dann (-)
219                hinter den anderen dreien hinterHERgelaufen,
220                (.) und ICH (.) mit dem anderen halt alLEIne,
221                und der hat mich halt verSORGT
                   bis zu der taschentuchszene.
```

Bei der vorliegenden Infinitkonstruktion „und ICH (.) mit dem anderen halt alLEIne," (Z. 220) werden die Proform „ICH" in Subjektposition sowie die Präpositionalphrase „mit dem anderen halt alLEIne," nebeneinander gestellt. Statt der Realisierung des finiten Verbs zeigt sich auch hier eine Mikropause, die die beiden Angaben voneinander abtrennt. Die prosodisch fokussierten Elemente sind der Ereignisträger („ICH") sowie die Tatsache, dass dieser nun „alLEIne" ist mit dem Typen, der ihn zusammengeschlagen hat. Wie bei der vorausgehenden Erzählung (PANIK-ATTACKEN: LENA) trägt auch hier die Infinitkonstruktion zur Initiierung eines narrativen Höhepunktes bei: Der Erzähler berichtet, wie er nun mit dem Typen allein gelassen wird, der ihn zuvor zusammen geschlagen hat. Doch statt dass dieser ihn nun weiter prügelt, bietet er ihm ein Paket Taschentücher an, damit Thore sich das Blut seiner gebrochenen Nase abwischen kann. Auch hier fungiert die Infinitkonstruktion insofern als rhetorische Strategie zur szenischen Darstellung, als die narrative Darstellung in eine dramatische übergeht, und die Spannung sich zugleich erhöht.

Der folgende Transkriptausschnitt, der wiederum einer Panik-Erzählung entstammt, verdeutlicht, wie Infinitkonstruktionen eine listenartige Aneinanderreihung weiterer syntaktisch verdichteter Konstruktionen auslösen können:[21]

```
(4) PANIK-ATTACKEN: TINA II
95  Tina:      der FAHRstuhl war mir SO egAl gewesen;
96             <<all> ich bin da NUR rein und wollt NUR nach
               oben;>
97             <<all> .hh die TÜR> (.) dann;
98             <<all> die ham die war noch GAR nich richtig AUF,>
99             <<all> ich (-) mit der HAND rein;>
100            <<all> und die TÜR aufgestoßen,>
101            <<all> REIN in die wohnung,>
102            <<all> AUFgeschlossen,>
103            <<all> REIN in die wohnung,>
104            <<all> auf die COUCH gesetzt;>
105            <<all> und hab gesagt,>
106            <<all, atemlos> ich stERbe ich stERbe,>
107            holt FEUerWEHR,
```

Auch bei der vorliegenden Infinitkonstruktion „<<all> ich (-) mit der HAND rein;>„ wird zunächst die Ereignisträgerin mittels einer Proform genannt („ich"; Z. 99), dann folgt die Präpositionsphrase mit dem Verbzusatz „mit der HAND rein", der die Fortsetzung der Ereignisse zum Ausdruck bringt und zugleich als eine Art „umgangssprachlicher Prädikatsteil" fungiert (Sandig 2000: 311).

Der Infinitkonstruktion folgen weitere „Dichte Konstruktionen" (Günthner 2005): „subjektlose Infinitkonstruktionen" und „minimale Setzungen" werden als eigenständige Turnkonstruktionseinheiten listenförmig hinter einander gesetzt (Z. 101-104)[22] und verstärken aufgrund der Aneinanderreihung von Ereignisresultaten die Kontextualisierung eines dynamischen, ja hektischen Handlungsablaufs.

Bei Infinitkonstruktionen wird also durch die markierte Nichtbesetzung scheinbar „obligatorischer" Felderpositionen (wie dem Finitum) zum einen eine ko(n)textuell gegebene Information eingespart, zum anderen werden die explizierten Elemente – der Ereignisträger sowie das die Narration vorantreibende Geschehen – fokussiert. Die Zweiteilung der Konstruktion springt ins Auge:

---

21 Hierzu detaillierter Günthner (2005; im Druck c).
22 Siehe auch Redder (2003: 166) zu „partizipialen Ketten" sowie Hoffmann (2005) zu „empraktischen Ellipsen".

Ereignisträger	Ereignis
I: (.)	sofOrt ankAlte;
ICH (.)	KOIne fünf MEter do DRIN gwese,
ICH (.)	mit dem anderen halt allEIne,
ich (-)	mit der HAND rein;

Die Tatsache, dass in den präsentierten Beispielen die EreignisträgerInnen stets durch Proformen der 1. Person thematisiert werden, liegt darin begründet, dass die vorliegenden Konstruktionen in Erzählungen auftreten, in denen SprecherInnen selbsterlebte (meist emotionsbeladene) Ereignisse rekonstruieren.

In literarisch konstruierten Alltagserzählungen werden durchaus auch „Infinitkonstruktionen" verwendet, die mit einem Pronomen der 3. Person einsetzen. So finden sich im folgenden Ausschnitt aus „Abschaum. Die wahre Geschichte von Ertan Ongun" von Feridun Zaimoğlu (1997/2003), einem Prosatext, der vorgibt, die „Geschichte eines Kanaksters (...) in der kräftigen Sprache mündlichen Erzählens" wiederzugeben, durchaus auch „Infinitkonstruktionen" mit Pronomen der 3. Person:

> „**Wir gleich nach Hamburg gefahren,**
> **er das Ding verkauft,**
> kam mit Stoff wieder und mit Kohle,
> wir erst mal ne Nase gezogen."
> (Zaimoğlu 1997/2003: 41; Hervorhebung S.G.).

Bei der vorliegenden Konstruktion handelt es sich also um ein syntaktisches Muster, das zwar eine irreguläre Bildung aufweist – eine „obligatorische" syntaktische Position bleibt unbesetzt, die Konstruktion verfügt über kein finites Verb –, doch trotz ihrer Markiertheit ist sie nicht als „defizitär" einzustufen. Sie stellt ein konventionalisiertes, ja grammatikalisiertes Muster dar, das für spezifische kommunikative Aufgaben erfolgreich eingesetzt wird. Infinitkonstruktionen bilden interaktionale Ressourcen szenischer Performanz, indem sie durch ihre markierte Zweiteilung und der damit verwobenen Fokussierung des Ereignisträgers und der Handlung/des Ereignisses sowie durch die prosodische Gestaltung den Narrationsprozess „emphatischer", „dynamischer" und „lebendiger" gestalten (Günthner 2006).[23] Sie werden häufig zum Spannungsaufbau, zur

---

23 Vgl. auch Kallmeyer (1981) und Sandig (2000).

Einleitung einer unvorhergesehenen Wende bzw. zur Initiierung eines narrativen Höhepunktes eingesetzt. Wir haben es also – im Sinne Tomasellos (1998) – mit einer Konstruktion zu tun, die sich aus kognitiven und interaktiven Anforderungen herausgebildet und sedimentiert hat, um SprecherInnen ein effektives Kommunizieren in spezifischen Kontexten zu ermöglichen.

Das Beispiel der Infinitkonstruktion veranschaulicht somit, dass das Wissen um eine Konstruktion keineswegs auf grammatisches Wissen zu reduzieren ist; vielmehr gehören zur Beschreibung auch lexiko-semantische Restriktionen (wie hier die Proformen), prosodisches Wissen (wie hier das spezifische prosodische Design) und darüber hinaus auch Wissen um den interaktiven Gebrauch (wie hier die Verwendung in narrativen Gattungen zur Spannungserzeugung und als Strategie der dramatischen Darstellung). Das Wissen um die Konstruktion und ihre formalen Merkmale erweist sich also als eng verwoben mit dem Wissen über ihre Verwendungsweisen in kommunikativen Kontexten.

3 Vorwurfsäußerungen: „warum ↓TU::N sie=s dann nicht."

Während im Falle der Infinitkonstruktionen von einer bestimmten grammatischen Konstruktion ausgehend die prosodischen und lexiko-semantischen Charakteristika sowie die diskursfunktionalen Verwendungsweisen untersucht wurden, möchte ich nun von einer kommunikativen Aktivität – nämlich Vorwürfen – ausgehend, ein sprachliches Muster aufzeigen, das zur Realisierung dieser kommunikativen Handlung immer wieder verwendet wird: „warum"- und „wieso"-Äußerungen.

Vorwurfsaktivitäten stellen kommunikative Verfahren dar, die Interagierende verwenden, um Handlungen des Gegenübers als inadäquat vorzuführen und ihn zur Korrekturhandlung zu bewegen (Günthner 2000). Eine von mir 1995-1999 durchgeführte Studie zu Vorwurfshandlungen in informellen Gesprächssituationen (Günthner 1996; 1999; 2000) ergab, dass SprecherInnen sich in ihren Vorwurfsäußerungen an bestimmten verfestigten Mustern mit dazu gehörenden prosodischen, lexiko-semantischen, syntaktischen, rhetorischen und interaktiven Charakteristika orientieren. Bei dieser verfestigten Form, die verschiedene Ebenen (die der Binnenstruktur, der Interaktionsebene und die der Außenstruktur) umfasst, und Interagierenden zur Lösung eines spezifischen kommunikativen Problems zur Verfügung steht, kann man folglich von einem „kommunikativen Muster" (Günthner/Knoblauch 1994; 1995) bzw. einer „kleinen Gattung" (Bachtin 1976/86) sprechen. Das Datenmaterial, das aus 58 informellen Gesprächen (Gespräche im Familienkreis, in studentischen Wohngemeinschaften, beim Kaffeetrinken unter FreundInnen und Telefongespräche unter Verwandten und FreundInnen) besteht, verdeutlicht, dass Vorwurfshandlungen im Deutschen häufig in „warum"- bzw. „wieso"-Formate gepackt werden: „wieso LÄSCH. DU. STÄNdig dein geschIrr rumstEhn."; „warum ↓TU::N sie=s dann nicht.".

Der folgende Transkriptausschnitt entstammt einem Gespräch zwischen drei DoktorandInnen: Babs, Clara und Achim. Achim macht Clara den Vorwurf (Z. 23-25), ihn nicht über das stattgefundene Kolloquium informiert zu haben:

```
(5) KOLLOQUIUM
17 Achim:        und DU? was hast DU heut gemacht?
18 Babs:         ich war'n ganzen tag an der Uni.
19               und heut nachmittag hatt ich en VORtrag im
                 koLLOquium.
20 Achim:        ahJA:?
21 Babs:         mhm. um ZWEI.
22 Achim:        ich WUßte ja gar nichts davon.
23               waRUM hast du mir denn nichts ge↓SAGT.
24               (0.5)
25               dass babs heute nen VORtrag hat.
26 Clara:        ja weil ich's SELBst erst heute mittag erFAHren
                 hab.
27 Babs:         ja. ich bin kurzfristig EINgesprungen für die
                 bIrgit.
28 Clara:        ich war davon ausgegangen dass heute's kolloquium
                 AUSfällt;
29               weil die birgit mich anGErufen hat sie sei KRANK.
                 naja.
```

Achims Vorwurf, in dem er die von Clara unterlassene Handlung („nichts ge↓SAGT.") moniert, wird in eine „warum"-Frage mit einem „vorwurfsvollen Tonfall" gekleidet. Die „warum"-Äußerung zeigt eine fallende letzte Tonhöhenbewegung, der Hauptakzent liegt auf dem finiten Verb, das mit einem hohen Ansatz beginnt und einen „fallenden Akzent" (Selting 1995: 43) aufweist: „ge↓SAGT.". Der Vorwurfsproduzent Achim stellt hierbei Claras unterlassene Handlung (ihn nicht informiert zu haben) als unangemessen dar und bringt dadurch zugleich eine Verletzung bestimmter, für die Interagierenden als gültig unterstellter Normen zum Ausdruck. Die Reaktion der Vorwurfsadressatin – in Form einer Erklärung (Zeilen 28-29) – verdeutlicht zugleich ihre Orientierung an den unterstellten Normen.

Was die sequentielle Organisation von Vorwurfshandlungen betrifft, so machen Vorwürfe Reaktionen wie „Erklärungen" (Rechtfertigungen, Entschuldigungen) oder Gegenvorwürfe als Folgereaktion konditionell erwartbar.[24] Vorwurf-Erklärungssequenzen bilden somit „adjacency pairs" (Sacks et al. 1978) und können in Anlehnung an Goffman (1974/89) als „korrektiver Austausch" verstanden werden. Mit ihrer Erklärung „ja weil ich's SELBst erst heute mittag erFAHren hab." (Z. 26) als sequentieller Folgehandlung auf die vorausgehende „warum"-Äußerung entschuldigt Clara ihr Verhalten, indem sie zum Ausdruck bringt, dass unglückliche Umstände es ihr unmöglich gemacht haben, Achim rechtzeitig zu informieren.

Der folgende Transkriptausschnitt entstammt einer Fernsehdebatte zwischen den Parteivorsitzenden vor der Landtagswahl 1998 in Baden-Württemberg. S ist Vorsitzender der SPD, T der CDU:

```
(6) VOR DER WAHL 25
895 S:           .hh dass zum Beispiel in dieser asyldebatte
                 die frau däubler-gmelin GANZ KLAR
896              ich hab das in den baden-württembergischen
                 gaZETTen,
897              in den ZEItungen nachlesen können,
898              .hh aus dieser asyldebatte KLAR gesagt hat,
899              .hh daß eine euroPÄ:ische flüchtlingslösung,
900              auf der BAsis der GENfer konvention Vorrang HAT,
901              vor nationalen flÜchtlingsREgelung,
902              und dass die:ses AUCH (.) im wege einer (.)
                 verfassungsanpassung. (-)
903              geREgelt werden=müsse,
904              herr ↑KLO:se hat als fraktionsvorsitzender
                 mehrmals mit MIR am SAMschtag
905              HIER in badenwÜrttemberg er[klÄrt],
906 T:                                     [wa    ]rum
                 ↓TU::N sie=s dann nicht. =
907 S:           =<<f> ja weil wir NICHT>> (-)
908              <<f> wir könn=n doch NICHT> (-)
909              <<f> die verfassung als S.P.D. ändern.>
```

T in Zeile 906 unterbricht S's Ausführungen mit einer „warum"-Äußerung, die den Grund für das Unterlassen einer bestimmten Handlung erfragt. Diese „warum"-Äußerung enthält einen deutlich „vorwurfsvollen Ton": eine fallende letzte Tonhöhenbewegung in Kombination mit einer lokalen Erhöhung der Lautstärke, das Verb „↓TU::N" trägt den Hauptakzent (Verum-Fokus) und weist einen Tonhöhensprung mit langsam fallendem Akzent auf der gedehnten Silbe auf, was zur affektiven Färbung der Äußerung beiträgt. Zugleich rückt durch die

---

24 Hierzu detailliert Günthner (1996; 1999; 2000).

Platzierung des Hauptakzentes auf dem Verb „↓TU::N" die unterlassene Handlung in den Vordergrund. Darüber hinaus weist die „warum"-Äußerung den zweiten Teil (die Folge) einer „wenn...dann"-Konstruktion auf: T bindet somit seinen Redezug an den vorherigen an und indiziert, dass, wenn die vorherige Äußerung von S zutrifft, sein Verhalten („dies nicht tun") in Kontrast hierzu steht. Auf diese Weise konfrontiert er S mit einem scheinbaren Handlungswiderspruch und fordert ihn zur Stellungnahme auf. Typisch für Vorwürfe in „warum"-Formaten ist, dass die als deviant präsentierte Handlung des Gegenübers prosodisch markiert realisiert wird: Oftmals erhält das Verb den Hauptakzent.

Auch im folgenden Ausschnitt, der einer Interaktion zwischen Gabi und der Telefonauskunft (A) entstammt, wird ein Vorwurf im „warum"-Format geäußert. Gabi hat nach der Nummer „der Familie Weißer in Konstanz" gefragt. Nachdem die Angestellte der Telefonauskunft jedoch keine Familie Weißer in Konstanz findet, erklärt Gabi, dass die Familie wohl auf der Insel Reichenau wohnt:

```
(7) TELEFONAUSKUNFT (TELEFONGESPRÄCH)
14    Gabi:      ja. die wohnen glaub ich auf der REICHenau.
15               und gar nicht direkt IN konstanz.
16    A:         <<f, all> warum ↓SA:gen sie dann konstanz.>
17    Gabi:      tut mir leid. ich dachte die reichenau fällt
                 unter KONstanz.
18               (2.5)
19    A:         also die NUMMer ist
```

Mit ihrer Entschuldigung „tut mir leid. ich dachte die reichenau fällt unter KONstanz." (Z. 17), in der sie an ihr Nichtwissen appelliert, verdeutlicht Gabi zugleich ihre Interpretation der vorausgehenden „warum"-Äußerung als Vorwurf. Die „warum"-Äußerung enthält mehrere Indikatoren, die eine solche Interpretation nahe legen: Sie wird mit global erhöhter Lautstärke und erhöhter Sprechgeschwindigkeit gesprochen und zeigt eine fallende letzte Tonhöhenbewegung. Das Verb „↓SA:gen" trägt den Hauptakzent (Verum-Fokus). Die Akzenttonhöhenbewegung ist insofern stark markiert, als sie einen Tonhöhensprung aufweist mit einem langsam fallenden Akzent („glide") auf der gedehnten Silbe „– ↓SA:", was zur affektiven Färbung der Äußerung beiträgt. Durch diese prosodische Fokussierung des Verbs wird zugleich die Handlung selbst und damit das unangemessene Verhalten (d.h. „Konstanz" zu sagen, obwohl die betreffende Familie auf der „Reichenau" wohnt) in den Vordergrund gerückt. Ferner zeichnet sich die „warum"-Äußerung durch den zweiten Teil einer „wenn...dann..."-Konstruktion aus, die der Rezipientin nahe legt, dass ihr Verhalten (die Nennung des Ortes „Konstanz") im Widerspruch dazu steht, dass sie behauptet, die Familie wohne „auf der REICHenau". Hinzu kommt die kontextuelle Einbettung der „warum"-Äußerung in ein Gespräch mit der Telefonauskunft: Eine Angestellte der Telefonauskunft wird sich an dieser Stelle eines Auskunftsgesprächs wohl nicht wirklich für die Gründe, warum Gabi Konstanz sagt, interessieren.

Nun stellt sich die Frage, weshalb „warum"- bzw. „wieso"-Äußerungen solch beliebte Formate für Vorwurfsaktivitäten darstellen. Auf der referentiellen Ebene fragen „warum"-Konstruktionen ja nach Gründen für ein bestimmtes Verhalten bzw. eine Handlung. Wie kommt es, dass gerade Fragen nach dem Grund einer Handlung als „Vorwürfe" interpretiert werden können? „Warum"- und „wieso"-Fragen implizieren zunächst einmal, dass die Sprechenden den Konsens über die „Vernünftigkeit" bzw. Plausibilität der abgelaufenen Handlung in Frage stellen. Wie Sacks (1972) ausführt, produzieren Interagierende in ihren kommunikativen Handlungen immer auch den Sinn, die Nachvollziehbarkeit und Vernünftigkeit ihrer Handlungen mit. Äußerungen in „warum"-Konstruktionen, die eine Handlung des Gegenübers hinterfragen, sind also insofern bereits „heikel", da sie den unterstellten Konsens über die Vernünftigkeit bzw. Plausibilität dieser Handlung in Frage stellen und das Gegenüber auffordern, eine Erklärung abzugeben. Häufig formulieren SprecherInnen in ihren „warum"-Formaten zugleich die „adäquate" Handlungsalternative („waRUM hast du mir denn nichts ge↓SAGT."; „[wa]rum ↓TU::N sie=s dann nicht.";) und kommunizieren dadurch, dass das Gegenüber – trotz der zur Verfügung stehenden Handlungsalternativen – sich für die unangemessene Variante entschieden hat und somit die Verantwortung für seine Handlung trägt. Diese Kombination aus Zuschreibung von Verantwortung und Negation von Vernünftigkeit bzw. Plausibilität scheint der elementare Bauplan von „warum"-Vorwürfen zu sein.

Als weiterer Aspekt kommt hinzu, dass „warum"-Konstruktionen aufgrund ihrer interpretativen Vagheit (als echte Frage bzw. als Vorwurf) „off-record"-Strategien bilden: Sie lassen – je nach Realisierung – den SprecherInnen die Möglichkeit, den Vorwurfscharakter im Nachhinein zu leugnen und sich auf den reinen Fragecharakter des Formats zurückzuziehen. Wie auch Goffman (1974/89) betont, bedrohen erste Schritte bei „remedial interchanges" (und zu denen sind Vorwurfssequenzen zu rechnen) stets die „rituelle Ordnung" und stellen problematische Äußerungen dar: Dadurch, dass sie die Handlung bzw. die Verhaltensweisen des Gegenübers negativ evaluieren und als „regelabweichend" konstruieren, geht die Sprecherin das Risiko ein, dass es, statt zu der geforderten Durchführung der korrektiven Handlung, zu einem Gegenvorwurf oder gar Streit kommt. „Warum"-Konstruktionen repräsentieren somit ideale Vorwurfsverpackungen, da sie einen gewissen Interpretations- und Reaktions-

spielraum lassen und die SprecherInnen sich auf die syntaktische Oberflächenstruktur zurückziehen können („ich hab ja nur gefragt"; „man wird ja noch
fragen dürfen").

Und tatsächlich finden sich in Alltagsinteraktionen zahlreiche Fälle von
„warum"- und „wieso"-Konstruktionen, die nicht eindeutig als Frage- bzw.
Vorwurfshandlung zu interpretieren sind.

Dem folgenden Transkriptausschnitt RATTENEPISODE geht voraus, dass
Ulla ihrer Tochter Sara erzählt, dass Lisa (Ullas jüngste Tochter, die noch zu
Hause wohnt) sich mittlerweile eine Ratte als Haustier zugelegt hat. Sara, die
ihren Ekel kundtut, fragt nach, wie es zu diesem Kauf kam, woraufhin Ulla erzählt, dass sie zunächst auch gegen die Anschaffung einer Ratte war, doch
schließlich sogar die Ratte gemeinsam mit Lisa gekauft hat:

```
(8) RATTENEPISODE25
65    Sara:     on DU bisch nõ: mit=ihr=re m- mitgfahre.
66    Ulla:     ↑↓hajõ:. die kann jõ: net alloi.
67    Sara:     <<p behaucht> wieso hasch des gmacht?>
68    Ulla:     ja:hh weil se koi ruh lässt.
69              weil se emmer nervt.
70              on nõ: sin=mer dort=nõ: gfahre,
```

Auffallend ist hierbei, dass weder Saras „wieso"-Äußerung („<<p, behaucht>
wieso hasch des gmacht?>") noch Ullas Reaktion eine eindeutige Interpretation
der Sequenz als „Informationsfrage und Antwort" bzw. als „Vorwurf und Rechtfertigung" zulassen. Zwar ist aufgrund des Kontextes klar, dass Sara die Anschaffung einer Ratte missbilligt, folglich könnte die „Frage nach dem Grund"
einen Vorwurf zum Ausdruck bringen. Allerdings enthält die „wieso"-Äußerung
(Z. 67) keine weiteren Indikatoren – auch keine vorwurfsvolle Stimme –, die auf
eine negative Bewertung der thematisierten Handlung hindeuten. Auch die
Reaktion der Gesprächspartnerin Ulla „ja:hh weil se koi ruh lässt. weil se emmer
nervt." (Z. 68-69) ist weder klar als Korrekturhandlung noch als Antwort auf
eine Informationsfrage zu deuten. Bei „warum"- bzw. „wieso-"Konstruktionen,

---

25 Eine Übersetzung dieser alemannischen Sequenz ins Standarddeutsche wäre in etwa:
```
65    Sara:     und du bist dann mit ihr mitgefahren.
66    Ulla:     ja klar die kann ja nicht allein.
67    Sara:     <<p behaucht> wieso hast du das gemacht?>
68    Ulla:     ja:hh weil sie keine ruhe lässt.
69              weil sie immer nervt.
70              und dann sind wir dort hin gefahren,
```

die die Gründe für die Handlung des Gegenübers erfragen, existiert also durchaus eine Grauzone der interpretativen Unbestimmtheit.

Dieses Beispiel veranschaulicht nicht nur, dass bestimmte Konstruktionen wie „warum/wieso"-Fragen zur Realisierung unterschiedlicher Aktivitäten (Informationsfragen, Vorwürfe) eingesetzt werden können, sondern auch, dass die Form-Funktions-Zuweisung keineswegs starr und kontextlos beschreibbar ist. Folglich scheint mir die in der Construction Grammar gängige Annahme fixierter, dekontextualisierter Form-Funktionspaare durchaus problematisch. Selbst wenn man davon ausgeht, es gäbe zwei unterschiedliche Konstruktionen:

(i) „warum"-Fragen als Informationsfragen
und
(ii) „warum"-Fragen als Vorwürfe,

die jeweils spezifische kookkurrierende Indikatoren (prosodische, lexiko-semantische, sequenzielle, kontextbezogene Merkmale) aufweisen, veranschaulichen Beispiele tatsächlicher Sprachverwendung, dass es durchaus Realisierungsformen gibt, die zwischen diesen beiden Konstruktionen changieren. Fauconnier/Turner (1996: 113f.) verwenden im Rahmen der „mental space theory" für solche Ambiguitäten den Begriff des „blending":

> In blending, structure from two input spaces is projected to a separate space, the 'blend'. The blend inherits partial structure from the input spaces, and has emergent structure of its own. (Fauconnier/Turner 1996 : 113f.).

Statt von starren, fixierten Form-Funktionspaaren als mentalen Konzeptualisierungen, die dann im konkreten Diskurs aktualisiert werden, auszugehen, scheint es nahe liegender, Konstruktionen als Orientierungsmuster zu betrachten, deren Instantiierung im Hier-und-Jetzt der Interaktion erfolgt.[26] Interagierende stellen somit Beziehungen zwischen der sich momentan entfaltenden Interaktion und vergangenen Erfahrungen her, indem sie sedimentierte Muster re-aktualisieren. Zwischen sedimentiertem Wissen und dem tatsächlichen Gebrauch im betreffenden Kontext liegt eine bi-direktionale Beziehung vor: Das Wissen um Konstruktionen und Muster steuert einerseits die Produktion und

---

26 Da die meisten Arbeiten der Construction Grammar bislang noch auf die Rekonstruktion sprachlichen Wissens abzielen und mit introspektiv gewonnenen Beispielsätzen arbeiten, wird die Emergenz syntaktischer Strukturen im Diskurs meist ignoriert. Hierzu auch Fried/Östman (2005) sowie Günthner/Imo (i.Dr.).

Rezeption sprachlicher Formen und Funktionen, zugleich beeinflussen die aktuellen Gebrauchsweisen wiederum deren Formen und Funktionen.

The notion of Emergent Grammar is meant to suggest that structure, or regularity, comes out of discourse and is shaped by discourse in an ongoing process. (Hopper 1998: 156)

4 Schlussfolgerungen

Sprachliches Wissen beinhaltet weit mehr als ein Set an abstrakten Regeln und ein Lexikon; auch Konstruktionswissen, Wissen um kommunikative Muster und Gattungen und somit Wissen um deren prosodische, morphosyntaktische, semantische und pragmatische Merkmale und ihre diskursspezifischen Verwendungsweisen und Funktionen gehören zum sprachlichen Wissensvorrat. Doch auch wenn sich Interagierende an sedimentierte Muster wie grammatischen Konstruktionen oder kommunikativen Gattungen anlehnen, so vollzieht sich die Re-Aktualisierung im jeweiligen Hier-und-Jetzt der Interaktion. Grammatische Konstruktionen, kommunikative Muster und Gattungen werden in stets neuen Kontexten reaktiviert und sind somit den jeweiligen kommunikativen Zielen, der sequentiellen Organisation, kognitiven Begebenheiten und kontextuellen Faktoren unterworfen. Sie sind insofern „emergent" (Hopper 1998) und dynamisch, als sie dem lokalen interaktionalen Gebrauch unterliegen.

Sowohl in Bezug auf grammatische Konstruktionen als auch in Hinblick auf kommunikative Muster und Gattungen liegen Prozesse der Konventionalisierung vor. Spontane und produktive Kombinationen verschiedener Elemente werden im Verlauf einer langen Kette an Interaktionssituationen verfestigt und dienen als sedimentierte Vorlagen zur Bewältigung spezifischer kommunikativer Aufgaben.

Betrachtet man nun nochmals abschließend die Richtungen, die sich mit vorgeformten Strukturen, mit grammatischen Konstruktionen („Construction Grammar"; „Cognitive Grammar") und mit verfestigten Mustern und Gattungen kommunikativen Handelns („Gattungsanalyse") befassen, so zeigen sich erhebliche Konvergenzen, die unterschiedliche Komponenten sprachlichen Handelns betreffen:

– Verfestigte Muster, „constructional schemas" (Ono/Thompson 1995), „constructions" (Fillmore et al. 1998; Goldberg 1995; Croft 2001), „prepacked units" (Langacker 1999), „kommunikative Muster und Gattungen" (Luckmann 1986; 1998; Günthner/Knoblauch 1994; 1995) etc. gelten als zentraler – und nicht etwa als randständiger – Bereich menschlicher Sprache und Kommunikation. Sprachliches Handeln geschieht nicht allein auf der Grundlage abstrakter Regeln, die stets neu kombiniert werden, sondern zu einem erheblichen Teil durch die Reaktivierung memorisierter, im Wissensvorrat gespeicherter, konventionalisierter Konstruktionen und Muster.

– Konstruktionen und kommunikative Gattungen stellen holistische Gestalten dar, die nicht als autonome Module sondern im Zusammentreffen von prosodischen, morphosyntaktischen, semantischen, stilistischen, interaktional-sequenziellen und kontextuellen Faktoren zu analysieren sind. Aufgrund ihrer gestalthaften Qualität erlauben sie Projektionen bzgl. des weiteren Verlaufs.

– Vorgeformte Muster erleichtern – wie jede Form der Routinisierung/Institutionalisierung – die Kommunikation.

– Sie sind Teil des sprachlichen und soziokulturellen Wissensvorrats.

– Sie werden in aktuellen Kommunikationssituationen re-aktiviert und sind folglich dem dialogischen und prozessualen Charakter mündlicher Interaktion unterworfen.

– Sie fungieren als Orientierungsrahmen, auf die sich Interagierende bei der Produktion wie auch bei der Rezeption kommunikativer Handlungen beziehen. Das Wissen um vorgeformte Muster steuert also nicht nur das Hervorbringen, sondern auch die Interpretation sprachlicher Äußerungen.

– Sie sind keine homogenen, starren Gebilde, sondern als Orientierungsmuster lassen sie Ausgestaltungsspielräume: Interagierende können sich bei der Re-Aktualisierung je nach Grad an Verfestigung und Produktivität eng an prototypische Modelle anlehnen, davon abweichen oder aber Mischformen kreieren bzw. Transformationen vornehmen.

5 Literatur

Auer, Peter (2005a): Syntax als Prozess. In: InLiSt (Interaction and Linguistic Structures) 41. http://www.uni-potsdam.de/u/inlist/issues/41/index.htm.

Auer, Peter (2005b): Projection in interaction and projection in grammar. In: Text 25 (1), 7–36.

Ayaß, Ruth (1997): „Das Wort zum Sonntag." Fallstudien einer kirchlichen Sendereihe. Stuttgart.

Bachtin, Michail [Bakhtin] (1976/86): The problem of speech genres. In: Emerson, C./ Holquist, M. (Hg.): Speech genres and other essays. Austin, 60–102.

Bachtin, Michail M. (1979): Die Ästhetik des Wortes. Frankfurt.

Bergmann, Jörg (1987): Klatsch. Zur Sozialform der diskreten Indiskretion. Berlin.

Bergmann, Jörg/Luckmann, Thomas (Hg.) (1999a): Kommunikative Konstruktion von Moral. Band 1: Struktur und Dynamik der Formen moralischer Kommunikation. Opladen.

Bergmann, Jörg/Luckmann, Thomas (Hg.) (1999b): Kommunikative Konstruktion von Moral. Band 2: Von der Moral zu den Moralen. Opladen.

Croft, William (2001): Radical Construction Grammar: Syntactic Theory in Typological Perspective. Oxford.

Deppermann, Arnulf (im Druck): Grammatik und Semantik aus gesprächsanalytischer Sicht. Methodologischer Rahmen und exemplarische Untersuchungen. Berlin.

Ehlich, Konrad and Jochen Rehbein (1979): Sprachliche Handlungsmuster. In: Soeffner, Hans-Georg: Interpretative Verfahren in den Sozial- und Textwissenschaften. Stuttgart, 328–351.

Fauconnier, Gilles/Turner, Mark (1996): Blending as a Central Process of Grammar. In: Goldberg, Adele E. (Hg.): Conceptual structure, discourse and language. Stanford, 113–130.

Feilke, Helmuth (1998): Idiomatische Prägung. In: Barz, Irmhild/ Öhlschläger, Günther: Zwischen Grammatik und Lexikon. Tübingen, 69–80.

Fiehler, Reinhard/Barden, Birgit et al. (2004): Eigenschaften gesprochener Sprache. Tübingen.

Fillmore, Charles/Kay, Paul/O'Connor, Mary (1988): Regularity and Idiomaticity in Grammatical Constructions: the Case of Let Alone. In: Language 64, 501–538.

Fried, Mirijam/Östman, Jan-Ola (Hg.) (2005): Construction Grammars. Cognitive Grounding and theoretical extensions. Amsterdam, Philadelphia. 3, 1–14.

Fries, Norbert (1987): Zu einer Randgrammatik des Deutschen. In: Meibauer, Jörg (Hg.): Satzmodus zwischen Grammatik und Pragmatik. Tübingen, 75–95.

Fries, Norbert (1988): Über das Null-Topik im Deutschen. In: Forschungsprogramm Sprache und Pragmatik: Arbeitsbericht Nr. 3 (Lund), 19–49.

Goffman, Erving (1974/1989): Das Individuum im öffentlichen Austausch. Microstudien zur öffentlichen Ordnung. Frankfurt.

Goldberg, Adele E. (1995): Constructions. A Construction grammar approach to argument structure. Chicago.

Gülich, Elisabeth/Krafft, Ulrich (1998): Zur Rolle des Vorgeformten in Textproduktionsprozessen. In: Wirrer, Jan (Hg.): Phraseologismen. Bielefeld, 11–38.

Günthner, Susanne (1996): The prosodic contextualization of moral work. An analysis of reproaches in why-formats. In: Couper-Kuhlen, Elizabeth/Selting, Margret (Hg.): Prosody in conversation. Cambridge, 271–302.

Günthner, Susanne (1999): Vorwürfe in der Alltagskommunikation. In: Bergmann, Jörg/Luckmann, Thomas (Hg.): Kommunikative Konstruktion von Moral, 206–241.

Günthner, Susanne (2000): Vorwurfsaktivitäten in der Alltagsinteraktion. Grammatische, prosodische, rhetorisch-stilistische und interaktive Verfahren bei der Konstitution kommunikativer Muster und Gattungen. Tübingen.

Günthner, Susanne (2006): Grammatische Analysen der kommunikativen Praxis – „Dichte Konstruktionen" in der Interaktion. In: Deppermann, Arnulf/Fiehler, Reinhard/Spranz-Fogasy, Thomas (Hg.): Grammatik und Interaktion – Untersuchungen zum Zusammenhang von grammatischen Strukturen und Gesprächsprozessen. Radolfzell: Verlag für Gesprächsforschung, 95–122. http://www.verlag-gespraechsforschung.de

Günthner, Susanne (im Druck, a): Ansätze zur Erforschung der ‚kommunikativen Praxis'. Redewiedergabe in der Alltagskommunikation. In: Ágel, Vilmos/Hennig, Mathilde (Hg.): Gesprochene Sprache und Nähekommunikation. Tübingen.

Günthner, Susanne (im Druck, b): Zur Emergenz grammatischer Funktionen im Diskurs – *wo*-Konstruktionen in Alltagsinteraktionen. In: Von Hausendorf, Heiko (Hg.): Gespräch als Prozess. Tübingen.

Günthner, Susanne (im Druck c): Techniken der ‚Verdichtung' in der alltäglichen Narration – Kondensierungsverfahren in Beschwerdegeschichten. Erscheint in: Bär, Jochen/Roelcke, Thorsten (Hg.): Sprachliche Dichte. Berlin.

Günthner, Susanne/Knoblauch, Hubert (1994): „Forms are the food of faith." Gattungen als Muster kommunikativen Handelns. In: Kölner Zeitschrift für Soziologie und Sozialpsychologie 4, 693–723.

Günthner, Susanne/Knoblauch, Hubert (1995): Culturally patterned speaking practices. The analysis of communicative genres. In: Pragmatics 5, H. 1, 1–32.

Günthner, Susanne/Knoblauch, Hubert (1997): Gattungsanalyse. In: Hitzler, Ronald/ Honer, Anne (Hg.): Qualitative Methoden und Forschungsrichtungen in den Sozialwissenschaften. Opladen, 281–308.

Günthner, Susanne/Luckmann, Thomas (2001): Asymmetries of knowledge in intercultural communication: The relevance of cultural repertoires of communicative genres. In: Di Luzio, Aldo/Günthner, Susanne/Orletti, Franca (Hg.): Culture in communication: Analyses of intercultural situations, Amsterdam/Philadelphia, 55–86.

Günthner, Susanne/ Imo, Wolfgang (Hg.) (im Druck): Konstruktionen in der Interaktion. Berlin.

Hanks, William F. (1987): Discourse Genres in a Theory of Practice. In: American Ethnologist 14 (4), 668–692.

Hoffmann, Ludger (2006): Ellipse im Text. In: Blühdorn, Hardarik/Breindl, Eva/Waßner, Ulrich (Hg.): Text – Verstehen. Grammatik und darüber hinaus. Berlin/New York, 90–107.

Hopper, Paul (1987): Emergent Grammar. General Session and Parasession on Grammar and Cognition, Berkeley Linguistic Society.

Hopper, Paul (1998): Emergent Grammar. In: Tomasello, Michael (Hg.): The New Psychology of Language. Mahwah, N.J., 155–175.

Hopper, Paul (2004): The Openness of Grammatical Constructions. Vortrag gehalten bei der CLS (Chicago Linguistic Society).

Jürgens, Frank (1988): Möglichkeiten der syntaktischen Segmentierung und Kategorisierung in der gesprochenen Sprache. In: Brock, Alexander/Hartung, Martin (Hg.): Neuere Entwicklungen in der Gesprächsforschung. Vorträge der 3. Arbeitstagung des Pragmatischen Kolloquiums Freiburg. Tübingen, 153–170.

Kallmeyer, Werner (1981): Gestaltungsorientiertheit in Alltagserzählungen. In: Kloepfer, Rolf/Janetzke-Dillner, Gisela: Erzählung und Erzählforschung im 20. Jahrhundert. Stuttgart, 409–429.

Keppler, Angela (1994): Tischgespräche. Über Formen kommunikativer Vergemeinschaftung am Beispiel der Konversation in Familien. Frankfurt/Main.

Knoblauch, Hubert (1995): Kommunikationskultur: Die kommunikative Konstruktion kultureller Kontexte. Berlin.

Langacker, Ronald W. (1999): Grammar and Conceptualization. Berlin.

Luckmann, Thomas (1986): „Grundformen der gesellschaftlichen Vermittlung des Wissens: Kommunikative Gattungen", Kölner Zeitschrift für Soziologie und Sozialpsychologie, Sonderheft 27, 191–211.

Luckmann, Thomas (1988): Kommunikative Gattungen im kommunikativen ›Haushalt‹ einer Gesellschaft. In: Smolka-Koerdt, Gisela/Spangenberg, Peter/Tillmann-Bartylla, Dagmar (Hg.): Der Ursprung der Literatur. München, 279–288.

Luckmann, Thomas (1992): Theorie des sozialen Handelns, Berlin/New York.

Michaelis, Laura A./Lambrecht, Knud (1996): Toward a Construction-Based Theory of Language Function: The Case of Nominal Extraposition. In: Language 72 (2), 215–247.

Ono, Tsuyoshi/Thompson, Sandra A. (1995): What can Conversation Tell us about Syntax? In: Davis, Philip W. (Hg.): Alternative Linguistics: Descriptive and Theoretical Modes. Amsterdam, 213–271.

Redder, Angelika (2003): Partizipiale Ketten und autonome Partizipialkonstruktionen. In: Hoffmann, Ludger (Hg.): Funktionale Syntax. Die pragmatische Perspektive. Berlin, 155–188.

Ries, John (1931): Was ist ein Satz? Beiträge zur Grundlegung der Syntax. Heft III. Prag.

Sacks, Harvey (1972): On the analyzability of stories by children. In: Gumperz, John J./ Hymes, Dell (Hg.): Directions in Sociolinguistics. New York, 329–345.

Sacks, Harvey/Schegloff, Emanuel A./Jefferson, Gail (1978): A simplest systematics for the organization of turn-taking for conversation. In: Schenkein, J. (Hg.): Studies in the organization of conversational interaction. New York, 7–55.

Sandig, Barbara (2000): Zu einer Gesprächs-Grammatik: Prototypische elliptische Strukturen und ihre Funktionen in mündlichem Erzählen. In: Zeitschrift für Germanistische Linguistik 4, 291–318.

Schwitalla, Johannes (2003): Gesprochenes Deutsch. Eine Einführung. Berlin.

Selting, Margret (1994): Emphatic Speech Style – with Special Focus on the Prosodic Signalling of Heightened Emotive Involvement in Conversation. In: Journal of Pragmatics 22, 375–408.

Selting, Margret (1995): Prosodie im Gespräch. Tübingen.

Stein, Stefan (1995): Formelhafte Sprache. Frankfurt/Main.

Thompson, Sandra A. (2002): Constructions and Conversation. In: Manuscript: University of California at Santa Barbara.

Thompson, Sandra A./Couper-Kuhlen, Elizabeth (im Druck): The clause as a locus of grammar and interaction. In: Duranti, Alessandro/Brown, Anjali (Hg.): Language, Culture and Interaction. Special issue of Discourse Studies.

Tomasello, Michael (1998): Introduction: A Cognitive-Functional Perspective to Language Structure. In: Tomasello, Michael (Hg.): The New Psychology of Language. Cognitive and Functional Approaches to Language Structure. Mahwah / N.J., vii–xxiii.

Uhmann, Susanne (1996): On Rhythm in Everyday German Conversation: Beat Clashes in Assessment Utterances. In: Couper-Kuhlen, Elizabeth/Selting, Margaret (Hg.): Prosody in Conversation: Interactional Studies. Cambridge, 303–365.

Zaimoğlu, Feridun (1997/2003): Abschaum. Die wahre Geschichte von Ertan Ongun. Hamburg.

.

Susanne Günthner
Doing vs. Undoing Gender?

Zur Konstruktion von Gender in der kommunikativen Praxis[1]

1 Einleitung

Erste systematische Diskussionen um die Beziehung zwischen Sprache und Geschlecht setzten in den 1970er Jahren in Zusammenhang mit der ‚Neuen Frauenbewegung' – u.a. ausgelöst durch die Pionierarbeiten von Robin Lakoff[2] – ein. Seit diesen Arbeiten zum „weiblichen" und „männlichen" Gesprächsverhalten, zu einem möglichen *genderlect*, sowie zur Diskriminierung von Frauen durch unser Sprachsystem und Sprachverhalten hat sich viel getan in den ‚linguistischen Gender Studies' wie auch in den angrenzenden Disziplinen der Soziolinguistik, der Anthropologischen Linguistik und der Gesprächsanalyse. Nicht nur haben sich die Zusammenhänge zwischen Sprache und Geschlecht, bzw. zwischen bestimmten Kommunikationsstrategien und der Inszenierung von Weiblichkeit/Männlichkeit als sehr viel komplexer erwiesen als zunächst angenommen, sondern auch die dabei beteiligten Faktoren wie Gender und Kommunikationsstrategien und deren Funktionen zeigen sich als weniger eindeutig klassifizierbar, als stärker kontextabhängig und kulturell variabel. Der ursprüngliche Versuch einer Festschreibung sogenannter *genderlects* wurde rasch aufgegeben zugunsten interaktionaler Ansätze, die sich der Frage nach der Konstruktion von Gender in der kommunikativen Praxis widmen.

Ziel des vorliegenden Beitrags ist es, interaktionale Positionen zum *gender display* vorzustellen und dabei aktuelle Debatten zur kommunikativen Konstruktion von Geschlecht zu skizzieren.

---

1 Der Beitrag basiert auf Susanne Günthner: *Zur kommunikativen Konstruktion von Geschlechterdifferenzen im Gespräch*, in: *Kommunikation von Geschlecht. Communication of Gender*, hg. von Frederike Braun und Ursula Pasero, Pfaffenweiler 1997, S. 122-146 und Susanne Günthner: *Die kommunikative Konstruktion der Geschlechterdifferenz. Sprach- und kulturvergleichende Perspektiven*, in: Muttersprache 3 (2001), S. 205-219.
2 Vgl. Robin Lakoff: *Language and Women's Place*, New York 1975.

2 ‚Doing Gender' und die kommunikative Konstruktion der Geschlechterdifferenzen

Lange Zeit wurden in den Sozialwissenschaften – und damit einhergehend auch in der Soziolinguistik und Anthropologischen Linguistik – soziale Faktoren (wie Geschlechteridentitäten, institutionelle Rollen, Machtstrukturen etc.) als ‚objektive Daten' betrachtet, die gesellschaftlich ‚gegeben' sind. *Wie* jedoch diese Tatsachen produziert werden, *wie* gesellschaftliche Wirklichkeit durch menschliche Handlungen erzeugt wird und damit auch *wie* Weiblichkeit und Männlichkeit sozial konstruiert werden, rückte erst mit stärker interaktiv ausgerichteten Ansätzen der Sozialforschung in den Blickwinkel der Analyse.[3] Zur Erforschung gesellschaftlicher Wirklichkeit erwies es sich als notwendig, zwischenmenschliche Interaktionen zum Untersuchungsgegenstand zu erheben, denn sie verkörpern – wie Berger/Luckmann[4] veranschaulichen – die zentralen Mittel, durch die soziale Normen, kulturelle Relevanzstrukturen und soziale Identitäten übermittelt, erneuert und modifiziert werden.

Die von Harold Garfinkel begründete Ethnomethodologie widmet sich der Entstehung sozialer Ordnung im alltäglichen Handeln und verfolgt das Ziel, die Produktion von Sinn in alltäglichen Handlungen zu erfassen.[5] Anhand empirischer Untersuchungen gilt es zu ermitteln, *wie* – d.h. mittels welcher Ethnomethoden – wir in unseren Alltagshandlungen scheinbar ‚objektive' Tatsachen des sozialen Lebens erzeugen. Hierzu gehört auch die Zweiteilung der Menschen in Frauen und Männer. Dieser Frage nach den alltäglichen Verfahren der Geschlechterkonstruktion ging Garfinkel in seiner Studie der Transsexuellen Agnes nach.[6] Agnes musste in einem langandauernden Prozess diejenigen Ethnomethoden erwerben, die es ihr erlaubten, in der amerikanischen Gesellschaft der 1960er Jahre als ‚Frau' wahrgenommen und behandelt zu werden. Diese umfassen neben der gestisch-mimischen Präsentation, der Art sich zu kleiden, zu gehen, zu sitzen, vor allem auch sprachlich-kommunikative Verfahren: Agnes erhielt ein spezielles Stimmtraining und musste lernen, sich kommunikativ wie eine Frau zu verhalten. Der Fall Agnes machte – quasi im Sinne eines eth-

---

3 Hierzu detaillierter: Günthner: Zur kommunikativen Konstruktion von Geschlechterdifferenzen im Gespräch.
4 Vgl. Peter Berger und Thomas Luckmann: *The Social Construction of Reality*, Gardoon City 1966..
5 Vgl. Harold Garfinkel: *Studies in Ethnomethodology*, Prentice Hall 1967.
6 Vgl. Garfinkel: Studies in Ethnomethodology.

nomethodologischen Brechungsexperimentes – die ansonsten eher unsichtbaren Darstellungsleistungen sichtbar, die notwendig waren, um in der US-amerikanischen Gesellschaft der 60er Jahre als ‚Frau‘ wahrgenommen zu werden. Garfinkel verdeutlicht mit dieser Studie zugleich, wie „gender“ in der alltäglichen Praxis der Interaktion als „accomplishment“ – als interaktive Errungenschaft – hergestellt wird.

Dem *Wie* der sozialen Konstruktion der Geschlechtszugehörigkeit widmet sich auch Erving Goffmans interaktionssoziologische Arbeit zum ‚Arrangement der Geschlechter‘.[7] Goffman reflektiert die tief im Alltag verankerten Praktiken der Inszenierung dieser – unsere Gesellschaft so beherrschenden – Zweiteilung und stellt dabei die Frage, wie es kommt, dass in der modernen Gesellschaft „derartig irrelevante biologische Unterschiede“ eine solche zentrale soziale Bedeutung gewinnen, dass sie unsere gesamte soziale Organisation, unser Alltagsverhalten, unsere Kommunikationsformen, unsere Machtverteilung etc. bestimmen.[8] Es erstaunt zunächst einmal – so Goffman – , dass gerade moderne Gesellschaften, die technisch in der Lage sind, etwa ethnische Körperunterschiede, Bildungsunterschiede, militärbedingte Abwesenheiten, Altersunterschiede etc. zu kompensieren, den ohnehin nicht sehr großen biologischen Unterschied zwischen den Geschlechtern nicht etwa minimieren, sondern geradezu „rituell überhöhen“, so dass das Geschlecht als Prototyp der Einteilung der Gesellschaft behandelt wird.[9] Die Zweiteilung der Geschlechter fängt bereits mit der Geburt an und verfolgt uns unser Leben lang. Sie findet sich im Familienleben, im Sport, im Berufsleben, in den Abteilungen von Kaufhäusern, in fast jedem offiziellen Antragsformular, wo wir ankreuzen müssen, ob wir weiblich oder männlich sind, ja sie dringt bis zu den öffentlichen Toiletten vor, die zweigeteilt sind. Auch im ‚Benennungssystem‘ unserer Sprache findet das Geschlechterarrangement seinen Ausdruck: Angefangen mit den geschlechtsspezifischen Vornamenregelungen über Anredeformen bis zur Genusmarkierung bei den Pronomen der 3. Person. Mit sozialen Arrangements wie diesen tragen wir nicht nur aktiv zum *gender display* bei, sondern bestätigen dadurch zugleich die kulturellen Vorstellungen der scheinbaren ‚natürlichen‘ Ordnung zwischen den Geschlechtern.[10] In Zusammenhang mit Goffmans Arbeiten zum sozialen

---

7 Vgl. Erving Goffman: *The Arrangement between the Sexes*, in: Theory and Society 4 (1977), S. 301-331. Auf Deutsch erschienen: Erving Goffman: *Interaktion und Geschlecht*, hg. von Hubert Knoblauch, Frankfurt a. M., New York, 1994.
8 Vgl. Goffman: The Arrangement between the Sexes, S. 139.
9 Goffman: The Arrangement between the Sexes, S. 106.
10 Vgl. hierzu auch Helga Kotthoff: *Geschlecht als Interaktionsritual?* In: Goffman: *Interaktion und Geschlecht*, S. 159-194; sowie Pierre Bourdieu: *The Logic of Practice*, Stanford 1990.

Arrangement der Geschlechter sind mehrere Faktoren für die linguistischen Gender Studies von Relevanz: (1) Die alltägliche Interaktion gilt als der Ort der Konstitution sozialer Geschlechterdifferenzen. (2) Das Geschlechterarrangement beruht nicht etwa auf singulären performativen Handlungen Einzelner, sondern beim *gender display* handelt es sich um einen dialogischen Austausch, der soziokulturell verankert ist.[11] (3) Die einzelnen Handlungen zur Markierung von Gender sind somit nicht frei aushandelbar, sondern durch bestimmte sedimentierte Kulturmuster vorgegeben.[12] D.h. unsere alltäglichen Verfahren des *gender display* reflektieren zugleich fundamentale Merkmale der Sozialstruktur. Goffman redet von „institutioneller Reflexivität". (4) Darüber hinaus wird bei Goffman das Geschlechterarrangement als dynamischer und inhärent kommunikativer Prozess betrachtet, der sich durch historische und kulturelle Variabilität und Veränderbarkeit auszeichnet.

In Anlehnung an Garfinkels ethnomethodologischen Ansatz und Goffmans interaktionssoziologischen Studien wurde innerhalb der soziologischen und linguistischen Gender Studies das Konzept des *doing gender* entwickelt.[13] Dieses basiert auf der ethnomethodologischen Annahme, dass soziale Ordnung durch die Handlungen der Gesellschaftsmitglieder aufgebaut und verfestigt wird. Geschlecht ist diesem sozialkonstruktivistischen Ansatz zufolge nicht ein Merkmal, das eine Person *hat*, sondern primär eine im Prozess der Interaktion sequenziell herzustellende und emergente Leistung („accomplishment"), an der alle Interagierenden beteiligt sind. Die Geschlechteridentität ist somit keine der Interaktion vorausgehende Entität, sondern etwas, das in zwischenmenschlichen Interaktionen erst hergestellt wird. Hierbei handelt es sich insofern um einen reflexiven Prozess, als einerseits jegliches Verhalten einer Person vor dem Hintergrund der ihr zugeschriebenen Geschlechtszugehörigkeit wahrgenommen, interpretiert und bewertet wird, andererseits dieses Verhalten wiederum

---

11 Eine ähnliche Position vertritt auch Bourdieu: *Die männliche Herrschaft*, Frankfurt a. M. 2005, S. 74f. Er argumentiert, dass die Gender-Konstruktion „alles andere als der willentliche, freie bewusste intellektuelle Akt eines einsamen 'Subjekts' [ist]. Sie ist vielmehr der Effekt eines Vermögens, das in Form von Wahrnehmungsschemata und Dispositionen [...], die für bestimmte symbolische Äußerungen der Macht empfänglich machen, dauerhaft in die Körper der Beherrschten eingeprägt ist".

12 Vgl. Hubert Knoblauch: Erving Goffmans Reich der Interaktion. Einführung, in: Goffman: Interaktion und Geschlecht, S. 7-49, S. 5ff.

13 Vgl. hierzu Candance West und Don Zimmerman: *Doing Gender*, in: Gender & Society 1/2 (1987), S. 125-151.

der Geschlechtsattribuierung dient.[14] Unterbelichtet bleibt bei diesem Ansatz allerdings, dass die Konstruktion von Gender – wie bereits Goffmans Ausführungen verdeutlichen[15] – nicht als reines Resultat fortwährender situierter Aushandlungen zu betrachten sind. Geschlechterzugehörigkeiten werden zwar interaktiv ausgehandelt, doch sind sie aufgrund ihres institutionalisierten Charakters „accountable" im ethnomethodologischen Sinne, d.h. beim Aushandeln greifen wir auf institutionalisierte Kulturmuster zurück, die wiederum als Reflexionen scheinbar ‚natürlicher' Unterschiede zwischen den Geschlechtern gelten.[16] Folglich sind die Verfahren des *doing gender* nicht nur emergent, sondern sie sind habitualisiert im Sinne sozialer Praktiken.[17]

Das *doing gender*-Konzept wurde in den letzten Jahren durch den Ansatz der „community of practice"[18] insofern erweitert, als in diesem Modell der vielfältigen sozialen Praktiken Gender lediglich als ein Faktor unter mehreren betrachtet wird, die das Verhalten von Mitgliedern sozialer Gemeinschaften bestimmen. Die Teilhabe an gemeinschaftlichen sozialen Praktiken gilt hierbei als zentrale Instanz zur Ausbildung sozialer Identitäten.

Relevant für die Sprachwissenschaft sind folglich Fragen nach dem Prozess der Herstellung von Geschlecht in der kommunikativen Praxis des Alltags:[19]

---

14 Hierzu auch Stefan Hirschauer: Die soziale Konstruktion der Transsexualität. Über die Medizin und den Geschlechtswechsel, Frankfurt a. M. 1993; Ulrike Bohle und Ekkehard König: Zum Begriff des Performativen in der Sprachwissenschaft, in: Paragrana 1: Theorien des Performativen (2001), S. 13-34.

15 Vgl. Goffman: The Arrangement between the Sexes.

16 Hierzu auch Knoblauch: Erving Goffmans Reich der Interaktion und Kotthoff: Geschlecht als Interaktionsritual?

17 Die Annahme einer fortwährenden Konstruktion von Geschlecht in individuellen Handlungen – ohne Berücksichtigung gesellschaftlich sedimentierter Vorgaben und institutioneller Zwänge und ohne Rückbindung an anthropologische Gegebenheiten wird in Zusammenhang mit dem „doing gender"-Konzept immer wieder kritisiert.

18 Penelope Eckert und Sally McConnell-Ginet: *New Generalizations and Explanations in Language and Gender Research*, in: Language in Society 28 (1999), S. 185-201; Janet Holmes und Miriam Meyerhoff: *The Community of Practice: Theories and Methodologies in Language and Gender Research*, in: Language in Society 28 (1999), S. 173-183.

19 Vgl. Kotthoff: Geschlecht als Interaktionsritual?; Susanne Günthner: Male-female Speaking Practices Across Cultures, in: Contrastive Sociolinguistics, hg. von Marlis Hellinger und Ulrich Ammon, New York 1996, S. 447-474; Günthner: Zur kommunikativen Konstruktion von Geschlechterdifferenzen im Gespräch; Deborah Tannen: The Relativity of Linguistic Strategies: Rethinking Power and Solidarity in Gender and Dominance, in: Gender and Conversation Interaction, hg. von D. T., New York, Oxford 1994, S. 165-188; Suzanne Romaine: Communicating Gender, London 1999.

–   Welche kommunikativen Strategien tragen in welchen Gemeinschaften zur Konstruktion von Gender bei?
–   Wie ist die sprachliche Signalisierung der Geschlechtszugehörigkeit verbunden mit anderen sozialen Parametern, wie Status, Milieuzugehörigkeit, Alter, Ausbildung etc.?
–   Inwiefern zeichnen sich kulturell divergierende Praktiken der kommunikativen Genderkonstruktion ab? Bzw. existieren gar Universalien bei der Konstruktion von Genderzugehörigkeiten?

Mit diesen Fragen haben sich die linguistischen Gender Studies in den letzten Jahren auseinandergesetzt und zahlreiche empirische Arbeiten zum Gesprächsverhalten von Frauen und Männern in verschiedenen Sprech- und Kulturgemeinschaften durchgeführt.[20] Diese veranschaulichen zunächst einmal, dass kulturelle Gruppen Weiblichkeit und Männlichkeit auf spezifische Weise organisieren und konzeptualisieren.[21] Was in einer Kultur als spezifisch ‚weibliche Kommunikationsweise' betrachtet wird, mag in der andern als ‚männlich' oder als geschlechtsindifferent gelten. Doch auch wenn sich kulturelle Variationen hinsichtlich der sprachlichen Ressourcen, die zur Geschlechterkonstruktion eingesetzt werden können, zeigen, so erweist sich die Geschlechterkonstruktion – wohl in allen uns bekannten Gesellschaften – als eine Art kultureller Matrix, durch deren Zuschreibung Personen kategorisiert werden und die eng mit dem sprachlich-kommunikativen Verhalten verwoben ist.[22]

Im Folgenden sollen unterschiedliche Analyseebenen, auf denen *doing gender* in der kommunikativen Praxis vorgenommen werden kann, vorgestellt und dabei Beispiele aus der ethnografischen bzw. kultur-anthropologische Forschung zu geschlechtsspezifischen Diskurspraktiken in verschiedenen Kultur- und Sprechgemeinschaften angeführt werden. Diese Präsentation soll die Komplexität der Indizierung von Gender verdeutlichen und zeigen, dass *doing gender* in der Regel nicht exklusiv, kontextübergreifend und eindeutig, sondern in Kookkurrenz mit anderen sozialen Bedeutungen kontextbezogen indiziert wird.

---

20 Einen Überblick liefert Günthner: *Male-female Speaking Practices Across Cultures*. Siehe auch die Beiträge in Susanne Günthner und Helga Kotthoff (Hgg.): *Von fremden Stimmen. Weibliches und männliches Sprechen im Kulturvergleich*, Frankfurt a. M. 1991.
21 Vgl. Elinor Ochs: Indexing Gender, in: *Rethinking Context: Language as an Interactional Phenomenon*, hg. von Alessandro Duranti und Charles Goodwin, Cambridge NY 1992, S. 335-358.
22 Vgl. William A. Foley: Anthropological Linguistics. An Introduction. Oxford 1997.

3 Praktiken der kommunikativen Konstruktion von Geschlecht

3.1 Die Ebene der Prosodie

Die Geschlechtszugehörigkeit einer Person wird in wohl allen kulturellen Gruppen u.a. durch nonsegmentale Mittel der Stimme – wie Stimmhöhe, Sprechgeschwindigkeit, Rhythmus und Lautstärke – überliefert.[23] Im Allgemeinen haben Frauen eine höhere Stimme als Männer. Dies ist teilweise auf anatomische Unterschiede zwischen den Geschlechtern zurückzuführen: Männer haben in der Regel längere Stimmbänder, die langsamer vibrieren und tiefere Töne erzeugen als kürzere Stimmbänder; hinzu kommt der Einfluss bestimmter Hormone, die in der Pubertät zum Absinken der Tonhöhe bei Jungen führen.[24] So weist die Stimme europäischer Männer einen Pitchumfang von 75-230 Hertz auf; der Pitchumfang von europäischen Frauen liegt zwischen 110 und 330 Hertz.[25] Diese Zahlen veranschaulichen, dass es einerseits Unterschiede, andererseits aber auch eine Überschneidungsspanne der Tonhöhenvariationen von männlichen und weiblichen Stimmen gibt. Ferner finden sich aber auch kulturelle Unterschiede hinsichtlich der erwarteten Tonhöhe der Geschlechter: Während in einigen Kulturen die Tonhöhendifferenzen der Geschlechter stark ausgeprägt sind, unterscheiden sich weibliche und männliche Stimmen in anderen Kulturen weniger deutlich.[26] Insgesamt veranschaulichen kulturvergleichende Analysen, dass wohl in allen Sprech- und Kulturgemeinschaften Tonhöhendifferenzen mit ‚Geschlecht' assoziiert werden (wobei die weibliche Stimme kulturübergreifend die höhere ist); jedoch variiert das Ausmaß der Differenz. Ferner verdeutlichen Untersuchungen von Kindern, dass Jungen bereits vor der

---

23 Diese Darstellung, die auf Günthner: *Zur kommunikativen Konstruktion von Geschlechterdifferenzen im Gespräch basiert*, erhebt keinen Anspruch auf Vollständigkeit.
24 Vgl. David Graddol und Joan Swann: *Gender Voices*, Cambridge MA 1989, S. 17.
25 Vgl. Graddol, Swann: *Gender Voices*, S. 20ff.
26 Vgl. Wojciech Majewski, Harry Hollien und Janusz Zalewski: *Speaking Fundamental Frequencies of Polish Adult Males*, in: *Phonetica* 25 (1972), S. 119-125; Die Verfasser verweisen darauf, dass die Stimmen weißer US-amerikanischer Männer durchschnittlich tiefer als die von europäischen Männern sind und die von weißen amerikanischen Frauen höher als die von Europäerinnen.

Pubertät und damit vor dem Stimmbruch zu tieferen Stimmen neigen, da sie auf diese Weise gesellschaftlich kodierten Rollenerwartungen entsprechen wollen.[27]

Neben der Tonhöhe sind auch andere prosodische Merkmale für die Kontextualisierung von Gender verantwortlich: Weibliche Stimmen weisen in westlichen Gesellschaften häufigere und schnellere Wechsel in der Sprechgeschwindigkeit und in der Lautstärke auf.[28] Die Stimmen wirken dadurch involvierter und emotionaler. Selbst wenn die Tonhöhe bei weiblichen und männlichen Stimmen technisch angeglichen wird, können wir in der Regel Frauen- von Männerstimmen dadurch unterscheiden, dass erstere stärkere Tempo- und Lautstärkenschwankungen aufweisen.[29]

Das Beispiel der Stimme verweist auf die komplexe Interaktion soziokultureller und biologisch/physiologisch gegebener Faktoren bei der stimmlichen Konstruktion des *doing gender* Geschlechterdifferenzen und macht deutlich, dass die Stimme eine wichtige geschlechtsspezifische Markierung des Körpers in der Sprache hinterlässt.

3.2 Die Ebene der Phonologie, der Grammatik und des Lexikons

Auf dieser Ebene sind Gender-Indizes angesiedelt, die sich auf die Phonologie, Morphologie, Syntax sowie auf das Lexikon einer Sprache beziehen.

Aufschlussreich in diesem Zusammenhang sind die klassischen soziolinguistischen Studien von Labov[30] und Trudgill[31]. Diese verweisen darauf, dass Frauen der unteren Mittelschicht in US-amerikanischen und britischen Städten

---

27 Vgl. Jacqueline Sachs, Philip Lieberman und Donna Erickson: *Anatomical and Cultural Determinants of Male and Female Speech*, in: *Language Attitudes: Current Trends and Prospects*, hg. von Roger W. Shuy und Ralph W. Fasold, Washington DC 1973, S. 74-84.

28 Vgl. Graddol, Swann: Gender Voices, S. 14f.

29 Interessant in diesem Zusammenhang sind Untersuchungen mit Transsexuellen und deren Einüben prosodischer Merkmale weiblicher Stimmen, sowie spezielle Trainingsprogramme für Politikerinnen: Margret Thatcher senkte nicht nur ihre durchschnittlich Stimmhöhe um 46 Hertz, sondern sie bekam während der ersten Jahre ihrer Amtszeit als Premierministerin auch ein spezielles Stimmtraining, durch das sie die für weibliche Stimmen typischen Tonhöhenschwankungen abbaute und eine stabile Tonhöhe hielt, um weniger emotional zu wirken (vgl. Graddol, Swann: *Gender Voices*, S. 38).

30 Vgl. William Labov: The Social Stratification of English in New York City, Washington DC 1966.

31 Vgl. Peter Trudgill: Sociolinguistics. An Introduction to Language and Society, Harmondsworth 1974.

in statistisch signifikanter Weise phonologische (aber auch morphologische und syntaktische) Formen verwenden, die mit einer sozial höheren Schicht assoziiert werden. Dieses Muster der stärkeren Vermeidung stigmatisierter sprachlicher Varietäten bei Frauen ist in westlichen Sprechgemeinschaften derart verbreitet, dass es innerhalb der traditionellen Soziolinguistik als das soziolinguistische Gender-Muster schlechthin bezeichnet wird.[32] Wie ist diese Tendenz westlicher Frauen zur Vermeidung stigmatisierter Nicht-Standardvarietäten zu erklären? Trudgill argumentiert, dass Frauen in diesen Sprechgemeinschaften versuchten, ihren sozial niedrigeren Status zu kompensieren, indem sie statusbewusstere Ausspracheformen verwenden.[33] Aufgrund ihrer eigenen Stellung in der Gesellschaft seien sie sensibler gegenüber sozialer Bedeutung von Sprache und zeigten folglich in ihrem Sprachverhalten eine ‚soziale Aufwärtsmobilität'. Gleichzeitig zeige sich aber auch, dass die Nicht-Standard-Aussprachevarianten der Unterschicht zwar als prestigearm gelten, doch zugleich mit ‚Männlichkeit' und ‚physischer Kraft' assoziiert werden und damit zum *doing being male* beitragen.[34]

Arbeiten zur Gendermarkierung im Bereich der Grammatik und des Lexikons verweisen darauf, dass mit Gender in den meisten Fällen die Kontextualisierung weiterer sozialer Parameter einer geht, wie die Markierung von sozialem Status, Vertrautheit bzw. sozialer Nähe. Arbeiten zur Verwendung von Personalpronomina in verschiedenen Sprachen zeigen beispielsweise, dass häufig mittels eines bestimmten Pronomens nicht nur das Geschlecht der/des Sprechenden bzw. der Rezipientin, des Rezipienten indiziert wird, sondern darüber hinaus weitere soziale Kategorien (wie Verwandtschaftsbeziehung oder häufiger: Status, soziale Nähe, Intimität etc.) mit hergestellt werden. So werden im Vietnamesischen beispielsweise statt Personalpronomina meist Ver-

---

32 Studien aus anderen Kulturgemeinschaften – wie Shibamotos Arbeiten zum Japanischen und Ochs' Analysen zum Samoanischen – zeigen allerdings, dass die Tendenz weiblicher Sprecher zur Vermeidung stigmatisierter Nicht-Standard-Varianten keineswegs universell und folglich im Kontext der jeweiligen soziokulturellen Rahmenbedingungen zu interpretieren ist (Janet N. Shibamoto: *The Womanly Women. Manipulation of Stereotypical and Non Stereotypical Features of Japanese Female Speech*, in: *Language, Gender and Sex in Comparative Perspective*, hg. von Susan U. Philips, Susan Steele und Christine Tanz, Cambridge NY 1987, S. 165-188; Elinor Ochs: *The Impact of Stratification and Socialization on Men's and Women's Speech in Western Samoa*, in: *Language, Gender and Sex in Comparative Perspective*, S. 50-70).
33 Vgl. Trudgill: *Sociolinguistics*.
34 Hierzu auch Helga Kotthoff: Unruhe im Tabellenbild? Zur Interpretation weiblichen Sprechens in der Soziolinguistik, in: Die Geschlechter im Gespräch, hg. v. Susanne Günthner und H. K., Tübingen, 1992, S. 126-146.

wandtschaftstermini verwendet; also statt ‚ich' bzw. ‚du' benutzen SprecherInnen Verwandtschaftsbezeichnungen, die allerdings nicht nur das Geschlecht des/der Sprechenden indizieren, sondern zugleich auch den sozialen Status und die soziale Nähe zwischen den Gesprächsteilnehmenden markieren. Möchte ich sagen: ‚ich gehe einkaufen', so verwende ich Verwandtschaftsbezeichnungen wie ‚jüngere Schwester geht einkaufen', ‚ältere Tante mütterlicherseits geht einkaufen', oder im Falle eines männlichen Sprechers: ‚Großvater väterlicherseits/jüngerer Bruder geht einkaufen' etc. Wichtig ist somit nicht nur, dass ich mich als ‚Frau' bzw. ‚Mann' identifiziere, sondern auch, ob ich die Verwandtschaftsbeziehung im Falle der Verwendung von ‚Onkel/Tante' oder ‚Großvater/Großmutter' ‚mütterlicherseits' oder aber ‚väterlicherseits' herstelle, und ob ich mich als ‚ältere' oder ‚jüngere Tante/Onkel' einordne. Habe ich eine enge freundschaftliche Beziehung zu einer älteren Kollegin, so verwende ich statt ‚du' ‚jüngere Schwester der Mutter'; habe ich dagegen ein distanzierteres Verhältnis zu einem älteren Kollegen, so werde ich ihn mittels „älterer Bruder des Vaters' ansprechen. Mit ‚älter' oder ‚jünger' signalisiere ich Respekt bzw. soziale Nähe und ebenso mittels ‚väterlicher'- oder ‚mütterlicher'-seits. Die väterlichen Varianten sind stets die prestigereicheren, respektvolleren aber zugleich auch distanzierteren Varianten.[35]

Gerade in den ost-asiatischen Sprachen wird mit der Indizierung weiblichen Geschlechts häufig ein niedriger sozialer Status signalisiert, aber dafür eine größere soziale Nähe. Dies veranschaulicht die Komplexität der Indizierung von Gender aufgrund der Überlappung verschiedener sozialer Kategorisierungen (Status, soziale Nähe etc.), die die jeweiligen indexikalischen Referenzwerte beeinflussen. Für Studien zum *doing gender* ist es folglich notwendig, Geschlecht in der Ko-Konstruktion mit anderen sozialen Variablen innerhalb der jeweiligen kommunikativen Praxis zu analysieren.

---

35 Für diese Hinweise danke ich Pham thi Binh. Auch im Thai interagieren bei den Personalpronomina Geschlechtsindizes mit den Variablen Status bzw. soziale Nähe zwischen Sprecherin bzw. Sprecher und Hörerin bzw. Hörer. Es existiert hier eine metaphorische Beziehung zwischen Geschlechtsindizierung und relativem Status der/des Adressierten, so dass Frauen in Gesprächen mit Männern Pronomen verwenden, die zugleich immer auch signalisieren, dass sozial niedrig Stehende mit höher Stehenden kommunizieren (vgl. Michael Silverstein: *Language and the Culture of Gender: At the Intersection of Structure, Usage and Ideology*, in: *Semiotic Mediation: Sociocultural and Psychological Perspectives*, hg. von Elisabeth Mertz und Richard J. Parmentier, Orlando 1985, S. 219-259.

3.3 Geschlechtsspezifische Zuordnungen kommunikativer Gattungen

Kommunikative Gattungen stellen mehr oder minder wirksame und verbindliche ‚Lösungen' von interaktiven Aufgaben dar und verdanken ihre Existenz der Tatsache, dass sie von Kommunikationsteilnehmern als Orientierungsmuster benutzt und auf diese Weise im sprachlichen Handeln laufend füreinander erkennbar produziert werden.[36] Kommunikative Gattungen (wie Klatsch, Tischgebete, Witze, Beschwerdeerzählungen etc.) sind also Muster, die bestimmte kommunikative Vorgänge vorzeichnen, indem sie die Elemente dieser Vorgänge mehr oder weniger ausgeprägt festlegen. Als Mitglieder einer Sprechgemeinschaft verfügen wir über ein bestimmtes Repertoire an kommunikativen Gattungen und kennen zugleich deren Verwendungszusammenhang. Wenn beispielsweise eine Sprecherin ihre Äußerung mit ‚Kennst du den schon? Kommt Fritzchen nach Hause...' beginnt, so erwarten wir in der Regel einen Witz. Hören wir ‚Hast du schon gehört: die Frau Müller hat mal wieder ...', so erzeugt auch hier die Sprecherin bestimmte Gattungserwartungen, nämlich in Richtung Klatsch und Tratsch.[37] In zahlreichen Kulturen zeichnen sich geschlechtsspezifische Differenzen im Umgang mit kommunikativen Gattungen ab.[38]

---

36 Vgl. Thomas Luckmann: Grundformen der gesellschaftlichen Vermittlung des Wissens: Kommunikative Gattungen, in: Kultur und Gesellschaft. Kölner Zeitschrift für Soziologie und Sozialpsychologie, Sonderheft 27, hg. von Friedhelm Neidhart, M. Rainer Lepsius und Johannes Weiß, Köln 1986, S. 191-211; Susanne Günthner und Hubert Knoblauch: „Forms are the Food of Faith". Gattungen als Muster des kommunikativen Handelns, in: Kölner Zeitschrift für Soziologie und Sozialpsychologie 4 (1994), S. 693-723.
37 Vgl. Günthner, Knoblauch: „*Forms are the Food of Faith*"; Susanne Günthner: *Gattungen in der sozialen Praxis*, in: Deutsche Sprache 3 (1995), S. 193-217.
38 Als Beispiel einer in zahlreichen Kulturen als weiblich betrachteten Gattung sind Klagelieder zu nennen. Lamentos stellen ein wichtiges Medium bereit, um Emotionen (vor allem Trauer um die Verstorbenen) auszudrücken, moralische Werte zu übermitteln, das eigene Schicksal zu thematisieren und Solidarität herzustellen. Da in vielen Sprechgemeinschaften Frauen in Klageliedern nicht nur ihr Trauern um den Toten zum Ausdruck bringen, sondern auch Kritik an den Handlungen einiger Mitglieder üben, die das soziale Wohl der Gemeinschaft gefährden und geltende Normen und Werte bestätigen bzw. hinterfragen, haben Klagelieder in vielen Gemeinschaften wichtige soziale Funktionen (vgl. Helga Kotthoff: *Affekt-Darbietungen in interkulturellen Lamentationen in Georgien*, in: *Interkulturalität. Zwischen Inszenierung und Archiv*, hg. von Stefan Rieger, Schamma Schahadat und Manfred Weinberg, Tübingen 1999, S. 231-250).

So bildet die Gattung der Trinksprüche im kaukasischen Georgien eine wichtige ritualisierte Handlung und ein zentrales Mittel zur interaktiven Konstruktion von ‚Männlichkeit'.[39] Trinksprüche können sich in bestimmten Kontexten sogar zu einem Wettstreit unter den am Tisch anwesenden Männern entwickeln, wobei jene Georgier, die die Gattung nicht beherrschen und denen es an rhetorischen Fertigkeiten mangelt, als ‚unmännlich' klassifiziert werden.[40] Während in informellen Situationen gelegentlich auch Frauen die Rolle des Trinkspruchmeisters (*tamada*) übernehmen können, ist in formellen Situationen der Tamada stets ein Mann. Die Frauen sind dann mit der Zubereitung und dem Servieren des Essens beschäftigt und bilden in der Küche meist ihre eigene, weniger formalisierte Gesprächsgruppe.

Studien zum Türkenslang in Deutschland verdeutlichen, dass unter Jugendlichen der 2. und 3. Migrantengeneration hybride Gattungsformen verwendet werden, die ihren Ursprung in rituellen Beleidigungen (einer kommunikativen Gattung männlicher türkischer Jugendlichen) wie auch im Rap haben. Diese Mischformen, die primär von männlichen Jugendlichen aufgegriffen werden, werden teilweise auch in Comedies von männlichen Charakteren übernommen und tragen sowohl zum *doing being male* als auch zur Konstruktion sozialer Zugehörigkeit unter Jugendlichen bei.[41]

3.4 Geschlechtsspezifische Präferenzen in den Gesprächsstilen

Wesentliche Aspekte innerhalb der linguistischen Gender Studies, die in Zusammenhang mit *doing gender* immer wieder erwähnt werden, betreffen geschlechtsspezifische Stilpräferenzen, wie Präferenzen hinsichtlich privater vs.

---

39 Vgl. Helga Kotthoff: Der Tamada gibt am Tisch den Ton an. Tafelsitten, Trinksprüche und Geschlechterrollen im kaukasischen Georgien, in: Von fremden Stimmen, hg. von Günthner, Kotthoff, S. 229-261.

40 Vgl. Helga Kotthoff: Der Tamada gibt am Tisch den Ton an.

41 Vgl. Rosemarie Füglein: Kanak Sprak. Eine ethnolinguistische Untersuchung eines Sprachphänomens im Deutschen, Magisterarbeit, Universität Bamberg 2000; Volker Hinnenkamp: Deutsch-Türkisches Code-Mixing und Fragen der Hybridität, in: Kulturen und ihre Sprachen. Die Wahrnehmung anders Sprechender und ihr Selbstverständnis, hg. von Wolfdietrich Hartung und Alissa Shethar, Berlin 2002, S. 123-140; Jannis K. Androutsopoulos: From the Streets and Back Again. On the Mediated Diffusion of Variation Patterns in Contemporary German, Manuskript 2003.

öffentlicher, informeller vs. formeller Gesprächsstile, konversationelle Höflichkeit, Indirektheit/Direktheit, Kooperativität vs. Kompetitivität.

Durch Deborah Tannens Bestseller *You just don't understand*[42] wurde die These populär, dass Frauen in westlichen Gesellschaften einen kooperativen Gesprächsstil präferieren, der auf der Vermeidung von Konfrontation und dem Streben nach interaktiver Harmonie basiere. Der männliche Stil dagegen sei kompetitiv ausgerichtet, Dominanz-orientiert, und Sprache werde primär dazu verwendet, Hierarchien herzustellen und zu verfestigen. Die These der mangelnden Konfrontativität von Sprecherinnen scheint u.a. durch Arbeiten zu wissenschaftlichen Diskussionsstilen im deutschsprachigen Raum bestätigt zu werden. Empirische Studien belegen, dass selbst heute noch markante geschlechtspräferentielle Stilunterschiede in wissenschaftlichen Argumentationen im universitären Kontext zutage treten.[43] Selbst statushohe Teilnehmerinnen (Professorinnen) bringen in der Regel ihre Gegenmeinungen recht zahm vor und vermeiden fast gänzlich die bei männlichen Sprechern immer wieder auftretenden Phänomene des rhetorischen Scheinlobes und der Scheinzustimmung. Solche ironischen Spielarten von Kritik sind bei weiblichen Diskutierenden selten nachzuweisen, wodurch ihren Äußerungen die vernichtende Schärfe fehlt, die sich bei einigen ihrer Kollegen durchaus findet. Ferner sind Wissenschaftlerinnen in fachlichen Auseinandersetzungen eher zu unverschleierten Konzessionen und Einschränkungen der Gültigkeit ihrer eigenen Aussagen bereit; sie neigen sehr viel stärker als ihre männlichen Kollegen zu Selbstkritik.[44] Auch wenn diese in Kurzform präsentierten Ergebnisse empirischer Untersuchungen zum wissenschaftlichen Diskussionsstil zunächst einmal die These scheinbar mangelnder weiblicher Konfrontationsbereitschaft zu bestätigen scheinen, so tun sie dies nicht pauschal. Denn dieselben Sprecherinnen verwenden in anderen Kontexten und Gattungen (in privaten Argumentationen, informellen Streitgesprächen etc.) sehr wohl unabgeschwächte Formen der Dissensmarkierung, ironische Angriffe und konfrontative Strategien. Und männliche Sprecher verwenden durchaus auch abgeschwächte Dissensformate, vergleichbar mit denen sozial hoch stehender Frauen.

---

42 Deborah Tannen: You Just Don't Understand. Women and Men in Conversation, New York 1990 (dt. Du kannst mich einfach nicht verstehen. Warum Männer und Frauen aneinander vorbeireden, Hamburg 1991).
43 Vgl. Bettina Baron: Freiwillige Selbstkontrolle im Fachgespräch. Selbstkritik und Skopuseinschränkung in Beiträgen von Wissenschaftlerinnen, in: Zeitschrift für Germanistische Linguistik 139-140 (1998), S. 175-199.
44 Vgl. Baron: Freiwillige Selbstkontrolle im Fachgespräch.

Darüber hinaus veranschaulichen kulturanthropologische Arbeiten, dass man keineswegs – wie teilweise angenommen – kooperatives und höfliches Verhalten als universelles Merkmal weiblichen Stils betrachten kann. Ein mittlerweile klassisches Gegenbeispiel bzgl. der Gleichsetzung von Höflichkeit und Weiblichkeit stellt Keenans Studie zum Gesprächsverhalten in einer madagassischen Gemeinschaft dar.[45] Dort sind es die Männer, die einen indirekten und höflichen Redestil pflegen: „eine Sprache, die sich windet".[46] Dieser Stil gilt als Harmonie fördernd und zielt darauf ab, Konfrontationen und Gesichtsbedrohungen zu vermeiden. Aufgrund seiner ‚Indirektheit' wird dieser Stil als ‚besser' und ‚schöner' betrachtet und hat einen höheren Status in der madagassischen Gemeinschaft inne als der weibliche Stil. Letzterer weist sich nämlich durch seine Direktheit aus und gilt als Quelle des Konflikts und als Bedrohung für soziale Beziehungen. Zugleich wird das Gesprächsverhalten der Frauen als Hinweis darauf gesehen, dass Frauen von Natur aus emotionaler, unbeherrschter und unsozialer sind, während der höfliche männliche Redestil als Indikator für den männlichen Gemeinschafts- und Harmoniesinn gilt. In öffentlichen Gesprächen ist der männliche Stil obligatorisch, da hier Konflikte vermieden werden sollen. Aus diesem Grund sind öffentliche Sprecher in der Regel Männer. Muss jedoch eine unangenehme, negative Nachricht übermittelt werden oder liegt ein Problem mit den Nachbarn vor, so wird diese Rolle den Frauen überlassen. Von ihnen wird dann erwartet, dass sie das Gegenüber beschimpfen und mit ihm streiten, wodurch wiederum die Erwartung und Vorstellung von Frauen als ‚unbeherrscht' und ‚unsozial' bestätigt wird.[47]

Die präsentierten Studien verdeutlichen die reflexive Beziehung zwischen den kulturell erwartbaren kommunikativen Verhaltensweisen der Geschlechter und den jeweiligen Ethnotheorien bzgl. der scheinbaren weiblichen/männlichen Natur. Wie auch Bourdieu[48] in seinen Ausführungen zur Geschlechterpolitik betont: Die symbolische Gender-Konstruktionsarbeit „legitimiert ein Herrschaftsverhältnis, indem sie es einer biologischen Natur einprägt, die selbst eine naturalisierte gesellschaftliche Konstruktion ist."

---

45 Vgl. Elinor Keenan: Normen kreieren – Normen variieren. Männliches und weibliches Sprechen in einer madegassischen Gesellschaft, in: Von fremdem Stimmen, hg. v. Günthner, Kotthoff, S. 75-100.
46 Vgl. Keenan: Normen kreieren – Normen variieren, S. 76.
47 Vgl. auch zum Sprachverhalten von Frauen und Männern in Gapun, Papua Neu Guinea Don Kulick: *Anger, Gender, Language Shift and the Politics of Revelation in a Papuan New Guinean Village*, in: Pragmatics 2-3 (1992), S. 281-297.
48 Bourdieu: Die männliche Herrschaft, S. 44f.

3.5 Die konversationelle Organisation von Gesprächen

In dieser Kategorie finden sich Aspekte des Gesprächsverhaltens wie Unterbrechungen, Hörersignale, konversationelle Fragen, die Organisation konversationeller Themen und die Markierung von Kohärenzbeziehungen im Diskurs.

Eine Vielzahl linguistischer Arbeiten versuchte, Phänomenen wie Unterbrechungen, Fragen, Hörersignalen etc. eine bestimmte kontextlosgelöste Funktion zuzuschreiben und das betreffende Diskursverfahren in Bezug zum Phänomen Geschlecht zu setzen. So wurde Unterbrechungen die Funktion der Rederechtsverletzung zugeordnet und in Zusammenhang mit männlichem Dominanzverhalten gesetzt. Angeblich unterbrechen Männer Frauen häufiger und üben damit soziale Kontrolle und Dominanz aus. Solche simplen Korrelationen scheitern nicht nur daran, dass mittlerweile zahlreiche empirische Analysen verdeutlichen, dass Männer keineswegs Frauen pauschal häufiger unterbrechen; sondern auch daran, dass eine solche einfache Korrelation zwischen einer Diskursstrategie und einer bestimmten kontextübergreifenden Funktion nicht haltbar ist. Denn ein und dieselbe Strategie kann eingesetzt werden, um unterschiedliche, ja sogar diametral entgegengesetzte konversationelle Ziele zu erreichen. Unterbrechungen können – wie u.a. die Arbeit von Kotthoff veranschaulicht[49] – nämlich auch als Zeichen sozialer Nähe, Empathie, Unterstützungsarbeit und starken Engagements im Gespräch fungieren.

Dieselben Vorbehalte sind auch bei anderen diskurs-organisatorischen Verfahren, wie z.B. Hörersignalen, angebracht. Hörersignale werden von Maltz und Borker sowie Tannen als Paradebeispiel herangezogen, um die geschlechtsspezifisch divergierenden Kommunikations- und Interpretationsverfahren von Frauen und Männern zu verdeutlichen und ihre sehr populär gewordene ‚Theorie der zwei Kulturen' zu stützen.[50] Diese ‚Theorie der zwei Kulturen' geht davon aus, dass Frauen und Männer unterschiedlichen Kommunikationskulturen mit divergierenden kommunikativen Regeln angehören, wobei diskursive Verfahren für Frauen und Männer unterschiedliche Bedeutungen innehätten. In gemischtgeschlechtlichen Interaktionen würden folglich die Äußerungen der einen Person (z.B. einer Frau) auf der Grundlage eines anderen kommunikativen Systems interpretiert (des Mannes), was zu systematischen Missver-

---

49 Vgl. Helga Kotthoff: *Unterbrechungen und andere Interventionen*, in: Deutsche Sprache 2 (1993), S. 162-185.
50 Vgl. Daniel Maltz und Ruth Borker: Mißverständnisse zwischen Männern und Frauen – kulturell betrachtet, in: Von fremden Stimmen, hg. v. Günthner, Kotthoff, S. 52-74; Tannen: Du kannst mich einfach nicht verstehen.

ständnissen und Fehlschlägen führe.[51] Während Hörersignale wie „mhm, ja" etc. für Frauen bedeute, „Ich höre Dir zu. Mach weiter", hätten diese für Männer die Bedeutung „Ich bin einverstanden". Die in einigen Analysen konstatierten Ergebnisse, dass Frauen häufiger Hörersignale verwenden, kommen folglich daher, dass Frauen öfter zuhören als Männer zustimmen: Wenn eine Frau also ein „mhm" abgibt, würde der Mann dies – in Anlehnung an seine eigenen kulturellen Kommunikationskonventionen – als Zustimmung interpretieren. Umgekehrt führen die seltenen Hörersignale der Männer bei weiblichen Gesprächsteilnehmerinnen zu der Inferenz, dass die Männer nicht zuhören.

Die vorgenommene Zweiteilung der Funktion von Hörersignalen ist jedoch insofern problematisch, als zahlreiche Studien zum Rezipientenverhalten zeigen, dass Hörersignale – je nach sequenzieller Platzierung und prosodischer Realisierung – weitaus mehr interaktive Funktionen innehaben können als lediglich die der Ent- bzw. Ermutigung: Beispielsweise können sie Aufmerksamkeit und aktive Zuhörerschaft signalisieren, Verstehen vorgeben, Zustimmung demonstrieren, als Fortsetzungssignale die Sprecherin zum Weiterreden bewegen, eine kritische Haltung indizieren, zur Klarifikation auffordern, Empathie zeigen, Erstaunen markieren etc. Empirische Analysen zeigen ferner, dass prinzipiell Frauen und Männer mehrere Formen des Einsatzes von Hörersignalen verwenden und den jeweiligen Einsatz auch situationsadäquat zu interpretieren vermögen.[52]

Hiermit soll keineswegs die Möglichkeit geleugnet werden, mittels bestimmter kommunikativer Strategien Dominanz, Statusunterschiede etc. herzustellen. In zahlreichen Kontexten werden Unterbrechungen verwendet, um Dominanz auszuüben, bzw. werden Hörersignale verweigert und damit die konversationelle Unterstützungsarbeit. Doch können sprachlich-kommunikativen Verfahren (wie Unterbrechungen, Fragen, Hörersignale...) keine festen, kontextunabhängigen Bedeutungen zugeordnet werden, sondern die jeweilige Funktion wird, in Kookkurrenz mit anderen sprachlichen Verfahren, während des konkreten Interaktionsvorgangs – je nach sequenzieller Platzierung, Einbettung in bestimmte Aktivitätstypen, Gattungen und Sprechereignisse sowie Form der Durchführung – kontextuell und interaktiv ausgehandelt.[53]

---

51 Eine detaillierte Kritik der ‚Zwei-Kulturen-Theorie' findet sich in Susanne Günthner: *Sprache und Geschlecht: Ist Kommunikation zwischen Frauen und Männern interkulturelle Kommunikation?* in: Linguistische Berichte 138 (1992), S. 123-142 und Günthner: *Male-female Speaking Practices Across Cultures.*

52 Vgl. Günthner: Sprache und Geschlecht.

53 Hierzu detaillierter Günthner: Zur kommunikativen Konstruktion von Geschlechterdifferenzen im Gespräch.

3.6 Fazit aus den empirischen Studien

Die Ergebnisse empirischer Analysen der letzten 30 Jahre zeigen m. E. Folgendes:

(1) Viele der zunächst als universell angenommenen Prinzipien geschlechtsspezifischen Sprachverhaltens sind keineswegs solche. Vielmehr erweisen sich sprachlich-kommunikative Verfahren zur Konstruktion von Gender als kulturell weitaus vielfältiger und heterogener als ursprünglich angenommen.

(2) Aufgrund der Überlappung verschiedener sozialer Variablen (Status, soziale Nähe/Distanz, Geschlecht etc.), die in der kommunikativen Praxis die jeweiligen indexikalischen Referenzwerte beeinflussen, ist es methodisch diffizil, reine Genderindikatoren von anderen sozialen Parametern zu trennen. Gender wird meist durch sprachliche Verfahren kontextualisiert, die zugleich auch andere soziale Aspekte indizieren.

(3) Vom Kontext losgelöste Korrelationen zwischen kommunikativen Verfahren (wie Unterbrechungen, Fragen, Hörersignalen etc.) und bestimmten interaktiven Funktionen (wie Machtausübung) greifen zu kurz. Erst im interaktiven Kontext und damit im dynamischen Prozess der dialogischen, sequenziell organisierten Interaktion lässt sich die Funktion der jeweiligen kommunikativen Verfahren ermitteln.

(4) Gender kann auf recht unterschiedlichen sprachlichen Ebenen kommuniziert werden: Grammatische Strukturen können ebenso zum Prozess des *doing gender* beitragen, wie prosodische Verfahren, die Verwendung eines bestimmten Stilrepertoires, bestimmter kommunikativer Gattungen oder spezifischer Diskursstrategien. Auf welchen Ebenen Geschlechterdifferenzen kommuniziert werden, ist eng verbunden mit den vorherrschenden soziokulturellen Ideologien bzgl. der scheinbaren ‚Natur' von Frauen und Männern. Diese beeinflussen einerseits die kommunikativen Praktiken von Personen, zugleich bilden kommunikative Praktiken wiederum die zentralen Ressourcen zur Konstruktion und Bestätigung vorherrschender Ideologien – und wir haben folglich das, was Goffman ‚institutionelle Reflexivität' nennt.

4 Geschlecht als omnipräsent und omnirelevant? *Doing* vs. *Undoing Gender*

Gerade in komplexen Gesellschaften wie der unsrigen erweist sich die Geschlechtszugehörigkeit keineswegs als die in Interaktionen stets relevante Kategorie, die als *master status* im Vordergrund steht. Aufgrund bestimmter Darstellungspraktiken (Stimme, Kleidung, Frisur etc.) mag die Geschlechterdifferenz zwar omnipräsent ein, was sich daran zeigt, dass wir einem institutionalisierten ‚Ausweiszwang' unterliegen: Unser Gegenüber erwartet, dass wir uns als weiblich oder männlich identifizieren. Doch ist sie damit nicht zwangsläufig omnirelevant. Annahmen einer Omnirelevanz von Gender überhöhen einerseits die Differenzen zwischen den Geschlechtern und gehen davon aus, dass Frauen und Männer permanent verschieden sind, ohne dabei die Überlappungen und Widersprüchlichkeiten zu sehen.[54] Andererseits werden dadurch aber auch andere soziale Bedeutungen (Status, ethnische und regionale Zugehörigkeit, soziales Milieu Alter, kommunikative und institutionelle Rolle etc.), die mit dem Geschlecht auf vielfältige Weise interagieren, ignoriert.[55] Die Verwobenheit von Genderdarstellungen mit anderen Identitätsfaktoren, das Wechselspiel verschiedener sozialer Parameter in konkreten Kontexten und die Möglichkeiten der Überblendung von Gender durch andere soziale Faktoren werden innerhalb der jeweiligen „community of practices"[56] ausgehandelt.

Während West und Zimmerman in ihrem performativen Ansatz zur Aktualisierung von Genderidentitäten das *doing gender* als permanente, omnirelevante Inszenierung betrachten, betont Goffman, dass wir uns in unseren Alltagspraktiken durchaus auf die „Institutionalisiertheit von Gender" verlassen können und es unterschiedliche Inszenierungsgrade von Gender gibt, die kontextuell

---

54 Hierzu auch Günthner: Sprache und Geschlecht; Günthner: Zur kommunikativen Konstruktion von Geschlechterdifferenzen im Gespräch; Helga Kotthoff: Die Geschlechter in der Gesprächsforschung, in: Der Deutschunterricht 1 (1996), S. 9-15; Helga Kotthoff: Was heißt eigentlich „doing gender"? Zu Interaktion und Geschlecht, in: Wiener Slawistischer Almanach. Gender-Forschung in der Slawistik, Sonderband 55, hg. von Jirina van Leeuwen-Turnovcová u.a., Wien 2002, S.1-29; Hierschauer: Die soziale Konstruktion der Transsexualität; Stefan Hierschauer: Das Vergessen des Geschlechts. Zur Praxeologie einer Kategorie sozialer Ordnung, in: Kölner Zeitschrift für Soziologie und Sozialpsychologie 41 (2001), S. 208-235.
55 Vgl. Susanne Günthner: Die interaktive Konstruktion von Geschlechterrollen, kultureller Identitäten und institutioneller Dominanz, in: Die Geschlechter im Gespräch, hg. v. Günthner, Kotthoff, S. 91-126; Günthner: Sprache und Geschlecht.
56 Siehe Anm. 18.

ausgebeutet werden können.[57] Darauf aufbauend thematisiert Hirschauer die Frage nach dem *undoing gender*, der möglichen vorübergehenden situativen Neutralisierung der Geschlechterdifferenz:[58] Wenn moderne Gesellschaften strukturelle Arrangements hervorgebracht haben, die Geschlechtsneutralität ermöglichen, so stellt sich die Frage, in welchen (privaten bzw. institutionellen) Kontexten dies dann geschieht. Wann wird Gender in modernen Gesellschaften indifferent gehandhabt und damit sozial vergessen – und dies nicht etwa als subversiver, individueller Akt, sondern als Routine, die zu modernen Gesellschaften notwendig dazugehört?[59] Hirschauer vertritt die These, dass sich in Institutionen eine „dynamische Konkurrenz von Prozessen der Aktualisierung und Neutralisierung von Geschlecht als Kategorie sozialer Ordnung" findet.[60]

Luhmann spricht gar von einer weitgehenden Geschlechtsneutralität moderner Gesellschaften und postuliert eine abnehmende Bedeutung der Geschlechterunterscheidung in der gesellschaftlichen Evolution: Im Vergleich zu Stammeskulturen und traditionsbestimmten Gesellschaften, die die Geschlechterdifferenz massiv für die Zuschreibung von Positionen nutzten, funktionieren moderne Institutionen – so Luhmann – unter Absehung von Geschlecht.[61] Ist die Geschlechterdifferenzierung somit ein „altertümliches Dual", während das *undoing gender* als Kontextualisierungsverfahren moderner Gesellschaften gilt? Ja kann die Geschlechterdifferenz in modernen Gesellschaften tatsächlich „indifferent gehandhabt" und damit „sozial vergessen" werden?[62] Nehmen in modernen Gesellschaften tatsächlich Situationen zu, „in denen es selbstverständlich ist oder in denen das Individuum mitteilen möchte, dass es auf sein Geschlecht nicht ankommen sollte, dass dem Geschlecht also keine Information entnommen werden sollte?"[63]

Das Postulat einer fortschreitenden Geschlechtsneutralität moderner Gesellschaften mag zunächst erstaunen: Als Mitglieder einer modernen Gesellschaft beharren doch auch wir unser Leben lang auf unserer geschlechtsspezifischen Platzierung. In jeder zwischenmenschlichen Begegnung registrieren wir

---

57 Vgl. West, Zimmerman: Doing Gender; Goffman: Interaktion und Geschlecht.

58 Vgl. Hierschauer: *Das Vergessen des Geschlechts*, S. 209.

59 Vgl. Hirschauer: Das Vergessen des Geschlechts, S. 209.

60 Hirschauer: Das Vergessen des Geschlechts, S. 216.

61 Vgl. Niklas Luhmann: Frauen, Männer und George Spencer Brown, in: Zeitschrift für Soziologie 17 (1988), S. 47-71.

62 Hierschauer: Die soziale Konstruktion der Transsexualität; Hirschauer: Das Vergessen des Geschlechts.

63 Niklas Luhmann: *Geschlecht – und Gesellschaft?* in: *Soziologische Revue* 18 (1995), S. 314-319, S. 314.

sofort das Geschlecht des Gegenübers; und bei jeder Geburtsnachricht ist die Frage noch heute: „Mädchen oder Junge?". (Die Frage ist deshalb nicht unsinnig, da wir wissen, dass die Antwort Konsequenzen für die weitere Entwicklung der Person hat, für ihre Sozialisation, ihre Interessen, ihr Verhalten etc.) Die Markierung von Geschlechtszugehörigkeit ist auch in unserer modernen Gesellschaft weder ein fakultativer Akt noch ein Teilzeit-Job im Sinne einer wechselnden Organisation von Tagen und Wochen, sondern eine Zuschreibung, die situationsübergreifend und andauernd von Bedeutung ist.[64] Wir sind weiblich bzw. männlich – und zwar unabhängig von der Tageszeit, von unserem Aufenthaltsort und von unserer sozialen Position (von wohl definierten, sozial markierten Ausnahmen abgesehen). Dass die Geschlechterdifferenz überall relevant gemacht werden *kann*, bedeutet jedoch nicht, dass dies auch in jeder Situation geschieht.[65] Und dass man seine Geschlechtszugehörigkeit in der Regel lebenslang hat, bedeutet nicht, dass sie nicht gelegentlich in den Hintergrund rücken kann. Sicherlich: Ein geschlechtliches Inkognito ist – wie uns gerade die ethnomethodologischen Brechungsexperimente zeigen – in fast allen Interaktionen intolerabel, wir unterliegen hier einem Ausweiszwang.[66] Unsere sozialen Einrichtungen (die Kleiderordnung, die Namensgebung, die Verhaltensrepertoires, die Sportvereine, die Toilettenregelungen etc.) stellen Weichen für die Evokation des Geschlechts. Ja, auch in unserer Sprache steckt noch immer der Ausweiszwang: Die deutsche Grammatik zwingt uns dazu, bei Personenbezeichnungen das Geschlecht zu indizieren; und auch die Stimme drängt zur Identifikation: In der Regel erwarten wir selbst am Telefon, dass nach wenigen Silben erkennbar ist, ob wir es mit einer Frau oder einem Mann zu tun haben.

Trifft dennoch zu – wie Hirschauer postuliert[67] – , dass in modernen Gesellschaften ein kontextbezogenes Verschwinden des Zwanges zum *gender display* verankert ist und ein situatives *undoing gender* akzeptiert wird? Sind tatsächlich neue Formen geschlechtlicher Mobilität zu erkennen, ja eine Zunahme an Wahlfreiheiten? Diese Annahme wirft neue Fragen für die linguistischen Gender Studies auf:

- Wann und wie können tradierte kommunikative Geschlechterrollen durchbrochen werden? Und welchen Sanktionen sind die Interagierenden dann u.U. ausgesetzt?

---

64 Vgl. Hirschauer: *Das Vergessen des Geschlechts*, S. 215ff.
65 Vgl. Hirschauer: *Das Vergessen des Geschlechts*, S. 215ff.
66 Vgl. Garfinkel: Studies in Ethnomethodology.
67 Vgl. Hirschauer: Das Vergessen des Geschlechts.

- In welchen (institutionellen und privaten) Kontexten, in welchen „communities of practice" wird in modernen Gesellschaften Geschlecht geradezu irrelevant?
- Welche Interaktionen erlauben eine Ambiguitätstoleranz gegenüber der Gendermarkierung?
- Welche anderen sozialen Parameter treten im Falle des *undoing gender* in den Vordergrund?

Susanne Günthner
Between emergence and sedimentation:

Projecting constructions in German interactions[1]

It is easy to understand why many linguists are becoming attracted to the view of language as an emergent behavior. For over forty years, syntacticians have worked to establish a fixed set of rules that would specify all the grammatical sentences of the language and disallow all the ungrammatical sentences. Similarly, phonologists have been trying to formulate a fixed set of constraints that would permit the possible word formations of each human language and none of the impossible forms. However, neither language nor human behavior has cooperated with these attempts. *Grammars keep on leaking, language keeps on changing, and humans keep on varying their behavior.* (...) Searching for more dynamic approaches, they have begun to think of language as an emergent behavior. (Macwhinney 2001: 447)

1 Introduction

In recent years the concept of Emergent Grammar (Hopper 1987, 1998, 2001, 2004) has become more and more influential in Interactional Linguistics, Cognitive Linguistics, as well as in research on grammaticalization. Instead of viewing grammar as an abstract linguistic system with fixed structures, Emergent Grammar treats grammar as a dynamic phenomenon resulting from interactive usages. Grammar and grammatical constructions arise out of the ways participants routinely choose to perform social actions in everyday conversations: The grammar of a language „comes out of discourse and is shaped by discourse as much as it shapes discourse in an ongoing-process" (Hopper 1987: 2). As usage is inherently unstable, grammatical constructions are not fixed but „open"; i.e. they are „openly extendable and have fuzzy and negotiable boundaries and areas of overlap with other, structurally or functionally similar, constructions." (Hopper 2004: 1)

The concept of grammar as *emergent from discourse*, the idea of grammatical structure as a *continual process of becoming*, and the perspective of looking at

---

1 This paper is based on the research project „Grammatik in der Interaktion" (‚Grammar in Interaction'), funded by the German Science Foundation (DFG). http://noam.uni-muenster.de/gidi/. Thanks to Peter Auer, Lars Wegner and the anonymous reviewer for helpful comments.

grammatical constructions as they are produced and interpreted *in the process of interaction* are very much in line with results from empirical studies of language use in concrete everyday interaction. These studies, however, reveal that in order to account for a dynamic concept of grammar (and for grammatical constructions) as emerging from interaction, new linguistic tools and methods are necessary.[2] Analyses of grammar have to reorient away from searching for autonomous structures and from treating grammatical constructions as finished entities; instead – in order to capture the ways in which grammar and grammatical constructions arise out of everyday usage – they have to turn towards structural processes and practices as they unfold in time.

On the other hand, studies of grammar in interaction also reveal that participants in formal as well as informal situations orient towards sedimented patterns on various levels. Such prepatterned ‚gestalts' are important tools with which to accomplish interactional work (Auer 2006, 2007, 2009; Günthner 2006b; Feilke 2007; Ehmer/Pfänder 2009; Linell 2009). This, of course, begs the question of how to reconcile the perspective of emergence with the concept of sedimentation, and thus, with the fact that participants orient towards conventionalized and routinized prepatterned formats.

In this paper, I will argue that the concept of projection (Auer 2005, 2006) plays a central role in linking aspects of local emergence of grammatical structures with certain features of the sedimentation of linguistic patterns.

2 Between sedimentation and local emergence: The relevance of projections in spoken interactions

In his theory of social action, Luckmann (1992: 156) discusses the advantages of routinized and sedimented solutions to social problems. Sedimentation makes the production as well as the processing of communicative activities easier: It takes the burden away from the participants of having to co-ordinate every communicative action or pattern anew. Speakers do not continuously have to ‚invent' new ways of speaking, new syntactic patterns, new ways of performing commu-

---

2 Cf. Ono/Thompson (1995), Hopper (1998, 2001, 2004, 2005), Thompson (2002a,b), Ford (2004), Auer (2005, 2007), Günthner (2005, 2007, 2008a,b), Thompson/Couper-Kuhlen (2005), Günthner/Imo (2006), Deppermann (2007), Imo (2007), Ehmer/Pfänder (2009), Linell (2009).

nicative activities, etc. And recipients can anticipate next steps and prepare for dealing with them.

The idea that the grammar of a language „consists of the inventory of constructions which speakers use" (cf. Hopper 2004: 1) has been discussed within usage-based approaches of Construction Grammar as well as Interactional Linguistics.[3] As Auer (2009) argues, in oral communication, which takes place under time constraints, pre-patterned ‚gestalts' are important means with which to accomplish interactional work.

Within Interactional Linguistics, various terms are used to refer to sedimented patterns, which participants use as resources with which to solve communicative problems: „constructional schemata" (Ono/Thompson 1995), „gestalts" (Auer 2000, 2005, 2007, 2009), „grammatical formats" (Thompson/ Couper-Kuhlen 2005), „social action formats" (Thompson 2008), „constructions" (Auer 2006; Günthner 2006a,b; 2007; 2008a,b; Günthner/Imo 2006; Imo 2007; Deppermann 2007; Birkner 2008; Hopper/Thompson i.pr.), etc.

Besides work in Construction Grammar and Interactional Linguistics, studies within the Sociology of Knowledge as well as Linguistic Anthropology also argue that in accomplishing social interaction, participants make use of sedimented patterns. These patterns – so called ‚communicative genres' or ‚discourse genres"[4] –, which are part of the social stocks of knowledge, are treated as socially constructed solutions which organize, routinize, and standardize the dealing with particular communicative problems (Luckmann 1986, 1988; Bergmann 1987; Günthner/Knoblauch 1995). They represent central communicative means in the construction of social reality (Luckmann 2002).

Thus, routinized patterns – ranging from grammatical constructions to larger genre-like formats – are considered to play a major role in verbal communication (and cannot be reduced to idiomatic expressions): Whenever socially relevant and recurrent actions are to be negotiated, we find forms of routinization.[5]

Luckmann as well as Bakhtin (1978/86) claim that the process of sedimentation cannot be abstracted from usage: Sedimentation takes place in the process of a long chain of communicative situations. It is this dialectic process between the local emergence of social actions on the one hand and the sedimentation/

---

3 Cf. Ono/Thompson (1995), Croft (2001), Hopper (2004), Thompson (2002a,b), Auer (2005, 2006, 2007, 2009), Günthner (2005, 2006a,b, 2007, 2008a,b, 2009), Günthner/Imo (2006), Deppermann (2007), Imo (2007), Thompson/Couper-Kuhlen (2005), Fried/Östmann (2005), Fischer/Stefanowitsch (2007), Stefanowitsch/Fischer (2008), Birkner (2008), Linell (2009).
4 Cf. Hymes (1974), Bakhtin (1978/86), Luckmann (1986, 1988), Bergmann (1987), Hanks (1987), Günthner/Knoblauch (1995), Knoblauch (1995), Günthner (2000).
5 Cf. Günthner/Knoblauch (1995).

routinization of particular action patterns on the other hand, which – according to Berger/Luckmann (1966: 65) – is central to „the social construction of reality". This ongoing tension between sedimentation and emergence – or according to Bakhtin (1981: 272) between processes of „centralization and decentralization, of unification and disunification" – accounts for recognition and novelty, for reproduction and modification, for standardized/canonical ways of speaking and nonstandardized ways.

What Bakhtin (1978/86: 78f.) writes about genres, also holds for grammatical constructions:

> We know our native language – its lexical composition and grammatical structure – not from dictionaries and grammars but from concrete utterances that we hear and that we ourselves reproduce in live speech communication with people around us. (...) If speech genres did not exist and we had not mastered them, if we had to originate them during speech process and construct each utterance at will for the first time, speech communication would be almost impossible.

In studying how participants orient to sedimented patterns and how grammatical constructions emerge in interactions, the concept of projection plays a major role.

In his conception of an ‚on-line'-syntax, Auer (2000, 2005, 2007, 2009) argues that projections of various kinds form a fundamental characteristic of the production as well as the reception of utterances: „Human interaction rests on the possibility of projection; the grammars of human languages provide interlocutors with sedimented and shared ways of organizing projection interaction" (Auer 2005: 8). In the temporal unfolding of syntactic and interactive gestalts, speakers build up expectations about the continuation of these patterns. In German, for example – due to its sentence bracket – the left element (*ich habe gestern Abend nichts* →; ‚I have yesterday evening nothing' →) projects a particular right element (*gegessen*; ‚eaten'). The production of the feminine article with an inflected adjective (*die freundliche* →; ‚the friendly →') foreshadows a noun with feminine gender (*Kellnerin*; ‚waitress'); the articulation of a lengthened intensifier such as *so::::?* → (‚so::::? →') may anticipate an evaluative adjective; etc.[6]

Projections, however, are not only based on grammatical but also on sequential knowledge as well as on knowledge about handling complex linguistic activities: They are a fundamental characteristic of turn taking (Sacks et al. 1974; Houtkoop/Mazeland 1985; Auer 2005), they are important to the production of multi-unit turns, to the construction of ‚larger projects' and ‚actions' (Schegloff 1980; Houtkoop/Mazeland 1985; Streeck 1995; Ford 2004) and to the use of

---

6 Cf. Auer (2000, 2007) and Goodwin (1996).

communicative genres (Luckmann 1986, 1988; Bergmann 1987; Günthner/Knoblauch 1995; Günthner 2006b). If, for instance, a speaker begins an utterance with the words ‚Have you already heard the news about our neighbour…‘, she projects expectations concerning the genre to be constituted (such as gossip). The expectations are related to the form as well as to the content to follow. The neighbour is expected to have done something morally deviate, which the speaker plans to reconstruct in a particular way (as gossip).

Thus, projections are important devices in coordinating interaction on various levels. They assist in organizing turns, in announcing activities to come, in modalizing utterances, in expressing a stance, in preparing face-threatening activities, in contextualizing a complex genre or in inviting co-participants to share a certain reaction and signaling when they are expected to take over the floor (Günthner 2006a,b, 2007, 2008a):

> While speaking, we constantly foreshadow what is going to come next. We thereby enable our recipients to project these upcoming items, and thereby anticipate next steps, get prepared for dealing with them, and in general, process them more easily. Projections can be weaker or stronger, and the predictability of next items is accordingly high or low. However, projection never equals determination, i.e. even a strongly projected next item may not be delivered, either because the speaker has abandoned the project entirely (in which case a fragment will remain) or because s/he chooses to engage on an unlikely project not easily projectable. (Auer 2007b: 1)

Projections are possible because participants have shared experiences and knowledge about what patterns are routinely used for performing what kind of social actions. This shared knowledge also allows co-participants to complete or co-construct a started pattern (Lerner 1987, 2002; Ono/Thompson 1995, 1996; Auer 2005, 2007, 2009; Couper-Kuhlen/Thompson 2006; Günthner 2006a,b; Günthner/Imo 2006; Deppermann 2007; Imo 2007). However, even though participants orient to sedimented patterns, their actualization takes place in the hic et nunc of the interaction; linguistic patterns are deferred, locally negotiated, and thus, emergent.

In the following, I will illustrate this dialectic process of local emergence and sedimentation of linguistic patterns by focusing on constructions used to project upcoming discourse.

3 From bi-clausal sentence patterns to complex constructions

In studying grammatical constructions in spoken interactions, we discover time and again that those seemingly canonical forms presented in reference grammars and in linguistic studies (including some functional variants) are not only based on written language but that they are rarely used in spoken interactions.[7] This „written language bias" (Linell 2005) which characterizes mainstream linguistics has lead to the following paradox in modern linguistics: „spoken language is regarded as the primary form of language, yet it is studied by the use of theories and methods that are heavily biased toward written language." (Linell 2009: 278)

The following analysis will look at complex syntactic constructions – German pseudo-clefts, *die Sache/das Ding ist...* (‚the thing/point/problem is...')-constructions and extrapositions with *es* (‚it') – in the course of their emergence in real time. I will argue that when studying these patterns as they emerge in real-time discourse, they can no longer be treated as ‚bi-clausal sentence patterns', consisting of two clauses combined into a single construction. Instead, these constructions are especially designed to the manage temporality in interaction: They mainly function as constructions that project upcoming discourse; i.e. as so-called ‚projective constructions' (Hopper 2005; Günthner 2006a, 2007, 2008a,b, 2009; Günthner/Hopper 2010; Auer 2009).

The analysis is based on a corpus of 91 everyday interactions (30 to 180 minutes in length), collected from 1989 to 2006 in different parts of Germany. They include informal face-to-face interactions among friends and family members, office hours at university, genetic counselling sessions, radio phone-in programs, as well as data from the reality TV-series ‚Big Brother'.

3.1 Pseudo-clefts in German interactions

Pseudo-clefts in German (e.g. *Was ich seltsam finde, ist dass manche ALTE Dateien okay sind und andere nicht*; ‚What I find strange, is that some of the OLD data are okay and others aren't', E-MAIL communication) are treated by grammarians as complex, bi-clausal sentence patterns, composed of a dependent w-clause, which is positioned in the front field of a matrix clause (a copula sentence

---

7 The following analysis is based on Günthner (2008a). Cf. also Thompson (2002b), Hopper (2004), Couper-Kuhlen/Thompson (2006), Günthner (2008a,b, 2009), Günthner/Hopper (2010).

with the verb *sein*) and a complement clause (or a noun phrase) in the middle field of the matrix clause.[8] Lambrecht (2001: 467) argues that the main characteristic of cleft sentences is that „they express a single proposition via bi-clausal syntax". Traditionally, the initial w-clause (part A) is considered to contain the presupposed or given information, which is „in the hearer's consciousness" (Prince 1978: 904), whereas the following clause (or the NP) (part B) carries the focus (Lambrecht 2001). The assumption that pseudo-clefts are primarily used as focus marking devices is prevalent in linguistic research, since the w-cleft structure explicitly separates the presupposition from the focus:[9] A constituent is transferred from its normal position in order to focus it or to assign a contrast focus to it (Collins 1991).

In studying the use of pseudo-clefts in spoken German interactions, one discovers that speakers rarely use these so-called canonical forms [w-clause + copula + NP/complement clause]: Neither does the w-clause in spoken German interactions always contain given information, nor can the construction be classified as bi-clausal, consisting of two clauses combined into a single construction. The part following the copula clause cannot be reduced to a NP or a single clause; and even the copula, which is treated as the kernel of pseudo-clefts, is not always realized (Günthner 2006a).

In studying pseudo-clefts as structural processes unfolding in time – instead of analyzing them as finished entities from a post factum perspective –, we recognize that the first part (part A) – an incomplete utterance – opens a projection span which draws the recipients' attention to the missing constituent (an object or subject complement) (part B). This constituent can vary in form from that of a copula clause (i.e. a copula plus a NP) to a complex discourse segment, which stretches over several turn construction units.[10] Thus, the realization of the construction initiated by the w-clause is not fixed, but is interactively produced; it is ‚emergent' and ‚open' (Hopper 1998, 2001, 2004).

First, an example of a canonical pseudo-cleft:

---

8 Cf. Jespersen (1927, 1937/65, 1949). Cf. also transformation grammatical approaches (Akmajian 1970).
9 Cf. Jespersen (1949: 147f.), Blatz (1886/1970: 896), Paul (1919/68: 64), Collins (1991: 44ff.), Andersson (1993: 41ff.), and Dik (1997: 292).
10 Cf. Günthner (2006a, 2008a) and Birkner (2008). Cf. Hopper (2001) on pseudo-clefts in English.

```
STUDENTINNEN: Münster 3
51    Isa:      (...) ganz vergEssen.
52    Lore:     soll ich SIE=n anrUfen?
53              (-)
54    Isa:      hm (.) also was ich WICHtig finde,
55              is (.)
56              da- dass Ihr euch vertrAUt.
57              und nich so ständig schlechtes WITtert,
58              so dieses mIsstrauen. (un so)
```

```
STUDENTS: Münster 3
51    Isa:      (...) totally forgotten.
52    Lore:     shall I call her?
53              (-)
54    Isa:      hm (.) actually what I think is important,
55              is (.)
56              th- that you trust each other.
57              and don't always expect the worst,
58              that kind of distrust. (things like that)
```

In line 54, Isa constructs her advice in the form of a pseudo-cleft. Part A (*also was ich WICHtig finde,*; ‚actually what I think is important,') consists of a dependent clause, positioned in the front field of a matrix clause, and the copula verb *sein* (Günthner 2006a). The second component of the construction is a complement clause – introduced by the complementizer *dass* (‚that') – which fits into the syntactic slot occupied by *was* (‚what') in the first component *da- dass Ihr euch vertrAUt.* (‚th- that you trust each other.').

In studying the construction as it emerges in discourse, we realize that the w-clause opens a syntactic gestalt, which – due to the projecting force of the interrogative pronoun *was* (‚what') and the ‚unsaturated' verb (i.e. particular arguments of the verb are missing) – builds up certain expectations concerning what is to come. The construction is only complete once the expected constituent (i.e. the object) is provided.

As in the transcript *STUDENTINNEN* (‚STUDENTS'), speakers in my data frequently use w-clauses to mark their stances (*also was ich WICHtig finde,*; ‚actually what I think is important,') toward the subsequent assertion.[11] Introducing w-clauses, thus, come close to what Goodwin (1996: 384) calls „prospective indexical". Also, in the case of pseudo-clefts, recipients have to gradually detect the specification of the evaluation. The announcement of something ‚important' not only draws the recipients' attention to the ‚important' issue, but it also indicates what recipient reaction the speaker expects:

---

11 For stance-taking in interaction see Kärkkäinen (2006).

The occurrence of prospective indexicals thus invokes a distributed, multi-party process. The cognitive operations relevant to the ongoing constitution of the event in process are by no means confined to speaker alone. Hearers must engage in an active, somewhat problematic process of interpretation in order to uncover the specification of the indexical that will enable them to build appropriate subsequent action at a particular place. Moreover this analysis is not static, complete as soon as the prospective indexical is heard, but is instead a dynamic process that extends through time as subsequent talk and the interpretative framework provided by the prospective indexical mutually elaborate each other. (Goodwin 1996: 372)

Even though one can find canonical forms of pseudo-clefts [w-clause + copula + NP/complement clause] in spoken German, our data show that they represent just one type of pseudo-cleft used in spoken interactions. More frequently, speakers start with a w-clause, but what follows (part B) is an independent, syntactically and prosodically non-integrated main clause followed by a longer stretch of discourse: [w-clause + copula + main clause/or longer segment of talk].[12]

In the next excerpt, taken from the reality TV-series ‚Big Brother', the speaker produces a pseudo-cleft with a ‚prospective indexical' (part A) and a complex B-part, stretching over several turn construction units. Christian criticizes his fellow-occupants and emphasizes that from now on, he intends to *sein eigenes Ding durchziehen* (‚look out for himself'):

```
BIG BROTHER: KRITIK AM EGOISMUS (bb2-17)
23 Chr:     .h dann soll=n se entweder ihren KOFfer packen
24          und hier die FLIEge machen,
25          =oder die sollen mich wieder nomiNIEren,
26          und dann LACH ich da wieder mal drüber;
27          =und dann is GUT;
28          .hhh <<laut, stöhnend > BOAH;>
29          WAS ich eigentlich damit sagen wollte;
30          <<all> und DAmit komm ich auch zum ENde;> (0.5)
31          IST,
32          ich glaube(.) es würde hier VIE:L VIE:L besser
            ABlaufen;
33          und VIE:len leuten VIEL besser gehen,
34          .hh wenn die EINfach mal MEHR? (0.5)
35          <<all> .h nein DAS is falsch AUSgedrückt;>
36          (3.0)
37          mehr AN SICH denken;
38          AN SICH denken;
39          NICHT FÜ:R sich denken;
40          weil viele denken FÜR sich,
41          wie kann ich möglichst viel für mich hier ABstauben,
```

---

12 For more details see Günthner (2006a). Cf. also Birkner (2008). Cf. Hopper (2001, 2004) and Hopper/Thompson (i. pr.) on pseudo-clefts in English interactions.

```
BIG BROTHER: CRITICIZING EGOISM (bb2-17)
23 Chr:        .h then they should either pack their suitcases
24             and beat it,
25             =or they should nominate me again,
26             then I will laugh about it again;
27             =and then it's okay;
28             .hhh <<loudly, groaning> BOAH;>
29             what I actually meant to say;
30             <<all> and now I am going to stop;> (0.5)
31             IS,
32             I believe(.) things would be much much better here;
33             and many people would feel better,
34             .hh if they would just? (0.5)
35             <<all> .h no I didn't put it the right way;>
36             (3.0)
37             think more about themselves;
38             think about what's good for them;
39             not for themselves;
40             because many people think for themselves,
41             thinking how can I get the most out of this for
               myself,
```

The pseudo-cleft in line 29ff. is not syntactically bi-clausal. Looking at its ‚on-line‘ development, the utterance starts with a w-clause (*WAS ich eigentlich damit sagen wollte*;; ‚what I actually meant to say;‘), which by itself does not represent a complete communicative action: On the syntactic level, the direct object is still missing, and on the semantic level the utterance is incomplete (what is it Christian wants to say?). Thus, the w-clause projects ‚more to come‘. However, the project is not continued right away: the initiated gestalt is interrupted by the inclusion of a parenthetical sequence <<all> *und DAmit komm ich auch zum ENde;>* (‚<<all> and now I am going to stop;>‘). As this piece of interaction shows, even though syntactic projection pre-structures the following position(s), it need not be dealt with immediately; a projection can be deferred, and it remains valid across inserted materials.[13] Shortly after the parenthetical side sequence, the speaker produces the prosodically marked copula *IST* (‚is‘) and thus, returns to the initiated gestalt. However, instead of a subordinated complement clause, Christian provides a longer stretch of discourse – introduced by the verbum sentiendi *ich glaube* (‚I believe‘): *es würde hier VIE:L VIE:L besser ABlaufen; und VIE:len leuten VIEL besser gehen, .hh wenn die EINfach mal MEHR? [...] mehr AN SICH denken; AN SICH denken; NICHT FÜ:R sich denken;* (‚things would be much much better here; and many people would feel better, .hh if they would just? (0.5)‘). Part B shows no signs of hypotactic marking: It is neither introduced by a complementizer, nor does it carry verb-final placement.

---

13 Cf. Günthner (2006a) and Auer (2009).

In interactional use, it is often difficult or even impossible to determine the exact ending of a pseudo-cleft, as the construction is incrementally prolonged, without clear endpoints. Thus, the end of part B is open to negotiation. Instead of treating these uses of pseudo-clefts as deviations from the canonical bi-clausal structure, it might be productive to look at them as patterns which solve ‚specific‘ communicative problems in everyday interactions. As Franck (1985: 238) points out, we can avoid deviant categorizations which do not coincide with experiences we have as participants in interaction, if we perceive an utterance from the vantage point of „‚mobile observers‘, travelling along with the stream of speech and on the spot producing hypotheses of understanding which change and vary with the point the utterance has reached.“

In dealing with pseudo-clefts as patterns unfolding in time, we perceive them as complex constructions, starting with a w-clause which projects up-coming talk by the same speaker. This upcoming talk, however, can be a syntactically and interactionally complex stretch of discourse, often expanding over several TCUs.[14] An a priori grammar analysis that postulates a bi-clausal structure misses important characteristics of pseudo-clefts in interactions: Speakers construct grammatical patterns in the process of talk; thus their utterances are open to modifications, insertions, prolongations, hybridizations, amalgamations, etc.

The organization of an utterance into a projecting w-part and a succeeding segment provides considerable advantages in spoken German interaction: Until the end of the w-part, speakers have the opportunity to construct this part as syntactically integrated and closely connected to the following segment or as disintegrated and only loosely connected to what follows. In cases in which the following components consist of a longer stretch of discourse, they often follow part A asyndetically and show no signs of hypotactic marking. This asyndetic juxtaposition makes the production of complex segments, expanding over various TCUs, easier to handle. Furthermore, in metapragmatically framing the speaker's statement, the w-clause not only delays an important argument and draws the recipients' attention to it, but it also functions to keep the floor pending the upcoming stretch of discourse.[15] This division into a framing part and a succeeding part is also convenient for the recipient, because it simplifies her/his task of

---

14 Cf. Hopper (2001, 2004) and Hopper/Thompson (i.pr.) for similar results in English.

15 Cf. also Houtkoop/Mazeland (1985: 598) about devices speakers use to claim the floor as long as the projected ‚discourse unit‘ is not yet completed. Hopper's (2001: 114) study of pseudo-clefts in English reveals similar results: „The pseudo-cleft works to delay the delivery of a significant segment of talk. It accomplishes this by adumbrating (foreshadowing) the continuation in general terms without giving away the main point.“

processing the information, as – due to their projective force – the framing elements limit the possibilities of interpretation and suggest certain expectations.

Even though the presence of the copula is treated as a constitutive characteristic of pseudoclefts (Ross 2000: 388; Lambrecht 2001: 467ff.),[16] participants in spoken interaction frequently use pseudo-clefts in which the w-clause is not followed up by a copula clause (Günthner 2006a). These forms without a connecting copula appear with a subordinate complement clause following the w-clause: [w-clause + subordinated complement clause] as well as with a main clause following the w-clause: [w-clause + main clause]. In the following segment, which again stems from the reality TV-series *Big Brother*, the participants are talking about East and West Germans. Alida states that she also had chocolate and new toys (just as West German children had), even though she was brought up in East Germany:

```
BIG BROTHER: OSSIS & WESSIS
66    Alida:   h soweit ich mich zuRÜCK erinnern kann; (-)
67             .h ich hatte dann AUCH eben immer schokola:de;
68             =als <<lachend> ich noch in dem alter war wo> das
              alles und vie-
69             und neues SPIELzeug und die ganzen sachen also;
70             =.h was WAS ich nur SCHAde finde,
71             dass ebend .h
72             auch HEUTzutage;
73             =auch bei den OSTdeutschen;
74             oder überHAUPT,
75             .h bei so VIElen sachen .h (.)
76             der WERT verloren geht;
77             HEUT muss jedes kind n comPUter haben,

BIG BROTHER: EAST-& WESTGERMANS
66    Alida:   h as far back as I can remember; (-)
67             .h even then I always had chocolate;
68             =when <<laughing> I was still at that age when> all
              that and many
69             and new toys and all those things;
70             =.h what what I think is a shame,
71             that well. h
72             even nowadays;
73             =even the east germans;
74             or just in general,
75             .h you don't appreciate the value .h (.)
76             of many things;
77             today every kid has to have a computer,
```

---

16 Cf. Lambrecht (2001: 470) who states: „This entails that the copula, together with its empty subject, serves as a kind of focus marker for the argument of another predicator".

The w-clause in line 70 (=*.h was WAS ich nur SCHAde finde,; ,*=.h what what I think is a shame,') is followed by a complement clause (*dass ebend .h auch HEUTzutage; =auch bei den OSTdeutschen; oder überHAUPT, .h bei so VIElen sachen .h (.) der WERT verloren geht;;* ,that well. h even nowadays; =even the east germans; or just in general, .h you don't appreciate the value .h (.) of many things;') showing hypotactic markers, i.e. the complementizer *dass* as well as final positioning of the verb. However, there is no connecting copula between the two parts.

Examples like this cause one to question the prevailing thesis that the function of the pseudocleft is connected to the copula. In our example, the pseudocleft works well – even without a copula; neither is the utterance marked as ungrammatical nor is it produced in connection with any indications of planning problems.[17]

In the following segment, taken from a conversation about health food, the w-clause is neither followed by a copula nor by a syntactically dependent complement clause. Instead, part B represents a syntactically independent unit, displaying ,main clause order', with the finite verb (*KOMMST*; ,come') in verb-second position (a grammatical feature of independent clauses in German). In this type of ,de-grammaticalized' pseudo-cleft, the inherent grammatical cohesion between the two parts is weakened:[18]

```
RESTAURANTS IN MÜNSTER II (28-1; 2003)
17    Bert:    also ich denke=ja,
18    Udo:     hm?
19    Bert:    was immer äh- e-entSETZlich is,
20             du KOMMST inne restaurAnt rein,
21             und dat riescht schon so Ü:BEL.
22    Udo:     hm.
23    Bert:    da biste doch ech=schon beDIENT. ne?
```

```
RESTAURANTS IN MÜNSTER II (28-1; 2003)
17    Bert:    well I think,
18    Udo:     hm?
19    Bert:    what is always äh- h-horrible,
20             you enter a restaurant,
21             and it smells so terrible.
22    Udo:     hm.
23    Bert:    then you've had enough already. right?
```

---

17 In German pseudo-clefts the copula is optional in front of a complement clause and a main clause, but not in front of an NP.
18 Cf. Auer/Günthner (2005) on grammatical cohesion.

The presented extracts indicate that pseudo-clefts as they are represented in studies based on written or manufactured constructions are by no means the norm in spoken discourse; instead they are used as projective constructions which are especially designed to manage temporal concerns in interaction.[19]

3.2 *Die Sache/das Ding ist...* („the thing/point is...')-constructions

Nominal constructions such as *die Sache/das Ding/das Problem/der Punkt ist...* („the thing/point/problem is...') are another example of seemingly bi-clausal sentence patterns, whose on-line interactive realizations show profound discrepancies from the way they are portrayed in studies based on written language.

Die Sache/das Ding ist... („the thing/point is...')-constructions are supposed to consist of a matrix clause followed by a subject complement clause: [matrix clause + complement clause]. The matrix clause (*die Sache/das Ding/das Problem/der Punkt ist...*) is not a fully-fledged syntactic „gestalt', as its verb (the copula) requires a further constituent. This constituent is produced in the following complement clause which reveals typical features of subordinate clauses in German (i.e. the subjunction *dass* („that') as well as by verb-final constituent order).

In Construction Grammar, complex sentences such as „the thing/point/problem is that...' are referred to as „N-*be-that*-constructions" (Schmid 2001). They are supposed to consist of an initial noun phrase headed by an abstract noun („thing, point, problem...') functioning as a subject, a form of the copula „BE' and a „THAT'-clause syntactically functioning as subject complement: [abstract noun, copula, that-clause].[20]

---

19 Cf. Hopper (2001; 2005) and Hopper/Thompson (i. pr.: 4) for similar results in English. As Hopper/Thompson (i. pr.: 5ff.) point out: „We have suggested that a major factor in the normativization and persistent perception of bi-clausality in constructions such as the English pseudo-cleft is the strong projectability of the wh-component. That is, in interactional spoken English this construction routinely projects „more to come'. As we have seen, the „more' is most frequently not a clause but an indeterminate stretch of discourse. But in normative English, the construction has become standardized so that the „more' is a grammatical clause."
20 In his corpus-based study of „N-be-that-constructions" in written English, Schmid (2001) argues that the ten nouns that were found to occur most frequently in this construction are „problem, thing, truth, fact, trouble, point, result, view, reason, idea". Besides the fact that his observations are based on English and, thus, are not automatically transferable to German, all his examples stem from written data. Thus, various forms and functions predominant for spoken language are not taken into account.

In looking at ways in which interactants use this construction in spoken language, it becomes clear once again that the canonical form [matrix clause + complement clause] represents the exception and not the rule. Participants in everyday interactions make use of *die Sache ist*-constructions in ways that systematically deviate from standard forms based on written language: The ‚N-be'-part (*die Sache/das Ding ist*) can no longer be treated as a matrix clause holding the relevant information for the following discourse, nor is the following syntagma (i.e. the complement clause) formally and conceptually subordinate to the preceding clause. Instead, speakers use the first component – the so-called ‚matrix clause' – to build up a projection span, contextualizing ‚more to come' (Günthner 2007, 2008a,b). Whereas, the architecture of the first component (part A) is rather stable (it consists of an abstract noun i.e. ‚thing, point, problem...' functioning as a subject and a form of the copula *sein* ‚be'), the following component (the seemingly ‚complement clause'; part B) is an emergent product of local management; i.e. it can take on various forms ranging from subordinate clause structure to a longer stretch of discourse, expanding over several TCUs with no discernable right-hand boundary. Furthermore, it is the so-called complement part which holds the crucial information.

Again, we shall first look at a transcript segment displaying the canonical form. This *das Ding ist*-construction consists of a first component with an initial NP and the copula *ist* (in the present tense) and a following component which is introduced by the complementizer *dass* and shows subordinate clause word order (i.e. final positioning of the finite verb).[21]

The transcript stems from a talk during a university office hour. Elke, a lecturer, has just proposed to her student Birte that – instead of starting to work on a new topic – she would be better served to write her dissertation about the same topic she explored in her Master's thesis:

```
PROMOTION (MÜNSTER 88-2; 2005)
1  Elke:   und dann auch vie- vielleicht, (.)
2          lieber DAS thema.
3  Birte:  das DING ist aber auch-
4          dass ich in der germanIStik promoVIEren will.
5          (0.5)
6  Elke:   [mhm]
7  Birte:  [und] deshalb ein germanIStisches THEma brauch.
```

---

21 German, which has verb-second as its basic word order in simple and main clauses, requires final position of the finite verb in subordinate clauses. Thus, complement clauses introduced by the subjunction *dass* (‚that') – according to German grammar – display verb-final order. German thus provides a clear signal for the grammatical incorporation of one clause into another.

```
DISSERTATION
1  Elke:  and then also per- perhaps, (.)
2         THIS topic would be better.
3  Birte: but the THING is also-
4         that I want to get my PH D in german.
5         (0.5)
6  Elke:  [mhm]
7  Birte: [and] that's why I need a topic within
          germanistics.
```

In response to Elke's proposal (lines 1-2), Birte produces a rejection, introduced by *das DING ist aber auch-* (‚but the THING is also-'). Already the opposition marker *aber auch* (‚but also') foreshadows an upcoming disagreement. The matrix clause *das DING ist aber auch-* (‚but the THING is also-') opens a projection space, which delays her main argument, that she wants to write her Ph D thesis in German Studies (and not in General Linguistics) and, thus she needs a new topic. However, in starting her utterance with the framing part *das DING ist aber auch-* (‚but the THING is also-'), Birte does not just foreshadow disagreement but she also sets up a new context for her rejection of Elke's proposal. Only with the closing of the second component is the syntactic gestalt complete. The two components of the construction are realized in two independent prosodic contours.

Even though the construction reveals a complex syntactic gestalt with a main clause and a following subordinate clause, which shows various elements of syntactical integration (i.e. the complementizer *dass* plus final positioning of the finite verb), it becomes obvious that the focal point is not in the ‚matrix clause' but in the so-called ‚complement clause'.[22]

In spoken interaction, we frequently find *das Ding/die Sache ist*-constructions, which further deviate from the canonical form, the seemingly ‚complement clause' is no longer introduced by the subjunction *dass*, but shows the word order of an independent sentence (i.e. verb-second positioning).

In the following example, Sven tells his fellow student Tanja about his professor who refuses to give him credit for having attended a seminar:

```
PHILOSOPHIE-SCHEIN (MÜNSTER 90-1; 2005)
21 Tanja: dann würd ich auch nich mehr (.)
22        zu dem PROF gehen, (-)
23        und ihn auch nich als PRÜFer NEHmen.
24 Sven:  ne. <<f> MACH ich auch [NICH.>]
25 Tanja:                         [mhm   ]
```

---

22 This observation is in line with Thompson's (2002b: 134) criticism of traditional conceptions of ‚complement clauses': „In sum, then, the data show that what conversationalists are engaged in doing with their talk crucially involves the complement; in the majority of cases, the complement ‚overrides' the ‚main clause', and the ‚main clause' is there to provide speaker stance towards the assessments, claims, counterclaims, and proposals."

```
26 Sven:  die sache is;
27        er will mir nich MAL den ↑SCHEIN anerkennen; (.)
28        weil er sagt,
29        es wäre manipu[lIert.]
30 Tanja:            [mhm.  ]
```

```
CREDIT IN PHILOSOPHY
21 Tanja: in that case I also wouldn't go anymore (.)
22        to that professor, (-)
23        nor would I pick him as your supervisor.
24 Sven:  no. <<f> I won't do [that.>]
25 Tanja:                     [mhm  ]
26 Sven:  the thing is;
27        he does not even want to give me ↑CREDIT for the
          course; (.)
28        cause he says,
29        it would be manipu[lated.]
30 Tanja:                   [mhm  ]
```

Similar to the example in PROMOTION, the *die Sache ist*...- construction is used to express the speaker's stance and at the same time to set up a new focus in the interactional proceeding: By referring to the problem that his professor does not even want to give him a credit and has accused him of having manipulated his homework, Sven uses the *die Sache ist*...-phrase to recontextualize his problem. The beginning of the *die Sache ist*-construction in this extract corresponds with the canonical form above; however, part A is followed by a syntactically as well as prosodically independent clause, displaying ‚main clause order', with the finite verb (*will*) in verb-second position: The syntagma *er will mir nich MAL den ↑SCHEIN anerkennen;* (‚he does not even want to give me ↑CREDIT for the course;') (l. 27) – incrementally followed by a causal clause (*weil er sagt, es wäre manipu[lIert.];* ‚cause he says, it would be manipu[lated.]') – shows ‚main clause syntax'. Instead of a syntactic and conceptual dependence of the complement clause on the matrix clause, it is now the projecting ‚matrix clause', which cannot stand on its own. The grammatical cohesion between the „N-*be*"-clause and the following segment is greatly reduced; each part has its own intonation contour, and part B could stand on its own without being ungrammatical.

Even though the *die Sache/das Ding ist*-part can be left out without the utterance becoming ungrammatical, it still has important interactional functions: On the one hand, it anticipates the following component and guides the recipients' attention to the focal proposition. On the other hand, it ensures the speaker the opportunity to finish her/his multi-unit turn. This floorholding function is especially important in the case of longer discourse segments. Thus, it is not surprising that *die Sache ist*-constructions are often used to introduce complex arguments and information which extend over several turn construction units (TCUs).

When studying *die Sache ist*-constructions as emergent products in interaction (instead of treating them as fixed entities), we can detect striking parallels between the *die Sache ist*-part and pre-sequences as described in Conversation Analysis (Schegloff 1980; 1984; Streeck 1995): With the ‚pre‘, speakers foreshadow what might follow; i.e. they „prepare the scene" (Schegoff 1984) and allow co-participants a certain „premonition as to what this actor might be up to next" (Streeck 1995: 87). In marking the subsequent talk as ‚focal‘, speakers prepare co-participants to align themselves to the upcoming information.

In producing a *die Sache ist*-construction, speakers exploit the delaying function of the main point; the *die Sache ist*-construction can provide cognitive and interactional space for thinking through claims:

> This ‚thinking through‘ is, like all discourse, as much interactional as cognitive in nature, since it aims to extend the speaker's turn and stave off interruption and possible derailment while the argument is being worked out. (Hopper/Thompson i.pr.: 8)

The following segment shows that also in the case of projective *die Sache/das Ding ist*-constructions, initiated syntactic gestalts need not be dealt with immediately, but can be deferred and still remain active across inserted side-sequences (Auer 2005). This observation supports the thesis of the intertwinedness between participants' knowledge of sedimented patterns on the one hand, and the local emergence and openness of syntactic patterns on the other.

The transcript is taken from an interaction between Olga, a patient who suffers from panic attacks and her friend Eva. Olga describes the difficulties she had driving her car after suffering from a panic attack:

```
PANIKATTACKEN: OLGA-EVA
21 Olga: es hat mich SEHR v- viel überWINdung ge[kOstet;]
22 Eva:                                        [un-    ]
23 Eva: hm?
24 Olga: d- das ding is hAlt; (-)
25       <<all> is nunma so;>
26 Eva: hm
27 Olga: wenn=du dat EINma hAst,
28       dat LÄSST dich NICH (mehr) los.
29       ECHT. NICH.

PANIC ATTACKS: OLGA-EVA
21 Olga: I really had to force [myself;]
22 Eva:                       [un-    ]
23 Eva: hm?
24 Olga: th- the thing is; (-)
25       <<all> it's like this;>
26 Eva: hm
27 Olga: once you have it,
28       you can't escape it.
29       you really can't.
```

Following Eva's encouraging minimal response (l. 23), Olga starts with a general statement about panic attacks (l. 24ff.). *d- das ding is hAlt; (-)* (‚th- the thing is; (-)') opens a projection span, which is delayed for the sake of a parenthetical insertion *<<all> is nunma so;>* (‚<<all> it's like this;>') (l. 25) as well as Eva's minimal response token (l. 26).

We can observe how participants orient to sedimented patterns in producing interactive activities. The actualization of the pattern, however, happens in the hic et nunc of the interaction; it is not fixed but emergent, and thus, responds to local contingencies. In case of the *die Sache/das Ding ist*-construction in line 24ff., part A is not followed by a subordinate complement clause, but by a syntactically as well as prosodically independent segment, displaying ‚main clause order', with the finite verb in verb-second position. The *die Sache ist*-construction allows speakers to maintain the floor even in cases in which they insert sidesequences. The fact that Olga in line 27f. finally finishes her construction by adding a conditional clause(*wenn=du dat EIN.MA hAst, dat LÄSST dich NICH (mehr)los.;* ‚once you have it, you can't escape it.'),[23] indicates that participants orient to this constructional pattern.

3.3 Extrapositions with *es* (‚it')

Extrapositions represent a further complex syntactic structure which is traditionally treated as a bi-clausal sentence pattern. The term ‚extraposition' refers to a syntactic process which moves a syntactic unit (generally a subordinate nominal clause) to the right of the predicate in the superordinate clause and replaces it with a dummy pronoun (such as ‚it' in English or *es* in German):[24]

> When for some reason or another it is not convenient to put a content-clause in the ordinary place of the subject, object, etc., the clause is placed at the end in extraposition and is represented in the body of the sentence itself by *it*. (Jespersen 1937/65: 25)

As Couper-Kuhlen/Thompson's (2006) analysis of extrapositions in spoken English shows, ‚movement assumptions' as postulated by various traditional as well

---

23 In *die Sache/das Ding ist*-constructions we frequently find modal particles and adverbs (such as *halt, nämlich, natürlich, aber* etc.), which are used to contextualize speakers' argumentative direction (such as disagreement) or to back the validity of a following argument. In PANIC AT-TACKS: OLGA-EVA the modal particle *halt* (*d- das ding is hAlt;*) enforces the validity of the following sentential maxim.

24 Cf. Collins (1994: 8). Cf. Bußmann (2002: 210) for German extrapositions with *es*.

as generative studies have no empirical basis, not even in written English. Rather than assuming that the two parts are clauses in a bi-clausal constructional gestalt, Couper-Kuhlen/Thompson (2006) argue that they are best characterized as cognitively stored and interactionally used as two separate units.

An analysis of German extrapositions with *es* (‚it') in spoken interaction provides similar results: Interactants use the two segments (A and B) not as a single bi-clausal sentence pattern, but as a projection construction with portion A functioning as a projector phrase anticipating more to come (Günthner 2009). Part A involves an evaluative, epistemic, or evidential statement, framing the component (part B) to follow. Part B however, cannot be reduced to a single clause, instead it is more flexible or „open" (Hopper 2004) than it is portrayed in linguistic studies based on written forms of standard German.

As in the case of pseudo-clefts and *die Sache/das Ding ist*-constructions, even though we find some ‚canonical' realizations (as in the following excerpt *FREUNDINNEN*; ‚GIRLFRIENDS'), speakers in interactions do not stick to neatly bounded bi-clausal sentence patterns. Instead we find heterogeneous forms which are much more ‚open' and dynamic, responding to local, interactive contingencies. Again, I want to argue that these ‚open' and dynamic forms cannot be treated as deviations or deformations, but are functional – and even sedimented – resources participants use as solutions to specific interactive problems.

In the following segment, Betty tells her friend Sarah about her (Betty's) ex-boyfriend, who broke up with Betty not long ago. She explains to Sarah that is both ‚angry' and ‚sad' about that fact that he left her:

```
FREUNDINNEN (2003_08_31freunde1_b,MÜNSTER)
210 Betty: <<all> auf der einen seite WÜtend?>(.)
211         <<all> auf der andern seite halt auch TRAUrig>.
212 Sarah: h=hm;
213         (2.0)
214 Sarah: okE:,
215 Betty: ja
216         (3.0)
217         <<all> ja es is halt TRAUrig,>
218         <<rall> da:ss man> (.)
219         <<rall> zweinhalb JAHre zuSAMMN war? > (0.5) .h
220         <<len> un DASS dann auf EIma so:- >(.)
221         <<len> GA kein ↑konTAKT mehr is;>
222 Sarah: hm

GIRLFRIENDS (2003_08_31freunde1_b,MÜNSTER)
210 Betty: <<all> on the one hand angry?>(.)
211         <<all> on the other hand well sad>.
212 Sarah: h=hm;
213         (2.0)
214 Sarah: okay,
215 Betty: yeah
216         (3.0)
```

```
217          <<all> well it is just sad,>
218          <<rall> that you> (.)
219          <<rall> were together for two and a half years?>
             (0.5) .h
220          <<len> and that then all of a sudden- >(.)
221          <<len> there is no contact at all anymore;>
222 Sarah:   hm
```

In line 217, Betty states that it is *TRAUrig* (‚sad‘), that her friend left her and there is no more contact between them. By presenting a general rule she sets up a new context for her evaluative stance. The evaluative phrase <<*all*> *ja es is halt TRAUrig,>* (‚<<all> well it is just sad,>‘) with the correlative *es* (‚it‘) forms no complete sentence; its semantic subject is only provided in the following complement clause. Thus, the syntactic gestalt as well as the communicative action projected by part A is only completed with the production of the following segment (part B) (here: <<*rall*> *da:ss man>* (.) <<*rall*> *zweinhalb JAHre zuSAMMN war?>* (0.5) .h <<*len*> *un DASS dann auf EImα so:->* (.) <<*len*> *GA kein ↑konTAKT mehr is;>*; ‚<<rall> that you> (.) <<rall> were together for two and a half years?> (0.5) .h <<len> and that then all of a sudden- >(.) <<len> there is no contact at all anymore;>‘).

Traditionally, extrapositions are supposed to consist of two parts:[25] the preceding syntagma „*es* & predicate (...)" (part A) and the following part – a dependent clause, introduced by a complementizer (*dass*) showing final positioning of the verb; i.e. subordinate clause order. Close grammatical cohesion between the two parts is secured by the matrix clause and subordinate clause-patterning. According to Kay (2007: 4), extrapositions with *es* (‚it‘) belong to the class of constructions, in which „single valence elements are realized as two different constituents of the actual sentence".

Analyzing the ongoing production of extrapositions with *es* in the process of interaction, however, we frequently encounter B-parts, which do not consist of a simple complement clause, as the canonical examples provided by generative grammarians and reference grammars suggest, but which – similar to uses of pseudo-clefts and *die Sache/das Ding ist*-constructions – form a complex pattern stretching over several clausal and prosodic units and expanding over various TCUs.[26] Again, I want to argue that the construction of part B represents a dynamic process that extends in time.

---

25 Contrary to Couper-Kuhlen/Thompson's (2006) findings on extrapositions in English, German data hardly shows any non-finite syntagmas in part B (Günthner 2009). As Couper-Kuhlen/Thompson (2006) show, 40% of extrapositions with ‚it‘ in English carry non-finite B-parts („it's pleasant to run" or „it's time for me to become a priest").
26 Cf. Couper-Kuhlen/Thompson (2006) and Hopper/Thompson (i.pr.) for similar results in English interactions.

The next excerpt is taken from a telephone interaction between friends. Part A of the extraposition (l. 48) carries an evaluative expression with the modal particles *halt schOn*. Part B, however, is not realized by way of a subordinate complement clause but has a complex main clause structure and stretches over a longer discourse sequence with no clear boundary:

```
VERLASSEN (EMOTIONEN 2; MÜNSTER 2006)
46 Sina: [ja- glaub ich gern. ]
47 Nine: [kannst auch (echt)  ]
48        es is halt schOn (.) sch- be(.)SCHISsen,
49        weißt (.) ER meldet sich NIE;
50        ECHT NIE.
51 Sina: hm.
52 Nine: (ähm) un wenn ich ihn dann mal SEH;
53        ZUfällig,
54 Sina: [hm ]
55 Nine: [is-] isses auch hh' zIemlisch <<p> depriMIErend.>
```

```
LEFT ALONE (EMOTIONEN 2; MÜNSTER 2006)
46 Sina: [yea- I can believe that. ]
47 Nine: [you can (really)        ]
48        actually it's pretty (.) aw(.)awful,
49        you know (.) he never calls me;
50        really never.
51 Sina: hm.
52 Nine: (ähm) and when I run into him;
53        by accident,
54 Sina: [hm ]
55 Nine: [it-] it's also quite <<p> depressing.>
```

In line 48, Nine instantiates the first part of an extraposition (*es is halt schOn (.) sch- be(.)SCHISSen,*; ,actually it's pretty (.) aw(.)awful,') projecting ,more to come'. However, the expected content clause shows no sign of adhering to rules of syntactic embedding; the speaker continues with a grammatically non-attached main clause, a relatively independent unit *weißt (.) ER meldet sich NIE; ECHT NIE.* (,you know (.) he never calls me; really never.') (l. 49-50), which shows neither a complementizer nor does it have final positioning of the finite verb. Thus, typical indications of syntactic subordination are absent. Contrary to the canonical form, part B takes on the shape of a syntactically independent unit. In line 52, Nine incrementally expands part B by adding the conjunction *un* (,and') and a following conditional construction: *(ähm) un wenn ich ihn dann mal SEH; ZUfällig, [is-] isses auch hh' zIemlisch <<p> depriMIErend.>* (,(ähm) and when I run into him; by accident, [it-] it's also quite <<p> depressing.>') (l. 52-55).

In studying extrapositions as they emerge in real-time discourse, we discover that they (much like pseudo-clefts and *die Sache ist*-constructions) frequently start with a framing element, followed by a rather complex segment whose end is open to negotiation. Also, in the case of extrapositions, the speaker draws the co-participants' attention to the component to follow. Until part A is completed, the speaker has some leeway and time to decide whether the following part should be syntactically integrated or disintegrated. In the case of syntactical disintegration, the grammatical cohesion of the two parts is weakened.

In the following transcript, taken once again from the reality TV-series „Big Brother", part B covers a complex stretch of discourse, which expands over several TCUs. Harry, Frank, and another participant in the series are talking about good-looking people and the fact that beautiful people have better chances at finding employment:

```
SCHÖNE MENSCHEN (BIG BROTHER bb2-16)
1  Harry: da ist das also (.) schon f-fAst erFORderlich
              heutzutage,
2            <<all> wenn=de WIRKlich was werd=n wIllst,> (.)
3            dass DU (.) GUTaussehend bIst. (.)
4            das gilt für MÄNNlein,
5            für WEIBlein, (.)
6            ds=gleichermaß=n
7  Frank:  es kommt vO:r dass,
8           SCHÖne menschen [es:        ] sEhr einfach haben,
9  ???:                     [((hustet)) ]
10 Frank:  oder lEIchter haben als andere,
11          denn in viel=n dingen zählt auch der erste
            EINdruck,
12          das HEIßT,
13          wenn man [äääh        ] alLEIN durch das
            AUSsehen,
14 ???:              [hehe ((lacht))]
15 Frank:  durch ein attraktives AUSsehen, (.)
16          sich das- den Ersten EINdruck (-)
17          d-des gegenüber sIchert, (.)
18          dann hat man schon einen BOnuspunkt,
19          und kann- kann dArauf AUFbauen;
```

SCHÖNE MENSCHEN (BIG BROTHER bb2-16)
```
1  Harry: it's already (.) nearly necessary nowadays,
2           <<all> if you really want to be successful,> (.)
3           that you (.) are good-looking. (.)
4           whether you are male,
5           or female, (.)
6           doesn't matter
7  Frank:  it happens that,
8           beautiful people [it's      ] very simple for
            them,
9  ???:                      [((coughs)) ]
10 Frank:  or easier for them than for other people,
11          because very often the first impression is what
            counts,
12          this means,
13          if you [äääh        ] just because of the way
            you look,
14 ???:            [hehe((laughs)) ]
15 Frank:  when you are good looking, (.)
```

```
16        this- impresses (-)
17        the other person, (.)
18        then you already have bonus points,
19        and can build on them;
```

In line 7, Frank supports Harry's claim that nowadays it's important to be good-looking, because beautiful people have major advantages. Part A of the extraposition (*es kommt vO:r dass,*; ‚it happens that,‘) represents an evidential statement, projecting the following part (*SCHÖne menschen [es:] sEhr einfach haben, oder lEIchter haben als andere,...*; ‚beautiful people [it's] very simple for them, or easier for them than for other people,‘). However, part A does not only foreshadow ‚more to come‘, it builds up grammatical expectations about the missing constituent: The subject of the intransitive verb is projected and thus, a specification of what actually ‚happens‘. (In this utterance, the complementizer *dass* is prosodically part of A, i.e. in the same intonation with the evidential formula *es kommt vO:r* (‚it happens‘).)

Studying extrapositions with *es* (‚it‘) in the course of their emergence in interaction reveals a much more complex picture than the assumption suggested by a bi-clausal sentence pattern with a grammatically marked relation of dependency between the two parts. Part A, which is lexically rather constrained and formulaic,[27] takes over the interactive task of anticipating and framing the salient information, which is then provided in part B. Furthermore, part A helps the speaker to maintain the floor till the end of the construction. This turn-keeping function is particularly relevant in cases in which speakers produce longer stretches of discourse.

4 Conclusion

The constructions discussed reveal various formal as well as functional parallels. In analyzing them as they emerge in the process of interaction, they cannot be reduced to bi-clausal sentence patterns. Such a bi-clausal perspective seems to be based on the prevalent „written language bias" (Linell 2005) and the idea that

---

27 Part A provides evaluate, epistemic, or evidential expressions (such as *es ist halt traurig,...* (‚it is sad...‘), *es ist gut,...* (‚it is good...‘), *es kommt vor,...* (‚it happens...‘), *es ist herausgekommen,...* (‚it turns out...‘), *es ist wohl möglich,...* (‚it is possible...‘), etc.). In our data, only a small variety of verbs is used: In the 30 extrapositions analyzed, we find 23 forms of the verb *sein* (‚be‘), twice we find *stimmen* (‚turns out‘), the following verbs appear once: *passieren können* (‚can happen‘), *sich zeigen* (‚show‘), *sich treffen* (‚turn out/happen‘), *herauskommen* (‚come out‘) und *vorkommen* (‚happen‘). Cf. Günthner (2009).

‚thoughts are expressed in full clauses and sentences', which even today characterizes a great deal of linguistic analyses.[28]

Instead, in everyday interactions, these constructions are used as ‚projecting constructions' (Hopper 2005; Hopper/Thompson i.pr.; Günthner 2006a, 2007, 2008a,b, 2009; Günthner/Hopper 2010).

Projective constructions are interactive resources participants use to solve a multitask problem in the process of talk in time: They help them to organize their talk in terms of indexing communicative activities, integrating aspects of sequential context, temporality, dialogicity and strategic on-line management of interactional contingencies (Auer 2005; Günthner 2008a; Günthner/Hopper 2010; Hopper/Thompson i.pr.).

Furthermore, projective constructions reflect the dialectic process of local emergence of grammar on the one hand, and participants' orientation to sedimented patterns on the other: Even though part A opens a projection span, the projection can be fulfilled in a number of ways; i.e. part B is an emergent product of the locally managed interaction. It can take the form of a canonical pattern, as presented in reference grammars based on written standard German. More frequently, however, part B shows no sign of syntactic integration and stretches over longer segments of talk. In cases in which part A is positioned in front of a fullfledged main clause, the construction loses grammatical coherence; i.e. the two components are juxtaposed without any coding of grammatical dependency.

Even though projection does not equal determination and part B is interactively negotiated, it does not mean that what follows is arbitrary either. By applying their knowledge of sedimented patterns of a particular language, recipients can anticipate to a certain degree what might follow. As discourse unfolds through time, they are able to infer the eventual substance of the communication, and can process it more easily.[29]

Communicative patterns (from grammatical to textual formats) oscillate between processes of local, context bound emergence on the one side and sedimentation, stemming from repeated use in interaction, on the other. It is this dynamic interplay between habitual, routinized ways of communication and the

---

28 The structure of bi-clausal constructions with two full clauses fits the assumption that ‚complete' thoughts represent propositions, and that propositions are expressed as clauses. This idea of „propositionalised linguistic descriptions, in the form of a complete sentence" (Linell 2005: 176) draws back to Wundt's ‚psychology of the sentence' and to Hughlings Jackson (1958) who declared that „„the unit of speech is the proposition – to speak is to propositionalize" (as quoted in Linell 2005: 176).
29 Cf. Auer (2009).

improvised, contingent, and emergent features which characterizes communicative practice in general (Hanks 1996: 233ff.):

> Viewed from this perspective, the central project of linguistics would be the study not of ‚grammar', but of ‚grammaticization' – the ways in which some of the collectively possessed inventory of forms available for the construction of discourse become ‚sedimented' through repeated use, and eventually are recognized as being to a greater or lesser degree ‚grammatical' (Hopper 1992: 366f.).

5 References

Akmajian, Adrian, „On deriving cleft sentences from pseudo cleft sentences", in: *Linguistic Inquiry*, 1, 1970, no. 2, p. 149-168.

Andersson, Sven-Gunnar, „Zur Satzspaltung (Cleft) und langer Extraktion in germanischen Sprachen", in: Marga Reis (ed.), *Wortstellung und Informationsstruktur*, Tübingen 1993, p. 39-62.

Auer, Peter, „On line-Syntax", in: *Sprache und Literatur*, 85, 2000, no. 31, p. 43-56.

Auer, Peter, „Projection in interaction and projection in grammar", in: *Text*, 25, 2005, no. 1, p. 7-36.

Auer, Peter, „Construction Grammar meets Conversation: Einige Überlegungen am Beispiel von ‚so'-Konstruktionen", in: Susanne Günthner/Wolfgang Imo (eds.), *Konstruktionen in der Interaktion*, Berlin 2006, p. 291-314.

Auer, Peter, „Syntax als Prozess", in: Heiko Hausendorf (ed.), *Gespräch als Prozess. Linguistische Aspekte der Zeitlichkeit verbaler Interaktion*, Tübingen 2007, p. 95-124.

Auer, Peter, „Projection and minimalistic syntax in interaction", in: *Disc. Proc.*, 46, 2009, no. 2, p. 180-205.

Auer, Peter/Günthner, Susanne, „Die Entstehung von Diskursmarkern im Deutschen – ein Fall von Grammatikalisierung?", in: Thorsten Leuschner/Tanja Mortelmans (eds.), *Grammatikalisierung im Deutschen*, Berlin 2005, p. 335-362.

Bakhtin, Mikhail M., „The problem of speech genres", in: Caryl Emerson/Michael Holquist (eds.), *Speech Genres and Other Late Essays*, Austin 1978/86, p. 60-102.

Bakhtin, Mikhail M., *The Dialogic Imagination*, Austin 1981.

Berger, Peter L./Luckmann, Thomas, *The Social Construction of Reality*, New York 1966.

Bergmann, Jörg, *Klatsch. Zur Sozialform der diskreten Indiskretion*, Berlin 1987.

Birkner, Karin, *Relativ(satz)konstruktionen im gesprochenen Deutsch: Syntaktische, prosodische, semantische und pragmatische Aspekte*, Berlin 2008.

Blatz, Friedrich, *Neuhochdeutsche Grammatik mit Berücksichtigung der historischen Entwicklung der deutschen Sprache. Zweiter Band: Satzlehre*, Hildesheim, New York 1886/1970.

Bußmann, Hadumod, *Lexikon der Sprachwissenschaft*, Stuttgart 2002.

Collins, Peter, *Clefts and Pseudo-cleft Constructions in English*, London 1991.

Collins, Peter, „Extraposition in English", in: *Functions of Language*, 1, 1994, no. 1, p. 7-24.

Couper-Kuhlen, Elizabeth/Thompson, Sandra A., „You know, it's funny: Eine Neubetrachtung der ‚Extraposition' im Englischen", in: Susanne Günthner/Wolfgang Imo (eds.), *Konstruktionen in der Interaktion*, Berlin 2006, p. 23-58.

Croft, William, *Radical Construction Grammar: syntactic theory in typological perspective*, Oxford 2001.

Deppermann, Arnulf, *Grammatik und Semantik aus gesprächsanalytischer Sicht. Methodologischer Rahmen und exemplarische Untersuchungen*, Berlin 2007.

Dik, Simon C., *The Theory of Functional Grammar. Part 2: Complex and Derived Constructions*, Berlin, New York 1997.

Ehmer, Oliver/Pfänder, Stefan, „Sprache kann in jedem Moment ganz anders sein. Improvisationstechniken im Gespräch", to appear in: Maximilian Gröne et al. (eds.), *Improvisation. Kultur- und lebenswissenschaftliche Perspektiven*, Freiburg 2009.

Feilke, Helmuth, „Syntaktische Aspekte der Phraseologie III: Construction Grammar und verwandte Ansätze", in: Harald Burger et al. (eds.), *HSK Phraseologie*, Berlin 2007, p. 63-76.

Ford, Cecilia E., „Contingency and units in interaction", in: *Discourse Studies*, 6, 2004, no. 1, p. 27-52.

Franck, Dorothea, „Sentences in conversational turns: a case of syntactic ‚double bind‘", in: Marcelo Dascal (ed.), *Dialogue. An interdisciplinary approach*, Amsterdam 1985, p. 233-245.

Fischer, Kerstin/Stefanowitsch, Anatol (eds.), *Konstruktionsgrammatik: Von der Anwendung zur Theorie*, Tübingen 2007.

Fried, Mirjam/Östman, Jan-Ola, „The cognitive grounding of Construction Grammar", in: Mirjam Fried/Jan-Ola Östman (eds.), *Construction Grammars. Cognitive Grounding and theoretical extensions*, Amsterdam, Philadelphia 2005, p. 1-14.

Goodwin, Charles, „Transparent Vision", in: Elinor Ochs/Emanuel A. Schegloff/Sandra A. Thompson (eds.), *Interaction and Grammar*, Cambridge 1996, p. 370-404.

Günthner, Susanne, *Vorwurfsaktivitäten in der Alltagsinteraktion. Grammatische, prosodische, rhetorisch-stilistische und interaktive Verfahren bei der Konstitution kommunikativer Muster und Gattungen*, Tübingen 2000.

Günthner, Susanne, „Grammatical constructions in ‚real life practices‘: Wo-constructions in everyday German", in: Auli Hakulinen/Margret Selting (eds.), *Syntax and Lexic in Conversation. Studies on the use of linguistic resources in talk-in-interaction*, Amsterdam 2005, p. 159-184.

Günthner, Susanne, „‚Was ihn trieb, war vor allem Wanderlust‘ (Hesse: Narziß und Goldmund). Pseudocleft-Konstruktionen im Deutschen", in: Susanne Günthner/Wolfgang Imo (eds.), *Konstruktionen in der Interaktion,* Berlin 2006a, p. 59-90.

Günthner, Susanne, „Von Konstruktionen zu kommunikativen Gattungen: Die Relevanz sedimentierter Muster für die Ausführung kommunikativer Aufgaben", in: *Deutsche Sprache*, 34, 2006b, no. 1-2, p. 173-190.

Günthner, Susanne, „N-*be-that*-constructions in everyday German conversation: A reanalysis of ‚die Sache ist‘ (‚*the thing is*‘)-clauses as projector phrases". GIDI-Arbeitspapier ('Working Papers in Grammar and Interaction'), Münster 2007, http://noam.uni-muenster.de/gidi/.

Günthner, Susanne, „Projektorkonstruktionen im Gespräch: Pseudoclefts, die Sache ist-Konstruktionen und Extrapositionen mit es", in: *Gesprächsforschung - Online-Zeitschrift zur verbalen Interaktion*, 9, 2008a, p. 86-114, http://www.gespraechsforschung-ozs.de/heft2008/ga-guenthner.pdf.

Günthner, Susanne, „‚Die Sache ist...‘: eine Projektorkonstruktion im gesprochenen Deutsch", in: *Zeitschrift für Sprachwissenschaft*, 27, 2008b, no. 1, p. 39-72.

Günthner, Susanne, „Extrapositionen mit *es* im gesprochenen Deutsch", in: *Zeitschrift für Germanistische Linguistik*, 37, 2009, p.15-47.

Günthner, Susanne/Knoblauch, Hubert, „Culturally patterned speaking practices. The analysis of communicative genres", in: *Pragmatics*, 5, 1995, no. 1, p. 1-32.

Günthner, Susanne/Imo, Wolfgang (eds.), *Konstruktionen in der Interaktion*, Berlin 2006.

Günthner, Susanne/Hopper, Paul, „Zeitlichkeit & sprachliche Strukturen: Pseudoclefts im Englischen und Deutschen", in: *Gesprächsforschung - Online-Zeitschrift zur verbalen Interaktion*, 11, 2010, p. 1-28, http://www.gespraechsforschung-ozs.de/heft2010/ga-guenthner.pdf.

Hanks, William F., „Discourse Genres in a Theory of Practice", in: *American Ethnologist*, 14, 1987, no. 4, p. 668-692.

Hanks, William F., *Language and communicative practices*, Boulder CO 1996.

Hopper, Paul, „Emergent Grammar", in: Berkeley Linguistic Society (ed.), *General Session and Parasession on Grammar and Cognition*, Berkeley 1987, p. 139-157.

Hopper, Paul, „Emergence of Grammar", in: William Bright (ed.), *International Encyclopedia of Linguistics. Vol. I*, Oxford 1992, p. 364-367.

Hopper, Paul, „Emergent Grammar", in: Michael Tomasello (ed.), *The New Psychology of Language*, Mahwah, N.J. 1998, p. 155-175.

Hopper, Paul, „Grammatical constructions and their discourse origins: prototype or family resemblance?", in: Martin Pütz/Susanne Niemeier/Rene Dirven (eds.), *Applied Cognitive Linguistics I: Theory and Language Acquisition*, Berlin 2001, p. 109-129.

Hopper, Paul, *The Openness of Grammatical Constructions. 40th Annual Meeting of the Chicago Linguistic Society*, April 15th, 2004. Manuscript.

Hopper, Paul, Bi-clausal Constructions and Emergent Grammar. Talk presented at the German Department of the Westfälischen Wilhelms-University Münster, April 2005.

Hopper, Paul/Thompson, Sandra A., „Projectability and Clause Combining in Interaction", to appear in: Ritva Laury (ed.), *Crosslinguistic Studies of Clause Combining: The multifunctionality of conjunctions*, Amsterdam.

Houtkoop, Hanneke/Mazeland, Harrie, „Turns and Discourse Units in Everyday Conversation", in: *Journal of Pragmatics*, 9, 1985, p. 595-619.

Hymes, Dell, „Ways of speaking", in: Richard Bauman/Joel Sherzer (eds), *Explorations in the Ethnography of Speaking*, Cambridge 1974, p. 433-451.

Imo, Wolfgang, *Construction Grammar und Gesprochene-Sprache-Forschung. Konstruktionen mit zehn matrixfähigen Verben im gesprochenen Deutsch*, Tübingen 2007.

Jespersen, Otto, *A modern English grammar on historical principles. Part III*, Heidelberg 1927.

Jespersen, Otto, *Analytic Syntax*, London 1937/65.

Jespersen, Otto, *A modern English grammar on historical principles. Part VII*, Kopenhagen 1949.

Kärkkäinen, Elise, „Stance taking in conversation: From subjectivity to intersubjectivity", in: *Text and Talk*, 26, 2006, no. 6, p. 699-731.

Kay, Paul, IT-Extraposition, 2007, Manuscript, http://www.icsi.berkeley.edu/~kay/bcg/extrap.html. University of California at Berkeley (5.6.2007).

Knoblauch, Hubert, *Kommunikationskultur: Die kommunikative Konstruktion kultureller Kontexte*, Berlin 1995.

Lambrecht, Knut, „A Framework for the Analysis of Cleft Constructions", in: *Linguistics*, 39, 2001, no. 3, p. 463-516.

Lerner, Gene H., *Collaborative turn sequences: sentence construction and social action*, Ph.D. thesis. University of California at Irvine 1987.

Lerner, Gene H., „Turn-Sharing: The Choral Co-production of Talk-in-Interaction", in: Cecilia E. Ford/Barbara A. Fox/Sandra A. Thompson (eds.), *The Language of Turn and Sequence*, Oxford 2002, p. 225-256.

Linell, Per, *The Written Language Bias in Linguistics: Its Nature, Origins and Transformations*. New York 2005.

Linell, Per, *Rethinking Language, Mind, and World Dialogically*. Charlotte, NC, 2009.

Luckmann, Thomas, „Grundformen der gesellschaftlichen Vermittlung des Wissens: Kommunikative Gattungen", in: *Kölner Zeitschrift für Soziologie und Sozialpsychologie, Sonderheft* 27, 1986, p. 191-211.

Luckmann, Thomas, „Kommunikative Gattungen im kommunikativen ‚Haushalt' einer Gesellschaft", in: Gisela Smolka-Koerdt/Peter Spangenberg/Dagmar Tillmann-Bartylla (eds.), *Der Ursprung der Literatur*, München 1988, p. 279-288.

Luckmann, Thomas, *Theorie des sozialen Handelns*, Berlin, New York 1992.

Luckmann, Thomas, *Wissen und Gesellschaft. Ausgewählte Aufsätze*, Konstanz 2002.

Macwhinney, Brian, „Emergentist approaches to language", in: Joan Bybee/Paul Hopper (eds.), *Frequency and the emergence of linguistic structures*, Amsterdam 2001, p. 449-470.

Ono, Tsuyoshi/Thompson, Sandra A., „What can Conversation Tell us about Syntax?", in: Philip W. Davis (ed.), *Alternative Linguistics: Descriptive and Theoretical Modes*, Amsterdam 1995, p. 213-271.

Ono, Tsuyoshi/Thompson, Sandra A., „Interaction and Syntax in the Structure of Conversational Discourse", in: Eduard Hovy/Donia Scott (eds.), *Discourse Processing: an Interdisciplinary Perspective*, Heidelberg 1996, p. 67-96.

Paul, Hermann, *Deutsche Grammatik. Band III*. Teil IV: Syntax, Tübingen 1919/1968.

Prince, Ellen, „A Comparison of WH-clefts and IT-clefts in Discourse", in: *Language*, 54, 1978, p. 883-906.

Ross, John R., „The frozenness of pseudo-clefts: towards an equality-based syntax", in: Arika Okrent/John P. Boyle (eds.), *Proceedings of the 36th Meeting of the Chicago Linguistic Society*, Chicago 2000, p. 385-426.

Sacks, Harvey/Schegloff, Emanuel A. et al., „A simplest systematics for the organization of turn-taking for conversation", in: *Language*, 50, 1974, p. 696-735.

Schegloff, Emanuel A., „Preliminaries to preliminaries: ‚can I ask you a question?'", in: *Sociological Inquiry*, 50, 1980, no. 3-4, p. 104-152.

Schegloff, Emanuel A., „On some questions and ambiguities in conversation", in: J. Maxwell Atkinson/John Heritage (eds.), *Structures of Social Action. Studies in Conversation Analysis*, Cambridge 1984, p. 28-52.

Schmid, Hans-Jörg, „‚Presupposition can be bluff': How abstract nouns can be used as presupposition triggers", in: *Journal of Pragmatics*, 33, 2001, no. 10, p. 1529-1552.

Stefanowitsch, Anatol/Fischer, Kerstin (eds.), *Konstruktionsgrammatik II. Von der Konstruktion zur Grammatik*, Tübingen 2008.

Streeck, Jürgen, „On Projection", in: Esther N. Goody (ed.), *Social intelligence and interaction. Expressions and implications of the social bias in human intelligence*, Cambridge 1995, p. 87-110.

Thompson, Sandra A., *Constructions and Conversation*. Manuscript. University of California at Santa Barbara 2002a.

Thompson, Sandra A., „„Object complements' and conversation toward a realistic account", in: *Studies in Language*, 26, 2002b, no. 1, p. 126-163.

Thompson, Sandra, *What are clauses for? Understanding grammar in terms of social action*. Manuscript. University of California at Santa Barbara 2008.

Thompson, Sandra A./Couper-Kuhlen, Elizabeth, „The clause as a locus of grammar and interaction", in: *Discourse Studies*, 7, 2005, no. 4-5, p. 481-505.

Susanne Günthner

Diskursmarker in der Interaktion

zum Einbezug alltagssprachlicher Phänomene in den DaF-Unterricht[1]

1 Einleitung

Mit dem von Dell Hymes (1972) entwickelten Konzept der „kommunikativen Kompetenz" und seinem Fokus auf der Fähigkeit, im Alltag situationsadäquat kommunizieren zu können, wurde dem Kompetenz-Begriff der generativen Grammatik ein auf die sprachliche Praxis bezogener entgegengestellt. Dieses Konzept beeinflusste auch den Fremdsprachenunterricht nachhaltig (siehe die „kommunikative Wende" in den 1980er Jahren). Allerdings zeichnen sich bis heute vielfältige Fragen ab bzgl. der Umsetzung eines an der sprachlichen Realität ausgerichteten DaF-Unterrichts:[2] Wie können grammatische Strukturen und kommunikative Praktiken des tatsächlich gesprochenen Deutsch didaktisch sinnvoll in den DaF-Unterricht einbezogen werden? Welche Phänomene authentischen Sprachgebrauchs sollen wann (auf welcher Stufe) und in welchem Zusammenhang behandelt werden? Sollte man im DaF-Unterricht auch grammatische Strukturen vermitteln, die von jenen der normativ regulierten Variante der Schriftsprache abweichen?[3] Welche der Strukturen gesprochener Sprache sollen nur rezeptiv und welche auch produktiv vermittelt werden?

Schaut man sich Lehrwerkdialoge in Hinblick auf die Verwendung gesprochen-sprachlicher Strukturen an, so erhält man ein durchaus komplexes Bild: Zahlreiche Phänomene des gesprochenen Deutsch – wie Modal- und Gesprächspartikeln, Interjektionen, Konstruktionen mit Verbspitzenstellungen, progressive *am*-Konstruktionen, Intensivierungsmittel, Vagheitsausdrücke etc. – finden

---

1 Wolfgang Imo, Rainer Rothenhäusler, Lars Wegner, Beate Weidner und Larissa Böhringer danke ich für Kommentare zu einer früheren Fassung des Textes.
2 Hierzu u.a. Günthner (2000a; 2002; 2010; 2011a; 2011b); Hennig (2001; 2002; 2003); Neuner/Hunfeld (2001); Durrell (2004; 2006); Fiehler (2006; 2007; 2008; 2013); Günthner/Wegner/Weidner (2013); Imo (2008; 2009; 2013b); Moraldo (2012; 2013; 2014); Bachmann-Stein (2013). Siehe auch den aktuellen Sammelband von Moraldo/Missaglia (2013).
3 Hierzu auch Hennig (2001); Fiehler (2007); Günthner (2010; 2011a;b); Schneider (2013).

sich sehr wohl in den Lehrwerkdialogen.[4] Wiederum andere charakteristische kommunikative Praktiken und Konstruktionen, die mittlerweile sogar in der Duden-Grammatik (2005/2009) als typische Strukturen des gesprochenen Deutsch aufgeführt werden (wie Apokoinu-Konstruktionen, Verbzweitstellung in *weil*- und *obwohl*-Sätzen, *tun*-Konstruktionen etc.), treten in Lehrwerkdialogen nur selten oder gar nicht auf.[5] Selbst wenn die eine oder andere dieser gesprochen-sprachlichen Konstruktionen erscheint, so wird sie in der Regel nicht expliziert oder gar systematisch eingeführt. Auch in gängigen DaF-Grammatiken und Lehrerhandreichungen werden solche Strukturen alltäglichen Sprachgebrauchs kaum bzw. gar nicht aufgegriffen. Das Ausblenden mag zum einen daher rühren, dass die Strukturen teilweise bis heute als normabweichend stigmatisiert sind. Zum anderen liegen bislang nur wenige didaktisierte und systematische Beschreibungen dieser Konstruktionen vor, die direkt in Lehrwerken aufgegriffen werden könnten.[6] Diese Lücke zwischen der sprachwissenschaften Forschung und ihrer Umsetzung in der DaF-Didaktik ist ein wesentlicher Grund dafür, dass man bislang kaum systematische Erläuterungen zu typischen Phänomenen gesprochen-sprachlicher Strukturen in DaF-Lehrwerken findet. Grammatische Strukturen authentischen Sprachgebrauchs stellen für viele DaF-Lehrende ein „Feld der Unsicherheit" dar.[7] Fehlende Erläuterungen spezifischer, von den Normen der Schriftsprache abweichender gesprochen-sprachlicher Strukturen führen gerade bei Lehrkräften, die nur über geringe sprachwissenschaftliche Kenntnisse verfügen und/oder nur wenig mit der deutschen Umgangssprache, mit der Grammatik des gesprochenen Deutsch, mit kommunikativen Praktiken in alltäglichen Interaktionen vertraut sind, dazu, dass sie sich angesichts gesprochen-sprachlicher Konstruktionen oftmals überfordert fühlen. So teilte mir im Herbst 2014 eine taiwanesische Deutschdozentin im Zuge eines Workshops zum gesprochenen Deutsch mit: „Ich sage dann meinen Studenten: Sieh mal, auch die Deutschen sprechen kein korrektes Deutsch!"

---

4 Zugleich fällt auf, dass gewisse Strukturen (z.B. Verbspitzenstellungen und Analepsen wie „habs schon gehört" oder „geh ich nicht hin") gelegentlich in Kontexten verwendet werden, in denen sie im Alltagsgebrauch so nicht auftreten.

5 Siehe Günthner/Wegner/Weidner (2013) zu gesprochen-sprachlichen Strukturen, die in aktuellen Lehrwerken aufgegriffen bzw. ignoriert werden.

6 Zwar präsentieren einführende Arbeiten wie Schwitalla (1997/2012) und Fiehler et al. (2004) sowie die Duden-Grammatik (2005/2007) typische gesprochen-sprachliche Strukturen des Deutschen auf sehr anschauliche Weise, doch konkrete Handreichungen für den Unterricht liegen m.E. bislang nicht vor.

7 Ich danke Rainer Rothenhäusler für diese Information.

In diesem Beitrag möchte ich ein für die informelle Alltagssprache typisches Phänomen vorstellen: das der im Vor-Vorfeld positionierten Diskursmarker. Anhand exemplarischer Analysen zum Gebrauch von *nur* und *guck mal* als Diskursmarker in authentischen Interaktionskontexten sollen Formen und Funktionen dieser metapragmatisch ausgerichteten „Wortart" (Imo 2012) aufgezeigt und im Unterschied zu den traditionellen Gebrauchsweisen von *nur* (als Adverb bzw. Partikel) und von *guck mal!* (als Imperativform des Verbs *gucken*) veranschaulicht werden.

2 Zum Einbezug alltäglicher kommunikativer Praktiken in den DaF-Unterricht

Bis heute gilt die normativ regulierte Variante der Schriftsprache noch immer als Maßstab für die Wohlgeformtheit des gesprochenen Deutsch (Deppermann et al. 2006: 5): Die Schriftsprache „tritt als Zensor der mündlichen auf und erteilt ihr das Verdikt, sie sei unrein, unzureichend, negativ zu bewerten" (Ehlich 1986: 77-78). Wie auch Ágel (2003: 10) ausführt, ist die Grammatikforschung in einem doppelten Sinne schriftbezogen:[8] Einerseits basieren grammatische Beschreibungen bislang meist auf der Schriftsprache, und zum anderen sind Grammatiktheorien (mit ihren Begrifflichkeiten, Konzepten etc.) im Grunde genommen Theorien geschriebener Sätze (hierzu auch Ehlich 2006).

Allerdings zeichnet sich in den letzten Jahren insofern eine Tendenzwende ab, als Grammatiken zur deutschen Sprache (siehe u.a. die „Grammatik der deutschen Sprache" von Zifonun et al. 1997; die „Textgrammatik des Deutschen" von Weinrich 1993/2007; sowie die „Duden-Grammatik" seit ihrer Ausgabe von 2005) mittlerweile begonnen haben, auch Strukturen des gesprochenen Deutsch aufzugreifen und zu beschreiben. Die „Grammatik des Deutschen" wird bei prominenten Nachschlagewerken nicht länger auf die „Grammatik normierter Schriftsprache" reduziert. So führen auch Imo/Moraldo (in der Einleitung zu diesem Band) aus:

> Da sich die Duden-Grammatik (2005: 8) explizit als Instanz zur ‚Klärung von Normunsicherheiten' sieht, bedeutet die Aufnahme eines eigenen Kapitels zur gesprochenen Sprache gerade dort, dass viele der vormals diskriminierten mündlichen Strukturen (z.B. *weil* mit

---

8 Zu Vorwürfen des „Skriptizismus" bzw. „written language bias" in der Linguistik siehe Ágel (2003) sowie Linell (2005).

Verbzweitstellung, die Verlaufsform mit *am* oder die Verbspitzenstellung im Hauptsatz) nun aufgewertet werden.

Trotz dieser aktuellen Tendenzen des Einbezugs gesprochen-sprachlicher Strukturen in die Grammatikschreibung orientiert sich der DaF-Unterricht bis heute an der normierten Schriftsprache (Durrell/Langer 2004: 298).[9] Selbst Hörtexte für fortgeschrittene LernerInnen gründen in der Regel auf konstruierten Dialogen, die mit typischer Vorleseintonation rezitiert werden. Auf die Forderungen zahlreicher DaF-Lehrender nach authentischen Hörtexten reagieren die Verlage bis heute äußerst zurückhaltend.[10] Hat die Fremdsprachenvermittlung – wie zahlreiche GermanistInnen und DeutschdozentInnen aus dem Ausland klagen[11] – es trotz der kommunikativen Wende versäumt, die deutsche Sprache, wie sie von MuttersprachlerInnen im Alltag gesprochen wird, im Unterricht darzustellen? Richtet sich der DaF-Unterricht an einer konstruierten „Klassenzimmer-Varietät" aus, die nur wenig mit der sprachlichen Realität im Alltag gemein hat? Wie ist der Widerspruch zu erklären, dass mit der kommunikativen Wende der „authentische Dialog" zwar zum „didaktischen Allheilmittel" avanciert ist (Lüger 2009: 18), doch DeutschlernerInnen im Klassenzimmer noch immer nahezu ausschließlich Regeln der geschriebenen Standardsprache vermittelt bekommen – mit der Konsequenz, dass sie „Schriftdeutsch sprechen" statt „Alltagsdeutsch"?[12] Durrell (2006: 117) führt hierzu aus:

> Wenn Ausländer Deutsch lernen wollen, um praktisch mit deutschen Muttersprachlern im Alltag zu kommunizieren, dann müssen sie eben diese Varietät beherrschen – sowohl aktiv als auch passiv. Es genügt nicht, wenn sie lediglich eine Varietät sprechen lernen, der die standardsprachlichen Normen zu Grunde liegen, und die daher auf dem Register des formellen Schrifttums beruht und von dem Deutsch, das Muttersprachler in informellen Situationen natürlich verwenden, stark abweicht.

Colliander (2006: 431) stellt das Dilemma von Lehrwerkautoren dar, die (nachvollziehbar) dazu tendieren, „der Verständlichkeit der grammatischen Gegebenheiten erste Priorität einzuräumen", doch dadurch wiederum gezwungen sind, „pragmatische Kompromisse einzugehen, die letztendlich ein Deutsch vermitteln, das niemand spricht, also kein ‚lebendiges' Deutsch ist." Trifft somit Feilkes

---

9 Vgl. auch Reershemius (1998); Pieklarz (2009).
10 Ich danke R. Rothenhäusler für diese Information.
11 Siehe u.a. Davies (2006: 490), die das „zu enge und einseitige Bild der sprachlichen Wirklichkeit in Deutschland", das LernerInnen im DaF-Unterricht vermittelt wird, kritisiert. Vgl. auch Durrell (1995; 2004; 2006); Moraldo (2012; 2013).
12 Zum Konzept des „Alltagsdeutsch" siehe Elspaß (2011).

(2012) Beobachtung zur Sprachverwendung im Deutschunterricht auch auf den DaF-Unterricht zu: Werden auch hier LernerInnen mit Regeln einer scheinbar gesprochenen Sprache konfrontiert, die letztendlich eine Art „Klassenzimmer-Varietät" darstellt und außerhalb des Unterrichts kaum verwendet wird? Man denke beispielsweise an Vorgaben wie: „Antworte in ganzen Sätzen!" oder „Verwende in *weil*-Sätzen die Verbendstellung!" Feilke (2012: 149ff.) führt in Zusammenhang mit dieser „Schulsprache" das Konzept der „Transitnorm" ein. Eine solche für den Erwerbsprozess relevante Transitnorm ist auch für den DaF-Unterricht je nach Erwerbstatus, Lernziel etc. didaktisch durchaus sinnvoll; dennoch birgt sie die Gefahr, dass sich bei LernerInnen sprachliche Muster verfestigen, die die Alltagskommunikation außerhalb des Unterrichts eher erschweren, während andere (scheinbar „ungrammatische" oder „irrelevante") Strukturen und Funktionen alltäglichen Sprachgebrauchs, denen LernerInnen jenseits des Unterrichts ständig begegnen, ausgeblendet werden.

Forderungen nach dem Einbezug der deutschen (gesprochenen) Alltagssprache in den DaF-Unterricht finden allerdings nicht nur AnhängerInnen; vielmehr trifft man durchaus auch auf Widerstände (siehe stellvertretend hierzu Götze 2003; Roggausch 2007). Die Gründe für die Bedenken sind vielfältig: Einerseits wird dafür plädiert, dass der DaF-Unterricht sich an der prestigereichen schriftsprachliche „Hochsprache", die in zentralen Nachschlagewerken kodifiziert ist, als verbindliche Normvariante zu orientieren hat. Zum anderen befürchten DaF-Lehrende, dass die Konfrontation der Lernenden mit gesprochenem Deutsch (wie auch mit regionalen Besonderheiten) diese überfordert und es folglich einfacher ist, ihnen – auch im Kommunikationsunterricht – zunächst einmal die Regeln der normierten Schriftsprache beizubringen. Ein weiteres Argument gegen den Einbezug authentischen Sprachmaterials in den DaF-Unterricht liegt darin begründet, dass zahlreiche DeutschdozentInnen, die nur wenig Kontakt mit der deutschen Alltagsrealität haben, selbst Probleme haben, typische Phänomene des gesprochenen Deutsch zu verstehen – geschweige denn zu erklären. Diese Argumente sind durchaus nachvollziehbar. Prekär wird die Situation jedoch dann, wenn bei Deutschlernenden Strukturen korrigiert werden, die MuttersprachlerInnen in der gesprochenen Alltagssprache gehäuft und systematisch verwenden. Hierzu gehört u.a. die sogenannte Verbzweitstellung in *weil*-, *obwohl*- und *wobei*-Sätzen.[13] So thematisiert der japanische Germanist Okamura (1999) seine Verunsicherung angesichts der Verwendung scheinbar

---

13 Hierzu ausführlicher Günthner (2000a; 2002; 2010; 2011a;b). Siehe auch Hennig (2001), Moraldo (2013) sowie Imo/Moraldo (Einleitung zu diesem Band).

„unkorrekter" Sätze (wie *Hans kommt heute nicht, weil er ist erkältet* oder *Obwohl er ist reich*) durch deutsche MuttersprachlerInnen:

> Der ausländische Deutschlehrer traut entweder seinen Ohren nicht, oder meint, dass derjenige, der diesen Satz gesagt hat, ein Ausländer sei, der des Deutschen nicht mächtig ist. [...] Er ist tief verunsichert. Und dies nicht zuletzt durch die Tatsache, dass er eben diese Wortstellung doch jahrelang fast tagtäglich gehört hatte. Nämlich in seinem Klassenzimmer – sagen wir mal – in Japan. (Okamura 1999: 151-153)

Der Einbezug von Strukturen authentischen Sprachgebrauchs und deren Vermittlung im DaF-Unterricht kann m. E. nur funktionieren, wenn Forschungsergebnisse von *Sprache-in-der-Interaktion* und damit Erkenntnisse zur „Sprachverwendung in interaktionalen Kontexten" (Imo 2013a: 3) für die didaktische Umsetzung im Fremdsprachenunterricht bereitgestellt werden und somit eine Vernetzung zwischen der Sprachwissenschaft und der DaF-Didaktik stattfindet.[14] Der vorliegende Beitrag zielt darauf ab, an einer solchen Vernetzung zwischen der Sprachwissenschaft – oder genauer der *Sprache-in-der-Interaktion*-Forschung – und der Fremdsprachenvermittlung mitzuwirken.

3 Diskursmarker im interaktionalen Gebrauch

Die Interaktionale Linguistik bzw. Gesprächsanalyse, die sich mit *Sprache-in-der-Interaktion* und folglich mit sprachlich-kommunikativen Praktiken in interaktionalen Kontexten (Selting/Couper-Kuhlen 2000; 2001; Imo 2013a: 3) befasst, analysiert sprachliche Strukturen nicht losgelöst von ihrem tatsächlichen Verwendungskontext, sondern dort, wo SprecherInnen mit ihren Äußerungen in die Welt sozialen Handelns eintreten. Eine solche gebrauchsbasierte und handlungsbezogene Perspektive auf sprachliche Phänomene trägt dem Umstand Rechnung, dass Sprache, sprachliche Strukturen und Konstruktionen in kommunikative Prozesse eingebunden sind, dort erzeugt, sedimentiert und modifiziert werden (Günthner 2000b).

In alltagssprachlichen Kontexten trifft man bezeichnenderweise immer wieder auf grammatische Konstruktionen, die in den an der Schriftsprache orientierten Sprachbeschreibungen und -klassifikationen nicht vorkommen. Hierzu zählt auch das – gerade im gesprochenen Deutsch häufig verwendete – Phänomen der

---

„Diskursmarker".[15] Die gelegentlich auch als „Diskurs-" bzw. „Gesprächspartikeln", „Vor-Vorfeldbesetzungen", „Konnektoren", „Konnektivpartikeln" oder „Operatoren" bezeichneten Elemente[16] wurden aufgrund ihrer funktionalen Komplexität, ihrer primär gesprochen-sprachlichen Verwendung sowie ihrer problematischen Einordnung in Kategorien der traditionellen (an der normierten Schriftsprache ausgerichteten) Grammatik auch von Seiten der Linguistik lange Zeit ignoriert. Diese „Läuse im Pelz der Sprache" – um Peter Eisenbergs (1999: 207) schöne Formulierung zu gebrauchen – wurden oftmals als pragmatische „Restkategorie" abgetan. Da Diskursmarker größtenteils anderen Wortarten (u.a. Adverbien wie *also, bloß, nur, allerdings, jedenfalls*, Konjunktionen wie *und*, Subjunktionen wie *weil, obwohl*, Floskeln wie *ehrlich/offen gesagt, ich schwör*, aber auch Matrixkonstruktionen mit Verba sentiendi/dicendi wie *ich mein, glaub, ich denk*, oder Imperativformen von Verba sentiendi/dicendi wie *schau!, hör!, sag mal!* oder Bewegungsverben wie *komm!, geh!* etc.)[17] entstammen, ist die genaue semantische und funktionale Abgrenzung von ihren Homonymen oftmals schwierig. Charakteristisch ist jedoch ihre periphere syntaktische Stellung: Sie sind topologisch in dem vor dem Vorfeld platzierten „Vor-Vorfeld"[18] positioniert. Sie bilden keine eigenständigen Syntagmen, sondern machen Folgeäußerungen erwartbar (z.B. „nU:r ich hab jetzt das proBLEM,"; oder „obWO:HL, (-) °hh man kann es vielleicht doch nich WIRKlich sagen." bzw. „ich mein ich kann auch nich beHAUPten, (-) ich will NICHTS mehr von Ihm."). Prosodisch können sie sowohl eigene Intonationsphrasen repräsentieren (wie in „obWO:HL, (-) °hh man kann es °hh vielleicht doch nich WIRKlich sagen.") als auch zusammen mit der Folgeeinheit eine Kontur bilden (wie „nU:r ich hab jetzt das proBLEM," oder „ich mein ich kann auch nich beHAUPten, (....)"). Sie zeichnen sich ferner durch ihre

---

15 Gelegentlich findet man in Lehrwerkdialogen Diskursmarker wie *also* und *ja*. Sie werden allerdings teilweise in für gesprochene Sprache untypischen Kontexten bzw. mit übertriebener Häufigkeit eingesetzt. Die formalen Eigenschaften und interaktiven Funktionen dieser Vor-Vorfeldbesetzungen werden in der Regel nicht erläutert. Hierzu auch Günthner/Wegner/Weidner (2013) sowie Weidner (2015).

16 Hierzu detaillierter Gohl/Günthner (1999); Günthner (1999); Auer/Günthner (2005); Barden/Elstermann/Fiehler (2001); Imo (2012); Schwitalla (1997/2012). Der Begriff „Diskursmarker" bzw. „Discourse Marker" entstammt der englischsprachigen Forschung; allerdings liegt auch dort keine einheitliche Definition vor. Siehe u.a. Schiffrin (1987); Fraser (1990); Brinton (1996); Traugott (1995); Barth-Weingarten/Couper-Kuhlen (2002).

17 Zu den einzelnen Diskursmarkern siehe u.a. Gohl/Günthner (1999), Günthner (1999), Barden et al. (2001), Günthner/Imo (2003), Fiehler et al. (2004), Auer/Günthner (2005), Bahlo (2010), Imo (2012), Weidner (2015).

18 Statt des Begriffs des Vor-Vorfeldes findet man gelegentlich auch den Begriff der „Nullstelle" (Pasch et al. 2003).

spezifisch diskursbezogenen Funktionen aus: Sie operieren auf der Interaktionsebene und tragen zur Verknüpfung von Äußerungen bei, geben Verstehenshinweise, markieren Einstellungen, indizieren Beziehungen zwischen der vorausgegangenen und folgenden Einheit und können für den Sprecherwechsel relevant sein (Gohl/Günthner 1999; Günthner 1999; Auer/Günthner 2005; Maschler 2009; Imo 2012). Ihre zentrale Funktion liegt somit auf der Diskursebene. Als metapragmatische Zeichen werden sie – wie Maschler (2009: 1) ausführt – für das „metalanguaging" und damit für Rahmungs- und Interpretationsanweisungen in der Interaktion eingesetzt.

Obgleich der Begriff des Diskursmarkers (bzw. „discourse marker") in der Forschungsliteratur teilweise unterschiedlich verwendet wird, gelten folgende Merkmale als typisch für diese pragmatisch ausgerichteten Elemente (Gohl/Günthner 1999; Günthner 1999; 2002; Günthner/Imo 2003; Auer/Günthner 2005; Imo 2012):
– Diskursmarker sind typische Elemente der gesprochenen Sprache;
– sie treten äußerungsinitial (im Vor-Vorfeld) auf; d.h. sie leiten neue Turnkonstruktionseinheiten bzw. Redezüge ein;
– sie sind strukturell unabgeschlossen und projizieren ein Folgesyntagma;
– sie sind nur lose mit der syntaktischen Struktur der betreffenden Äußerung verbunden und haben keine eindeutige grammatische Funktion;
– sie sind insofern „optional", als die betreffenden Äußerungen beim Weglassen der Diskursmarker nicht ungrammatisch wären;
– mit der Verwendung der betreffenden Elemente als Diskursmarker nimmt der Skopus in der Regel zu, d.h. ihr Bezugsbereich umfasst meist die gesamte Folgeeinheit;
– sie haben primär pragmatische bzw. metapragmatische Funktionen, indem sie die Beziehung zwischen der folgenden und der vorausgehenden Äußerung bzw. Handlung markieren und Verstehensanleitungen an das Gegenüber geben;
– sie werden neben ihrer Funktion als Diskursmarker noch in ihren traditionellen Funktionen (als Subjunktion, Konjunktion, Adverb, Partikel, Matrixsatz, Imperativ etc.) verwendet.

Für DeutschlernerInnen sind Diskursmarker nicht nur wegen ihres gehäuften Gebrauchs in Alltagsinteraktionen von Interesse, sondern auch wegen ihrer markierten syntaktischen Position. Auch wenn das Konzept des „Vor-Vorfelds" (Auer 1997; Eroms 2000; Günthner 2002) nicht zum Standardinventar syntaktischer Beschreibungen des Deutschen gehört, so spielt diese dem Vorfeld vorausgehende Position gerade für das gesprochene Deutsch eine wichtige Rolle.

Anbei eine Auswahl an Äußerungen, die sich durch (im Vor-Vorfeld positionierte) Diskursmarker auszeichnen:

Vor-Vorfeld	Vorfeld	linke Satzkl.	Mittelfeld	rechte Satzkl.	Nachfeld
jedenfalls (-)	das	ist	nun	geLAUfen	
NU::R (.)	der	hat	schon ne phoBIE.		
bloß	da	STEHT	ja nischt.		
Irgendwie	ich	WEIß	nicht		ob du (…)
obWOHL (.)	des	isch	doch unbeQUEM.		
ik meine (.)	MICH	störts	nich;		
guck mal	ihn	hats	so Ü:bel	getroffen.	

Die hier platzierten, nur schwach an die Folgestruktur angebundenen, syntaktisch nicht abgeschlossenen Elemente haben primär Funktionen inne, die der Diskurspragmatik zuzuordnen sind: Als Rahmungselemente liefern sie Verstehens- und Interpretationshinweise für die Folgeäußerung (Auer 1997). Da dieselben Elemente auch in ihren traditionellen Verwendungsweisen als Adverbien, Partikeln, Subjunktionen, Konjunktionen, Matrixsätze, Imperative etc. gebraucht werden und je nach Verwendungsbereich unterschiedliche kommunikative Funktionen sowie semantisch teilweise divergierende Bedeutungen aufweisen, können sie bei LernerInnen zu erheblichen Kommunikationsproblemen führen.

Am Beispiel von *nur* und *guck mal* werde ich im Folgenden typische Merkmale und Funktionen ihrer Verwendung als Diskursmarker in Alltagsinteraktionen aufzeigen.

Die Analyse basiert auf einem Korpus von 91 Alltagsgesprächen mit einer Dauer von 30 bis 180 Minuten. Diese wurden in den Jahren 1989 bis 2013 in unterschiedlichen Regionen Deutschlands aufgezeichnet und nach GAT 2 (Selting et al. 2009) transkribiert. Die Gespräche beinhalten sowohl informelle Familiengespräche und Interaktionen im Freundeskreis als auch institutionelle Interaktionen (universitäre Sprechstundengespräche, Beratungsgespräche, Fortbildungsseminare) sowie medial vermittelte Interaktionen (Radio-Beratungssendungen, Talkshows im Fernsehen, Daten aus einer Reality-TV-Show). Einige der Gespräche entstammen der „Datenbank gesprochenes Deutsch für die Auslandsgermanistik" (WWU Münster, Lehrstuhl Günthner;

http://audiolabor.uni-muenster.de/daf). Darüber hinaus werden auch SMS-Daten aus der SMS-Datenbank des Centrum für Sprache und Interaktion (CeSI) der Westfälischen Wilhelms-Universität Münster (http://cesi.uni-muenster.de/~SMSDB) hinzugezogen.

3.1 Die Verwendung von *nur* als Diskursmarker

DeutschlernerInnen kennen *nur* in der Regel als Adverb (bzw. Gradadverb) und Partikel.

Im „Deutschen Universalwörterbuch des Duden" (2001: 1150) findet man unter *nur* folgenden Eintrag: I. *nur* als Adverb zur Einschränkung des Genannten und II. *nur* als Partikel; z.B. um Fragen, Aussagen, Aufforderungen etc. eine bestimmte Nachdrücklichkeit zu verleihen. Das „Großwörterbuch Deutsch als Fremdsprache" von Langenscheidt (2010: 808f.) unterscheidet ebenfalls zwischen dem Adverb und der Partikel *nur*. Das Adverb *nur* wird „verwendet, um etw., das man vorher gesagt hat, einzuschränken"; dagegen wird die Partikel *nur* u.a. eingesetzt, „um auszudrücken, dass e-e Aussage genau auf die genannte Sache/Person o.Ä. zutrifft u. auf nichts anderes."

Im gesprochenen Deutsch wie auch in informellen, medial schriftlichen Interaktionen wird *nur* neben diesen skizzierten Verwendungsweisen als Adverb bzw. Partikel allerdings auch in der Funktion eines im Vor-Vorfeld positionierten Diskursmarkers eingesetzt.[19]

Im folgenden Gesprächsausschnitt aus einem Kaffeetreffen unter Studentinnen produziert Gerda gleich zwei dicht hintereinander folgende Äußerungen mit *nur* (Z. 122 und Z. 127). Allerdings unterscheiden sich die beiden Verwendungsweisen sowohl formal als auch funktional. Die Sprecherinnen klagen über das Vorgehen von Lehrenden und StudentInnen, die VertreterInnen einer bestimmten Theorie sind („Hardliner") und andere Ansätze als „unwissenschaftlich" abstempeln:

```
HARDLINER (STUDENTINNEN - BODENSEE)
116 Gerda: man sollte einfach en BEIspiel hernehmen,
117         genau SO: ja;
118         und darüber en BUCH schreiben.=
```

---

19 Weder im „Duden: Deutsches Universalwörterbuch" noch in „Langenscheidts Großwörterbuch Deutsch als Fremdsprache" wird *nur* als Diskursmarker/Partikel/Konnektor im Vor-Vorfeld erwähnt. Hierzu u.a. Zifonun et al. (1997: 2421ff.), Métrich/Faucher (2009: 667ff.) und Breindl/Volodina/Waßner (2014: 559f.). Vgl. auch Barden/Elstermann/Fiehler (2001) und Fiehler et al. (2004: 438) zu *nur* als Operator.

```
119 Anna:   =mhm=
120 Gerda:  =un das GILT dann a als-
121         das is dann eh (.) HARDcore.20
122         hihihi <<:-)>NU:R,> hihihi
123         <<:-)> man muss halt die !SCHEIß!theorie von?>
124         <<:-)> reziPIEren von denen.>
125         eh wo mir irgendWIE?
126         da krIeg ich <<:-)> eingeschlafene FÜ:ße,>
127         wenn ich nUr die ERSte <<:-)> seite> hihi lese;=
```

Betrachten wir zunächst einmal die Verwendung von *nur* in Zeile 127: Das Gradadverb *nur*, das eine Einschränkung auf die „ERSte <<:-)> seite" markiert, ist hierbei fest in die Satzstruktur integriert und befindet sich im Mittelfeld des Syntagmas:

Vorfeld	linke Satzkl.	Mittelfeld	rechte Satzkl.
	wenn	ich **nur** die ERSte <<:-)> seite> hihi	lese;

Die syntaktische Integration von *nur* wird durch die prosodische Einbindung unterstützt. *Nur* weist hier einen engen Skopus auf, der sich lediglich auf die im Mittelfeld positionierte Phrase („die ERSte <<:-)> seite>") bezieht.

Von dieser Verwendung als Gradadverb unterscheidet sich der Gebrauch von *nur* in Zeile 122 sowohl formal als auch funktional: Letzteres ist syntaktisch nicht integriert, vielmehr hat es die Vor-Vorfeldposition inne und ist nur lose mit dem folgenden syntaktisch selbstständigen Syntagma verbunden:

Vor-Vorfeld	Vorfeld	linke Satzkl.	Mittelfeld	rechte Satzkl.	Nachfeld
NU:R,	man	muss	halt die !SCHEIß! theorie von?>	rezipieren	von denen

Auch prosodisch ist das vorliegende *nur* insofern vom Folgesyntagma („man muss halt die !SCHEIß!theorie von?> reziPIEren von denen.") abgesetzt, als es eine eigene Intonationsphrase bildet, umrahmt von Kicherpartikeln („hihihi <<:-)> NU:R,> hihihi").

---

20 Mit „HARDcore" verweist Gerda auf eine bestimmte theoretische Ausrichtung ihres Faches.

Wie bei der Verwendung von *nur* in Zeile 127 hat auch *nur* in Zeile 122 eine einschränkende Funktion inne. Allerdings bezieht sich die Einschränkung nun auf die Diskursebene; d.h. im Unterschied zum Gradadverb projiziert das im Vor-Vorfeld stehende *nur* eine gewisse Umorientierung in Bezug auf die Relation der Folgeäußerung zum Gesagten: Ein neuer, bislang nicht berücksichtigter, als adversativ indizierter Aspekt wird erwartbar gemacht (etwa im Sinne von „das bisher Gesagte ist gültig, nur muss man dabei auch bedenken, dass ...").[21] Der Diskursmarker hat hierbei sowohl eine zeitlich rückwärts- als auch vorwärtsorientierte Ausrichtung und vermittelt zwischen der vorausgehenden („das is dann eh HARDcore."; Z. 121) und der folgenden Einheit („<<:-)> man muss halt die !SCHEIß!theorie von?> <<:-)> reziPIEren von denen."; Z. 123-124). Auch ist im Falle des metapragmatisch ausgerichteten Diskursmarkers *nur* der Skopus deutlich weiter als bei seinem Gebrauch als Gradadverb: Er bezieht sich auf die gesamte Folgeäußerung. Eine Verschiebung von *nur* ins Mittelfeld wäre zwar möglich, doch käme es dann zu einer Skopusverengung („man muss halt nur die Scheißtheorie rezipieren von denen"). Diese Beobachtung deckt sich mit Traugotts (1995) Position, dass Diskursmarker, die oftmals satzinternen Adverbien entstammen, mit ihrer Entwicklung zum Diskursmarker ihren Skopus von einer lokalen, satzinternen zu einer satzumfassenden Reichweite ausdehnen.[22]

Auch im folgenden Exzerpt aus einem Frühstücksgespräch zwischen drei Freundinnen hat der im Vor-Vorfeld einer syntaktisch unabhängigen Einheit positionierte Diskursmarker *nur* insofern eine metapragmatische Funktion, als er eine adversative Relation zwischen dem soeben Gesagten und der Folgeaussage indiziert. Gisa beklagt sich über einen Dozenten, für den sie unter großer Mühe Unterlagen zusammengetragen hat, ohne dass er sich je dafür bedankt hat:

```
FRAUENFRÜHSTÜCK (BODENSEE)
059 Gisa: dass ich dem diese AUFsätze geschickt hab,
060       <<all> hat der gar nich mitgeKRIECHT.>
061       des muss irgendwo verSAN:det sein. hh°
062 Anni: irgendeine SACHbearbeiterin heftet des ab,
063       [un damit is des erLEdigt. ]
064 Gisa: [mhm is mir auch SCHEIßegal] inzwischen.
065       nUr, (-)
066       ich hab mir da n ne gUte stunde [a arbeit mit_ge]MACHT.
067 Ute:                                 [mhm      mhm    ]
068 Gisa: des zuSAMmenzustellen un so,
```

---

21 Hierzu auch Fiehler et al. (2004: 440).
22 Zur Skopuserweiterung und der Frage der Grammatikalisierung siehe auch Günthner (1999) und Auer/Günthner (2005).

Nachdem Anni in den Zeilen 062f. eine mögliche Erklärung für das Verhalten des Dozenten liefert (u.U. hat er die von Gisa mühsam zusammengesuchten Unterlagen gar nicht in die Hände bekommen, da eine Sachbearbeiterin diese einfach abgelegt haben könnte), bemerkt Gisa, dass ihr die Sache inzwischen „SCHEIß-egal" ist (Z. 064). Nach dem Abschluss dieser emotional aufgeladenen Bewertung setzt Gisa in Zeile 065 ihren Redezug mit einem „nUr," fort, dessen prosodische Realisierung als eigenständige Intonationsphrase die Distanz zum Folgesyntagma unterstreicht. Im Anschluss an eine kurze Pause produziert Gisa dann die erwartbar gemachte – adversativ ausgerichtete[23] – Fortsetzung: „ich hab mir da n ne gUte stunde [a arbeit mit_ge]MACHT." (Z. 066). Hierbei wird deutlich, dass das vorliegende „nUr", dessen Skopus die gesamte Turnkonstruktionseinheit erfasst, im Falle einer syntaktischen Integration in das Mittelfeld des Folgesyntagmas (vgl. „ich hab mir da nur eine gute Stunde Arbeit mit gemacht") eine andere Bedeutung hätte. Im Unterschied zum Gradadverb fungiert der Diskursmarker *nur* als metapragmatisches Rahmungsmittel, das den Gesprächsteilnehmerinnen einen neuen, bislang noch nicht thematisierten adversativen Aspekt ankündigt.

In der gesprochenen Sprache finden sich allerdings auch Verwendungsweisen, bei denen der Diskursmarker *nur* prosodisch in den Folgeteil integriert ist.[24] Im nächsten Ausschnitt, der einer universitären Sprechstunde entstammt, führt die Studentin S ihre Überlegungen zu einem möglichen Hausarbeitsthema aus. In Zeile 032 verwendet sie ein im Vor-Vorfeld positioniertes *nur*:

```
HAUSARBEITSTHEMA BESPRECHEN I
(https://daad-gda.sprache-interaktion.de/)
030 S:   und dann natürlich auch noch das GEgenkönigtum?
031      und (.) ähm (.) ich hab mich da auch schon EINgelesen?
032      nU:r ich hab jetzt das proBLEM,
033      dass mir nicht so richtig ne FRAgestellung ähm-
034      die das [so umSCHLIEßen würde] einf fällt.
```

Nachdem S ihre Kenntnisse zu einem möglichen Hausarbeitsthema dargelegt und abschließend konstatiert hat, dass sie sich „da auch schon EINgelesen?" (Z. 031) hat, führt sie in Zeile 032 ihr eigentliches Problem ein: Ihr fehlt noch die genaue Fragestellung für ihre Hausarbeit. Diese Probleminitiierung wird mit einem prosodisch integrierten *nur* eingeleitet. Doch auch hier hat der Diskursmarker eine primär metapragmatische Funktion, indem er die Beziehung zwischen der

---

23 Siehe auch Zifonun et al. (1997) zu *nur* als einem adversativen Konjunktor.
24 Siehe auch die Ergebnisse von Auer (1997: 61ff.) und Schwitalla (1997/2012: 145) zur prosodischen Integration von Diskursmarkern und anderen Vor-Vorfeldbesetzungen, sowie Barden/Elstermann/Fiehler (2001) zur Prosodie von Operator-Skopus-Verknüpfungen.

vorausgehenden und der folgenden Äußerung kontextualisiert und einen Kontrast zum Gesagten erwartbar macht.

Einige Sekunden später produziert die Studentin S eine weitere, ebenfalls mit dem Diskursmarker *nur* eingeleitete Äußerung:

```
HAUSARBEITSTHEMA BESPRECHEN II
(https://daad-gda.sprache-interaktion.de/)
061 S: ähm die VIta auch (.)[zum] beispiel.
062 D:                      [ja.]
063 S: die sich ja auch positiv zu über rudolf ÄUßert-
064 D: ganz ge[NAU.]
065 S:        [NUR-]=
066 S: =ich hab die jetz noch NICH so-
067    also ich hab mir schon welche RAUSgeschrieben-
068    ich hab die noch nich geLEsen [alle.]
```

Nachdem S ihre Ausführung zur Vita (Heinrici IV. imperatoris) beendet hat und die Dozentin D ihr zustimmt („ganz ge[NAU.]"; Z. 064), initiiert S ihren neuen, mit D's Zustimmung überlappenden Redezug. Auch hier ist *nur* im Vor-Vorfeld eines selbstständigen Syntagmas positioniert und hat eine primär metapragmatische Funktion, indem es einen Kontrastbezug bzw. eine adversative Ausrichtung der Folgeäußerung indiziert. Der Diskursmarker rahmt S' Eingeständnis, dass sie – im Gegensatz zu möglichen Erwartungen aus dem bislang Gesagten – noch nicht die gesamte Literatur gelesen hat.

Als Vor-Vorfeldbesetzungen sind Diskursmarker syntaktisch nur locker mit der Folgeeinheit verknüpft; diese relative Unabhängigkeit des Diskursmarkers vom Folgesyntagma erlaubt es SprecherInnen, *nur* nicht nur zur Einleitung von Aussagesätzen zu verwenden, sondern auch im Vor-Vorfeld von Fragehandlungen zu positionieren.

Der folgende Ausschnitt entstammt einem Familientischgespräch. Anni und ihre Großmutter unterhalten sich über die Bahnreise von Annis Vater:

```
ZUGFAHRT (BRANDENBURG 102.45)
221 Oma:  und bei der HINreise auch?
222 Anni: ja_JA.
223 Oma:  NUR, (.)
224       wie SAGtest du,
225       welchen tag geht das NICHT?
226 Anni: frEItag und sOnntag könnt er nich damit FAHren.
227 Oma:  °hh FREItag (.) un SONNtag,
228       und was is das für_ne KARte,
229       w wie nennt sich DIE? (.)
230       verBILligt?
231 Anni: SUpersparpreis.
```

Im Anschluss an Annis bejahende Antwort (Z. 222) auf die Frage der Oma (Z. 221) übernimmt diese den Redezug mit „NUR, (.)" (Z. 223). Dem Diskursmarker folgt jedoch kein Aussagesatz wie in den bisherigen Gesprächsausschnitten, sondern eine W-Frage: „wie SAGtest du, welchen tag geht das NICHT?" (Z. 224-225).

Anhand dieses Ausschnitts wird deutlich, dass der Diskursmarker *nur*, der auch hier der metapragmatischen Rahmung der Folgeeinheit dient, und einen Kontrast bzw. einen adversativen, bislang noch nicht thematisierten Aspekt erwartbar macht, die Form der Folgeeinheit nicht festlegt (Günthner 1999; Maschler 2009).

Auch wenn die bisherigen Interaktionssequenzen der Face-to-face-Kommunikation entstammen, heißt dies nicht, dass ein im Vor-Vorfeld positioniertes *nur* nicht auch in schriftlichen Kommunikationsformen verwendet werden kann. Gerade in konzeptuell mündlichen, informellen SMS-Mitteilungen, die eine nähesprachliche Ausrichtung (Ágel/Hennig 2007) aufweisen, trifft man immer wieder auf den Diskursmarker *nur*.

In der folgenden SMS-Mitteilung schreibt ein Student an eine befreundete Kommilitonin (Tine), dass er am folgenden Tag nicht zur Arbeit kommen kann:

KEINE ZEIT FÜR DIE ARBEIT (SMS-Dialog #2360)

Tine, ich hab ganz vergessen dass ich morgen auf der

Harry Potter Ausstellung in Köln bin und mir dreißt

freinehmen wollte :) **Nur ich hab dich noch nicht**

gefragt!!! Schaffst du es morgen alleine?

Nachricht #1 - 08.12.2014 - 12:20:00

Das satzinitiale vor dem Vorfeld positionierte „Nur" leitet auch hier eine eigenständige Sprechhandlung („ich hab dich noch nicht gefragt!!!") ein und sein Skopus umfasst die gesamte Folgeeinheit. Der Diskursmarker indiziert die Beziehung zwischen der vorausgehenden und der folgenden Äußerung und projiziert einen Gegensatz bzw. ein bislang noch nicht thematisiertes Problem.

3.2 Die Verwendung von *guck mal* als Diskursmarker

Imperativformen von *gucken* wie in „guck mal!" oder „gucken Sie mal, dort ist ne Maus!", mit denen SprecherInnen den Blick ihres Gegenübers auf ein bestimmtes Objekt im gemeinsamen Raum lenken (möchten), begegnet man in mündlichen wie in schriftlichen Texten immer wieder.[25]

Wörterbucheinträge zu *gucken* verweisen in der Regel darauf, dass es sich bei *gucken/kucken* um ein umgangssprachliches Verb handelt (vgl. Duden: Deutsches Universalwörterbuch 2001: 688). Neben der Bedeutung (a) „seine Blicke auf ein bestimmtes Ziel richten; sehen" wird die Bedeutung (b) „seine Umwelt, andere mit bestimmten, die seelische Verfassung spiegelndem Gesichts-, Augenausdruck ansehen" sowie (c) „etw. betrachten, ansehen" angegeben. Vergleichbare Einträge zur Semantik von *gucken* zeigen sich im „Langenscheidt Großwörterbuch Deutsch als Fremdsprache" (2010: 509): *„irgendwohin g.* seinen Blick (bewusst) auf etw. richten = sehen" sowie *„irgendwie g.* e-n bestimmten Gesichtsausdruck haben" und darüber hinaus *„etw. guckt aus etw.* etw. ragt aus etw. heraus."*

In Alltagsgesprächen verwenden SprecherInnen neben den in Wörterbüchern aufgelisteten Formen auch *gucken* (bzw. *schauen)* in Kombination mit der Modalpartikel *mal* als Ausruf der Überraschung wie in „guck mal (einer an)!". Auch Konstruktionen wie „müssen wir mal gucken/sehen/schauen, wie's weitergeht" oder „da muss er mal gucken/sehen/schauen, dass er das schafft", bei denen der Zukunftsaspekt bezeichnend ist und die Semantik sich von „mit den Augen wahrnehmen" in Richtung „abwarten", „ausprobieren" etc. verschoben hat, begegnen einem in alltäglichen Gesprächssituationen immer wieder.[26]

Trotz seines gehäuften Gebrauchs in der Alltagssprache fand das Verb *gucken* (u.a. aufgrund seiner umgangssprachlichen Ausrichtung) lange Zeit keinen Zutritt zu Lehrwerkdialogen. So berichtete ein taiwanesischer Deutschdozent bei einem Workshop zum „Gesprochenen Deutsch" (Oktober 2014 in Taipeh):[27]

---

25 Siehe Elsner (2011) zum Erwerb von *guck mal* bei Kindern.

26 Siehe Wegner (i.Dr.) zu „...mal kucken/schauen/sehen..."-Konstruktionen in Elternsprechtagsgesprächen.

27 Mittlerweile wird *gucken* im Sinne von „anschauen" auch in Lehrwerkdialogen verwendet. So findet man beispielsweise in „Studienweg Deutsch (2004-2009)", dem in China weit verbreiteten Deutschlehrwerk, auf dem B2-Niveau Dialogäußerungen wie „Darf ich noch ein bisschen Fernsehen gucken?", „Die Tagesschau will ich aber nicht gucken." Oder „Siehst du, ich muss mir doch das Sportstudio angucken." Die Beispiele verdanke ich Dong Jing.

Ich kannte zum Beispiel das Wort *gucken* oder *kucken* vor meiner Ankunft in Deutschland gar nicht. Da war ich nun in Deutschland und alle redeten von *gucken* und *guck mal dort!* und so, und ich wusste nicht, was sie meinen. Ich hatte in meinem Deutschstudium nur *schauen, blicken* und *sehen* gelernt. Von *gucken* hatte ich bisher nichts gehört.

In alltäglichen Interaktionen trifft man immer wieder auf eine Form von *guck mal*, mit der nicht etwa die visuelle Blickrichtung des Gesprächspartners auf ein lokales Ziel gerichtet werden soll; vielmehr hat diese Verwendung von *guck mal* als Diskursmarker die Funktion, dessen Aufmerksamkeit auf die Interaktion selbst, und zwar auf die Folgeäußerung, zu lenken.[28]

Im folgenden Ausschnitt, der einem Gespräch zwischen einem Studentenpaar (Ria und Simon) entstammt, betont Ria, dass sie Probleme hat, auf dem Surfbrett zu stehen. In Zeile 22 verwendet sie *guck mal* (realisiert als „guckma") in der Funktion eines Diskursmarkers:

```
SURFDISKUSSION (https://daad-gda.sprache-interaktion.de/)
018 Ria:    ich fall doch da immer RUNter.
019 Simon:  bind ich dich an_s BRETT.
020 Ria:    aber bo:::hhh°-
021         (0.9)
022 Ria:    guckma (.) du weißt dass ich NULL-
023         GLEICHgewichtsgefühl habe?
```

Nachdem Simon auf Rias Surfproblem mit der scherzhaften Bemerkung „bind ich dich an_s BRETT." (Z. 19) reagiert, indiziert diese mittels „aber" und dem gedehnten, entrüsteten „bo:::hhh°-" (Z. 20) ihren Dissens und wechselt von der scherzhaften Modalität in eine ernste. Im Anschluss an die Pause von 0.9 Sekunden (Z. 21) refokussiert Ria das Thema, indem sie ein grundlegendes Problem formuliert: „guckma (.) du weißt dass ich NULL- GLEICHgewichtsgefühl habe?" (Z. 22-23). Das im Vor-Vorfeld positionierte *guck mal* ist nur lose mit dem syntaktisch selbstständigen Folgesyntagma verknüpft:

---

28 Siehe auch Stein (1995: 241), der *guck mal* als „gesprächsspezifische Formel" bezeichnet mit der dominanten Funktion der „Aufmerksamkeitssteuerung". Als weitere Funktionen nennt er: „Gesprächssteuerung: • Sicherung der Sprecherrolle • Ankündigung einer Erläuterung • Gliederungssignal • Kontaktsicherung".

Vor-Vorfeld	Vorfeld	linke Satzkl.	Mittelfeld	rechte Satzkl.	Nachfeld
guckma (.)	du	weißt			dass ich NULL-GLEICHgewichtsge-fühl habe?

Anhand dieses Gesprächssegments wird deutlich, dass das von Ria verwendete „guckma" keineswegs als Aufforderung an ihr Gegenüber dient, seinen (visuellen) Blick auf einen Gegenstand im gemeinsamen Blickfeld zu richten; vielmehr lenkt sie mit „guckma" dessen Aufmerksamkeit auf ihre Erläuterung im folgenden Komplementsatzgefüge. Der Diskursmarker „guckma" führt somit einen Wechsel in der interaktiven Ausrichtung (vom Blödeln zur ernsten, vorwurfsvollen Erläuterung) ein und kontextualisiert zugleich die hohe Relevanz dieser Folgeeinheit. Sein Skopus umfasst die gesamte Turnkonstruktionseinheit. Die syntaktische und lexikalische Fixiertheit – 2. Person Singular[29] in Kombination mit der Modalpartikel *mal* – geht oftmals einher mit einem phonologischen Substanzverlust, so dass der Diskursmarker als *guckma* realisiert wird.[30]

Auch wenn die vorliegende Verwendung von *guck mal* das Gegenüber nicht länger zur visuellen Blickausrichtung auffordert, so bleiben dennoch Teile der Ursprungssemantik erhalten: Mit ihrem redezuginitialen „guckma" appelliert Ria an Simons Aufmerksamkeit und richtet diese – statt auf das Hin*schauen* – auf das Hin*hören* bzw. Begreifen ihrer Folgeaussage aus.

Semantische Verbleichungen gelten als charakteristische Merkmale für die Rekategorisierung sprachlicher Zeichen als Diskursmarker (Gohl/Günthner 1999; Günthner 1999; Auer/Günthner 2005; Imo 2012). Hopper (1991) beschreibt diese Art des Mitschwingens der ursprünglichen Bedeutung eines Elementes (wie hier eines Verbs) im Prozess der Dekategorisierung zu der grammatikalisch weniger

---

29 Theoretisch könnte man sich auch die Variante *gucken Sie mal* als Diskursmarker vorstellen. Die Tatsache, dass diese Form im vorliegenden Datenmaterial jedoch nur im Sinne einer Aufforderung zur visuellen Blickausrichtung („GUCKen sie mal der süße HUND,") bzw. einmal im Sinne von „überlegen Sie mal" bzw. „werden Sie sich mal klar darüber" („dann (.) gucken_se mal wann_se vor!BEI!kommen können, (---) °h") verwendet wird, mag vor allem damit zusammenhängen, dass der Diskursmarker primär in informellen nähesprachlichen Kontexten eingesetzt wird, in denen sich die Interagierenden ohnehin duzen. U.U. könnte auch die Semantik des Diskursmarkers derart ausgebleicht sein, dass selbst in Kontexten, in denen die Interagierenden sich siezen, *guck mal* verwendet wird.

30 Siehe auch Imo (2007: 306ff.) und Wegner (i.Dr.) zur lexikalischen Fixiertheit der Konstruktion „mal sehen...", „mal gucken" bzw. „mal schauen".

zentralen Kategorie des Diskursmarkers unter dem Stichwort der „persistence".[31]
Im Fall von *guck mal* als Diskursmarker wird die Bedeutung von *gucken* als visu-
ellem Schauen hin zur mentalen Fokussierung auf den Folgebeitrag übertragen.
Dies steht im Einklang mit dem u.a. von Lakoff (1987) und Sweetser (1990) beschriebenen metaphorischen „mapping" von Ausdrücken, die auf der Ebene phy-
sikalischer Sinne angesiedelt sind, auf mentale Zustände – und somit vom visu-
ellem Sehen zum mentalen Erfassen:

> Physical vision => mental ‚vision'. This metaphor is probably based on the strong connec-
> tion between sight and knowledge, and also on the shared structural properties of the visual
> and intellectual domains – our ability to focus our mental and visual attentions, to monitor
> stimuli mentally and visually. (Lakoff 1987: 33)

Im folgenden Ausschnitt, in dem sich zwei Freundinnen beim Spaziergang über
die anstehenden Landtagswahlen in NRW unterhalten, verwendet Luise ebenfalls die Imperativform *guck mal* als Diskursmarker. Doch während das „guckma"
von Ria in SURFDISKUSSION zusammen mit dem Folgesyntagma („guckma du
weißt dass ich NULL-") eine prosodische Kontur bildete, repräsentiert es im folgenden Ausschnitt eine eigenständige Intonationskontur:

```
LANDTAGSWAHLEN (https://daad-gda.sprache-interaktion.de/)
022 Luise: [aber] ich DENK ma:l-
023        GUCKmal;
024        mit der ef de PE werden-
025        (.) wird die ce de UH keine MEHRheit kriegen.
```

Auch hier setzt Luise *guck mal* nicht etwa ein, um den Blick ihrer Freundin auf
ein visuelles Phänomen zu lenken, sondern die ursprüngliche Semantik der phy-
sikalischen Wahrnehmung wird auch hier auf die mentale Ausrichtung übertragen, und der Diskursmarker *guck mal* führt Luises zentrales Argument („mit der
ef de PE werden- (.) wird die ce de UH keine MEHRheit kriegen." Z. 024-025) ein.

Der Aufforderungscharakter des ursprünglichen Imperativs ist somit auch
beim Gebrauch als Diskursmarker noch vorhanden, und die Gesprächspartnerin
wird nun zur fokussierten Aufmerksamkeit auf ein interaktives Ziel aufgerufen.
Allerdings unterscheidet sich die Verwendung von *guck mal* als Diskursmarker
von der Imperativform nicht nur durch die semantische Verbleichung, sondern
auch durch den Verlust an interner Syntax (Auer/Günthner 2005). So wird der
Diskursmarker (im Unterschied zur Imperativform *guck mal!* bzw. *guckt mal!*) im
vorliegenden Korpus nur in der 2. Person Singular verwendet; ferner kann er

---

31 Hierzu ausführlicher Günthner (1999).

(ebenfalls im Unterschied zur Imperativform) kein eigenständiges Syntagma bilden, stattdessen projiziert er stets eine syntaktisch eigenständige Folgeeinheit.

Auch im folgenden Gesprächsausschnitt, in dem sich vier Freundinnen über verschiedene Joghurtsorten unterhalten, verwendet Kaja den Diskursmarker *guck mal* (Z. 155), um die Aufmerksamkeitsausrichtung der Gesprächspartnerinnen auf die Folgeinformation zu lenken und nicht etwa, um den Blick des Gesprächspartners auf ein bestimmtes Ziel zu richten:

```
JOGHURT (CAFEGESPRÄCH: 157 - NRW)
144 Mira: aber ich finde ERDbeer schon wegen der
          !NÜSS!chen nich so weich;
145       (-)
146       weil die hAt man doch (.) AUCH immer dann (.)dabEI;
147       ((zweisilbiges Geräusch)) immer in den ZÄHnen
          [hinterher-]
148 Kaja: [ja_ja GUT,]=
149       =aber es geht ja n=n=weniger um die konsisTENZ,
150       als mEhr um: den geSCHMACK;
151       (0,5)
152 Mira: fInds_du?=
153       =ich FINde-
154       =das hat auch Immer son bisschen was noch mit konsisTENZ
          zu tun;
155 Kaja: <<all> aber GUCKma,>
156       PFI:Rsich ist zum bEIspiel,
157       (.)
158       FIND ich;
159       (.)
160       ⌊ nich  so] wEIch wie ERDbeer;
161 ???:  [( eigen- )]
162       (1.5)
163 Isa:  hm=HM?
164 Mira: kommt drauf an wie !REIF! er ist;
```

In dieser Argumentation zur Konsistenz und zum Geschmack verschiedener Fruchtjoghurtsorten vertreten Kaja und Mira unterschiedliche Positionen. Nachdem Mira in Zeile 143ff. betont, dass die Konsistenz von Erdbeerjoghurt durch die Nüsschen weniger weich ist als bei anderen Fruchtjoghurts, wendet Kaja ein, dass diese doch eher den Geschmack beeinflussen. In Zeile 152 initiiert Mira ihre Nichtübereinstimmung mit der Rückfrage „finds_du?", um im Anschluss ihre Gegenposition „=ich FINde, das hat auch immer son bisschen was noch mit konsisTENZ zu tun;" (Z. 153-154) darzulegen. Unmittelbar darauf setzt Kaja mit dem Diskursmarker *guck mal* ein, dem ein adversatives *aber* vorausgeht, das bereits einen Widerspruch projiziert: „aber GUCKma, PFI:Rsich ist zum beispiel, (.) FIND ich, (.) nicht so wEIch wie ERDbeer;" (Z. 155ff.). Mit der Funktion der

Aufmerksamkeitsausrichtung des Gegenübers auf die Folgeäußerung sichert sich Kaja durch den Gebrauch des Diskursmarkers *guck mal* zugleich die Option eines längeren Redezugs, der hier der Erläuterung verschiedener Fruchtjoghurtarten dient. (Hätte sie ihre Äußerung ohne den Diskursmarker realisiert, würde die Projektion einer längeren Ausführung entfallen: „aber Pfirsich ist zum Beispiel, find ich, nicht so weich wie Erdbeer"). Auch im vorliegenden Ausschnitt hat der Diskursmarker (im Vergleich zur Imperativform „guck mal") an phonologischer Substanz verloren und wird als „GUCKma" realisiert.[32]

Die Tatsache, dass auch hier (wie im Ausschnitt SURFDISKUSSION) dem Diskursmarker *guck mal* ein Kontrast indizierendes *aber* vorausgeht, ist sicherlich kein Zufall; zum einen sind Diskursmarker kombinierfreudig (Imo 2012: 77) und zum anderen wird der Diskursmarker *guck mal* im vorliegenden Datenmaterial immer wieder zur Einleitung von zentralen Stellungnahmen, Gegenargumenten, Nichtübereinstimmungen etc. eingesetzt.

Bereits in Zusammenhang mit der Verwendung von *nur* konnte gezeigt werden, dass SprecherInnen Diskursmarker nicht nur zur Einleitung von Aussagesätzen verwenden, sondern diese durchaus auch im Vor-Vorfeld von Fragehandlungen positioniert sein können. Dies trifft auch auf *guck mal* zu. Im folgenden Ausschnitt unterhalten sich TeilnehmerInnen einer Reality-TV-Serie über Fabrikarbeiter und wie hart deren Job ist:

```
FABRIKEN (TV-REALITY-SHOW: 4 - Tag 85)
442 Anne:   <<all> sa_ma EHRlich Also:;>
443         ich !(WÜRD)! (.) ö:h-
444         <<stöhnend/gepresst> u::o::;>
445         <<all> ich WEIß nich <<gepresst> (hui,)>
446         ((unverständliche Geräusche 1.1))
447         ne:;=
448         =ich würd das NICH KÖnnen;
449 Silke:  (-) °hh aber ich beWUNder das wIrklich (leut;)
450 Anne:   °h <<all> ja GUCKma;>=
451         =wer sOllte denn sonst hier in_diesen ganzen
            fa!BRI!ken a::rbeit[en;        ]
452 Silke:                     [<<all> ja]_ja> !KLA:R!;
453         (-) °h
454 Anne:   das_s GU::T;
```

---

32 Wie Auer/Günthner (2005) verdeutlichen, betrifft der phonologische Substanzverlust primär solche Diskursmarker, die aus komplexeren Konstruktionen entstanden sind.

Nachdem Anne in den Zeilen 442ff. ausführt, dass sie eine solche harte Arbeit nicht machen könnte, initiiert sie in Zeile 450 eine neue Turnkonstruktionseinheit mit „°h <<all> ja GUCKma;=". Die Kombination der beiden Diskursmarker *ja*[33] und *guck mal* bildet eine eigenständige prosodische Einheit, der eine W-Frage folgt: „=wer sOllte denn sonst hier in_diesen ganzen fa!BRI!ken a::rbeit[en;   ]" (Z. 451).

Vor-Vorfeld	Vorfeld	linke Satzkl.	Mittelfeld	rechte Satzkl.	Nachfeld
°h <<all>	wer	sOllte	denn sonst	a::rbeit[en.]	
ja GUCKma;>			hier		
			in_diesen		
			ganzen		
			fa!BRI!ken		

Dass es sich hierbei um eine rhetorische Frage handelt, die keine Antwort im Sinne einer Nennung der erfragten Personengruppe erwartbar macht, wird u.a. anhand von Silkes Reaktion deutlich. Diese stimmt Anne mit „[<<all> ja]_ja> !KLA:R!;" (Z. 452) zu.

Auch wenn *guck mal* als Diskursmarker die Aufmerksamkeit des Gegenübers auf die kommende, als bedeutsam gerahmte Äußerung lenkt, so ist damit nicht festgelegt, welche syntaktische Form diese projizierte Fortsetzung haben wird. Die Tatsache, dass Diskursmarker nur lose mit dem Folgesyntagma verknüpft sind, gibt den SprecherInnen einen gewissen Freiraum in deren syntaktischer Gestaltung.

Während die bisherigen Interaktionsausschnitte mit dem Diskursmarker *guck mal* gesprochener Sprache entstammten, verdeutlicht die folgende Sequenz, die einer SMS-Kommunikation entnommen ist, dass *guck mal* auch in dieser medial schriftlichen Kommunikationsform als Diskursmarker eingesetzt wird.

Paul berichtet seiner Schwester Jule von einem Streit, den er mit Anna und Ilona hatte:[34]

---

33 Zum Diskursmarker *ja* siehe Weidner (2015). Sie verdeutlicht, dass *ja* am Turnanfang die Kontinuität zur Vorgängeräußerung aufrecht erhält und zugleich das Rederecht sichert.
34 Die SMS-Mitteilungen werden in Kolumnen präsentiert, wobei die Dialogzüge der einzelnen SMS-PartnerInnen links bzw. rechts angeordnet sind. Sämtliche Mitteilungen sind durchnummeriert und enthalten – soweit bekannt – auch Datum und Uhrzeit des Versendens der SMS-Nachricht.

ÜBER EINEN STREIT BERICHTEN (SMS-Dialog #2055)[35]

Ilona hat mir heute Hass nachrichten geschickt

Nachricht #6 – 30.10.2013 – 19:55:50

Was warum? Oo

Nachricht #7 – 30.10.2013 – 19:56:29

Guck mal ich hatte heite mit anna ne diskussion weil sie wieder wass dummes gesagt hat

Nachricht #8 – 30.10.2013 – 19:56:37

Und dann meinte ich päda passt nicht zu ihr

Nachricht #9 – 30.10.2013 – 19:56:48

Und dann meinte sie ja ich studiere es ja auch nur weil man da chillen kann

Nachricht #10 – 30.10.2013 – 19:57:26

Auf Pauls Mitteilung „Ilona hat mir heute Hass nachrichten geschickt" hin (Nachricht 6) reagiert seine Schwester mit der Nachfrage „Was warum? Oo" (Nachricht 7), die ihr Erstaunen indiziert („Oo" – als Nachahmung eines Emoticons – repräsentiert hier weit aufgerissene Augen, die Erstaunen bzw. Entsetzen markieren). Einige Sekunden später führt Paul die Rekonstruktion des Vorgangs mit „Guck mal" (Nachricht #8) ein.

Im Falle medial vermittelter Kommunikation, in der die Interagierenden räumlich distant kommunizieren, wird die Verbleichung bzw. metaphorische Übertragung der ursprünglichen Semantik von *gucken* noch deutlicher. Der auch hier im Vor-Vorfeld eines unabhängigen Syntagmas positionierte Diskursmarker fungiert als Aufmerksamkeitssignal und zugleich als Mittel der Untermauerung der Relevanz der Folgeeinheit „ich hatte heite mit anna ne diskussion weil sie wieder wass dummes gesagt hat" (Nachricht #8).

Ähnlich wie bei den Ausschnitten aus den gesprochen-sprachlichen Daten handelt es sich auch in dieser SMS-Interaktion um einen informellen Kontext

---

35 Tippfehler in den SMS-Nachrichten wie „heite", „wass" etc. werden übernommen und nicht korrigiert.

sozialer Nähe. Trotz der räumlichen (und teilweise auch zeitlichen) Distanz ist die dialogische Ausrichtung am Gegenüber offenkundig: Mit der Imperativform *guck mal* wendet sich der Schreiber an seine SMS-Partnerin und liefert Kontextualisierungshinweise bzgl. der Interpretation der Folgeinformation.

4 Schlussfolgerungen

Die Analysen zum Gebrauch der Diskursmarker *nur* und *guck mal* in alltäglichen mündlichen (und schriftlichen) Interaktionen veranschaulichen, dass diese Vor-Vorfeldbesetzungen zwar von den Regeln der Standardgrammatik abweichen, aber dennoch zum festen Wissensrepertoire bzw. kommunikativen Haushalt von MuttersprachlerInnen gehören. Sie werden in mündlich und teilweise auch schriftlich geprägten Interaktionszusammenhängen als metapragmatische Ressource zur Indizierung von Diskursrelationen eingesetzt, die dem Gegenüber Verstehenshinweise zur Interpretation der Folgeäußerung in Hinblick auf bereits Gesagtes liefert.

Die Verwendung von *nur* und *guck mal* als Diskursmarker unterscheidet sich von deren traditionellen Verwendungsweisen als Gradadverb bzw. Imperativform durch folgende Merkmale:

(i)   Mit dem Prozess der Umkategorisierung von einer zentralen grammatischen Wortart zur primär pragmatisch ausgerichteten Kategorie der Diskursmarker geht ein *Verlust an interner und externer Syntax* einher: Der Diskursmarker rückt in eine periphere syntaktische Position, wo er nur noch lose mit der Folgestruktur verknüpft ist. Hierbei kann (wie am Beispiel von *guck mal* ersichtlich) sein Variantenspielraum (u.U. Reduktion auf die 2. Person Singular) eingeschränkt werden.

(ii)   Aufgrund der nur losen syntaktischen Anbindung zwischen dem Diskursmarker und dem Folgesyntagma ist die Form der Folgeeinheit nicht festgelegt: *nur* und *guck mal* können sowohl einen Aussage- als auch einen Fragesatz einleiten.[36]

(iii)   Die lose Verbindung zwischen dem Diskursmarker *nur* bzw. *guck mal* und dem Folgeteil kann *prosodisch* gestützt werden, indem der Diskursmarker eine eigene Intonationsphrase bildet.

---

36 Theoretisch möglich sind auch Imperative, die den Diskursmarkern folgen können. Allerdings finden sich keine solchen Beispiele in meinen Daten.

(iv)   Mit der Umkategorisierung vom Adverb bzw. von der Imperativform zum
        Diskursmarker geht ferner eine Ausbleichung bzw. Modifikation der ur-
        sprünglichen Semantik einher: Im Falle von *nur* verlagert sich die Sem-
        antik der Einschränkung auf die Diskursebene, ein adversativer, bislang
        noch nicht thematisierter Aspekt wird projiziert. Beim Diskursmarker
        guck mal wird das Gegenüber nicht länger zum physischen Hinsehen
        aufgefordert, sondern die Blickrichtung wird von einer visuellen zu ei-
        ner mentalen verschoben. Was jedoch bestehen bleibt, ist die Funktion
        der Aufmerksamkeitslenkung des Gegenübers. Durch die Fokussierung
        auf die Folgeäußerung wird zugleich deren Relevanz erhöht. Folglich
        wundert es nicht, dass der Diskursmarker *guck mal* immer wieder zur
        Einleitung von zentralen Argumenten, Positionierungen oder gar Nicht-
        übereinstimmungen eingesetzt wird.

Für den Einbezug von Diskursmarkern (wie *nur, guck mal* etc.) in einen kommunikativ ausgerichteten Fremdsprachenunterricht spricht u.a. die Tatsache, dass
diese im Vor-Vorfeld positionierten Zeichen gerade im alltäglichen, informellen
Sprachgebrauch häufig verwendet werden. Als wichtiger Bestandteil der deutschen Alltagssprache kann ihr Einbezug in den Unterricht LernerInnen für die
pragmatische Zweckgebundenheit von *Sprache-in-der-Interaktion* wie auch für
die kommunikative Rolle des Vor-Vorfeldes im gesprochenen Deutsch sensibili-
sieren. Die topologische Kategorie des Vor-Vorfeldes gehört zwar nicht zum Standardinventar deutscher Syntaxbeschreibungen, doch hat das Vor-Vorfeld – wie
die Analysen verdeutlichen – gerade im gesprochenen Deutsch eine zentrale
Funktion inne: In dieser Position stehen syntaktisch unabgeschlossene Elemente, die primär auf der Diskursebene operieren und zur Rahmung der Folgeäußerung beitragen (Auer 1997). Darüber hinaus scheint es sinnvoll, auf Diskursmarker und deren Verwendungsweisen einzugehen, da Deutschlernende im DaF-
Unterricht bzw. in Lehrwerkdialogen den homonymen (traditionellen) Verwendungsweisen dieser Zeichen begegnen und umso überraschter reagieren, wenn
sie in authentischen Interaktionen mit Deutschen auf diese vermeintlich bekannten Elementen treffen, die dann jedoch andere formale und funktionale Charakteristika – teilweise sogar eine andere Semantik – aufweisen.[37] Hinzu kommt,

---

37 Auf die Notwendigkeit der Vermittlung von sogenannten „Interaktionssignalen" weist auch
Stein (2013: 192) hin und plädiert entschieden dafür, diese Elemente in den DaF-Unterricht einzubeziehen, denn „Interaktionssignale werden nicht zwangsläufig intuitiv richtig verwendet;
mögliche Probleme, die Irritationen und Beeinträchtigungen der Verständigung hervorrufen

dass LernerInnen Diskursmarker nicht einfach aus ihrer Muttersprache auf das Deutsche übertragen können, da – selbst wenn ihre Muttersprache Diskursmarker aufweist –, sich die jeweiligen Positionen und Verwendungsweisen stark unterscheiden können.

5 Literaturverzeichnis

Ágel, Vilmos (2003), „Prinzipien der Grammatik". In: Anja Lohenstein-Reichmann / Oskar Reichmann (Hgg.): *Neue historische Grammatiken. Zum Stand der Grammatikschreibung historischer Sprachstufen des Deutschen und anderer Sprachen*. Tübingen: Niemeyer, 1-46.

Ágel, Vilmos / Mathilde Hennig (2007), „Überlegungen zur Theorie und Praxis des Nähe- und Distanzsprechens". In: Vilmos Ágel / Mathilde Hennig (Hgg.): *Zugänge zur Grammatik der gesprochenen Sprache*. Tübingen: Niemeyer, 179-214.

Auer, Peter (1997), „Formen und Funktionen der Vor-Vorfeldbesetzung im geprochenen Deutsch". In: Schlobinski, Peter (Hgg.): *Syntax des gesprochenen Deutsch*. Opladen: Westdeutscher Verlag, 55-92.

Auer, Peter / Susanne Günthner (2005), „Die Entstehung von Diskursmarkern im Deutschen – ein Fall von Grammatikalisierung?". In: Torsten Leuschner / Tanja Mortelsmans (Hgg.): *Grammatikalisierung im Deutschen*. Berlin / New York: de Gruyter, 335-362.

Bachmann-Stein, Andrea (2013), „Authentische gesprochene Sprache im DaF-Unterricht - Pro und Contra". In: Sandro M. Moraldo / Federica Missaglia (Hgg.): *Gesprochene Sprache im DaF-Unterricht. Grundlagen – Ansätze – Praxis*. Heidelberg: Winter, 39-58.

Bahlo, Nils (2010), „uallah und/oder ich schwöre. Jugendsprachliche expressive Marker auf dem Prüfstand". In: *Gesprächsforschung – Online-Zeitschrift zur verbalen Interaktion* 11, 101-122.

Barden, Birgit / Mechthild Elstermann / Reinhard Fiehler (2001), „Operator-Skopus-Strukturen in gesprochener Sprache". In: Frank Liedtke / Franz Hundsnurscher (Hgg.): *Pragmatische Syntax*. Tübingen: Niemeyer, 197-232.

Barth-Weingarten, Dagmar / Elizabeth Couper-Kuhlen (2002), „On the Development of Final though: A Case of Grammaticalization?". In: Wischer, Ilse / Diewald, Gabriele (Hgg.): *New Reflections on Grammaticalization*. Amsterdam: Benjamins, 345-361.

Breindl, Eva / Anna Volodina / Ulrich Hermann Waßner (2014), *Handbuch der deutschen Konnektoren 2. Semantik der deutschen Satzverknüpfer Teilband 1*. Berlin / Boston: de Gruyter.

Brinton, Laurel J. (1996), *Pragmatic Markers in English. Grammaticalization and Discourse Markers*. Berlin / New York: de Gruyter.

Colliander, Peter (2006), „Lernerprobleme bei grammatischer Variation". In: Neuland, Eva (Hg.): *Variation im heutigen Deutsch: Perspektiven für den Sprachunterricht*. Frankfurt a. M.: Peter Lang, 431-443.

---

können, sind etwa das Ausbleiben von Interaktionssignalen, eine ungewöhnliche Positionierung oder die Verwendung von Interaktionssignalen mit falschen Intonationskonturen."

Davies, Winifred (2006), „Normbewusstsein, Normkenntnis und Normtoleranz von Deutschlehr-kräften". In: Neuland, Eva (Hg.): *Variation im heutigen Deutsch: Perspektiven für den Sprachunterricht.* Frankfurt a. M.: Peter Lang, 483-491.

Deppermann, Arnulf / Reinhard Fiehler / Thomas Spranz-Fogasy (2006), „Zur Einführung: Grammatik und Interaktion". In: Arnulf Deppermann / Reinhard Fiehler / Thomas Spranz-Fogasy (Hgg.): *Grammatik und Interaktion. Untersuchungen zum Zusammenhang von grammatischen Strukturen und Gesprächsprozessen.* Radolfzell: Verlag für Gesprächsforschung, 5-11.

Duden (2001), *Duden. Deutsches Universalwörterbuch.* Mannheim / Leipzig / Wien / Zürich: Dudenverlag

Duden (2005/2009), *Duden Grammatik der deutschen Gegenwartssprache.* Mannheim / Leipzig / Wien / Zürich: Dudenverlag.

Durrell, Martin (1995), „Sprachliche Variation als Kommunikationsbarriere". In: Heidrun Popp (Hg.): *Deutsch als Fremdsprache. An den Quellen eines Faches. Festschrift für Gerhard Helbig zum 65. Geburtstag.* München: Iudicium, 417-428.

Durrell, Martin (2004), „Variation im Deutschen aus der Sicht von Deutsch als Fremdsprache". In: *Der Deutschunterricht* 56.1, 69-77.

Durrell, Martin (2006), „Deutsche Standardsprache und Registervielfalt im DaF-Unterricht". In: Neuland, Eva (Hg.): *Variation im heutigen Deutsch: Perspektiven für den Sprachunterricht.* Frankfurt a. M.: Peter Lang, 111-122.

Durrell, Martin / Nils Langer (2004), „Gutes Deutsch und schlechtes Deutsch an britischen und irischen Hochschulen". In: Deutscher Akademischer Austauschdienst DAAD (Hrsg.): *Germanistentreffen Deutschland-Großbritannien, Irland.* Bonn. 297-314.

Ehlich, Konrad (1986), *Interjektionen.* Tübingen: Niemeyer.

Ehlich, Konrad (2006), „Sprachliches Handeln - Interaktion und sprachliche Strukturen". In: Arnulf Deppermann / Reinhard Fiehler / Thomas Spranz-Fogasy (Hgg.): *Grammatik und Interaktion - Untersuchungen zum Zusammenhang von grammatischen Strukturen und Gesprächsprozessen.* Radolfzell: Verlag für Gesprächsforschung, 11-20.

Eisenberg, Peter (1999), *Grundriss der deutschen Grammatik.* Stuttgart: Metzler.

Elsner, Daniela (2011), „Der Erwerb von Komplementsatzkonstruktionen mit *gucken*. Eine Korpusanalyse des häufigsten Matrixverbs". In: *Deutsche Sprache* 4.11: 285-312.

Elspaß, Stephan (2011), „Alltagsdeutsch". In: Hans-Jürgen Krumm / Christian Fandrych / Britta Hufeisen (Hgg.): *Deutsch als Fremdsprache. Ein internationales Handbuch.* Berlin / New York: de Gruyter, 418-424.

Eroms, Hans-Werner (2000), *Syntax der deutschen Sprache.* Berlin / New York: de Gruyter.

Feilke, Helmut (2012), „Schulsprache - Wie Schule Sprache macht". In: Susanne Günthner et al. (Hgg.): *Kommunikation und Öffentlichkeit. Sprachwissenschaftliche Potenziale zwischen Empirie und Norm.* Berlin / Boston: de Gruyter, 149-178.

Fiehler, Reinhard (2006), „Was gehört in eine Grammatik gesprochener Sprache? Erfahrungen beim Schreiben eines Kapitels der neuen DUDEN-Grammatik". In: Arnulf Deppermann / Reinhard Fiehler / Thomas Spranz-Fogasy (Hgg.): *Grammatik und Interaktion - Untersuchungen zum Zusammenhang von grammatischen Strukturen und Gesprächsprozessen.* Radolfzell: Verlag für Gesprächsforschung, 21-42.

Fiehler, Reinhard (2007), „Gesprochene Sprache – Ein ‚sperriger' Gegenstand". In: *Info DaF* 34.5, 460-470.

Fiehler, Reinhard (2008), „Gesprochene Sprache – chaotisch und regellos?". In: Markus Denkler et al. (Hgg.): *Frischwärts und unkaputtbar. Sprachverfall oder Sprachwandel im Deutschen.* Münster: Aschendorff, 81-101.

Fiehler, Reinhard (2013), „Die Besonderheiten gesprochener Sprache - gehören sie in den DaF-Unterricht?". In: Sandro M. Moraldo / Federica Missaglia (Hgg.): *Gesprochene Sprache im DaF-Unterricht. Grundlagen – Ansätze – Praxis.* Heidelberg: Winter, 19-38.

Fiehler, Reinhard et al. (2004), *Eigenschaften gesprochener Sprache.* Tübingen: Narr.

Fraser, Bruce (1990), „An Approach to Discourse Markers". In: *Journal of Pragmatics* 14, 383-395.

Götze, Lutz (2003), „Entwicklungstendenzen in der deutschen Gegenwartssprache – Normen – Deutsch als Fremdsprache". In: *Deutsch als Fremdsprache* 40, 131-134.

Gohl, Christine / Susanne Günthner (1999), „Grammatikalisierung von *weil* als Diskursmarker in der gesprochenen Sprache." In: *Zeitschrift für Sprachwissenschaft* 18, 39-75

Günthner, Susanne (1999), „Entwickelt sich der Konzessivkonnektor *obwohl* zum Diskursmarker? Grammatikalisierungstendenzen im gesprochenen Deutsch". In: *Linguistische Berichte* 180, 409-446.

Günthner, Susanne (2000a), „Grammatik der gesprochenen Sprache – Eine Herausforderung für Deutsch als Fremdsprache?". In: *Info DaF* 27.4, 352-366.

Günthner, Susanne (2000b), *Vorwurfsaktivitäten in der Alltagsinteraktion. Grammatische, prosodische, rhetorisch-stilistische und interaktive Verfahren bei der Konstitution kommunikativer Muster und Gattungen.* Tübingen: Niemeyer.

Günthner, Susanne (2002), „Konnektoren im gesprochenen Deutsch – Normverstoß oder funktionale Differenzierung?". In: *Deutsch als Fremdsprache* 39.2, 67-74.

Günthner, Susanne (2010), „,ICH (-) die karTOFFeln fertig,' - Brauchen wir die ‚Gesprochene Sprache' in der Auslandsgermanistik?". In: Rudolf Suntrup / Halida Medjitowa / Kristina Rzehak (Hgg.): *Usbekisch-deutsche Studien III: Sprache – Literatur – Kultur – Didaktik.* Münster: LIT Verlag, 241-160.

Günthner, Susanne (2011a), „Übergänge zwischen Standard und Non-Standard – welches Deutsch vermitteln wir im DaF-Unterricht?". In: *Zeitschrift für Angewandte Linguistik VALS/ASLA* 94/201, 24-47.

Günthner, Susanne (2011b), „Syntax des gesprochenen Deutsch". In: Sandro Moraldo (Hg.): *Deutsch Aktuell 2. Einführung in die Tendenzen der deutschen Gegenwartssprache.* Rom: Carocci, 108-126.

Günthner, Susanne / Wolfgang Imo (2003), „Die Reanalyse von Matrixsätzen als Diskursmarker – *ich mein*-Konstruktionen im gesprochenen Deutsch". In: Magdolna Orosz / Andreas Herzog (Hgg.): *Jahrbuch der Ungarischen Germanistik 2003.* Budapest / Bonn: DAAD, 181-216.

Günthner, Susanne / Lars Wegner / Beate Weidner (2013), „Gesprochene Sprache im DaF-Unterricht – Möglichkeit der Vernetzung der Gesprochene-Sprache-Forschung mit der Fremdsprachenvermittlung". In: Sandro M. Moraldo / Federica Missaglia (Hgg.): *Gesprochene Sprache im DaF-Unterricht. Grundlagen – Ansätze – Praxis.* Heidelberg: Winter, 113-150.

Hennig, Mathilde (2001), *Welche Grammatik braucht der Mensch? Grammatikenführer für Deutsch als Fremdsprache.* München: Iudicium.

Hennig, Mathilde (2002), „Wie kommt die gesprochene Sprache in die Grammatik?". In: *Deutsche Sprache* 30, 307-326.

Hennig, Mathilde (2003), „,Die hat doch Performanzschwierigkeiten'. Performanzhypothese und Kompetenz(en)gegenthese". In: *Deutsch als Fremdsprache* 40, 80-85.

Hymes, Dell (1972), „On Communicative Competence". In: J. B. Pride / Janet Holmes (Hgg.): *Sociolinguistics*. Harmondsworth: Penguin, 269-293.

Hopper, Paul (1991), „On some principles of grammaticalization". In: Elizabeth Closs Traugott / Bernd Heine (Hgg.): *Approaches to Grammaticalization*. Amsterdam: Benjamins, 17-35.

Imo, Wolfgang (2007), *Construction Grammar und Gesprochene-Sprache-Forschung: Konstruktionen mit zehn matrixsatzfähigen Verben im gesprochenen Deutsch*. Tübingen: Niemeyer.

Imo, Wolfgang (2008), „Wenn mündliche Syntax zum schriftlichen Standard wird: Konsequenzen für den Normbegriff im Deutschunterricht". In: Markus Denkler et al. (Hgg.): *Frischwärts und Unkaputtbar. Sprachverfall oder Sprachwandel im Deutschen*. Münster: Aschendorff, 153-180.

Imo, Wolfgang (2009), „Welchen Stellenwert sollen und können Ergebnisse der Gesprochene-Sprache-Forschung für den DaF-Unterricht haben?". In: Andrea Bachmann-Stein / Stephan Stein (Hgg.): *Mediale Varietäten. Gesprochene und geschriebene Sprache und ihre fremdsprachendidaktischen Potenziale*. Landau: Verlag Empirische Pädagogik, 39-61.

Imo, Wolfgang (2012), „Wortart Diskursmarker?". In: Björn Rothstein (Hg*.): Nicht-flektierende Wortarten*. Berlin / Boston: de Gruyter, 48-88.

Imo, Wolfgang (2013a), *Sprache in Interaktion. Analysemethoden und Untersuchungsfelder*. Berlin: de Gruyter.

Imo, Wolfgang (2013b), „‚Rede' und ‚Schreibe': Warum es sinnvoll ist, im DaF-Unterricht beides zu vermitteln". In: Sandro M. Moraldo / Federica Missaglia (Hgg.): *Gesprochene Sprache im DaF-Unterricht. Grundlagen – Ansätze – Praxis*. Heidelberg: Winter, 59-82.

Lakoff, George (1987), *Women, Fire, and Dangerous Things: What Categories Reveal about the Mind*. Chicago: Chicago University Press.

Langenscheidts Großwörterbuch Deutsch als Fremdsprache (2010), *Das neue einsprachige Wörterbuch für Deutschlernende*. Berlin / München: Langenscheidt.

Linell, Per (2005), *The Written Language Bias in Linguistics: Its Nature, Origins and Transformations*. New York: Routledge.

Lüger, Helmut-Heinz (2009), „Authentische Mündlichkeit im fremdsprachlichen Unterricht". In: Andrea Bachmann-Stein / Stephan Stein (Hgg.): *Mediale Varietäten. Gesprochene und geschriebene Sprache und ihre fremdsprachendidaktischen Potenziale*. Landau: Verlag Empirische Pädagogik, 15-37.

Maschler, Yael (2009): *Metalanguage in interaction: Hebrew discourse markers*. Amsterdam / Philadelphia: John Benjamins.

Métrich, René / Eugène Faucher (2009), *Wörterbuch deutscher Partikeln - unter Berücksichtigung ihrer französischen Äquivalente*. Berlin / New York: de Gruyter.

Moraldo, Sandro M. (Hg.) (2004), *Deutsch Aktuell. Einführung in die Tendenzen der deutschen Gegenwartssprache*. Rom: Carocci.

Moraldo, Sandro M. (2012), „Korrektivsätze (obwohl, obgleich, obschon, obzwar) - Zur Grammatik korrektiver Konnektoren und ihrer Bedeutung für den interkulturellen Fremdsprachenunterricht". In: Ulrike Reeg / Claus Ehrhardt / Ulrike Kaunzner (Hgg.): *Interkulturelle Perspektiven in der Sprachwissenschaft und ihrer Didaktik*. Münster / New York / München / Berlin: Waxmann, 99-120.

Moraldo, Sandro M. (2013), „‚Ich muss Kunst und Deutsch lernen. Obwohl- nee, Deutsch lernen hab ich nicht nötig'. Sprachwandel als Sprachvariation: *obwohl*-Sätze im DaF-Unterricht". In: Sandro M. Moraldo / Federica Missaglia (Hgg.): *Gesprochene Sprache im DaF-Unterricht. Grundlagen – Ansätze – Praxis*. Heidelberg: Winter, 267-286.

Moraldo, Sandro M. (2014), „„Nun ist er also da. Wobei - vorerst ist er schon wieder weg.' Sprach-wandel als Sprachvariation oder Vom korrektiven *wobei* im geschriebenen Deutsch". In: Alexa Mathias / Jens Runkehl / Torsten Siever (Hgg.): *Sprachen? Vielfalt! Sprache und Kom-munikation in der Gesellschaft und den Medien - Eine Online-Festschrift zum Jubiläum von Peter Schlobinski.* Networx 64, 113-128.

Moraldo, Sandro M. (Hg.) (2011), *Deutsch Aktuell 2. Tendenzen der deutschen Gegenwartsspra-che.* Rom: Carocci.

Moraldo, Sandro M. / Federica Missaglia (2013a), „Gesprochene Sprache im DaF-Unterricht. Grundlagen - Ansätze - Praxis. Editorial". In: Sandro M. Moraldo / Federica Missaglia (Hgg.): *Gesprochene Sprache im DaF-Unterricht. Grundlagen - Ansätze - Praxis.* Heidelberg: Winter, 9-18.

Moraldo, Sandro M. / Federica Missaglia (Hgg.) (2013b), *Gesprochene Sprache im DaF-Unter-richt. Grundlagen - Ansätze - Praxis.* Heidelberg: Winter.

Neuner, Gerhard / Hans Hunfeld (2001), *Methoden des fremdsprachlichen Deutschunter-richts: Eine Einführung.* Berlin u. a.: Langenscheidt.

Okamura, Saburo (1999), „Plädoyer für *weil* mit Verbzweitstellung im DaF-Unterricht". In: *Die deutsche Syntax im Kreuzfeuer. Festschrift für Toyo Hayakawa.* Tokio: Dogakusha, 151-173.

Pasch, Renate et al. (2003), *Handbuch der deutschen Konnektoren. Linguistische Grundlagen der Beschreibung und syntaktische Merkmale der deutschen Satzverknüpfer.* Berlin / New York: de Gruyter.

Pieklarz, Magdalena (2009): „Gesprochene Sprache und philologische Sprachausbildung – Fol-gerungen aus einer Fallstudie zur Standortbestimmung gesprochener Sprache im Germa-nistikstudium". In: *Convivium – Germanistisches Jahrbuch Polen.* URL: http://www.staff.amu.edu.pl/~macbor/convivium/archiv/2009/2009_pdf/ 20_Pieklarz%20_2009_Convivium.pdf (Zugriff: 11.12.2010).

Reershemius, Gertrud (1998), „Gesprochene Sprache als Gegenstand des Grammatikunter-richts". In: *Info DaF* 25.4, 399-405.

Roggausch, Werner (2007), „Antwort auf Peter Maitz/Stephan Elspaß und Einladung zur Diskus-sion". In: *Info DaF* 34.5, 527-530.

Schiffrin, Deborah (1987), *Discourse Markers.* Cambridge: Cambridge University Press

Schwitalla, Johannes (1997/2012), *Gesprochenes Deutsch. Eine Einführung.* Berlin: Erich Schmidt Verlag.

Schneider, Jan Georg (2013), „„die war letztes mal (-) war die länger' - Überlegungen zur linguis-tischen Kategorie ‚gesprochenes Standarddeutsch' und zu ihrer Relevanz für die DaF-Di-daktik". In: Sandro M. Moraldo / Federica Missaglia (Hgg.): *Gesprochene Sprache im DaF-Unterricht. Grundlagen – Ansätze – Praxis.* Heidelberg: Winter, 83-111.

Selting, Margret / Elizabeth Couper-Kuhlen (2000), „Argumente für die Entwicklung einer ‚inter-aktionalen Linguistik'". In: *Gesprächsforschung – Online-Zeitschrift zur verbalen Interak-tion* 1, 76-95. URL: http://www.gespraechsforschung-ozs.de.

Selting, Margret / Elizabeth Couper-Kuhlen (2001), „Forschungsprogramm ‚Interaktionale Lin-guistik'". In: *Linguistische Berichte* 187, 257-287.

Selting, Margret et al. (2009), „Gesprächsanalytisches Transkriptionssystem 2 (GAT 2)". In: *Ge-sprächsforschung – Online-Zeitschrift zur verbalen Interaktion* 10, 353-402. URL: www.ge-spraechsforschung-ozs.de.

Stein, Stephan (1995), *Formelhafte Sprache. Untersuchungen zu ihren pragmatischen und kog-nitiven Funktionen im gegenwärtigen Deutsch.* Frankfurt / Berlin / Bern / New York / Paris / Wien: Peter Lang.

Stein, Stephan (2013), „Gesprochene Sprache aus lexikalischer Sicht: Interaktionssignale". In: Sandro M. Moraldo / Federica Missaglia (Hgg.): *Gesprochene Sprache im DaF-Unterricht. Grundlagen – Ansätze – Praxis*. Heidelberg: Winter, 171-200.

Sweetser, Eve Eliot (1990), *From Etymology to Pragmatics. Metaphorical and cultural aspects of semantic structure*. Cambridge: University Press.

Traugott, Elizabeth Closs (1995), *The role of the development of discourse markers in a theory of grammaticalization*. Manchester: Paper presented at the 12th International Conference on Historical Linguistics. http://www.wata.cc/forums/uploaded/136_1165014660.pdf (Zugriff: 10.12.2014)

Wegner, Lars (i.Dr.), „„…mal kucken/schauen/sehen…'-Konstruktionen in Elternsprechtagsgesprächen – zur engen Verknüpfung von syntaktischen Konstruktionen und kommunikativen Gattungen". Erscheint in: Jörg Bücker / Susanne Günthner / Wolfgang Imo (Hgg.): *Konstruktionsgrammatik V - Konstruktionen im Spannungsfeld von sequenziellen Mustern, kommunikativen Gattungen und Textsorten*. Tübingen: Stauffenburg.

Weidner, Beate (2015), „Das funktionale Spektrum von *ja* im Gespräch – Ein Didaktisierungsvorschlag für den DaF-Unterricht." In: Wolfgang Imo /Sandro M. Moraldo (Hgg.): Interaktionale Sprache und ihre Didaktisierung im DaF-Unterricht. Tübingen: Stauffenburg, 165-195.

Weinrich, Harald (1993/2007), *Textgrammatik der deutschen Sprache. 4. revidierte Auflage*. Hildesheim: Georg Olms Verlag.

Zifonun, Gisela / Ludger Hoffmann / Bruno Strecker (1997), *Grammatik der deutschen Sprache*. *Band 1-3*. Berlin / New York: de Gruyter.

Susanne Günthner

Die kommunikative Konstruktion von Kultur:

Chinesische und deutsche Anredepraktiken im Gebrauch[1]

1 Einleitung

Kultur hat aktuell Konjunktur: So treffen wir in unserem Alltag immer wieder auf kulturell-getränkte Konzepte wie *Willkommenskultur, kulturelle Integration, kulturelle Unterschiede, Kampf der Kulturen* etc. Auch in den Geistes- und Sozialwissenschaften ist die Auseinandersetzung mit Inter- und Transkulturalität, mit kulturellen Zugehörigkeiten und Differenzen zu einem Schlüsselthema avanciert (Knoblauch 2005, Knoblauch 2008).

Die Sprachwissenschaften haben sich allerdings lange Zeit als nur randständig berührt vom sogenannten „cultural turn" erwiesen (Günthner und Linke 2006; Günthner 2016), und wie Liebert ausführt, ist bis heute eine „Auseinandersetzung mit neueren sozial- und kulturwissenschaftlichen Konzepten […] kaum sichtbar" (Liebert 2016: 583).[2] Diese Marginalisierung kulturwissenschaftlicher Fragen ist eng mit der Entwicklung der modernen Linguistik verwoben: Die vom Strukturalismus beeinflusste Beschäftigung mit Sprache als einem abstrakten, von der sozialen Wirklichkeit und menschlichen Kommunikation losgelösten Gegenstand, die Trennung zwischen *langue* und *parole* und vor allem die Einengung der modernen Linguistik auf die Suche nach kognitiven

1 Ich danke Qiang Zhu und Shuting Tan ganz herzlich für ihre Hilfe bei der Übersetzung und Interpretation der chinesischen Daten. Ferner danke ich den anonymen GutachterInnen der ZfAL für ihre hilfreichen Kommentare zu einer früheren Fassung des Artikels. Der Beitrag stellt eine überarbeitete Fassung des Eröffnungsvortrags des GAL-Kongresses 2016 *SPRACHKULTURIEN* an der Universität Koblenz-Landau dar.

2 Umso erfreulicher sind gegenwärtige Initiativen innerhalb der Sprachwissenschaften, die kulturanthropologische Ansätze und Perspektiven aufgreifen (sei es innerhalb einer kulturwissenschaftlichen Gesellschaft, einer anthropologischen bzw. kulturanalytischen Sprachwissenschaft oder aber durch Konferenzen wie der 2016 abgehaltene GAL-Kongress *SPRACHKULTURIEN* oder der 2015 erschienene Sammelband von Dobstadt et al. (2015) zum *Verhältnis von Linguistik und Kulturwissenschaft* bzw. der aktuelle HSK-Band *Sprache – Kultur – Kommunikation* (2016).

Universalien verhinderten lange Zeit eine Annäherung an kulturwissenschaftliche Forschungsbereiche. Ehlich (2006: 50) redet in diesem Zusammenhang von einer systematischen „Vertreibung der Kultur aus der Sprache" und „ihre[r] deklarierte[n] Nichtigkeit für das linguistische Geschäft". Jäger (2006: 32) sieht in der „Ausgliederung kultureller Bestimmungsmomente von Sprache" gar *„das zentrale Kennzeichen der Herausbildung des Faches Sprachwissenschaft aus ihren philologischen Wurzeln"*.

Dies war jedoch nicht immer so: Sprachwissenschaftler im 18. und 19. Jahrhundert haben sich intensiv mit Fragen zum Verhältnis von Sprache und Kultur beschäftigt.[3] Hermann Paul vertrat gar die Position, dass die Sprachwissenschaft sowohl aufgrund ihres Gegenstandes als auch angesichts der Elaboriertheit ihrer Methoden *die* Kulturwissenschaft par excellence darstelle: „Es gibt keinen zweig der cultur, bei dem sich die bedingungen der entwicklung mit solcher exactheit erkennen lassen als bei der sprache, und daher keine culturwissenschaft, deren methoden zu solchem grade der vollkommenheit gebracht werden kann wie die der sprachwissenschaft." (Paul 1880/1975: 6)

Doch trotz der Überzeugung, dass Kultur nicht ohne Rückgriff auf Sprache, und Sprache wiederum nicht ohne Rückgriff auf Kultur adäquat untersucht werden können,[4] blendete die moderne Linguistik die Erforschung des Zusammenhangs von Sprache und Kultur aus – und dies, obgleich namhafte Anthropologen und Philosophen wie Boas, Malinowski, Sapir, Levi-Strauss, Wittgenstein und Austin in ihren Arbeiten immer wieder auf die enge Beziehung zwischen sprachwissenschaftlichen und kulturanthropologischen Fragen verwiesen.

Die Tatsache, dass in den 1970er Jahren das systematische Zusammenspiel von Sprache und Kultur wieder in das Blickfeld linguistischer Forschung gelangte, ist u.a. dem Aufkommen der *Ethnography of Communication* zu verdanken. Diese von den Anthropologen und Linguisten Dell Hymes und John J. Gumperz programmatisch ins Leben gerufene, disziplinübergreifende Richtung verfolgte das Ziel, kulturanthropologische und sprachwissenschaftliche Forschungsfelder systematisch zu vernetzen und somit jene Bereiche zu fokussieren, die bislang sowohl von der Linguistik als auch von der Anthropologie vernachlässigt wurden (Gumperz und Hymes 1972; Hymes 1979). Die Kulturanthropologie betone – so Hymes (1979: 223) – zwar die Notwendigkeit der Erfor-

---

3 Hierzu u.a. Günthner (1993); Auer (2000); Günthner und Linke (2006); Linke (2016); Schneider (2016).
4 Hierzu detaillierter Günthner (1993, 2015); Auer (2000); Di Luzio et al. (2001); Kotthoff (2002); Günthner und Linke (2006); Senft (2006).

schung sprachlicher Phänomene, doch fehle ihr eine Konzeption für deren Einbettung in den anthropologischen Rahmen: „In einem solchen Kontext ist es für die Anthropologen allzu einfach, am Vormittag in der Einführungsvorlesung Loblieder auf die Unentbehrlichkeit der Sprache für den Menschen und die Kultur zu singen, und am Nachmittag ihren einzigen Linguisten zur Fakultätskonferenz zu schicken" (Hymes 1979: 223). Bei der Sprachwissenschaft wiederum sehe er keinerlei Anzeichen dafür, dass sie sich der Schnittstelle zwischen Sprache und Kultur zuwende: „Wenn wir aus der Linguistik der letzten beiden Jahrzehnte etwas lernen können, dann, daß die Anthropologen es sich nicht leisten können, die Sprache den Linguisten zu überlassen" (Hymes 1979: 224).

Mit ihrer programmatischen Verknüpfung kulturanthropologischer und linguistischer Fragestellungen verankerte die Ethnographie der Kommunikation bzw. Anthropologische Linguistik/Linguistische Anthropologie (Gumperz und Hymes 1972; Duranti 1997; Foley 1997) die Analyse von Sprache wieder im primären Interaktionsraum der Konstruktion von Kultur – im Alltag. Zugleich veranschaulichen empirische Studien der Ethnographie der Kommunikation bzw. Anthropologischen Linguistik, dass das Zusammenspiel von Sprache und Kultur im Alltag weitaus komplexer und weniger additiv ist als eine bloße Nebeneinanderstellung der Einzelkomponenten „Sprache" und „Kultur" suggerieren könnte:[5] Sprache und Kultur lassen sich nicht als zwei voneinander getrennte, homogene Entitäten betrachten (Silverstein und Urban 1996). Kultur ist kein dem Interaktionsprozess „aufgepfropftes Etwas", sondern integraler Bestandteil jeder menschlichen Interaktion: Kulturelle Prozesse manifestieren sich in der Art, *wie* wir *sprechen und handeln*, bzw. *wie* wir die Äußerungen und Handlungen des Gegenübers *interpretieren, wie* wir Ereignisse *konzeptualisieren und bewerten.*

Auch neuere Arbeiten der Kultursoziologie gehen davon aus, dass „alles Soziale und Gesellschaftliche als kulturell durchdrungen" gilt (Hörning 2016: 301) und Kulturalität primär in der Alltagsinteraktion konstruiert wird (Knoblauch 2005, Knoblauch 2008): Der Alltag ist der Ort, wo wir Kultur als „Faktizität des Vergangenen und von uns Vorgefundenen" erleben und zugleich der Ort, an dem kulturelle Phänomene mittels kommunikativer Handlungen immer wieder neu erzeugt, bestätigt und verändert werden (Soeffner 2004: 399). Ferner verweisen auch kultur- und wissenssoziologische Arbeiten auf die Rolle der zwischenmenschlichen – allen voran der verbalen – Kommunikation als „*dem* konstitutiven Element des gesellschaftlichen Lebens und der sozialen Ordnung" und somit als *dem* zentralen Mittel zur Konstruktion sozialer Wirklichkeiten

---

5 Vgl. Günthner und Linke (2006: 5). Siehe auch Günthner (2010, 2013b, 2015).

(Berger und Luckmann 1966/1969; Luckmann 2002: 202): Mittels Sprache kategorisieren wir die Welt, mittels Sprache (re)konstruieren wir unsere sozialen Beziehungen und mittels Sprache konstruieren, vermitteln und modifizieren wir kulturelle Konventionen, Relevanzsysteme sowie Werte und Normen. Folglich – so die methodologische Konsequenz – sollte unser verlässlichstes Wissen über die soziale Wirklichkeit konsequenterweise auf der Rekonstruktion kommunikativer Prozesse bzw. Praktiken gründen (Luckmann 2013: 45), denn sie repräsentieren die empirisch beobachtbare Seite der alltäglichen Konstruktion von Kulturalität.

Da also Sprache in der zwischenmenschlichen Kommunikation als das zentrale Medium fungiert, durch das unsere soziale und kulturelle Welt fortwährend beschrieben, bewertet, reproduziert aber auch modifiziert wird (Berger und Luckmann 1966/1969; Silverstein 1973; 1992; Gumperz und Jacquemet 2012), stellen sich die Fragen: *Wie* werden in unterschiedlichen kulturellen Gruppen („communities of practice"; Wenger 1998) *mittels welcher kommunikativen Praktiken* soziale und kulturelle Kontexte aktualisiert, bestätigt bzw. ausgehandelt oder modifiziert? *Welche kulturellen Konventionen* liegen sprachlichen Handlungen zugrunde? Bzw. *wie* werden „kulturelle Tatsachen" durch sprachliche Praktiken erzeugt?

2 Die Analyse kulturell verfestigter kommunikativer Praktiken in der zwischenmenschlichen Interaktion

Für das Verstehen des Zusammenhangs von Sprache bzw. Kommunikation und Kultur bietet sich aus mehreren Gründen das in der Anthropologischen Linguistik verwurzelte – auf Bourdieu (1987) basierende – Konzept der *kommunikativen Praxis* bzw. *kommunikativer Praktiken* (Hanks 1987; Günthner 2003, Günthner 2010, Günthner 2011, Günthner 2013b; Deppermann et al. 2016; Günthner und König 2016) an: Es geht davon aus, dass sprachliche Formen und ihre Funktionen sich in zwischenmenschlichen Interaktionen herausbilden, sedimentieren und transformieren und diese folglich im lebensweltlich verankerten Gebrauch selbst zu analysieren sind (Luckmann 2002). Kommunikative Praktiken werden nicht etwa in jeder sozialen Situation neu erfunden, sondern sie haben sich im Verlauf einer langen Kette an Interaktionssituationen verfestigt und stehen somit Mitgliedern kultureller Gemeinschaften als Muster zur Lösung kommunikativer Aufgaben zur Verfügung. Sie bilden Orientierungsmuster, die sowohl

SprecherInnen zur Durchführung ihrer kommunikativen Handlungen als auch RezipientInnen zur Interpretation der Äußerungen ihres Gegenübers verwenden (Günthner und König 2016). Mit der Aktualisierung einer kommunikativen Praktik (wie einer Begrüßungs- oder Verabschiedungseinheit, einer Danksagung, Entschuldigung etc.) stellen Interagierende zugleich eine Verbindung zwischen der momentanen Äußerungssequenz und vorausgehenden Diskursen her und schließen sich – im Sinne Bakhtins (1979/1986) – einer Tradition des Sprechens an: Jede kommunikative Handlung bewegt sich *in* und *zu* den Konventionen der betreffenden Praktik, denen sie angehört und die sie in ihrer Aktualisierung rekontextualisiert (Günthner 2010).

Doch verweist der Praxisbegriff nicht nur auf den Aspekt der Routinisierung, sondern auch auf den Prozesscharakter der Konstitution sozialer Wirklichkeit durch kommunikatives Handeln: Eine grundlegende Idee dieses Konzepts ist, dass sprachlich-kommunikative Verfahren menschliche Handlungen, soziale Strukturen und kulturelle Konventionen einerseits erzeugen, andererseits werden die betreffenden kommunikativen Verfahren selbst wiederum durch soziale Handlungen, kontextuelle Einbettungen und kulturelle Phänomene geprägt (Günthner 2010; Günthner und König 2016). Folglich ist ein prozess-orientiertes, interaktional-ausgerichtetes Vorgehen notwendig, um jene Verfahren zu untersuchen, die Interagierende als routinisierte Muster im Alltag verwenden, denn diese reflektieren das Zusammenwirken von sprachlich-kommunikativen Elementen und kontext-kontingenten Aspekten mit soziokulturellen Phänomenen. Gerade in Verbindung mit den Konzepten der *Indexikalität* bzw. *Kontextualisierung* (Gumperz 1982; Auer und di Luzio 1992; Silverstein 1992; Günthner 1993, Günthner 2013b) eröffnet das Konzept der kommunikativen Praktiken die Möglichkeit, Analysen der sprachlich-kommunikativen Konstruktion kultureller Formationen, sprachlicher Ideologien, sozialer Beziehungsmuster sowie Hierarchie- und Machtrelationen im Prozess der Interaktion durchzuführen (Gumperz und Jacquemet 2012).

Kommunikative Praktiken sind also eng verwoben mit kulturellen Konventionen. Zugleich werden kulturelle Traditionen durch lokale, in soziale Handlungszusammenhänge eingebettete Praktiken als gelebte Strukturen hergestellt, bestätigt und modifiziert – im ethnomethodologischen Sinne des *„doing* X" (Hörning und Reuter 2004; Hörning 2016; Günthner 2013a, Günthner 2016; Deppermann et al. 2016). Mit dem Begriff der Praktiken soll also einerseits das dialogisch-orientierte, soziale Handeln im Prozess zwischenmenschlicher Interaktionen erfasst werden, zum andern aber auch die dahinter stehenden Dimensionen kultureller Wissensbestände und damit jene Sedimentierungen, Habitualisierungen, Routinisierungen, die wiederum die Voraussetzung für situierte Handlungen und deren Interpretation sind. Das Konzept der Praktiken umfasst also sowohl kulturelle Wissensdimensionen, als auch die konkreten interaktiven Prozesse, in denen „dieses Wissens zirkuliert – und damit erst gemeinsame Kultur konstituiert wird" (Knoblauch 2005: 3). Die Frage, *wie, auf welche Weise* und *mit welchen Konsequenzen* Sprache, sprachliche Praktiken und Kultur vernetzt sind und *wie* kulturelle Konventionen durch Sprache und kommunikative Praktiken ausgehandelt, bestätigt und modifiziert werden, soll im Folgenden anhand von Anredepraktiken im Chinesischen und Deutschen veranschaulicht werden.

3 Anredeformen als kommunikative Praktiken: Verwandtschaftsnamen in der chinesischen und deutschen SMS-Kommunikation

Anredeformen sind für kontrastive Analysen kommunikativer Praktiken deshalb ergiebig, da sie einerseits universellen Charakter haben, doch andererseits das Repertoire und die Ausprägungen von Benennungspraktiken (und damit verwoben auch von onymischen Anredeformen) kulturell stark variieren:

> Names are given to people at different stages of life; they change or remain constant; they are used freely or they are kept secret. There are as many ways of enacting naming practices as there are communities to enact them and an understanding of these culturally-specific patterns of personal names within their context is the goal within anthropological studies of naming. (Bramwell 2016: 264)

In der Kulturanthropologie werden Personennamen meist in Hinblick auf deren soziale Bedeutung und damit als Mittel der Identifikation und Einbettung eines Individuums in die Gemeinschaft untersucht. Sie bilden zentrale Verfahren zur Indizierung von Identität (in Bezug auf Gender, Abstammung, Religion, Schicht/Kaste etc.) und tragen oftmals zur Markierung biographischer Wechsel bei (z.B. beim Übergang vom Kind zum Erwachsenen, mit der Hochzeit, im Falle einer Mutterschaft etc.) (De Stefani 2016: 54).

Obgleich sowohl von Seiten der Kulturanthropologie als auch der Onomastik immer wieder auf die soziale Relevanz namentlicher Adressierung verwiesen wird, existieren bislang kaum Studien zum tatsächlichen Gebrauch von namentlichen Anreden in authentischen Kommunikationskontexten (Schwitalla 1995; Hartung 2001; Rendle-Short 2007; Clayman 2012) und noch weniger Studien zur interaktiven Verwendung im Sprach- und Kulturvergleich (Günthner und Zhu 2015, Günthner und Zhu i. Dr.). An dieser Lücke setzt die folgende Untersuchung an und verdeutlicht, dass kulturelles Wissen um kommunikative Praktiken nicht nur das Handeln selbst steuert, sondern auch die Interpretation dieses Handelns: Interagierende orientieren sich sowohl bei der Produktion ihrer Äußerungen als auch bei der Interpretation der Äußerungen ihres Gegenübers an ihrem Wissen um kulturell geprägte kommunikative Muster.

Namentliche Anredepraktiken gehören zu den alltäglichen „Interaktionsritualen" (Goffman 1971/1982: 99): Sie werden u.a. in Begrüßungs- und Beendigungseinheiten als „kleine Zeremonien des bestätigenden Austauschs" eingesetzt und fungieren als multifunktionale Ressourcen, mit denen Interagierende soziale Beziehungen konstituieren und bestätigen (Günthner und Zhu 2015, Günthner und Zhu i. Dr.). Da sie zu den „Selbstverständlichkeiten des Alltags" (Soeffner 2004: 401) zählen, haben sie darüber hinaus wichtige Entlastungsfunktionen (Gehlen 1956): „Dieser Interaktionsraum des in der Regel unbefragt unterstellten Alltags bildet die Welt ab, in der man genau ‚weiß', woran man ist, und in der man daher ebenso kompetent wie routiniert handelt" (Soeffner 2004: 401).

Auf der Basis einer empirischen Untersuchung von chinesischen und deutschen SMS-Interaktionen werde ich im Folgenden verdeutlichen, dass die spezifischen Anredeformen – hier: Verwandtschaftstermini –, die chinesische und deutsche Interagierende verwenden, eng mit habitualisierten kulturellen Konventionen verwoben sind: Die jeweilige Adressierung der kontaktierten Person bildet einen zentralen Knotenpunkt für die Analyse situierter kommunikativer Praktiken und ihren sozialen und kulturellen Formationen.

Die SMS-Daten, die größtenteils in Zusammenhang des vom DAAD und dem China Scholarship Council finanzierten Projekts *Kommunikation in den Neuen Medien: Eine kontrastive Untersuchung von chinesischen und deutschen SMS-Botschaften* (unter Leitung von Susanne Günthner und Wen Renbai) erhoben wurden, entstammen folgenden Korpora:[6]

(1) Einem chinesischen Datenkorpus, das 1072 SMS-Interaktionen (ca. 9000 SMS-Mitteilungen) von 13-74-jährigen Personen mit unterschiedlichem Bildungsgrad aus der zentralchinesischen Stadt Xi'an und Umgebung sowie der Inneren Mongolei umfasst. Die Interaktionen verteilen sich auf ca. 500 Personen, wobei die überwiegende Mehrzahl (ca. 90%) unter Studierenden

---

6 Metadaten zu Alter, Geschlecht, Beruf, Ausbildungsstand, Herkunft und Beziehung der Schreibenden sowie zum Texteingabemodus des Mobiltelefons liegen vor. Die Datenerhebung begann 2010 und besteht fort. Hinzu kommen wachsende Korpora an deutschen Whats-App- und chinesischen 微信-WeChat-Daten.

stattfindet. An ca. 10% der SMS-Dialoge nehmen neben StudentInnen auch deren Eltern, Großeltern, sonstige Verwandte bzw. deren DozentInnen teil.

(2) Einem deutschen Datenkorpus, das aus 1230 SMS-Interaktionen (ca. 11000 SMS-Mitteilungen) zwischen 11-70-jährigen Personen mit unterschiedlichem Bildungsgrad aus verschiedenen Regionen Deutschlands besteht. 85% der Interaktionen finden zwischen Studierenden/SchülerInnen statt; die restlichen 15% teilen sich auf in Interaktionen zwischen Studierenden/SchülerInnen und ihren Eltern, Großeltern bzw. sonstigen Verwandten.

3.1 Verwandtschaftsbezeichnungen für verwandte Personen

Sowohl in chinesischen als auch in deutschen SMS-Mitteilungen verwenden Interagierende zur Adressierung ihrer SMS-PartnerInnen immer wieder Verwandtschaftsnamen wie „Oma", „Vati", „Brüderlein" etc.:[7]

„FREI" (Dialog ES)

Oma. Hab gerade erfahren, dass ich morgen frei hab.☺
Bist du dann da? Dann komm ich vorbei
SMS #1, 19:45 (4.8.2014)

Mit verwandtschaftsbezogenen Anredeformen (wie in der vorliegenden SMS-Mitteilung) ordnen Interagierende ihr Gegenüber einer bestimmten sozialen Gruppe zu (hier: der Gruppe der Großmütter) und führen dabei einerseits Fremdpositionierungen bzgl. Gender, Generation und Verwandtschaftsgrad durch. Andererseits sind Verwandtschafsnamen insofern „relational ausgerichtet" (Linke 2001: 382), als sich damit auch die Schreiberin in Bezug auf die Adressatin selbstpositioniert (hier: als Enkelin).

Allerdings zeichnen sich deutliche Unterschiede in Bezug auf die Komplexität der *Kinship*-Systeme im Deutschen und Chinesischen ab. Das chinesische

---

7 Die Darstellung der chinesischen und deutschen SMS-Sequenzen orientiert sich an den Konventionen der SMS-Datenbank des Centrum für Sprache und Interaktion (CeSI) der Westfälischen Wilhelms-Universität Münster: Die einzelnen SMS-Züge werden in Kolumnen geordnet dargestellt und chronologisch untereinander versetzt präsentiert. Die Nachrichten sind fortlaufend durchnummeriert und enthalten (sofern vorhanden) Informationen über das Sendedatum und die Uhrzeit. Die chinesischen Nachrichten werden im Original mit chinesischen Schriftzeichen (Hanzi) präsentiert, darunter findet sich eine freie Übersetzung.

System der Verwandtschaftsbezeichnungen ist deutlich differenzierter als das deutsche:[8] Chinesische Verwandtschaftstermini orientieren sich nicht nur am Verwandtschaftsgrad, der Generationszugehörigkeit und am Geschlecht, sondern teilweise auch am relativen Alter der betreffenden Person (in Bezug auf Ego bzw. auf die Mutter/den Vater von Ego), an der familiären Linie (väterlicherseits vs. mütterlicherseits) sowie daran, ob die Person blutsverwandt ist oder nicht. So unterscheidet man bei den Großeltern zwischen dem Großvater bzw. der Großmutter väterlicherseits 爷爷 (*yeye*) bzw. 奶奶 (*nainai*) und mütterlicherseits 姥爷 (*laoye*) bzw. 姥姥 (*laolao*). Bei Tanten und Onkeln wird nicht nur unterschieden, ob sie der väterlichen oder mütterlichen Seite zugeordnet sind, sondern darüber hinaus auch, ob sie jünger oder älter als der Vater bzw. die Mutter sind und ob sie blutsverwandt oder angeheiratet sind. So wird beispielsweise der jüngere Bruder des Vaters als 叔叔 (*shushu*), sein älterer Bruder als 伯伯 (*bobo*), der Bruder der Mutter als 舅舅 (*jiujiu*) und je nach Altersfolge als „kleiner jiujiu", „zweiter jiujiu" bzw. „dritter jiujiu" angeredet.[9] Für Cousinen und Cousins gibt es acht verschiedene Anredeformen, die die betreffende Person nach Geschlecht, Verwandtschaftslinie (väterlicher- versus mütterlicherseits) und relationalem Alter in Bezug auf Ego (jünger bzw. älter als Ego) klassifizieren.

Momentan zeichnen sich durch die Ein-Kind-Politik und die zunehmende finanzielle Unabhängigkeit vieler Frauen allerdings starke Umbrüche in der chinesischen Gesellschaft ab, die auch ihre Spuren im Gebrauch der Verwandtschaftsrelationen, -bezeichnungen und -anredeformen hinterlassen: Es gibt immer mehr Einzelkinder, die weder Geschwister, Tanten und Onkel, noch Cousinen und Cousins etc. kennen.

(i) Zur Verwendung von Verwandtschaftsnamen[10] für verwandte Personen in deutschen SMS-Interaktionen

Die Untersuchungen von Macha (1997) und Christen (2006) zu „familiären Anredeformen" konstatieren, dass Verwandtschaftsnamen im deutschen Sprachgebrauch auf dem Rückzug sind und sich eine Tendenz zur Verwendung von Rufnamen bei Eltern, Groß- und Schwiegereltern sowie Tanten und Onkeln etc. abzeichnet. Die vorliegenden SMS-Daten bestätigen diese Tendenz allerdings nur zum Teil: Tanten und Onkel sowie Schwiegereltern werden in den deut-

---

8 Hierzu auch Blum (1997); Gao (2013); Günthner und Zhu (i. Dr.).
9 Es existieren freilich auch regionale Varianten bzgl. der Verwandtschaftsbezeichnungen.
10 Zu den onomastischen Begrifflichkeiten siehe Nübling et al. (2012).

schen Daten tatsächlich generell mit Eigennamen angesimst. Allerdings adressieren Studierende und SchülerInnen ihre Eltern und Großeltern in unseren SMS-Daten nahezu durchweg mit „Mama", „Papa" oder „Muddi", „Pa" etc. bzw. „Oma" bzw. „Opa". D.h. Vornamen werden gegenüber Eltern und Großeltern nicht verwendet.

Auch die These der „vertikalen, nicht-reziproken Ausrichtung" (Macha 1997; Linke 2001; Nübling et al. 2012: 182) in der Adressierung wird von unseren Daten nur zum Teil bestätigt. Macha betont auf Basis einer Fragebogenumfrage, dass komplementäre Verwandtschaftsbezeichnungen bei Eltern und Kindern „nahezu obsolet" geworden seien und die „Benutzung von ‚Sohn'/‚Tochter' oder gar ‚Kind' eines Elternteils gegenüber den heranwachsenden Sprößlingen [...] bei diesen gemeinhin ein Achselzucken hervor[ruft], das die Bewertung dieser Anrede als hoffnungslos veraltet und überholt signalisiert" (Macha 1997: 214). In den vorliegenden SMS-Daten finden sich allerdings immer wieder Fälle, in denen Eltern ihre Kinder durchaus mit „Kind", „Sohn" oder „Tochter" adressieren:

„KUR" (Dialog JR)

Töchterchen, ist zu Hause alles ok? Hat sich Erika gemeldet?
Küßchen von Mutti
SMS #1, 14:54 (10.8.2010)

Allerdings finden diese scheinbar „veralteten" Adressierungen von Eltern gegenüber ihren Kindern vor allem in Zusammenhang mit der Kontextualisierung einer scherzhaften, ironischen Modalität bzw. als hypokoristische Anrede Anwendung. Dies wird hier durch die gewählte Diminutivform „Töchterchen" gegenüber der erwachsenen Tochter gestützt. Auch gebrauchen SMS-SchreiberInnen entgegen den Ergebnissen von Macha (1997) und Christen (2006) durchaus die Anrede „Bruder" oder „Schwester" – ebenfalls häufig in Form von Koseanreden wie „Bruderherz", „Brüderchen", bzw. „Schwesterlein", „Schwesterherz".[11]

Im folgenden SMS-Dialog aktiviert der Schreiber den familiären Beziehungsrahmen, indem er die Kommunikation zu seiner räumlich distanten Interaktionspartnerin mit der Anredeform „Schwesterlein" initiiert (SMS #1). In ihrer

---

11 Vgl. die Analyse von Koseformen in chinesischen und deutschen SMS-Daten (Günthner und Zhu 2015).

eine Minute später eintreffenden Replik (SMS #2) bestätigt Melanie nicht nur die geschwisterliche Beziehung mittels der Anrede „Bruderherz", sondern auch die kosende Modalisierung:

„GRIPPE"

> *Schwesterlein, geht's dir besser? Brüderlein macht sich Sorgen.*
> *Melde dich!*
>
> SMS #1, 18:37 (15.12.2011)

> *Bruderherz, ja, bin fast fieberfrei. Mach dir keinSorgen.*
> *Genieße die Berge und fahr ne Runde für mich mit.*
> *Drücke dich feste, Melanie*
>
> SMS #2 , 18:47 (15.12.2011)

In der folgenden SMS-Replik (SMS #4) tröstet die Schreiberin ihre Cousine, nachdem diese ihr mitgeteilt hat, dass sie eine „Abiklausur verhauen" hat:

„ABIKLAUSUR"

> *Es gibt Schlimmres! Echt! Kusinchen das passiert*
> *allen mal. Nicht verzweifeln.*
>
> SMS #4, 21:43 (2014)

Insgesamt veranschaulichen die deutschen Daten, dass Verwandtschaftsnamen zur Anrede von Geschwistern, Cousins/Cousinen wie auch von Eltern gegenüber ihren Kindern vor allem in scherzhaft modulierter Weise und/oder als Koseformen in Zusammenhang mit spezifischen kommunikativen Aktivitäten (wie Glückwünschen, Entschuldigungen, Frotzeleien, Trösten, Bitten etc. sowie sonstigen emotional aufgeladenen Sprechhandlungen) verwendet werden (Günthner und Zhu i. Dr.). Mit diesen hypokoristisch gebrauchten, scheinbar obsoleten Adressierungen stellen die SMS-SchreiberInnen gerade in dieser räumlich distanten Kommunikationsform eine besondere Form der Nähe und Intimität her, die wiederum soziale Beziehungsrelationen und -erwartungen konstruiert. Hierbei wird ersichtlich, dass Adressierungspraktiken nicht nur *Kinship*-Relationen aktualisieren, sondern als indexikalische Zeichen zugleich Nähe/Intimität, Emotionalität wie auch Erwartungen in Bezug auf das Gegenüber und die aktualisierten sozialen Handlungen kontextualisieren.

(II) Zur Verwendung von Verwandtschaftsnamen für verwandte Personen in chinesischen SMS-Interaktionen

In den chinesischen SMS-Dialogen zeichnet sich ein deutlich komplexeres Bild verwandtschaftsbezogener Anredepraktiken ab, das einerseits darauf gründet, dass das chinesische *Kinship*-System stärker stratifiziert ist (siehe oben), und andererseits darauf, dass Verwandtschaftsnamen als Adressierungspraxis im Chinesischen stärker konventionalisiert sind als im Deutschen (Gao 2013: 193).

In den chinesischen SMS-Daten werden Eltern und Großeltern – wie in den deutschen SMS-Daten – durchweg mit Familienrollennamen angeredet. Zur kosenden Adressierung der Eltern verwenden chinesische Studierende allerdings keine – wie im Deutschen üblichen[12] – Diminutivformen, sondern das Präfix 老 (*lao*; „alt"): 老爸 („alter Pa") bzw. 老妈 („alte Ma"). Diese Verwendung von 老 ist durchaus mit den im Deutschen hypokoristisch gebrauchten Diminutivformen „Mamalein", „Muttchen" bzw. „Papalein" etc. vergleichbar.[13] So adressiert Luo ihre Mutter im folgenden Dialogauszug mit 老妈 („alte Ma"):

„FERIEN" (Dialog 134)

> 老妈，我12月26日就放假了.
>
> *Alte Ma [Mamalein], ich habe am 26. Dezember Ferien.*
>
> SMS #1, 18:35

Obgleich sich die hypokoristischen Gebrauchsweisen der Verwandtschaftsnamen im Chinesischen und Deutschen unterscheiden, fungieren Adressierungen mit Familienrollen auch in den chinesischen SMS-Daten als „alltägliche Interaktionsrituale" (Goffman 1971/1982: 111) zur Eröffnung einer Kommunikation sowie zur Bestätigung der sozialen Beziehung zu einem räumlich distanten

---

12 So verwenden deutsche Eltern gegenüber ihren (erwachsenen) Kindern in den vorliegenden Daten in 85% der Fälle Diminutivformen wie „Kindchen", „Töchterlein", „Sohnemann" etc., die auf einen hypokoristischen (meist scherzhaft konnotierten) Gebrauch verweisen.
13 In chinesischen Anreden ist die Verwendung der Präfixe 老 („alt") und 小 („klein") allgemein verbreitet. Oftmals werden die Präfixe dem Familiennamen vorangestellt [老 + Familienname] bzw. [小 + Familienname]. Die Kombination [老 + Familienname] wird in Bezug auf ältere Personen als Mittel zur Indizierung von Respekt und Vertrautheit verwendet, während Personen unter 40 Jahren oftmals mit [小 + Familienname] adressiert werden, was soziale Nähe und Vertrautheit indiziert.

Gegenüber (Günthner und Zhu i. Dr.). Auffällig in den chinesischen Daten ist allerdings, dass die Eltern (im Unterschied zu den deutschen Eltern) ihre Kinder in keinem der SMS-Dialoge mit Vornamen adressieren, obwohl die Verwendung von Vornamen innerhalb der Familie in China durchaus üblich ist. Dies mag am Medium bzw. der mittelbaren Kommunikationsform liegen: Mit der Familienrollenanrede 儿子 („Sohn") bzw. 女儿 („Tochter") wird die familiäre Einbindung und damit der deontische Aspekt stärker kontextualisiert:[14]

„DENK AN DEN KUCHEN" (Dialog 275)

> 儿子，明天是你生日，记得吃蛋糕·生日快了！
>
> *Sohn, morgen ist dein Geburtstag, denke daran, Kuchen zu essen, alles Gute zum Geburtstag!*
>
> SMS #1, 21:40 (2010)

Wie Linke ausführt, ist der deontische Aspekt bezeichnend für die Anrede mit Familienrollennamen: „Damit ist gemeint, dass bei diesen Ausdrücken – neben den kognitiven sowie emotiven Aspekten – diejenigen Bedeutungsanteile besonders dominant erscheinen, die ein Sollen (oder Wollen) bzw. eine ethische Verpflichtung implizieren. Eine ‚Mutter', einen ‚Vater', eine ‚Oma' – das sind Menschen, die man ehren, mögen, ja lieben soll und denen gegenüber man Respekt, Vertrauen und Hilfsbereitschaft sowohl empfinden als auch zeigen soll" (Linke 2001: 382). Dieser ethische Verpflichtungscharakter kommt in den vorliegenden Daten auch in Bezug auf die durchgängige Verwendung von Familienrollenbezeichnungen gegenüber *(älteren) Geschwistern* sowie *Tanten und Onkeln* zum Ausdruck. In der folgenden SMS-Mitteilung wünscht die Studentin ihrer Tante alles Gute zum Mittelherbstfest:

---

14 Siehe Günthner und Zhu (i.Dr.) zum konfuzianistischen Konzept der „正名" („Richtigstellung der Namen"), das die sozialen Rollen und Verpflichtungen der Gesellschaftsmitglieder beschreibt und eng mit Konventionen chinesischer Anredepraktiken verwoben ist.

„WÜNSCHE"

> 小姨中秋节快乐！
>
> *Tante [jüngere Schwester der Mutter], ich wünsche euch ein frohes Mittelherbstfest!*
>
> SMS #1, keine Zeitangabe (2010)

Im folgenden SMS-Dialog zwischen einer (angeheirateten) Tante und ihrer Nichte fordert die Tante ihre Nichte auf, ihr Handy einzuschalten:[15]

„SPÄTER" (Dialog 646)

> 开机.
>
> *Schalte dein Gerät ein.*
>
> SMS #1, 18:27 (2010)

> 舅妈，刚才手机没电了。我回宿舍了说
> 话不方便，明天晚上给你打电话吧
>
> *Tante [Frau des älteren Bruders der Mutter], mein Handyakku ist gerade leer. Ich bin zurück am Wohnheim, ich kann gerade nicht (frei) reden, morgen Abend rufe ich dich an.*
>
> SMS #2, 20:53 (2010)

Während die Tante den SMS-Dialog ohne Anrede und Begrüßung mit der unabgeschwächten Aufforderung „Schalte dein Gerät an." initiiert (SMS #1), folgt ca. zweieinhalb Stunden später die Reaktion der Nichte, die ihre Tante mit 舅妈 („Tante"; genauer: „Frau des großen Bruders der Mutter") anredet und sich dafür rechtfertigt, dass ihr Handy nicht angeschaltet war. Mit dieser asymmetrisch-nichtreziproken Anredepraxis wird zugleich die Hierarchiestruktur

---

15 Hierzu auch Günthner und Zhu (i. Dr.).

zwischen der sozial höherstehenden Tante (als einer Person aus der Generation der Mutter) und der Nichte indiziert.

Obgleich sowohl in den chinesischen Daten als auch deutschen Daten eine vertikal ausgerichtete, nicht-reziproke Verwendung von Verwandtschaftsbezeichnungen deutlich wird, unterscheidet sich diese in gewisser Hinsicht: Während in der deutschen Gesellschaft mittlerweile die Adressierung mit Vornamen bei Onkeln und Tanten sowie Schwiegereltern konventionalisiert ist, gilt die Adressierung älterer Familienmitglieder mit Vornamen in der chinesischen Gesellschaft als ein „culture-related taboo" (Krajewski und Schröder 2008: 603). Jüngere und damit sozial niedrigerstehende Familienmitglieder sind gemäß der konfuzianistisch-geprägten Hierarchieordnung verpflichtet, einen sozial höherstehenden Verwandten mit dessen Verwandtschaftsrolle anzusprechen und so die hierarchische Beziehung zu indizieren und zu respektieren (Blum 1997: 361). Mit der Familienrollen-Anrede erweist der Jüngere dem Älteren gegenüber 尊老 (*zun lao*; „Respekt vor dem Alter"). Diese im Chinesischen sedimentierte, aufsteigende und nicht-reziproke Adressierung wird mit konfuzianistischen Prinzipien der Respektbekundung gegenüber Älteren bzw. Statushöheren begründet: Der Jüngere erweist dem Älteren auf diese Weise Respekt.[16]

Die vorliegenden Beispiele verweisen insofern auf die Reflexivität kommunikativer Praktiken, als die Interagierenden mit der Aktualisierung kommunikativer Handlungen (im vorliegenden Fall: durch die asymmetrischen Anredeformen) diese zugleich auf kulturell vermittelte Weise interpretierbar machen (Gumperz 1982; Deppermann et al. 2016: 7). D.h. mit dem Vollzug der betreffenden Anredepraktik aktualisieren die Interagierenden zugleich die dahinter stehenden Dimensionen kultureller Wissensbestände (wie kulturelle Vorstellungen von sozialen Beziehungen, sozialer Nähe sowie kulturell erwartbare Konventionen im sozialen Verhalten gegenüber älteren/jüngeren wie auch distanten/nahestehenden Personen), die wiederum die Voraussetzung für die situierten Handlungen und deren Interpretation sind. Soziokulturelle Normen und Erwartungen werden also in den Anredepraktiken nicht nur angezeigt, sondern vollzogen und damit als „soziale Tatsachen" institutionalisiert (Berger und Luckmann 1966/1969).

---

16 Das mit den kodierten Hierarchien (zwischen Alt und Jung, Männern und Frauen, Lehrern und Schülern) einhergehende richtige Verhalten kommt im konfuzianistischen Konzept des 正名 (*zhengming* „Richtigstellung der Namen") zum Ausdruck. Hierzu ausführlicher Günthner und Zhu (i. Dr.).

3.2 Verwandtschaftsbezeichnungen für nicht-verwandte Personen

In vielen Sprachen und Kulturen werden „kinship terms" nicht nur zur Adressierung verwandter Personen, sondern auch für die Anrede nicht-verwandter GesprächspartnerInnen verwendet (Hentschel 2012: 30).

(i) Verwendung von Verwandtschaftsnamen zur Adressierung nicht-verwandter Personen im Chinesischen

In China – wie in zahlreichen anderen ostasiatischen Ländern – ist die projektive Verwendung von Verwandtschaftsanreden weit verbreitet. Sie stellt eine kulturell konventionalisierte kommunikative Praxis dar, die einerseits soziale Nähe und Vertrautheit, andererseits aber auch hierarchische Beziehungen und Statusdifferenzen zwischen den Interagierenden konstruiert bzw. bestätigt (Günthner und Zhu i. Dr.). Chinesische Kinder lernen bereits früh, NachbarInnen und KollegInnen ihrer Eltern – je nach Geschlecht und Alter – mit Verwandtschaftsbezeichnungen wie 爷爷 (*yeye* „Großvater"), 奶奶 (*nainai* „Großmutter"), 叔叔 (*shushu* „Onkel"), 阿姨 (*ayi* „Tante"), 哥哥 (*gege* „älterer Bruder") und 姐姐 (*jiejie* „ältere Schwester") anzureden. SchülerInnen reden sich untereinander mit 大姐 (*dajie* „ältere Schwester") bzw. 妹妹 (*meimei* „jüngere Schwester") oder 大哥 (*dage* „älterer Bruder") bzw. 老弟 (*laodi* „jüngerer Bruder") an und selbst einer Ausländerin kann es passieren, dass sie von Kindern mit 阿姨 (*ayi* „Tante") angesprochen wird.[17] VerkäuferInnen auf dem Markt reden ihre KundInnen ebenfalls oftmals mit Verwandtschaftstermini (wie „kleine Schwester" oder „Tante") an.

Bei der Verwendung projektiver Verwandtschaftstermini im Chinesischen spielen die Faktoren Alter/Generationszugehörigkeit, Geschlecht und projektive familiäre Linie (väterlicherseits vs. mütterlicherseits) ebenfalls eine wesentliche Rolle, da sie zur Konstitution sozialer Hierarchien sowie zur Indizierung von Nähe bzw. Distanz beitragen: So indiziert die Anrede eines Bekannten mit 伯伯 (*bobo* „Onkel, und zwar älterer Bruder des Vaters") größeren Respekt aber auch größere soziale Distanz, als wenn dieser Bekannte mit 叔叔 (*shushu „Onkel, und zwar jüngerer Bruder des Vaters"*) oder mit 舅舅 (*jiujiu* „Onkel, und zwar jüngerer Bruder der Mutter") angeredet würde. Die Anredeformen, die die mütterliche Verwandtschaftslinie bzw. geringeres Alter als das der Eltern markieren, kon-

---

17 Allerdings werden nicht sämtliche Verwandtschaftsbezeichnungen für die Adressierung von nicht-verwandten KommunikationspartnerInnen verwendet. Siehe auch Gao (2013).

textualisieren weniger Respekt und Distanz, aber dafür größere soziale Nähe und Solidarität.[18]

Übertragungen von Verwandtschaftsnamen auf nicht-verwandte Personen zeigen sich auch in den chinesischen SMS-Nachrichten: Studierende setzen zur Adressierung ihrer KommilitonInnen oftmals Verwandtschaftsbezeichnungen wie „jüngerer" oder „älterer (Studien)Bruder" bzw. „jüngere" oder „ältere (Studien)Schwester" ein. Die relationale Fremdpositionierung als „jünger" bzw. „älter" bezieht sich in der Regel auf das Alter bzw. Studienjahr des Gegenübers und indiziert im Falle der Markierung als „ältere Schwester" bzw. „älterer Bruder" einen höheren Status und damit auch eine Respektbekundung. Mit diesen Verwandtschaftsanreden wird nicht nur das Gegenüber im sozialen Netzwerk der Sprecherin positioniert, sondern diese verortet sich zugleich selbst als „jüngere bzw. ältere Schwester". (In diesem Zusammenhang sollte nicht unerwähnt bleiben, dass die Verwendung von Vornamen im Chinesischen außerhalb von Interaktionen unter Familienmitgliedern eher ungebräuchlich ist.)

Den folgenden SMS-Dialog initiiert der Student Wu, der seine Kommilitonin Cheng mit der Anrede „ältere Schwester Cheng" ansimst:

„BIN ICH EINGELADEN?" (Dialog 670)

程大姐，干什么呢？

Ältere Schwester Cheng, was machst du gerade?

SMS #1, 20:02 (2010)

小弟真乖啊，哈哈！你大姐我没干啥。

Kleiner Bruder, du bist wirklich sehr gut erzogen, haha!
Deine große Schwester [ich] macht gerade gar nichts

SMS #2, 20:04 (2010)

---

18 Folglich kann es durchaus vorkommen, dass jemand, der respektvoll mit „bobo" („Onkel, und zwar älterer Bruder des Vaters") angesprochen wird, seinem Gegenüber anbietet: „Jiao shushu, jiu hao le." („Nenn mich einfach jiujiu – Onkel, und zwar jüngerer Bruder der Mutter – das ist okay"). Hierzu Günthner (2013a: 353) sowie Günthner und Zhu (i. Dr.).

即然程大姐这么说，以后到长春一定要请小弟吃东西了。

Wenn die ältere Schwester Cheng das sagt, dann will sie sicher nachher ihren kleinen Bruder in Changchun zum Essen einladen?

SMS #3, 20:05 (2010)

没问题啊。绝对请客。

Kein Problem. Na klar lade ich dich ein.

SMS #4, 20:06 (2010)

Auf Wus einleitende Fragehandlung (SMS #1) produziert Cheng im Sinne eines zweiten Paarteils die erwartbare Antwort (SMS #2). Mit ihrer Adressierung Wus als „kleinen Bruder"（小弟）komplementiert sie dessen Anredepraktik. Ihre scherzhafte Bemerkung bzgl. seiner „guten Erziehung" bezieht sich auf dessen Respektbekundung durch die statuserhöhende Adressierung als „ältere Schwester". Im Anschluss greift Cheng die relationale Adressierungsform erneut auf – dieses Mal als Form der Selbstreferenz: 你大姐我 („Deine große Schwester [ich] macht gerade gar nichts"). (Diese selbstreferenzielle Verwendung von Verwandtschaftsnamen statt Pronomina der 1. Person ist im chinesischen bzw. ostasiatischen Sprachraum durchaus üblich).[19] In seiner Replik (SMS #3) verwendet auch Wu die relationale Verwandtschaftsform 小弟 („kleiner Bruder") zur Selbstreferenz.

Dieses Beispiel verdeutlicht, dass die zur Fremd- und Selbstreferenz verwendeten projektiven Verwandtschaftsnamen neben der Indizierung sozialer Beziehungen auch als *„inference rich"*-Kategorien (Sacks 1964–1968/1992: I, 40) fungieren, indem sie soziale Rollenerwartungen und damit verbundene *„category bound activities"* (Sacks 1972) aktivieren (vergleichbar mit dem thematisierten deontischen Aspekt). Die ältere und statushöhere Schwester ist diejenige, die sich um den kleineren Bruder zu kümmern hat. Folglich repräsentiert Wus „Fischen nach einer Essenseinladung" eine kategorien-bezogene Handlung, die von Cheng durchaus akzeptiert wird (siehe SMS #4). Hierbei zeigt sich wiederum die enge Verwobenheit und reflexive Dimension zwischen sprachlich-kom-

---

19 Hierzu auch Blum (1997: 368).

munikativen Praktiken und kulturellem Hintergrund: So erweisen sich die An-redepraktiken einerseits als eng verwoben mit kulturellen Konventionen, zum anderen werden kulturelle Traditionen und Erwartungen durch lokale, in sozia-le Handlungszusammenhänge eingebettete Praktiken – im ethnomethodolo-gischen Sinne des „*doing* X" (Günthner 2013a) – interaktiv hergestellt.

Wie die vorliegenden Daten veranschaulichen, fungiert auch die Verwen-dung von Verwandtschaftsnamen für nicht-verwandte AdressatInnen im Sinne eines alltäglichen „Interaktionsrituals" (Goffman 1971/1982: 111) zur Eröffnung des kommunikativen Austauschs und zur Konstitution bzw. Bestätigung der engen sozialen Beziehung zum Gegenüber.

Verwandtschaftsbezogene Anredeformen bilden – wie bereits der SMS-Dialog „BIN ICH EINGELADEN?" indizierte – keineswegs fixierte, situations-übergreifende Zuschreibungen, sondern sie können als Ergebnis kommunikati-ver Aktivitäten im Prozess der Interaktion lokal ausgehandelt werden (Günthner und Zhu i. Dr.). So adressiert die angesimste Qi (21 Jahre) ihren ein Jahr älteren Kommilitonen Zhu (22 Jahre) in ihrer scherzhaft modulierten, tröstenden Replik (SMS #2) als 弟弟 („kleiner Bruder"):

„BROT" (Dialog 364 Freund-Freundin)

> 昨天给你打了个电话40 块钱没了...我快
> 哭死了...以后时间要掌握好...要不会死人的
>
> *Als ich dich gestern angerufen habe, hat mich das 40 Yuan*
> *gekostet.... Ich habe mich fast totgeweint... Wir müssen die Zeit*
> *nachher begrenzen...Sonst werde ich sterben*
>
> SMS #1, (2010)

> 哈哈！弟弟不好意思啦！下次咱们换着打
>
> *Haha! Kleiner Bruder es tut mir leid! Das nächste Mal*
> *wechseln wir uns mit dem Anrufen ab!*
>
> SMS #2, (2010)

呵呵...没事...时间短点就行了...难道你的钱就不
是钱了？还敢叫我弟弟？我看你是想让我诅咒
你变成面包了？

*Hehe...Das macht nichts... Wenn die Zeitspanne etwas kürzer
ist, dann ist das auch in Ordnung...Dein Geld ist doch auch
Geld oder? Außerdem wagst du es, mich kleiner Bruder zu
nennen? Ich glaube, du willst, dass ich dich verfluche und in
ein Brot verwandle?*

SMS #3, (2010)

哎呀！你是我弟我是你妹呗，千万别诅咒
我成面包，可以诅咒我变成饼干。可以发
短信啊！

*Oh nein! Du bist mein kleiner Bruder, ich bin deine kleine
Schwester, du sollst mich auf keinen Fall verfluchen, so
dass ich zum Brot werde. Du kannst mich zu einem Keks
verfluchen. Du kannst mir eine SMS schicken!*

SMS #4, (2010)

Mit der Adressierung Zhus als „kleiner Bruder" (SMS #2) kontextualisiert Qi
nicht nur die „category-bound activity" des Tröstens (Bahlo et al. 2015), sondern
sie indiziert zugleich ein Alters- und Statusgefälle, wobei sie für sich den höheren Status der älteren Schwester in Anspruch nimmt, obwohl sie ein Jahr jünger
ist als Zhu. (Hierzu ist folgende Information bzgl. kultureller Praktiken bedeutsam: In China ist die Übertragung der Geschwisterbezeichnung auf Paarbezieh-
ungen weit verbreitet; traditionellerweise wird der Mann – selbst wenn er gleich
alt oder gar jünger als die Frau ist – mit 哥 (*ge*; „älterer Bruder") angesprochen,
während er seine Partnerin mit 妹 (*mei*; „jüngere Schwester") anredet. Auf diese
Weise bekundet die Frau dem Mann als älterem und erfahrenem Partner gegenüber Respekt, während sie nicht nur als sozial niedrigstehend konzeptualisiert
wird, sondern auch als Person, die den Schutz des Partners benötigt.) Im vorliegenden SMS-Dialog wertet Qi durch ihre Adressierung Zhus als „kleiner Bruder" dessen Status ab, da sie nun als ältere Schwester den höheren Status innehat. Zhus Reaktion (SMS #3) greift diese verwandtschaftsbezogene Anrede in
Form einer scherzhaft modulierten Beschwerde auf: „Außerdem wagst du es,
mich kleiner Bruder zu nennen?" Seine spielerische Androhung, Qi zu verfluch-

en, hat (u.a. in Kombination mit der Indizierung von Emotionen) deutliche Merkmale des Flirtens. Zugleich ist auch hier die kulturbezogene Interpretation für das Verstehen der Mitteilung notwendig: Zhu droht an, Qi in „ein Brot" zu verwandeln und damit in etwas, das dick und grob ist und aufgeht. Qi greift in ihrer Folgereaktion (SMS #4) diese spielerische, flirtive Modalität auf und korrigiert den oben durch „kleiner Bruder" suggerierten Statusunterschied, indem sie zwar auf ihrer Adressierung Zhus als „kleinen Bruder" beharrt, doch sich zugleich als „kleine Schwester" kategorisiert und damit das Statusgefälle aufhebt. Statt sie in ein Brot zu verwandeln, schlägt sie ihm nun vor, sie lieber zu einem „Keks" – und damit zu etwas „kleinem, süßen und zarten" – zu verfluchen. Damit reiht sich Qi wiederum in traditionelle Genderrollen ein: Sie möchte eher ein „zarter, kleiner und süßer Keks" sein als ein „dickes Brot, das wie ein Hefeteig aufgeht".

Verwandtschaftsnamen zur Anrede nicht-verwandter Personen können – wie die vorliegenden Ausschnitte zeigen – als metapragmatische Zeichen (Silverstein 1992) betrachtet werden, die einen sozialen Beziehungsrahmen kontextualisieren (Gumperz 1982; Auer und di Luzio 1992; Günthner 1993), der einerseits die adressierte Person im sozialen Netzwerk des Sprechers positioniert, andererseits der Produzent sich damit selbst in die mit den Verwandtschaftsrelationen verwobenen Hierarchien und erwartbaren Verhaltensmuster einordnet. Diese Adressierungspraktiken markieren also keineswegs nur soziale (Verwandtschafts)Relationen, sondern sie werden indexikalisch eingesetzt, um soziale Erwartungen, Hierarchie- und Statusrelationen zu kontextualisieren.

Studierende adressieren jedoch nicht nur ihre KommilitonInnen und FreundInnen mit Verwandtschaftsnamen, sondern sie setzen diese auch zur Anrede von DozentInnen und ProfessorInnen ein.[20] Die Studentin Le adressiert in der folgenden SMS-Mitteilung ihre Dozentin als 姐 (*jie* „ältere Schwester"), bevor sie ihr Anliegen formuliert (SMS #1):

---

20 An chinesischen Hochschulen ist die Gattung der Sprechstundengespräche nicht institutionalisiert (Günthner 2013a). Dagegen ist es oftmals üblich, dass Studierende bei Fragen zum Unterricht, zur Prüfung, zu Hausarbeiten oder sonstigen organisatorischen Dingen ihre DozentInnen und ProfessorInnen per Handy anrufen oder ansimsen, zumal E-Mails eher selten verwendet werden.

„BUCHRECHERCHE" (Dialog 879)

姐，我刚下课，那天问你书的事怎么样？有没有在书店或网
上帮我查到那本书呀？

*Ältere Schwester, ich habe gerade den Unterricht beendet, wie
sieht es mit dem Buch aus, nach dem ich dich letztens gefragt
habe? Hast du schon für mich herausgefunden, ob es das Buch
in der Buchhandlung oder im Internet gibt?*

SMS #1, Zeitpunkt unbekannt (2010)

Mit der Verwandtschaftsbezeichnung „ältere Schwester" führt Le nicht nur eine
Fremdpositionierung ihrer Adressatin in Bezug auf Gender und Alter durch,
sondern sie positioniert sich damit zugleich als jüngere, statusniedrigere Be-
zugsperson, die in einer spezifischen Relation – mit entsprechenden Pflichten
aber auch Erwartungen – mit dem Gegenüber verbunden ist.

Wie Brown und Levinson (1978/1987: 107ff.; 182ff.) betonen, so werden auch
in den vorliegenden Daten projektive *kinship terms* oftmals im Kontext gesichtsbedrohender Handlungen (Bitten, Anfragen, Entschuldigungen etc.) eingesetzt:
Die Indizierung von „in-group"-Zugehörigkeit und Respekt trägt zur Mitigation
gesichtsbedrohender Handlungen bei. So wendet sich die Studentin Wang im
folgenden SMS-Dialog an ihre Dozentin und adressiert diese mit 嫂子 (*saozi*
„Schwägerin; Frau des älteren Bruders"). Auf diese Weise indiziert sie eine enge
soziale Beziehung zu ihrer Dozentin (zugleich wird markiert, dass sie den Mann
der Dozentin gut kennt):[21]

---

21 Hierzu auch Günthner und Zhu (i. Dr.).

„DEUTSCHKURS" (Dialog 39)

嫂子，你们周一德语课几节？

Schwägerin [Frau des älteren Bruders], wann ist euer Deutsch-kurs am Montag?

SMS #1, 19:17 (2010)

三四节吧，怎么了？

Die dritte und die vierte Stunde, warum fragst du?

SMS #2, 19:18 (2010)

Typisch ist auch hier die vertikale Adressierungspraxis: Die jüngere, statusnied-rigere Person (die Studentin), die ein Anliegen hat, eröffnet den SMS-Dialog mit der nominalen Adressierung 嫂子 (*saozi* „Schwägerin; Frau des älteren Bru-ders"). Mit der Verwendung des Verwandtschaftsnamens positioniert sie sowohl ihr Gegenüber als auch sich selbst im Geflecht hierarchischer sozialer Bezie-hungen und kultureller Konventionen.

Die vorliegenden Beispiele verweisen somit auf die enge Verwobenheit von Anredeformen mit habitualisierten kulturellen Praktiken und Normen bzgl. des zwischenmenschlichen Umgangs: Durch ihre Konventionalisierung gewinnen diese Praktiken eine sozialsymbolische indexikalische Funktion, die es den Interagierenden ermöglicht, soziale Zugehörigkeiten, Nähe, Distanz, Einstel-lungen etc. zu kontextualisieren.

(II) Verwendung von Verwandtschaftsnamen zur Adressierung nicht-verwandter Personen im Deutschen

Auch im deutschsprachigen Raum wurden bis in die 1970er Jahre hinein Ver-wandtschaftstermini „auf entferntere Mitglieder des familiären Umkreises bzw. auf Nachbarn und Bekannnte" übertragen (Linke 2001: 381). Allerdings hat diese Adressierungspraktik in den letzten 50 Jahren stark abgenommen. Auch wenn ältere Personen noch berichten, dass sie FreundInnen ihrer Eltern mit „Tante Rosa", „Tante Müller" oder „Onkel Eugen" bzw. „Onkel Müller" adres-siert haben, finden sich diese Adressierungspraktiken heute nur noch selten.

Hentschel (2012) argumentiert, dass Verwandtschaftstermini für fremde Personen im gegenwärtigen Deutsch primär in einem pejorativen Sinne vor allem bei Frauen gebraucht werden. Diese Tendenz zur abwertenden bzw. ironischen Verwendung von Verwandtschaftsnamen kommt auch im folgenden SMS-Dialog zwischen zwei befreundeten Studentinnen zum Ausdruck: Inga gibt ihrer Freundin Lea den Rat, eine warme Jacke ins Sauerland mitzunehmen. Letztere reagiert ironisch mit „Jawoll Mutti!".

„SAUERLAND" (2012)

> *Und vergiss nicht ne warme Jacke. Sonst kommste wieder durchfroren zurück.* ☺
>
> SMS #5, 13:12 (2012)

> *Jawoll Mutti!*
>
> SMS #6, 13:43 (2012)

Die Anrede „Mutti" kontextualisiert hier eine spielerisch-modalisierte Kritik an Ingas inadäquater bzw. übertriebener Fürsorglichkeit.

Auch wenn es im Deutschen sicherlich eine gewisse Tendenz zur abwertenden bzw. ironisch-mokierenden Verwendung von *kinship terms* bei nichtverwandten Personen (insbesondere bei Frauen) gibt, so kann m. E. nicht von einem durchweg „pejorativen" bzw. „very impolite" Gebrauch (Hentschel 2012: 41) gesprochen werden. Gerade unter Jugendlichen sind seit einigen Jahren die Verwandtschaftsformen „Bruder", „Bro" und „Brudi" (seltener auch „Sister" bzw. „Schwester") durchaus verbreitet. Mit diesen aus dem Black English, Hip-Hop bzw. Türkendeutsch stammenden Adressierungen wird primär soziale Nähe, Zugehörigkeit und Vertrautheit markiert:

„FESTIVAL"

> *Viel spass* ☺ *und machs gut bruder*
>
> WhatsApp #1, 17:41 (4.7.2015)

> *Danke bro. Wenn ich wieder da bin sehen wir uns*
> *ja dann bei max!*
>
> WhatsApp #2, 17:48 (4.7.2015)

Während im Chinesischen die Adressierung mit Familienrollen für nicht-verwandte Personen eine alltägliche kommunikative Praxis darstellt, die als Kontextualisierungsverfahren zur Indizierung sozialer Beziehungen und Zugehörigkeiten, Respektbekundung und Hierarchien eingesetzt werden, scheint dies im Deutschen auf einige wenige Kontexte und eine wenige *communities of practices* begrenzt. Dies stützt die These, dass Anredeformen nicht nur sprachliche Mittel der Bezugnahme auf das Gegenüber bilden, sondern als „Beziehungszeichen" (Goffman 1974: 262) eingesetzt werden, die sowohl das Gegenüber im Kontext sozialer Relationen verankern als auch indexikalisch für die betreffende Kommunikationskultur sind, indem sie Konventionen aktualisieren und zugleich Erwartungen bzgl. Status- und Hierarchiezuordnungen sowie Nähe/Distanz indizieren.

4 Fazit

Wie Soeffner (2004: 399) ausführt, erleben wir Kultur einerseits als eine „von uns nicht mehr beeinflussbare Faktizität des Vergangenen und von uns Vorgefundenen sowie als das andererseits immer wieder neu von uns zu Erzeugende und zu Verändernde." Bei diesem dialektischen Prozess kommt der zwischenmenschlichen Kommunikation eine zentrale Rolle zu: Sie verweist nicht nur indexikalisch auf kulturelle Konventionen, Habitualisierungen und Erwartungen, sondern konstituiert diese aktiv mit. Die Analyse der Anredepraktiken veranschaulicht diesen reflexiven Prozess: Mit der gewählten Adressierung reaktivieren SMS-SchreiberInnen kulturelle Vorstellungen von sozialen Beziehungen, sozialer Nähe sowie kulturell erwartbarer Konventionen im sozialen Verhalten gegenüber älteren/jüngeren wie auch distanten/nahestehenden Personen. Zugleich werden diese Konventionen im intersubjektiven Vollzug als „soziale Tatsachen" institutionalisiert (Berger und Luckmann 1966/1969).

Kontrastive Analysen kommunikativer Praktiken sind für kulturanalytische Sprachbetrachtungen deshalb von besonderem Interesse, da sie an der Schnittstelle liegen von typologisch-spezifischen, kontext-kontingenten Verwendungsweisen von Sprache, von allgemeinen interaktionalen und kognitiven Prinzipien wie auch von sedimentierten, im Wissensvorrat der Beteiligten abgespeicherten kulturell-divergierenden Konventionen und Erwartungen an soziales Handeln. Sie veranschaulichen, wie kulturspezifische Konventionen, Sinnzuschreibungen, Erwartungen – ja Wissensbestände – als integrale Bestandteile kommunikativer Handlungen in alltäglichen Interaktionen fortlaufend re-aktualisiert werden.

Enfield (2012: 166) könnte mit seiner Beobachtung, dass sich in den letzten Jahren "new lines of work in the study of language" zeigen, die das Pendel der Linguistik nach jahrzehntelanger Konzentration auf Universalien und Formalismen wieder zurückschwingen lassen in Richtung der " world of culture", durchaus richtig liegen.

5 Literaturangaben

Auer, Peter & Aldo di Luzio (Eds.). 1992. *The contextualization of language*. Amsterdam: Benjamins.

Auer, Peter. 2000. Die Linguistik auf dem Weg zur Kulturwissenschaft? *Freiburger Universitätsblätter* 147. 55–68.

Bahlo, Nils, Indra Fürstenberg & Michaela Drost. 2015. „muss der papa STREI:cheln?" – Modalkonstruktionen in interaktionalen Trostprozessen mit Kleinkindern. In Jörg Bücker, Susanne Günthner & Wolfgang Imo (Hrsg.), *Konstruktionsgrammatik V. Konstruktionen im Spannungsfeld von sequenziellen Mustern, kommunikativen Gattungen und Textsorten*, 269–290. Tübingen: Stauffenburg.

Bakhtin, Mikhail M. 1976/1986. *Speech genres and other late essays*. Ed. by Caryl Emerson & Michael Holquist. Austin: Texas University Press.

Berger, Peter & Thomas Luckmann. 1966/1969. *Die gesellschaftliche Konstruktion der Wirklichkeit. Eine Theorie der Wissenssoziologie*. Frankfurt a.M.: Fischer.

Blum, Susan D. 1997. Naming practices and the power of words in China. *Language in Society* 26(3). 357–379.

Bourdieu, Pierre. 1987. *Die feinen Unterschiede*. Frankfurt a.M.: Suhrkamp.

Bramwell, Ellen S. 2016. Personal names and anthropology. In Carole Hough (Eds.), *The Oxford Handbook of Names and Naming*, 263–278. Oxford: Oxford University Press.

Brown, Penelope & Stephen Levinson. 1978/1987. *Politeness. Some universals in language usage*. Cambridge: Cambridge University Press.

Christen, Helen. 2006. *Comutter, Papi und Lebensabschnittsgefährte. Untersuchungen zum Sprachgebrauch im Kontext heutiger Formen des Zusammenlebens.* Hildesheim, Zürich & New York: Georg Olms Verlag.

Clayman, Steven E. 2012. Address terms in the organization of turns at talk: The case of pivotal turn extensions. *Journal of Pragmatics* 44. 1853–1867.

De Stefani, Elwys. 2016. Names and discourse. In Carole Hough (Eds.), *The Oxford Handbook of Names and Meaning*, 52–66. Oxford: Oxford University Press.

Deppermann, Arnulf, Helmuth Feilke & Angelika Linke. 2016. Sprachliche und kommunikative Praktiken. In Arnulf Deppermann, Helmuth Feilke & Angelika Linke (Hrsg.), *Sprachliche und kommunikative Praktiken*, 1–23. Berlin & Boston: de Gruyter.

Di Luzio, Aldo, Susanne Günthner & Franka Orletti (Eds.). 2001. *Culture in communication. Analyses of intercultural situations.* Amsterdam: Benjamins.

Dobstadt, Michael, Christian Fandrych & Renate Riedner (Hrsg.). 2015. *Linguistik und Kultur-wissenschaft. Zu ihrem Verhältnis aus der Perspektive des Faches Deutsch als Fremd- und Zweitsprache und anderer Disziplinen.* Frankfurt a.M: Peter Lang.

Duranti, Alessandro. 1997. *Linguistic anthropology.* Cambridge: Cambridge University Press.

Ehlich, Konrad. 2006. Die Vertreibung der Kultur aus der Sprache. *Zeitschrift für germanisti-sche Linguistik (=Linguistik und Kulturanalyse)* 34(1/2). 50–63.

Enfield, Nick. 2013. Language, culture and mind: trends and standards in the latest pendulum swing. *Journal of the Royal Anthropological Institute* 19. 155–169.

Foley, William A. 1997. *Anthropological linguistics. An introduction.* Malden & Oxford: Black-well.

Gao, Chunming. 2013. A contrastive study of Chinese and English address forms. *Theory and Practice in Language Studies* 3(1). 190–194.

Gehlen, Arnold. 1956. *Urmensch und Spätkultur. Philosophische Ergebnisse und Aussagen.* Bonn: Athenäum.

Goffman, Erving. 1971/1982. *Das Individuum im öffentlichen Austausch. Mikrostudien zur öffentlichen Ordnung.* Frankfurt a. M.: Suhrkamp.

Gumperz, John J. 1982. *Discourse strategies.* Cambridge: Cambridge University Press.

Gumperz, John J. & Dell Hymes (Eds.). 1972. *Directions in sociolinguistics. The ethnography of communication.* New York: Holt, Rinehart and Winston.

Gumperz, John J. & Marco Jacquemet. 2012. *From ethnography of speaking to trans-idiomatic communicative practice: New ethnographies of communication thirty years on.* Manu-script. Santa Barbara & San Franscisco.

Günthner, Susanne. 1993. *Diskursstrategien in der Interkulturellen Kommunikation. Analysen deutsch-chinesischer Gespräche.* Tübingen: Niemeyer.

Günthner, Susanne. 2003. Eine Sprachwissenschaft der ‚lebendigen Rede‘. Ansätze einer Anthropologischen Linguistik. In Angelika Linke, Hanspeter Ortner & Paul Portmann-Tselikas (Hrsg.), *Sprache und mehr. Ansichten einer Linguistik der sprachlichen Praxis*, 189–209. Tübingen: Niemeyer.

Günthner, Susanne. 2010. Sprache und Sprechen im Kontext kultureller Praktiken. Facetten einer Anthropologischen Linguistik. In Silke Meyer & Armin Owzar (Hrsg.), *Disziplinen der Anthropologie*, 121–144. Frankfurt: Waxmann.

Günthner, Susanne. 2011. The dynamics of communicative practices in transmigrational con-texts: ‚insulting remarks‘ and ‚stylized category animations‘ in everyday interactions among male youth in Germany. *Talk & Text* 31(4). 447–473.

Günthner, Susanne. 2013a. Doing Culture – Kulturspezifische Selbst- und Fremdpositionierungen im Gespräch. In Andrea Bogner, Konrad Ehlich, Ludwig M. Eichinger, Andreas F. Kelletat, Hans-Jürgen Krumm, Willy Michel, Ewald Reuter, Alois Wierlacher (Hrsg.), *Jahrbuch Deutsch als Fremdsprache*, 30–48. München: iudicium.

Günthner, Susanne. 2013b. Sprache und Kultur. In Peter Auer (Hrsg.), *Sprachwissenschaft: Grammatik – Interaktion – Kognition*, 347–369. Stuttgart: Metzler.

Günthner, Susanne. 2015. Zur Verwobenheit von Sprache und Kultur – Ansätze einer Anthropologischen Linguistik. In Michael Dobstadt, Christian Fandrych & Renate Riedner, (Hrsg.), *Linguistik und Kulturwissenschaftk*, 37–64. Frankfurt a.M.: Peter Lang.

Günthner, Susanne. 2016. Kulturwissenschaftliche Orientierung in der Gesprächsforschung. In Ludwig Jäger, Werner Holly, Peter Krapp, Samuel Weber, & Simone Heekeren (Hrsg.), *Sprache – Kultur – Kommunikation*, 809–817. Berlin & Boston: de Gruyter.

Günthner, Susanne & Angelika Linke. 2006. Linguistik und Kulturanalyse. Ansichten eines symbiotischen Verhältnisses. *Zeitschrift für Germanistische Linguistik* (=*Linguistik und Kulturanalyse*) 34(1/2). 1–27.

Günthner, Susanne & Qiang Zhu. 2015. Formen ‚verbaler Fellpflege': Kosende Anredepraktiken in chinesischen und deutschen SMS-Dialogen. *Deutsche Sprache* 43(1). 42–73.

Günthner, Susanne & Katharina König. 2016. Kommunikative Gattungen in der Interaktion: Kulturelle und grammatische Praktiken im Gebrauch. In Arnulf Deppermann, Helmuth Feilke & Angelika Linke (Hrsg.), *Sprachliche und kommunikative Praktiken*, 177–204. Berlin & Boston: de Gruyter.

Günthner, Susanne & Qiang Zhu. i. Dr. Anredeformen im Kulturvergleich: Verwandtschaftsbezeichnungen als Mittel der kommunikativen Konstruktion sozialer Beziehungen in chinesischen und deutschen SMS-Interaktionen. Erscheint in Angelika Linke & Juliane Schröter (Hrsg.), *Sprache und soziale Beziehung*. Berlin & Boston: de Gruyter.

Hanks, William F. 1987. Discourse genres in a theory of practice. *American Ethnologist* 14(4). 668–692.

Hartung, Martin. 2001. Formen der Adressiertheit der Rede. In Klaus Brinker, Gerd Antos, Wolfgang Heinemann & Sven T. Sager (Hrsg.), *Text- und Gesprächslinguistik – Ein internationales Handbuch zeitgenössischer Forschung*, 1374–1382. Berlin & New York: de Gruyter.

Hentschel, Elke. 2012. All men become brothers – The use of kinship terms for non-related persons as a sign of respect or disrespect. *Linguistic Online* 51(1). http://www.linguistik-online.de/51_12/hentschel.html. (Stand: 17.11.2016)

Hörning, Karl H. & Julia Reuter. 2004. Doing Culture: Kultur als Praxis. In Karl H. Hörning & Julia Reuter (Hrsg.), *Doing Culture. Neue Positionen zum Verhältnis von Kultur und sozialer Praxis*, 9–15. Bielefeld: transcript.

Hörning, Karl H. 2016. Kultursoziologie. In Ludwig Jäger, Werner Holly, Peter Krapp, Samuel Weber, & Simone Heekeren (Hrsg.), *Sprache – Kultur – Kommunikation / Language – Culture – Communication*, 301–315. Berlin & Boston: de Gruyter.

Hymes, Dell H. 1979. *Soziolinguistik. Zur Ethnographie der Kommunikation*. Frankfurt: Suhrkamp.

Jäger, Ludwig. 2006. „ein nothwendiges Uebel der Cultur". Anmerkungen zur Kulturwissenschaftlichkeit der Linguistik. *Zeitschrift für Germanistische Linguistik* (=*Linguistik und Kulturanalyse*) 34(1/2), 28–49.

Knoblauch, Hubert. 2005. Die kommunikative Konstruktion kultureller Kontexte. In Ilja Srubar, Joachim Renn & Ulrich Wenzel (Hrsg.), *Kulturen vergleichen. Sozial- und kulturwissenschaftliche Grundlagen und Kontroversen*, 172–194. Wiesbaden: VS.

Knoblauch, Hubert. 2008. Kommunikationskultur, Kulturalismus und die Diskursivierung der Kultur. In Klaus Fischer, Regine Kather, Peter Gerdsen & Hamid Reza Yousefi (Hrsg.), *Wege zur Kultur: Gemeinsamkeiten – Differenzen – interdisziplinäre Dimensionen*, 261–284. Nordhausen: Bautz.

Kotthoff, Helga (Hrsg.). 2002. *Kultur(en) im Gespräch*. Tübingen: Narr.

Krajewski, Sabine & Hartmut Schröder. 2008. Silence and Taboo. In Gerd Antos & Eija Ventola (Eds.), *Handbooks of Applied Linguistics, volume 2: Interpersonal Communication*, 598–621. Berlin: Mouton.

Liebert, Andreas. 2016. Wissenskulturen. In Ludwig Jäger, Werner Holly, Peter Krapp, Samuel Weber, & Simone Heekeren (Hrsg.), *Sprache – Kultur – Kommunikation*, 578–587. Berlin & Boston: de Gruyter.

Linke, Angelika. 2001. Zur allmählichen Verfertigung soziokultureller Konzepte im Medium alltäglichen Sprachgebrauchs. In Andrea Lehr, Matthias Kammerer, Klaus-Peter Konerding, Angelika Storrer, Caja Thimm & Werner Wolski (Hrsg.): *Sprache im Alltag: Beiträge zu neuen Perspektiven in der Linguistik*, 373–388. Berlin & New York: de Gruyter.

Linke, Angelika. 2016. Einführung: Kommunikation und Kulturalität. In Ludwig Jäger, Werner Holly, Peter Krapp, Samuel Weber, & Simone Heekeren (Hrsg.), *Sprache – Kultur – Kommunikation*, 351–368. Berlin & Boston: de Gruyter.

Luckmann, Thomas. 2002. *Wissen und Gesellschaft. Ausgewählte Aufsätze 1981–2002*. Konstanz: UVK Verlagsgesellschaft.

Luckmann, Thomas. 2013. The communicative construction of reality and sequential analysis. A personal reminiscence. *Qualitative Sociology Review* 9(2), 40–46.

Macha, Jürgen. 1997. Konstanz, Variation und Wandel familiärer Anredeformen. In Hildegard Macha & Lutz Mauermann (Hrsg.), *Brennpunkte der Familienerziehung*, 199–218. Weinheim: Deutscher Studien Verlag.

Nübling, Damaris, Fabian Fahlbusch & Rita Heuser. 2012. *Namen. Eine Einführung in die Onomastik*. Tübingen: Narr.

Paul, Hermann. 1880/1975. *Prinzipien der Sprachgeschichte*. Tübingen: Niemeyer.

Rendle-Short, Johanna. 2007. "Catherine, you're wasting your time": Address terms within the Australian political interview. *Journal of Pragmatics* 39(9). 1503–1525.

Sacks, Harvey. 1964–1968/1992. *Lectures on conversation*. Cambridge, Mass.: Blackwell.

Sacks, Harvey 1972: On the analyzability of stories by children. In John Gumperz & Dell Hymes (Eds.), *Directions in sociolinguistics*, 325–345. New York: Hold.

Schneider, Jan G. 2016. Kulturwissenschaftliche Orientierung in der Sprachtheorie. In Ludwig Jäger, Werner Holly, Peter Krapp, Samuel Weber, & Simone Heekeren (Hrsg.), *Sprache – Kultur – Kommunikation*, 680–687. Berlin & Boston: de Gruyter.

Schwitalla, Johannes. 1995. Namen in Gesprächen. In Ernst Eichler, Gerold Hilty Heinrich Löffler, Hugo Steger & Ladislav Zgusta (Hrsg.), Namenforschung. Ein internationales Handbuch zur Onomastik, 498–504. Berlin & New York: de Gruyter.

Senft, Gunter. 2006. Völkerkunde und Linguistik. *Zeitschrift für germanistische Linguistik* (=*Linguistik und Kulturanalyse*) 34(1/2). 87–104.

Silverstein, Michael. 1973. Linguistik und Anthropologie. In Renate Bartsch & Theo Vennemann (Hrsg.), *Linguistik und Nachbarwissenschaften*, 193–210. Kronberg: Scriptor.

Silverstein, Michael. 1992. The indeterminacy of contextualization: When is enough enough? In Peter Auer & Aldo di Luzio (Eds.), *The Contextualization of Language*, 55–76. Amsterdam: Benjamins.

Silverstein, Michael & Greg Urban. 1996. The natural history of discourse. In Michael Silverstein & Greg Urban (Eds.), *Natural histories of discourse*, 1–20. Chicago: University of Chicago Press.

Soeffner, Hans-Georg. 2004. Die Kultur des Alltags und der Alltag der Kultur. In Friedrich Jaeger & Jörn Rüsen (Hrsg.), *Handbuch der Kulturwissenschaften: Themen und Tendenzen*, 399–411. Stuttgart & Weimar: Metzler.

Wenger, Etienne. 1998. *Communities of Practice*. Cambridge: Cambridge University Press.

Susanne Günthner

‚Kultur-in-kommunikativen-Praktiken'

Kommunikative Praktiken zur Übermittlung schlechter
Nachrichten in onkologischen Aufklärungsgesprächen[1]

1 Einleitung

> Kultur und Kommunikation prägen sich wechselseitig. Der Kommunikationsgeprägtheit
> von Kultur steht die Kulturgeprägtheit von Kommunikation gegenüber. (Linke 2008: 28)

Nach mehreren Jahrzehnten einer regelrechten „Vertreibung der Kultur aus der
Sprache" (Ehlich 2006: 50) widmet sich die Linguistik in den letzten Jahren
wieder intensiver der Vernetzung von Analysen alltäglicher kommunikativer
Praktiken mit soziokulturellen Fragestellungen und somit der Beziehung zwischen sprachwissenschaftlichen und kulturanthropologischen Fragestellungen.[2] Linke (2016: 351) spricht in diesem Zusammenhang von einer aktuell zu-
nehmenden „Kulturalisierung der sprachwissenschaftlichen Forschung".
Schwingt gar – wie Enfield (2013: 166) postuliert – nach jahrzehntelanger Konzentration der Linguistik auf Universalien und Formalismen das Pendel
sprachwissenschaftlicher Forschung zurück in Richtung der „world of culture"?

Wie der Kultursoziologe Soeffner (2004: 399) ausführt, erleben wir in unserer Alltagswelt unsere Kultur als die einerseits „von uns nicht mehr beeinflussbare Faktizität des Vergangenen und von uns Vorgefundenen sowie als das
andererseits immer wieder neu von uns zu Erzeugende und zu Verändernde."
Bei diesem dialektischen Prozess hat die zwischenmenschliche Kommunikation
als „treibende Kraft der Kultur" (Knoblauch 2008: 268) die zentrale Rolle inne.
Insbesondere die verbale Kommunikation fungiert hierbei als „*das* konstitutive
Element des gesellschaftlichen Lebens und der sozialen Ordnung" (Luckmann
2002: 202; Kursivsetzung im Original) und somit als *das* zentrale Mittel zur Konstruktion sozialer Wirklichkeiten (Berger & Luckmann 1966/2016; Luckmann
2002: 202):

---

1 Ich danke Juliane Schröter für ihre Kommentare zu einer früheren Fassung des Beitrags.
2 Vgl. Günthner & Linke (2006) sowie Günthner (2017a) zur historischen Auseinandersetzung
der deutschen Sprachwissenschaft bzgl. des Verhältnisses von Sprache und Kultur. Vgl. auch
Liebert (2016). Siehe auch die Einleitung zu diesem Band.

Ich erfahre die Wirklichkeit der Alltagswelt als eine Wirklichkeitsordnung. Ihre Phänomene sind vor-arrangiert nach Mustern, die unabhängig davon zu sein scheinen, wie ich sie erfahre, und die sich gewissermaßen über meine Erfahrung von ihnen legen. Die Wirklichkeit der Alltagswelt erscheint bereits objektiviert, [...] längst bevor ich auf der Bühne erschien. Die Sprache, die im alltäglichen Leben gebraucht wird, versorgt mich unaufhörlich mit den notwendigen Objektivationen und setzt mir die Ordnung, in welcher diese Objektivationen Sinn haben und in der die Alltagswelt mir sinnhaft erscheint. (Berger & Luckmann 1966/2016: 24)

Die verbale Kommunikation bildet somit nicht nur das zentrale Medium zur Konstruktion sozialer Wirklichkeit, sondern auch das konstitutive Element kulturellen Lebens (Sapir 1933/49; Knoblauch 1995): Kulturelle Konventionen, Konzeptualisierungen, Werte und Differenzen werden vor allem mittels Sprache konstruiert, bestätigt und modifiziert und durch die zwischenmenschliche Kommunikation intersubjektiv relevant gesetzt.[3]

Da kommunikative Vorgänge die empirisch beobachtbare Seite der alltäglichen Konstruktion von Kulturalität repräsentieren (Luckmann 2013: 45), stehen diese im Fokus einer Anthropologischen bzw. Kulturanalytischen Linguistik.[4] Deren Studien verdeutlichen allerdings, dass das Zusammenspiel von Sprache und Kultur im Alltag weitaus komplexer und weniger additiv ist, als eine bloße Nebeneinanderstellung der Einzelkomponenten „Sprache" und „Kultur" suggerieren könnte:[5] Sprache und Kultur lassen sich nicht als zwei voneinander getrennte, homogene Entitäten betrachten; Kultur ist kein dem Interaktionsprozess „aufgepfropftes Etwas", sondern integraler Bestandteil jeder menschlichen Interaktion (Silverstein & Urban 1996; Günthner & Linke 2006). Das Verhältnis von Kultur und Sprache bzw. Kommunikation erweist sich als ein komplexer, auf unterschiedlichen kommunikativen Ebenen angesiedelter, verschiedene Zeichentypen umfassender Prozess, bei dem kulturspezifische Verfahren der Produktion und Interpretation sozialer Handlungen situiert und kontextsensitiv ausgehandelt werden und folglich emergent, offen und fraktal sind (Günthner 2010; 2013a; b; 2017a).

Eine kulturanalytische Linguistik, die sich zum Ziel setzt, „über die Analyse von Sprachgebrauch auf kulturelle Phänomene oder Veränderungen aufmerksam zu werden, die nicht bereits auf der Hand liegen" (Linke 2011: 40), hat – wie Schröter at al. (2019: 6) ausführen – somit folgende Aspekte zu beachten:

---

3 Hierzu auch Gumperz (1982); Günthner (1993); Di Luzio et al. (2001); Kotthoff (2002).

4 Die Begriffe Kulturanalytische und Anthropologische Linguistik werden hier austauschbar verwendet. Zur Konzeption der Anthropologischen Linguistik siehe u.a. Duranti (1997); Foley (1997); Günthner (2013a; b).

5 Vgl. Günthner & Linke (2006: 5). Siehe auch Günthner (2010, 2013b, 2015; 2017a).

1) die Annahme, dass Sprachliches und anderweitig Kulturelles in einem Verhältnis der gegenseitigen Hervorbringung stehen, 2) ein dynamisches, dialogistisches, zur Kommunikation hin geöffnetes Verständnis von Sprache sowie ein historisches, gesellschaftsbezogenes Verständnis von Kultur, 3) die Rehabilitierung der traditionell sogenannten sprachlichen ,Oberfläche' und das Erkennen von Mustern darin, 4) die Entwicklung kulturbezogener Deutungen bzw. die Rekonstruktion kulturellen Sinns aus diesen Mustern und 5) eine daraus resultierende Öffnung der Linguistik zu anderen Disziplinen, insbesondere zur Geschichtswissenschaft, Kulturwissenschaft bzw. Kulturanthropologie und Soziologie, aber auch zur Psychologie und anderen Humanwissenschaften [...].

Die vorliegende Studie zu kommunikativen Praktiken setzt sich zum Ziel, auf der Grundlage einer anthropologischen bzw. kulturanalytischen Linguistik diejenigen kommunikativen Muster aufzuzeigen, die ÄrztInnen und PatientInnen im Rahmen der Gattung onkologischer Aufklärungsgespräche einsetzen und die wiederum eng mit der institutionell geprägten, westlichen medizinischen Kommunikationskultur verwoben sind. Dabei wird deutlich, wie kulturelle Konzepte vom „mitbestimmenden, mündigen Patienten", vom „offenen Bewusstseinskontext" bzw. vom „Selbstbestimmungsrecht des Patienten" den kommunikativen Umgang mit lebensbedrohlichen Diagnosen prägen.

2 ,Kultur-in-kommunikativen-Praktiken'

Die „Analyse kommunikativer Praktiken und Gattungen" ist – so Linke (2008: 36) – insofern stets eine „Form der Kulturanalyse", als kommunikative Praktiken und Musterhaftigkeiten in der Interaktion „einen wichtigen ,Ort' der Verschränkung von Kultur und Sprache [repräsentieren] und damit eines der zentralen Objekte einer kulturanalytischen Linguistik" darstellen.

Die u.a. von Schatzki (2001) in den Sozial- und Kulturwissenschaften ausgerufene, auf dem Bourdieuschen Praxiskonzept fußende „praxistheoretische Wende" führte dazu, soziale und kulturelle Faktoren im praktischen Wissen und Können zu situieren und zugleich das Spannungsfeld von Routinisierung und alltäglicher Realisierung zu fokussieren. Schatzkis (2001: 2) Definition von Praktiken als „embodied, materially mediated arrays of human activity centrally organized around shared practical understanding" kommt dem in der Anthropologischen Linguistik gängigen Praktikenbegriff sehr nahe: So verwendet Hanks (1996a; b) den – ebenfalls auf Bourdieus (1979) Studien zur „Theorie der Praxis" basierenden – Begriff der „Praxis" als Konzept zur empirischen Analyse kulturell situierter und routinisierter Verfahren zur Herstellung sozialer und speziell kommunikativer Aktivitäten. Kommunikative Praktiken stehen für

Hanks (1996a; b) in enger Verbindung zu kulturellen Konventionen der Bewältigung alltäglicher Aufgaben und verweisen stets auf ein übersituationales, intertextuelles Wissen, das sozial und kulturell verortet ist.

Auch in der deutschsprachigen Anthropologischen bzw. Kulturanalytischen Linguistik wird das Konzept der kommunikativen Praktiken verwendet, um die interaktive Konstitution kommunikativer Handlungen in ihren kontextbezogenen, medialen und dialogisch ausgerichteten Ausprägungen zu verdeutlichen, wobei der Dialektik von situativer Emergenz/Dynamik und Routinisierung/Sedimentierung besondere Aufmerksamkeit zukommt (Günthner 2003; 2010; Fiehler et al. 2004; Deppermann, Feilke & Linke 2016; Günthner & König 2016; Linke 2016).[6] Diese Dialektik ermöglicht es, Analysen der kommunikativen Konstruktion kultureller Formationen, sprachlicher Ideologien, sozialer Beziehungsmuster sowie Hierarchie- und Machtrelationen im Prozess der Interaktion vorzunehmen (Gumperz & Jacquemet 2012) und dabei jene Musterhaftigkeiten zu eruieren, die sowohl SprecherInnen bei der Aktualisierung kommunikativer Handlungen anwenden, als auch RezipientInnen zur Interpretation der Handlungen ihres Gegenübers benötigen (Günthner 2013a; 2017a; Günthner & König 2016).

Mit jeder Instantiierung einer kommunikativen Praktik (wie einer Begrüßungs- oder Verabschiedungseinheit, einer Entschuldigung, eines Vorwurfs, einer rituellen Beleidigung etc.) stellen Interagierende eine Verbindung zwischen der momentanen kommunikativen Handlung und vorausgehenden Interaktionen her. Sie schließen sich – im Sinne Bakhtins (1979/1986) – einer Tradition des Sprechens an, denn jede kommunikative Handlung bewegt sich *in* und *zu* den Konventionen der betreffenden Praktik, denen sie angehört und die sie in ihrer Aktualisierung rekontextualisiert (Günthner 2010; 2017a). Kommunikative Praktiken sind also eng mit kulturellen Konventionen verwoben, da sie die Alltagsaktivitäten darstellen, durch die im Prozess zwischenmenschlicher Interaktionen kulturelle Traditionen als gelebte Strukturen hergestellt, bestätigt und modifiziert werden – im ethnomethodologischen Sinne des *„doing* X" (Hörning & Reuter 2004; Hörning 2016; Günthner 2013a; Deppermann, Feilke & Linke 2016). Allerdings sollte hier betont werden, dass die interaktive Konstruktion kommunikativer Praktiken keineswegs auf eine sprecherbezogene Perspektive (wie der Akteur-bezogene Begriff des *„doing* X" suggerieren könnte) zu

---

6 Wie Linke (2016: 354) ausführt, wird der Begriff der kommunikativen Praktiken in der deutschsprachigen Linguistik „vor allem im Sinne einer inhaltlichen wie programmatischen Leitvokabel verwendet, die auf die konkrete lebensweltliche Eingebettetheit von Sprache verweist also auf Sprache im Sinne von Sprache-als-Praxis."

reduzieren ist; vielmehr handelt es sich um einen dialogischen und kollaborativen Aushandlungsprozess bzw. um ein kommunikatives Miteinander der Interagierenden.[7]

Mit dem vorliegenden Konzept von ‚*Kultur-in-kommunikativen-Praktiken'* wird somit impliziert, dass Kulturalität weder auf Wissen in den Köpfen von Individuen noch auf abstrakte Bedeutungssysteme reduziert werden kann und auch nicht als ein rein sprecher-bezogenes „*doing"* zu betrachten ist. Kultur bzw. kulturelle Konventionen, Werte, Vorstellungen und Handlungs- bzw. Interpretationsweisen werden durch kommunikative Praktiken dialogisch und in enger Kollaboration der Interagierenden *in situ* konstruiert, bestätigt und modifiziert. Eine solche Perspektive von ‚*Kultur-in-kommunikativen-Praktiken'* hat zur Konsequenz, die alltägliche prozessuale und dialogisch ausgerichtete Konstruktion von Kulturalitäten detaillierten Analysen zu unterziehen. Schließlich bildet die Rekonstruktion dieser kommunikativen Prozesse die empirisch beobachtbare Seite der alltäglichen Konstruktion von Kultur (Knoblauch 2005; Günthner 2017a). Wie auch Linke (2016: 362) betont, führt eine solche

> Rückbindung von Kultur an Kommunikation [...] entsprechend notwendig zu einem dynamischen Kulturbegriff, d. h. zur Vorstellung einer im Strom kommunikativen Handelns, in der gegenwartsüberschreitenden Dynamik vergangenheits- wie zukunftsgerichteter Bezüge sowie in der Instabilität von dialogistisch immer nur gleichzeitig reaktiv und vorläufig zu denkenden Sinnkonstitutionen permanent arbeitenden bzw. getriebenen Kultur.

Anhand einer Untersuchung kommunikativer Praktiken bei der Übermittlung schlechter Nachrichten in onkologischen Aufklärungsgesprächen soll im Folgenden die Vernetzung kommunikativer Strategien mit kulturellen Formationen aufgezeigt werden. Anhand von Analysen onkologischer Aufklärungsgespräche in deutschen Kliniken werde ich der Frage nachgehen, wie einerseits kulturelle Konventionen im Umgang mit schlechten Nachrichten in der Arzt-Patienten-Interaktion (re)aktiviert werden und wie andererseits der kulturelle und zugleich historisch sich wandelnde Umgang mit der Diagnose Krebs zur Sedimentierung bestimmter kommunikativer Praktiken in dieser institutionalisierten Gattung onkologischer Aufklärungsgespräche führt.

---

7 Siehe hierzu auch Linke (2008; 2014).

3 Kommunikative Praktiken der Mitteilung lebensbedrohlicher Diagnosen in onkologischen Aufklärungsgesprächen

Die vorliegende Untersuchung entstammt dem von der Deutschen Krebshilfe geförderten Projekt *„Von der Pathologie zum Patienten: Optimierung von Wissenstransfer und Verstehenssicherung in der Onkologie zur Verbesserung der Patientensicherheit"* (Projektnummer 111172; Leitung: Prof. Dr. med. M. Benz, Prof. Dr. W. Imo und Prof. Dr. med. Th. Rüdiger) und fokussiert die Fragen, *wie*, d.h. mittels welcher kommunikativen Strategien ÄrztInnen in deutschen Kliniken ihren PatientInnen die Diagnose „Krebs" vermitteln und somit die kommunikative Übermittlung und Bearbeitung schlechter Nachrichten bewältigen.

Die im Rahmen dieses Projektes erhobenen Daten umfassen 56 Aufklärungsgespräche, die am Städtischen Klinikum Karlsruhe von Oktober 2014 bis April 2015 in vier Abteilungen aufgezeichnet und nach GAT 2 (Selting et al. 2009) transkribiert wurden: (i) der Medizinischen Klinik I: Allgemeine Innere Medizin, Nephrologie, Rheumatologie und Pneumologie, (ii) der Medizinischen Klinik III: Hämatologie, Onkologie, Infektiologie und Palliativmedizin, (iii) der Klinik für Allgemein- und Visceralchirurgie und (iv) der Frauenklinik.[8]

In diesem Beitrag werde ich diejenigen kommunikativen Praktiken fokussieren, die die ÄrztInnen zur Übermittlung der Diagnose einsetzen. Den Gesprächssequenzen geht in der Regel folgender Kontext voraus: Die PatientInnen wurden von ihren Haus- bzw. FachärztInnen zur Gewebe- bzw. Blutentnahme ins Klinikum Karlsruhe geschickt. Nach Vorliegen des pathologischen Befundes werden sie im Fall einer Erkrankung zu einem Gespräch in die betreffende Abteilung des Klinikums einbestellt.[9] Folglich befürchten bzw. ahnen die PatientInnen vor Beginn der onkologischen Aufklärungsgespräche, dass ein Verdacht auf Krebs vorliegen könnte. Die Aufklärungsgespräche werden von erfahrenen Chef-, Stations- und OberärztInnen durchgeführt; gelegentlich bringen die PatientInnen eine dritte Person (LebenspartnerIn, Kind, FreundIn etc.) zum Gespräch mit.

Als ethnographische Hintergrundinformation ist ferner relevant, dass ÄrztInnen in deutschen Kliniken angewiesen sind, den PatientInnen die konkrete

---

8 Siehe hierzu auch Bentz et al. (2016); Imo (2016; 2017) sowie Günthner (2017b).
9 Im Fall besonderer Indikationen werden einzelne PatientInnen bereits vor der Vorlage des pathologischen Befundes stationär aufgenommen.

Diagnose – auch im Falle einer lebensbedrohlichen Krebserkrankung – zu übermitteln und diese zu erläutern. Ferner sollen sie den PatientInnen aber auch Mut machen, Hoffnungen aufzeigen bzw. sie trösten (Günthner 2017b; Imo 2017). Die ÄrztInnen sind in den onkologischen Aufklärungsgesprächen folglich mit der komplexen und emotional schwierigen Aufgabe konfrontiert, sowohl „wahrhaftig zu sein" als auch „den PatientInnen nicht die Hoffnung zu nehmen".[10] Darüber hinaus haben die ÄrztInnen die Aufgabe, den Therapieplan mit teilweise extrem belastenden Maßnahmen (wie Strahlen- und Chemotherapie) mit den PatientInnen abzustimmen (Bentz et al. 2016; Imo 2016). Bei diesen vielschichtigen und emotional beschwerlichen kommunikativen Prozeduren greifen die ÄrztInnen auf kommunikative Praktiken zurück, die als charakteristische Bestandteile der vorliegenden Gattung der onkologischen Aufklärungsgespräche zu betrachten sind (Günthner 2017b).[11] Wie stark diese Praktiken mit kulturellen Vorstellungen bezüglich Aufklärungspflicht, Rolle und Beziehung von ÄrztInnen und PatientInnen, Umgang mit asymmetrischen Wissensdimensionen, Übermittlung von schlechten Nachrichten, Changieren zwischen Wahrheitsagen und Hoffnungmachen etc. verwoben sind bzw. diese auf reflexive Weise in den vorliegenden Gesprächen (re)produzieren, wird in den kommunikativen Abläufen deutlich.

Die onkologischen Aufklärungsgespräche setzen zunächst mit einer durch die ÄrztInnen eingeleiteten Begrüßungssequenz ein, bevor diese dann eine Rekapitulation der Vorgeschichte, die zum vorliegenden Gesprächstermin führte, vornehmen. Hierbei rekonstruieren die ÄrztInnen u.a. den bereits vorliegenden Verdacht, dem eine Gewebe- bzw. Blutentnahme folgte, deren Befund nun besprochen werden soll. Dieser Einleitungsteil trägt – wie ich anhand der Gesprächsausschnitte zeigen werde – dazu bei, die PatientInnen auf die Diagnose vorzubereiten und an die schlechte Nachricht heranzuführen. Anschließend übermitteln die ÄrztInnen die Diagnose, indem sie den aus der Pathologie stammenden Bericht „übersetzen" und ihr Gegenüber über dessen Krebserkrankung aufklären. Die Übermittlung der Diagnose wird – wie die Daten verdeutlichen – von Seiten der ÄrztInnen durch spezifische prosodische (langsames Sprechen, eine behauchte leise Stimme, hörbares Ein- und Ausatmen, wenig Modulation im Tonhöhenverlauf, zahlreiche Disfluenzen und Pausen etc.), lexiko-semantische und rhetorische (wie Zögerungspartikeln, Vagheitsmarker, Abschwächungen, Litotes-Konstruktionen etc.), syntaktische (*zwar...*

---

10 Diesen Hinweis verdanke ich Martin Bentz.
11 Zum Konzept der „kommunikativen Gattungen" siehe u.a. Luckmann (1986); Günthner & Knoblauch (1994); Günthner & Luckmann (2002); Linke (2007).

aber-Konstruktion) und sequenzielle Strategien (Toleranz längerer Schweigephasen, inkrementelle Ergänzungen bei Ausbleiben von Redezugübernahmen
durch die PatientInnen etc.) als „schwieriges" bzw. „heikles Thema" kontextualisiert (Günthner 2017b).

Obgleich die ÄrztInnen indizieren, dass ihnen die Übermittlung der lebensbedrohlichen Diagnose schwerfällt, wird diese in den vorliegenden Gesprächen
dennoch explizit und ohne große Umschweife oder Verschleierungsstrategien
als „Krebs", als „bösartiger Tumor" bzw. „Krebserkrankung", „Karzinom" bzw.
„bösartige Erkrankung" etc. benannt und die Lage als ernst präsentiert.

Der folgende Ausschnitt aus einem solchen onkologischen Aufklärungsge-
spräch setzt ein, nachdem die Begrüßung und Information über die Audioauf-
nahme stattgefunden hat. Die Ärztin (AW) teilt im Folgenden der Patientin (PW)
den Befund der vor einigen Tagen durchgeführten Biopsie mit:

```
GUTE ZUSATZKRITERIEN (Gespräch 60)
((…))
017   AW:    so,
018          (---)
019          A::Lso;
020          wir ham ja das histologische erGEBnis jetzt.
021          wir hatten ZWEI::,
022          ä:::hm-
023          (---)
024          zwei::,
025          (-)
026          von DIEsen,
027          (---)
028          VIER was wir gesehen hatten,
029          VIER g äh stEllen,
030          (-)
031          hatten wir geSEHen,
032          zwei haben wir geSTANZT.
033          (.) °hh da is RAUSgekommen,
034          dass des ein BRUSTkrebs is;
035   PW:    hm_[HM, ]
036   AW:        [ne, ]
037          des hatten wir ja schon verMUtet.=
038   PW:    =ja,
039   AW:    (.) °hh ALlerdings,
```

Während die Ärztin die Auffälligkeit von „VIER (…) stEllen," (Z. 029) und das
sich daran anschließende Stanzen dieser auffälligen „stEllen" (Z. 029) rekonstruiert, blättert sie noch in ihren Unterlagen, was wiederum zu den zahlreichen
Pausen (Z. 023; 025; 027; 030) in ihrer Vorgangsrekonstruktion beiträgt. Ab Zeile
033 präsentiert AW schließlich das histologische Ergebnis, indem sie die Krebs-

diagnose klar und ohne Umschweife nennt: „(.) °hh da is RAUSgekommen, dass des ein BRUSTkrebs is;" (Z. 033–034).

Typisch für die vorliegenden Gespräche ist ferner, dass die ÄrztInnen (wie auch hier) immer wieder betonen, dass das Ergebnis keineswegs unerwartet kommt, sondern „bereits im Raum stand". So fügt AW in Zeile 037 an, dass „wir" den inzwischen vorliegenden Befund „ja schon verMUtet." haben. Mit solchen Bezugnahmen auf einen bereits bestehenden Verdacht bzw. eine Vermutung wird den PatientInnen vermittelt, dass die Diagnose sie nicht etwa „aus heiterem Himmel" trifft, sondern quasi erwartbar war. Auffällig ist ferner die Verwendung des Pronomens „wir" (Z. 037), das eine Art Gemeinsamkeit in der vorausgehenden Vermutung herstellt.

Im Gegensatz zu vielen (u.a. von Seiten Jefferson 1988 analysierten) alltäglichen Übermittlungen schlechter Nachrichten, in denen der/die Betroffene dem Gegenüber eine schlechte Neuigkeit in Bezug auf sich selbst mitteilt, werden in der Gattung der onkologischen Aufklärungsgespräche schlechte Nachrichten übermittelt, die die RezipientInnen betreffen (Maynard 2003; Maynard & Frankel 2006: 249–250). Bei dieser spezifischen Form epistemischer Autorität verfügt also nicht die Betroffene über das für sie relevante Wissen, sondern eine fremde Person – der/die Arzt/Ärztin – hält eine für sie einschneidende und lebensbedrohliche Information bereit. Diese epistemische Ausrichtung und vorhandene Wissensasymmetrie hat erhebliche Konsequenzen für die Übermittlungspraktiken.

In den vorliegenden Gesprächen indizieren die ÄrztInnen immer wieder mittels unterschiedlicher kommunikativer Strategien (prosodischen, syntaktischen, lexikalischen, rhetorischen etc.), dass ihnen die Übermittlung der schlechten Nachricht keineswegs leichtfällt. Dennoch wird die Diagnose eindeutig und explizit übermittelt. Auch im folgenden Ausschnitt BRUSTDRÜSEN-GEWEBE liefert die Ärztin (AW) bei der Übermittlung des pathologischen Befundes die Diagnose: „[ja: des] is_n BÖSartiger tumor, vom BRUSTdrÜsengewEbe ausGEHend?" (Z. 082–083):

```
BRUSTDRÜSENGEWEBE (Gespräch 62)
((…))
078    AW:    [°hhh ] ALso,
079           es hat sich halt DES bestätigt,
080           was wir schon geDACHT haben;
081    PW:    [mh_MH, ]
082    AW:    [ja: des] is_n BÖSartiger tumor,
083           vom BRUSTdrÜsengewEbe ausGEHend?
084    PW:    ja::,
```

Die Ärztin (AW) führt ihre Diagnosemitteilung durch die Partikel „ALso," (Z. 078) ein, welche von Seiten der ÄrztInnen immer wieder zur Markierung kommunikativer Übergänge bzw. zur Einführung fokussierter Erläuterungssequenzen eingesetzt wird. Bevor die eigentliche Diagnose artikuliert wird, betont AW, dass sich bestätigt hat, „was wir schon geDACHT haben;" (Z. 080). D.h. auch hier wird die Diagnose nicht etwa als überraschende Neuigkeit dargelegt, sondern als ein bereits vorliegender Verdacht, der nun „bestätigt" wurde.

Im folgenden Ausschnitt DARMKREBSDIAGNOSE artikuliert der Arzt (AM) – nach einer recht ausführlichen Rekapitulation (Z. 018–049) der Vorgeschichte – ebenfalls zunächst einmal die Bestätigung des Verdachts „<<sehr artikuliert> dass eine bÖsartige erkranKUNG (.) vorliegt;>" (Z. 055), bevor er dann ab Zeile 063 die genaue Erläuterung der Erkrankung liefert:

```
DARMKREBSDIAGNOSE (Gespräch 4)
((…))
050    AM:    und wir HAM jetzt- (.)
051           die feingewebliche unterSUchung,
052           dieses präparats beKOMmen; (-)
053           <<sehr artikuliert> °hh der pathoLOge-> (---)
054           <<sehr artikuliert> beSTÄtigt den verdAcht,>
              (--)
055           <<sehr artikuliert> dass eine bösartige
              erkranKUNG (.) vorliegt;>  (--)
056    PM:    hm_hm,
057    AM:    HATten wir ja-
058           im vorfeld auch schon erWÄH:NT,
059    PM:    [ja-]
060    LW:    [ja-]
061    PM:    hm_hm
062    AM:    diese information HAMse,
063           es ist ein sOgenanntes aDEnokarzinom,
064           ein (1.2) KREBS de:r-
065           °hhh von (.) DRÜsengewebe auszugehend-=
066           =es isn (.) TYpisches beispiel, (-)
067           eines DICKdarmkrebses;
```

Im Anschluss an die Bestätigung des bereits bestehenden Verdachts einer „bÖsartige[n] erkranKUNG" (Z. 055) und den Hinweis, dass diese Möglichkeit „im vorfeld auch schon erWÄH:NT," wurde (Z. 058), erläutert AM die Erkrankung genauer. Zunächst präsentiert er den Fachbegriff „es ist ein sOgenanntes aDEnokarzinom," bevor er dann die Tumorart genauer expliziert (Z. 063–071). Die „minimal responses" von Seiten des Patienten (Z. 056; 059 und 061) sind charakteristisch für die Reaktionen der PatientInnen auf die Mitteilung der lebensbedrohlichen Erkrankung: Solche minimalen Rezipientenreaktionen sowie die ausbleibenden Redezugübernahmen fungieren als Indikatoren dafür, dass die PatientInnen die schlechte Nachricht zwar empfangen haben, doch Zeit benötigen, um zum „normalen Geschäft des Gesprächsprozesses" zurückzukehren (Günthner 2017b). Dieses immer wieder anzutreffende „Verstummen" der PatientInnen auf die Diagnosemitteilung und die Abkehr vom reibungslosen Interaktionsverlauf und vom sonst erwartbaren routinisierten Turn-Taking-Mechanismus können als Indikatoren für die tiefe Betroffenheit, die die Diagnoseübermittlung bei den PatientInnen auslöst, betrachtet werden.[12]

Charakteristisch für die Diagnosemitteilung in den vorliegenden onkologischen Aufklärungsgesprächen ist ferner die „Übersetzungstätigkeit" der ÄrztInnen: Diese lesen den PatientInnen den pathologischen Befund nicht einfach vor, sondern sie führen – je nach Annahmen über mögliches medizinisches Vorwissen der PatientInnen – rezipientenorientierte „Übersetzungen" durch. Mit der Erläuterung von Fachtermini und Darlegung von Fachwissen setzen die ÄrztInnen nicht nur die bestehende Wissensasymmetrie zwischen ihnen als ExpertInnen und den betroffenen LaiInnen relevant, sondern (re)aktualisieren zugleich die institutionell vorgeprägte Experten-Laien-Konstellation (Linell & Luckmann 1991: 10). Im vorliegenden Ausschnitt DARMKREBSDIAGNOSE nennt der Arzt zunächst den Fachbegriff der Karzinomart „ein sOgenanntes aDEnokarzinom," (Z. 063), um diesen Typus dann im Folgenden als einen „KREBS de:r- °hhh von (.) DRÜsengewebe ausgehend-" (Z. 064–065) und als ein „TYpisches beispiel, (-) eines DICKdarmkrebses;" (Z. 066–067) zu beschreiben.

Zur Gewährleistung intersubjektiven Verstehens (Schütz & Luckmann 1979: 87-90) verlangen soziale Interaktionen nicht nur ein Minimum an gemeinsamem Wissen, sie verlangen auch ein Minimum an Wissen um das, was für die Teilnehmenden relevant gleich und relevant verschieden ist. Günthner & Luckmann (2002: 220) argumentieren in diesem Zusammenhang, dass Interagierende das vorhandene Wissen ihrer KommunikationspartnerInnen

> mit Hilfe ihres Bewußtseins um die soziale Verteilung von Wissen in ihrer Gesellschaft und um damit verbundene soziale Positionen und soziale Biographien einigermaßen abschätzen [können]. Somit ist das ‚Ablesen' der sozialen Position der Personen, mit denen man interagiert, ein wichtiger Bestandteil des ‚kontextualen' Wissens, welches den unproblematischen Kommunikationshintergrund für Angehörige einer Gesellschaft bzw. kulturellen Gruppe bildet.

---

12 Das Verstummen beim Empfang einer schlechten Nachricht wird auch in alltagsrhetorischen Mustern und Redewendungen wie „vor Schreck verstummen"; „die Sprache verschlagen"; „geschockt schweigen" etc. reflektiert. Inwiefern es tatsächlich neurologische Zusammenhänge zwischen der Rezeption einer schlechten Nachricht und dem Verstummen der RezipientInnen gibt, wird in der Neurolinguistik diskutiert.

Dieses „Ablesen" bzw. Eruieren des Wissens der PatientInnen ist folglich für den „Übersetzungsprozess" bei der Diagnoseübermittlung von hoher Relevanz, da die Art der Übermittlung medizinischen Wissens dem vermeintlichen Vorwissen des Gegenübers angepasst werden muss. Ferner wird anhand der Diagnoseübermittlung immer wieder erkenntlich, dass die ÄrztInnen ihre Aussagen nicht nur an das vermeintliche Vorwissen des Gegenübers anpassen, sondern auch an deren emotionale Verfasstheit. Zur Illustration soll die interaktive Fortsetzung des oben eingeführten Gesprächs GUTE ZUSATZKRITERIEN (Gespräch 60) herangezogen werden:

```
GUTE ZUSATZKRITERIEN (Gespräch 60)
((…))
033   AW:   (.) °hh da is RAUSgekommen,
034         dass des ein BRUSTkrebs is;
035   PW:   hm_[HM, ]
036   AW:      [ne, ]
037   AW:   des hatten wir ja schon verMUtet.=
038   PW:   =ja,
039   AW:   (.) °hh ALlerdings,
040         (--)
041   AW:   EI:ner,
042         (-)
043   AW:   ä::hm-
044         (--)
045   AW:   der !GU!te zusatz <<p> kriterien hat.>
046         (.) [ne,          ]
047   PW:       [<<p> hm_HM,>]
048   AW:   also es (.) BRUSTkrebs is nicht immer gleich
            <<p> brustkrebs.>
049         °hh es gibt brustkrebs der sehr SCHNELLwachsend
            is,
050         ä::hm-
051         es gibt brustkrebs der WEnig schnellwachsend is,
052         (1.3)
053         und vor Allem was uns interessiert ist die
            sogenannte tUmorBIologie;
054         (-)
055         °hh es gibt brustkrebs DE:R,
056         (.) ähm (.) rezepTOren?
057         (--)
058         fü:r (--) horMOne hat;
059         für ÖStrogene und für progesterone;
060   PW:   <<p> hm_HM,>
061   AW:   °h u:nd (.) des HAT ihr tumor.
062   PW:   <<p> hm_[HM,>]
063           [ne, ]
064   AW:   des sin GUte zusatzkriterien;=
```

Unmittelbar im Anschluss an die Diagnosemitteilung („(.) °hh da is RAUSge-kommen, dass des ein BRUSTkrebs is;"; Z. 033–034) und die Betonung, dass dieser Befund bereits vermutet wurde („des hatten wir ja schon verMUtet.="; Z. 037), setzt die Ärztin eine Praktik ein, die charakteristisch für die vorliegende Gesprächsgattung ist: Der schlechten Nachricht folgt eine Art Umfokussierung (eingeleitet durch das Adverb „ALlerdings,"; Z. 039), die die bedrohliche Diagnose durch die Thematisierung positiver Aspekte in den Hintergrund rücken lässt (Günthner 2017b). Die Ärztin setzt zu einer hoffnungsübermittelnden Wende an, indem sie den Krebs der Patientin als „EI:ne[n], (-) ä::hm- (--) der !GU!te zusatz <<p> kriterien hat.>" (Z. 041–045) klassifiziert und dies im Folgenden erläutert.

Zur Einleitung ihrer Erläuterungen verschiedener Brustkrebstypen und damit zur Herstellung gegenseitigen Verstehens verwendet auch hier die Ärztin die Partikel *also*: „also es (.) BRUSTkrebs is nicht immer gleich <<p> brust-krebs.>" (Z. 048). Im Anschluss an die Wissensvermittlung (Z. 048–059) präsentiert AW die für die Patientin mutmachende Mitteilung, dass „ihr tumor." (Z. 061) derjenige mit „GUte[n] zusatzkriterien;" (Z. 064) ist. Das stockende, mit zahlreichen Pausen, markierten Dehnungen und hörbarem Einatmen unterlegte Sprechen der Ärztin ist charakteristisch für die kognitive und kommunikative Aufgabe der situativen Wissensvermittlung und -anpassung an die Gesprächs-partnerInnen. Die Patientin liefert während der Erläuterungssequenz nur spärliche Rückmeldungen und kehrt nur langsam (mit der Umfokussierung auf hoffnungstragende Aspekte und der Besprechung der Therapiemöglichkeiten) wieder „ins Gespräch zurück" (hierzu Günthner 2017b).

Diese Strategie der rhetorischen Umfokussierung, mittels derer die ÄrztIn-nen nach der Diagnoseübermittelung „es ist zwar Krebs" hoffnungsfrohe Aspek-te darbieten (oftmals in Form einer *zwar/schon... aber*-Strategie), kann als musterhaft verfestigte Praktik der vorliegenden Gesprächsgattung betrachtet werden: Nach der wahrheitsgemäßen Übermittlung der Krebsdiagnose folgt eine Form des Mut- bzw. Hoffnungmachens, die die bedrohliche Diagnose durch die Thematisierung positiver Aspekte in den Hintergrund rücken lässt (Günthner 2017b). Diese Praktik hat einerseits die Funktion, einer möglichen Inferenz in Richtung „die Situation ist aussichtslos", „es besteht keine Hoffnung", „das ist jetzt ein Todesurteil", welche durch die Krebsdiagnose ausgelöst werden könnte, entgegenzuwirken und „Glück im Unglück" bzw. „es hätte noch weitaus schlimmer sein können" zu kontextualisieren.[13] Andererseits hat sie noch eine weitere für die Gesprächsgattung zentrale Funktion: Sie liefert den

---

13 Siehe auch Imo (2017), der von „einem Lichtblick für die Patienten" spricht.

ÄrztInnen eine Strategie zum Ausstieg aus der „schlechten Nachricht"-Sequenz, da mit der hoffnungseinleitenden Umfokussierung der Übergang zu einer weiteren Aufgabe dieser Gesprächsgattung bewerkstelligt werden kann – nämlich zur Abstimmung der Therapie.

Ferner zeigt sich in den Gesprächsausschnitten immer wieder, dass die PatientInnen sich im Zuge des Hoffnungsmachens und des Übergangs zur Besprechung der Therapieoptionen allmählich aus ihrer „Verstummung" lösen und langsam wieder aktiver am Interaktionsgeschehen teilnehmen.

Im Kontext dieser emotional schwierigen Kommunikationsanforderungen haben die ÄrztInnen die Aufgabe, Verstehen sicherzustellen und den PatientInnen notwendiges medizinisches Hintergrundwissen zu liefern.[14] Gerade für die Therapieabstimmung ist eine gemeinsame Wissensgrundlage notwendig, denn es gilt hierbei, den/die PatientIn „ins Boot zu holen". Folglich überrascht es nicht, dass die vorliegende kommunikative Gattung immer wieder Sequenzen aufweist, in denen die ÄrztInnen ihrem Gegenüber medizinisches Wissen vermitteln und damit einen gewissen „common ground" herstellen, wie es auch im Ausschnitt GUTE ZUSATZKRITERIEN (Z. 048–059) der Fall ist.

Bei der Übermittlung medizinischen Wissens bemühen sich die ÄrztInnen oftmals, ihr Fachwissen dem jeweiligen Wissensstand des Gegenübers anzupassen und somit ein entsprechendes „recipient design" (Sacks, Schegloff & Jefferson 1974) vorzunehmen. Hierfür ist – im Sinne der „Reziprozität der Perspektiven" als Grundbedingung für intersubjektives Verstehen (Schütz & Luckmann 1979) – eine Orientierung der ÄrztInnen an der Perspektive ihres Gegenübers und damit an dessen Wissensgrundlagen, an potenziellen Verstehensproblemen wie auch an dessen situativen Befindlichkeiten notwendig. Vološinovs (1929/75: 146) Konzept vom „Wort" als einem „zweiseitigen Akt" erweist sich in diesem Zusammenhang als sehr passend:

> Die Bedeutung der Orientierung des Wortes auf einen Gesprächspartner ist ungeheuer groß. Eigentlich ist das Wort ein zweiseitiger Akt. Es wird in gleicher Weise dadurch bestimmt, von wem es ist, als auch, für wen es ist. Es ist, als Wort, genau das Produkt der Interaktion von Sprechendem und Zuhörendem. Jedes Wort drückt ‚den einen' in Beziehung zum ‚anderen' aus. Im Wort gestalte ich mich vom Standpunkt des anderen, letzten Endes vom Standpunkt der ganzen Gemeinschaft. Das Wort ist eine Brücke, die von mir zum anderen führt. Wenn sie sich mit einem Ende auf mich stützt, dann stützt sie sich mit dem anderen auf den Gesprächspartner. Das Wort ist das gemeinsame Territorium von Sprechendem und Gesprächspartner.

---

14 Siehe Spranz-Fogasy (2010) zur Verstehensdokumentation in der medizinischen Kommunikation.

4 Divergierende Kommunikationskulturen und deren spezifische Praktiken im Umgang mit lebensbedrohlichen Diagnosen

Die Tatsache, dass in den vorliegenden onkologischen Aufklärungsgesprächen die Diagnose einer Krebserkrankung weder verschwiegen noch indirekt angedeutet, sondern offen (meist mit der Nennung des konkreten Fachbegriffs) ausgesprochen wird, gilt als wesentlicher Bestandteil der gegenwärtigen medizinischen Kommunikationskultur im deutschsprachigen Kontext (Günthner 2017b). Allerdings handelt es sich hierbei um eine recht junge Entwicklung in der medizinischen Kommunikationspraxis. So führt u.a. Peters (2015: 49–50) in Zusammenhang mit der historischen Entwicklung von Diagnosemitteilungen aus, dass sich in der zweiten Hälfte des 20. Jahrhunderts ein „folgenreicher Paradigmenwechsel" in der westlichen Medizin vollzogen hat: Noch bis in die 1960er Jahre ließen über 90 Prozent der US-amerikanischen ÄrztInnen ihre PatientInnen, um diese zu schonen, über eine Krebsdiagnose im Unklaren. Im Zuge der Bürgerrechts-, Ökologie- und Frauenbewegung setzte Ende der 1970er Jahre jedoch ein grundlegendes Umdenken in Richtung „Aufklärung" und „offenem Umgang mit PatientInnen" ein. Damit verwoben zeichnete sich in den USA eine Entwicklung weg vom „paternalistischen Modell" zum „patientenzentrierten Modell der Arzt-Patient-Beziehung" ab. Wie Coulter (1999: 1) ausführt, ist die (westliche) Medizin inzwischen davon überzeugt, dass der Paternalismus, selbst wenn er gut gemeint ist, nicht länger tragbar ist:

> Paternalism is endemic in the NHS. Benign and well intentioned it may be, but it has the effect of creating and maintaining an unhealthy dependency which is out of step with other currents in society. Assumptions that doctor (or nurse) knows best, making decisions on behalf of patients without involving them and feeling threatened when patients have access to alternative sources of medical information – these signs of paternalism should have no place in modern health care.

Diese Distanzierung vom ehemals paternalistischen Arzt-Patienten-Verhältnis hat auch die medizinische Kommunikationskultur in deutschsprachigen Ländern einschneidend verändert. Aktuelle Lehrbücher zur Medizinethik (vgl. Noack, Fangerau & Vögele 2007) weisen auf einen starken Wandel in der Beziehung zwischen ÄrztInnen und PatientInnen gerade in den letzten 40 Jahren hin.[15] Während auch bei uns lange Zeit ein „paternalistisches Verhältnis" vorherrschte, bei dem der Arzt „fürsorglich-autoritär" über das vermeintliche Wohl des Patienten/der Patientin entschieden und letzteren die lebensbedrohliche Diagnose oftmals „nicht zugemutet" hat (Noack 2007: 28), gilt die „paternalistische Position, dass die Aufklärung über eine schwerwiegende Diagnose den Patienten überfordere, seine Prognose unter Umständen verschlechtere und daher aus therapeutisch-fürsorglichen Gründen nicht mitgeteilt werden solle" mittlerweile als „widerlegt" (Noack 2007: 31).[16] In den 1980/90er Jahren trat ferner das Modell des „Shared Decision Making" (Klemperer 2009: 140–141) auf den Plan, das u.a. auf der Konzeption des „aufgeklärten Patienten" gründete, der Informationen und Beteiligung an Entscheidungen ebenso wünscht wie die Berücksichtigung seiner emotionalen Bedürfnisse und den Einbezug seiner jeweiligen Lebenssituation. Ferner möchten PatientInnen „wissen, welche Maßnahme die besten Behandlungsergebnisse erwarten lässt und welcher Behandler dafür am besten qualifiziert ist" (Klemperer 2009: 141).

Seit den 1990er Jahren steht aus juristischer Perspektive „das *Selbstbestimmungsrecht des Patienten* [im] Vordergrund" (Noack 2007: 29; Hervorhebung im Original), was beinhaltet, dass „der Arzt den Patienten über Diagnose, Behandlungsoptionen und relevante Therapierisiken" aufzuklären hat (Noack 2007: 29; Coulter 2002). Das Resultat dieses historischen Wandels vom paternalistischen Arzt-Patienten-Verhältnis, bei dem der Arzt zur Schonung der PatientInnen eine lebensbedrohliche Krebsdiagnose eher verschweigt, zum „mündigen Patienten", der über seine (auch lebensbedrohliche) Erkrankung und die genaue Diagnose aufgeklärt werden muss, um selbst bei den Behandlungsoptionen mitentscheiden zu können, zeichnet sich auch in den vorgestellten Gesprächsausschnitten ab: Die ÄrztInnen teilen den PatientInnen die Krebsdiagnosen klar und eindeutig mit, nennen oftmals die entsprechenden Fachtermini, um diese dann ggfs. genauer zu erläutern und diskutieren mit den PatientInnen die sich anbietenden Therapieoptionen.

Zugleich führen Fruht & Vogelhuber (2016: 3–4) aus, dass das Überbringen schlechter Nachrichten in der Onkologie zu den schwierigsten Kommunikationssituationen zählt, die ÄrztInnen in ihrem Berufsleben zu bewältigen haben: „Ist die schlechte Nachricht erst einmal ausgesprochen und übermittelt, ist das größte Hindernis überwunden". Diese Einschätzung wird auch durch die vorlie-

---

15 Siehe auch Imo (2016: 15) zum Verschweigen negativer Diagnosen durch ÄrztInnen „zum psychischen Wohl des Patienten".
16 Siehe auch Spranz-Fogasy (2010: 29) zur Entwicklung einer „mitbestimmenden, mündigen Patientenrolle" in der Medizin.

genden Gesprächsdaten gestützt, zumal die ÄrztInnen die kommunikative Handlung der Übermittlung der Diagnose als etwas kontextualisieren, das für sie schwierig bzw. belastend ist: Durch die Verwendung bestimmter sprachlich-kommunikativer Praktiken – prosodischer Mittel wie Pausen, Zögerungen, markiertes Einatmen, stockendes Sprechen etc. – konstruieren sie die Diagnose-übermittlung als eine kommunikative Handlung, die den Gesprächsfluss zum Stocken bringt und eine Abkehr vom „normalen" Interaktionsgeschehen markiert.

Allerdings ist der in der vorliegenden Gesprächsgattung durch unterschiedliche kommunikative Praktiken aktualisierte „offene Bewusstheitskontext" (Glaser & Strauss 1974) bzgl. des Inkenntnissetzens der PatientInnen über ihre Erkrankung kein kulturübergreifendes Phänomen, sondern eng mit westlichen Vorstellungen von Mündigkeit, Entscheidungsfähigkeit, Recht auf Wissen um den eigenen Gesundheitszustand wie auch mit kulturspezifischen Ideologien von Individualität, Belastbarkeit und Selbstbestimmung verwoben. In anderen kulturellen Umgebungen zeichnen sich Kommunikationskulturen mit differierenden Praktiken im Umgang mit lebensbedrohlichen Diagnosen ab. In China (und anderen ostasiatischen Ländern) halten ÄrztInnen Krebsdiagnosen gegenüber den PatientInnen zurück und teilen diese oftmals lediglich den Angehörigen mit, um mit diesen die notwendigen Therapien (und Kosten) abzustimmen.

In einem im August 2017 durchgeführten Gespräch mit einem chinesischen Onkologen, der in einer Shanghaier Klinik arbeitet, teilte der Arzt mit, dass er bislang keinem Patienten gegenüber eine Krebsdiagnose direkt ausgesprochen hat und dass er dies in seiner Klinik auch bislang bei keinem Kollegen erlebt hat. Normalerweise führen chinesische ÄrztInnen mit den PatientInnen meist nur vor der Operation intensive Gespräche. Allerdings wird bei diesen Vorgesprächen die Möglichkeit einer Krebsdiagnose nicht erwähnt bzw. diese bei Anfragen von Seiten der PatientInnen als sehr unwahrscheinlich dargelegt. Man betont stattdessen, „dass die OP zur Reduktion der Beschwerden" führen wird, man „ein gutartiges Geschwür entfernt" etc. und dass „der Patient sich keine Sorgen" machen soll. Nach der OP und nach dem Eintreffen der Histologie finden nur selten intensive Gespräche zwischen PatientInnen und ÄrztInnen statt. Fragt einE PatientIn den/die ÄrztIn jedoch nach der OP über den Befund aus, so wird dieseR „normalerweise die Krebsdiagnose nicht offen mitteilen", sondern eher vorgeben, dass „der pathologische Befund noch nicht da ist" und „noch keine eindeutige Diagnose vorliegt". Die betreffende Diagnose wird jedoch den Angehörigen des Patienten mitgeteilt, da die Therapien (und Kosten) mit ihnen abgestimmt werden müssen; d.h. den begleitenden Familienmitgliedern „sagt man, dass es sich um Krebs handelt. Man erklärt ihnen dann auch ggf. die Diagnose". Wenn kein Familienmitglied den/die PatientIn begleitet, dann bittet der/die ÄrztIn den/die PatientIn, „beim nächsten Mal ein Familienmitglied mitzubringen."

Ein anderer Onkologe einer chinesischen Klinik gab an, dass ÄrztInnen gelegentlich auch die Angehörigen fragen, inwiefern die/der PatientIn mit der Diagnose „belastet werden kann", so dass die Angehörigen letztendlich entscheiden, ob der/dem PatientIn die Wahrheit mitgeteilt oder verheimlicht wird. Erhalten die PatientInnen eine Chemotherapie, so werden sie meist von Verwandten zu deren Verabreichung begleitet: „Wenn sie dann die Wahrheit wissen wollen, können sie ihre Verwandten fragen, die ihnen dann ggf. die Wahrheit sagen". Selbst im Falle einer Chemotherapie ist den PatientInnen oftmals nicht klar, um welche Form von Therapie es sich hierbei handelt, „sodass sie weiterhin die Hoffnung haben, sie haben eine gutartige Krankheit, die durch diese Therapie behandelt werden kann".

Einer der wesentlichen Gründe für das Verschweigen von Krebsdiagnosen in der chinesischen medizinischen Kommunikationskultur liegt darin, dass man den PatientInnen nicht „die Hoffnung nehmen möchte, da sie eine solche Diagnose u.U. nicht aushalten könnten bzw. diese schlechte Nachricht sich negativ auf ihren Gesundheitszustand auswirken könnte". Ein weiterer Grund ist (so meine InformantInnen), dass ÄrztInnen „die direkte Konfrontation mit den PatientInnen im Falle einer schlimmen Diagnose vermeiden möchten, da man nie weiß, wie diese reagieren." ÄrztInnen haben die Befürchtung, die PatientInnen könnten im Falle einer Krebsdiagnose „ausrasten und aggressiv werden" oder „sich etwas antun", d.h. Selbstmord begehen. Im letzteren Fall kann es durchaus passieren, dass dann „die Angehörigen das Krankenhaus verklagen, da sie den ÄrztInnen die Schuld für den Selbstmord geben". Gelegentlich kommt es gar zu sogenannten „Krankenhauskrawallen", da die Angehörigen „Bekannte oder fremde Leute engagieren, um in dem betreffenden Krankenhaus Krawall zu machen und Sachen zu demolieren. Teilweise sind die Krankenhäuser dann sogar bereit, hohe Geldsummen an die Angehörigen zu zahlen, nur um die Krawalle zu stoppen".

Die „Aufrechterhaltung von Harmonie" gilt nicht nur im privaten Umgang, sondern auch im Zusammenhang mit institutionellen Interaktionen als grundlegendes Prinzip chinesischen Kommunikationsverhaltens (Günthner 1993); folglich achtet das Krankenhaus als Institution darauf, „harmonie-bedrohende Handlungen und damit auch konfliktträchtige und belastende Gespräche zu vermeiden". Es ist den ÄrztInnen wichtig, „dass die Patienten kooperieren und aktiv und hoffnungsvoll die ärztliche Behandlung annehmen. Und dies tun sie sehr viel besser, wenn sie nicht wissen, dass sie Krebs haben. Wenn sie aber wissen, dass sie Krebs haben, verzweifeln sie unter Umständen und verlieren den Lebensmut."[17]

5 Fazit

Die Analyse kommunikativer Praktiken in onkologischen Aufklärungsgesprächen veranschaulicht, wie Interagierende kulturelle Vorstellungen der Arzt-Patienten-Beziehung, des Umgangs mit und der Zumutbarkeit von Wahrheiten, von Belastbarkeit, Emotionalität etc. im Prozess der Kommunikation (re)aktualisieren. Die kommunikativen Praktiken, die sich in dieser Gesprächsgattung herausgebildet haben, stehen in enger Beziehung zu kulturell geprägten institutionellen Vorgaben und kommunikativen Aufgaben und tragen aktiv zur Konstitution einer spezifischen Kommunikationskultur bei.

Die vorliegende Studie verdeutlicht einmal mehr die enge Verknüpfung und reflexive Beziehung zwischen sprachlich-kommunikativen Praktiken und kulturellem Hintergrund: Kulturelle Prozesse manifestieren sich in den Praktiken, in denen wir kommunizieren bzw. in der Art und Weise, wie wir die kommunikative Handlungen des Gegenübers interpretieren, wie wir bestimmte Ereignisse konzeptualisieren und vermitteln und welche Werte und Relevanzen hierbei auf welche Art und Weise zum Ausdruck kommen.[18] Zugleich aktualisieren die Interagierenden mit dem Vollzug einer kommunikativen Praktik wiederum kulturelle Kontexte und Wissensbestände, die zugleich die Voraussetzung für die situierten Handlungen und deren Interpretation sind. In diesem Zusammenhang sind gerade sprachliche Musterhaftigkeiten (von größeren Gattungen über kommunikative Praktiken zu kleineren musterhaft geprägten Gestalten) von erheblicher Relevanz, denn sie bilden die „webs of *significance*" (Geertz 1973: 5) und damit die Bedeutungsnetze, in die der Mensch zwar verstrickt ist, die er aber selbst geknüpft hat. Linkes (2011: 41) rhetorische Frage trifft folglich einen Kern unserer Arbeit als SprachwissenschaftlerInnen:

> Wer, wenn nicht Linguistinnen und Linguisten, sollte sich mit den kulturellen Signifikanzen des alltäglichen Sprachgebrauchs befassen und die Selbstverortung des Menschen in der Welt, in Raum und Zeit und in der Gemeinschaft seiner Mitmenschen nachvollziehen, soweit sie im Medium von Sprache und Sprachgebrauch vollzogen wird?

---

17 Die hier zitierten Ausführungen entstammen Gesprächen mit OnkologInnen in chinesischen Kliniken. Dr. Ma Chun danke ich für ihre Hilfe bei der Befragung und Übersetzung.
18 Hierzu u.a. Silverstein & Urban (1996); Günthner & Linke (2006); Günthner (2017a).

Literatur

Bakhtin, Mikhail (1979/1986): The Problem of Speech Genres. In Caryl Emerson & Michael Holquist (Hrsg.), *Speech Genres and Other Late Essays*, 60–102. Austin: University of Texas Press.

Bentz, Martin, Martin Binnenhei, Georgios Coussious, Juliana Gruden, Wolfgang Imo, Lisa Korte, Thomas Rüdiger, Antonia Ruf-Dördelmann, Michael R. Schön & Sebastian Stier (2016): Von der Pathologie zum Patienten: Optimierung von Wissenstransfer und Verstehenssicherung in der medizinischen Kommunikation. *SpIn: Arbeitspapierreihe Sprache und Interaktion* 72. http://krebshilfe.sprache-interaktion.de/wp-content/uploads/2016/08/Bentz-et-al.-2016-Von-der-Pathologie-zum-Patienten.pdf (9.11.2017).

Berger, Peter & Thomas Luckmann (1966/2016): *Die gesellschaftliche Konstruktion der Wirklichkeit. Eine Theorie der Wissenssoziologie*. Frankfurt: Fischer.

Bourdieu, Pierre (1979): *Entwurf einer Theorie der Praxis*. Frankfurt: Suhrkamp.

Coulter, Angela (1999): Paternalism or partnership? British Medical Journal 319 (7212), 719–720. https://www.ncbi.nlm.nih.gov/pmc/articles/PMC1116580/ (30.01.2017).

Coulter, Angela (2002): The autonomous patient. Ending paternalism in medical care. *Journal of the Royal Society of Medicine* 95 (12), 623–624. https://www.ncbi.nlm.nih.gov/pmc/articles/PMC1279295/# (13.10.2017).

Deppermann, Arnulf, Helmuth Feilke & Angelika Linke (Hrsg.) (2016): *Sprachliche und kommunikative Praktiken*. Berlin, Boston: de Gruyter.

Di Luzio, Aldo, Susanne Günthner & Franca Orletti (Hrsg.) (2001): *Culture in communication. Analyses of intercultural situations*. Amsterdam: Benjamins.

Duranti, Alessandro (1997): *Linguistic anthropology*. Cambridge: Cambridge University Press.

Ehlich, Konrad (2006): Die Vertreibung der Kultur aus der Sprache. *Zeitschrift für germanistische Linguistik* 34(1/2), 50–63.

Enfield, Nick (2013): Language, culture and mind: trends and standards in the latest pendulum swing. *Journal of the Royal Anthropological Institute* 19, 155–169.

Fiehler, Reinhard, Birgit Barden, Mechthild Elstermann & Barbara Kraft (2004): *Eigenschaften gesprochener Sprache*. Tübingen: Narr.

Foley, William A. (1997): *Anthropological linguistics. An introduction*. Malden & Oxford: Blackwell.

Fruht, Christiane & Martin Vogelhuber (2016): Kommunikation in der Onkologie: Überbringen schlechter Nachrichten. Universitätsklinikum Regensburg. http://de.slideshare.net/ChristianeFruht/ueberbringen-schlechternachrichten (23.12.2016).

Geertz, Clifford (1973): *The Interpretation of Culture*. New York: Basic Books.

Glaser, Barney & Anselm Strauss (1974): *Interaktion mit Sterbenden*. Göttingen: Vandenhoeck & Ruprecht.

Gumperz, John J. (1982): *Discourse strategies*. Cambridge: Cambridge University Press.

Gumperz, John J. & Marco Jacquemet (2012): *From ethnography of speaking to trans-idiomatic communicative practice: New ethnographies of communication thirty years on*. Manuscript. Santa Barbara & San Francisco.

Günthner, Susanne (1993): *Diskursstrategien in der Interkulturellen Kommunikation. Analysen deutsch-chinesischer Gespräche*. Tübingen: Niemeyer.

Günthner, Susanne (2003): Eine Sprachwissenschaft der ‚lebendigen Rede'. Ansätze einer Anthropologischen Linguistik. In Angelika Linke, Hanspeter Ortner & Paul Portmann-Tselikas (Hrsg.), *Sprache und mehr. Ansichten einer Linguistik der sprachlichen Praxis*, 189–209. Tübingen: Niemeyer.

Günthner, Susanne (2010): Sprache und Sprechen im Kontext kultureller Praktiken. Facetten einer Anthropologischen Linguistik. In Silke Meyer & Armin Owzar (Hrsg.), *Disziplinen der Anthropologie*, 121–144. Frankfurt: Waxmann.

Günthner, Susanne (2013a): Doing Culture – Kulturspezifische Selbst- und Fremdpositionierungen im Gespräch. In Andrea Bogner, Konrad Ehlich, Ludwig M. Eichinger, Andreas F. Kelletat, Hans-Jürgen Krumm, Willy Michel, Ewald Reuter & Alois Wierlacher (Hrsg.), *Jahrbuch Deutsch als Fremdsprache*, 30-48. München: iudicium.

Günthner, Susanne (2013b):. Sprache und Kultur. In Peter Auer (Hrsg.), *Sprachwissenschaft: Grammatik – Interaktion – Kognition*, 347–369. Stuttgart: Metzler.

Günthner, Susanne (2015): Zur Verwobenheit von Sprache und Kultur – Ansätze einer Anthropologischen Linguistik. In Michael Dobstadt, Christian Fandrych & Renate Riedner (Hrsg.), *Linguistik und Kulturwissenschaftk*, 37–64. Frankfurt a. M.: Peter Lang.

Günthner, Susanne (2017a): Die kommunikative Konstruktion von Kultur: Chinesische und deutsche Anredepraktiken im Gebrauch. *Zeitschrift für Angewandte Linguistik* 66, 1–29.

Günthner, Susanne (2017b): Sprachliche Verfahren bei der Übermittlung schlechter Nachrichten – sedimentierte Praktiken im Kontext onkologischer Aufklärungsgespräche. *SpIn: Arbeitspapierreihe Sprache und Interaktion* 73. http://arbeitspapiere.sprache-interaktion.de/arbeitspapiere/arbeitspapier73.pdf (15.08.2017).

Günthner, Susanne & Hubert Knoblauch (1994): ‚Forms are the Food of Faith'. Gattungen als Muster kommunikativen Handelns. *Kölner Zeitschrift für Soziologie und Sozialpsychologie* 4, 693–723.

Günthner, Susanne & Thomas Luckmann (2002): Wissensasymmetrien in der interkulturellen Kommunikation. In Helga Kotthoff (Hrsg.), *Kultur(en) im Gespräch*, 213–242. Tübingen: Narr.

Günthner, Susanne & Angelika Linke (2006): Linguistik und Kulturanalyse. Ansichten eines symbiotischen Verhältnisses. *Zeitschrift für Germanistische Linguistik* 34 (1/2), 1–27.

Günthner, Susanne & Katharina König (2016): Kommunikative Gattungen in der Interaktion: Kulturelle und grammatische Praktiken im Gebrauch. In Arnulf Deppermann, Helmuth Feilke & Angelika Linke (Hrsg.), *Sprachliche und kommunikative Praktiken*, 177–204. Berlin, Boston: de Gruyter.

Hanks, William F. (1996a): *Language and Communicative Practices*. Boulder: Westview Press.

Hanks, William F. (1996b): Language form and communicative practices. In John J. Gumperz, Stephen C. Levinson (Hrsg.), *Rethinking linguistic relativity*, 232–270. Cambridge: Cambridge University Press.

Hörning, Karl H. & Julia Reuter (2004): Doing Culture: Kultur als Praxis. In Karl H. Hörning & Julia Reuter (Hrsg.), *Doing Culture. Neue Positionen zum Verhältnis von Kultur und sozialer Praxis*, 9–15. Bielefeld: transcript.

Hörning, Karl H. (2016): Kultursoziologie. In Ludwig Jäger, Werner Holly, Peter Krapp, Samuel Weber, & Simone Heekeren (Hrsg.), *Sprache – Kultur – Kommunikation / Language – Culture – Communication*, 301–315. Berlin, Boston: de Gruyter.

Imo, Wolfgang (2016): Das Problem der zweiten Meinung: Vom Umgang mit Misstrauen in onkologischen Therapieplanungsgesprächen. *SpIn: Arbeitspapierreihe Sprache und Interaktion*. http://arbeitspapiere.sprache-interaktion.de/arbeitspapiere/arbeitspapier62.pdf (19.8.2017).

Imo, Wolfgang (2017): Trösten: eine professionelle Praktik in der Medizin. *SpIn: Arbeitspapierreihe Sprache und Interaktion*. http://krebshilfe.sprache-interaktion.de/arbeitspapiere/ (19.8.2017).

Jefferson, Gail (1988): On the Sequential Organization of Troubles-Talk in Ordinary Conversation. *Social Problems* 35 (4), 418–441.

Klemperer, David (2009): Qualitätssicherung durch informierte Patienten. In Norbert Klusen, Anja Fließgarten & Thomas Nebling (Hrsg.), *Informiert und selbstbestimmt. Der mündige Bürger als mündiger Patient*, 139–155. Baden-Baden: Nomos.

Knoblauch, Hubert (1995): *Kommunikationskultur: Die kommunikative Konstruktion kultureller Kontexte*. Berlin: de Gruyter.

Knoblauch, Hubert (2005): Die kommunikative Konstruktion kultureller Kontexte. In Ilja Srubar, Joachim Renn & Ulrich Wenzel (Hrsg.), *Kulturen vergleichen. Sozial- und kulturwissenschaftliche Grundlagen und Kontroversen*, 172–194. Wiesbaden: VS.

Knoblauch, Hubert (2008): Kommunikationskultur, Kulturalismus und die Diskursivierung der Kultur. In Klaus Fischer, Regine Kather, Peter Gerdsen & Hamid Reza Yousefi (Hrsg.), *Wege zur Kultur: Gemeinsamkeiten – Differenzen – interdisziplinäre Dimensionen*, 261–284. Nordhausen: Bautz.

Kotthoff, Helga (Hrsg.) (2002): *Kultur(en) im Gespräch*. Tübingen: Narr.

Liebert, Andreas (2016): Wissenskulturen. In Ludwig Jäger, Werner Holly, Peter Krapp, Samuel Weber & Simone Heekeren (Hrsg.), *Sprache – Kultur – Kommunikation*, 578–587. Berlin, Boston: de Gruyter.

Linell, Per & Thomas Luckmann (1991): Asymmetries in Dialogue: Some Conceptual Preliminaries. In Ivana Marková & Klaus Foppa (Hrsg.), *Asymmetries in Dialogue*, 1–20. Hemel Hempstead: Harvester Wheatsheaf, Barnes & Nobel.

Linke, Angelika (2007): Communicative genres as categories in a socio-cultural history of communication. In Stephan Elspaß, Nils Langer, Joachim Scharloth & Wim Vandenbussche (Hrsg.), *Germanic Language Histories ‚from Below' (1700–2000)*, 474–493. Berlin, New York: de Gruyter.

Linke, Angelika (2008): Kommunikation, Kultur und Vergesellschaftung. Überlegungen zu einer Kulturgeschichte der Kommunikation. In Heidrun Kämper & Ludwig M. Eichinger (Hrsg.), *Sprache – Kognition – Kultur. Sprache zwischen mentaler Struktur und kultureller Prägung*, 24–50. Berlin: de Gruyter.

Linke, Angelika (2011): Signifikante Muster. Perspektiven einer kulturanalytischen Linguistik. In Elisabeth Wåghäll Nivre, Brigitte Kaute, Bo Andersson, Barbro Landén & Dessislava Stoeva-Holm (Hrsg.), *Begegnungen. Das 8. Nordischbaltische Germanistentreffen in Sigtuna vom 11. bis zum 13.6.2009*, 23–44. Stockholm: Stockholm University.

Linke, Angelika (2014): Unauffällig, aber unausweichlich. Alltagssprache als Ort von Kultur. In Thomas Forrer & Angelika Linke (Hrsg.), *Wo ist Kultur? Perspektiven der Kulturanalyse*, 169–192. Zürich: Vdf Hochschulverlag.

Linke, Angelika (2016): Einführung. Kommunikation und Kulturalität. In Ludwig Jäger, Werner Holly, Peter Krapp, Samuel Weber & Simone Heekeren (Hrsg.), *Sprache – Kultur – Kommunikation. Ein internationales Handbuch zu Linguistik als Kulturwissenschaft,* 351–368. Berlin: de Gruyter Mouton.

Luckmann, Thomas (1986): Grundformen der gesellschaftlichen Vermittlung des Wissens: Kommunikative Gattungen. *Kölner Zeitschrift für Soziologie und Sozialpsychologie*, 191–211.

Luckmann, Thomas (2002): *Wissen und Gesellschaft. Ausgewählte Aufsätze 1981–2002.* Konstanz: UVK Verlagsgesellschaft.

Luckmann, Thomas (2013): The communicative construction of reality and sequential analysis. A personal reminiscence. *Qualitative Sociology Review 9* (2), 40–46.

Maynard, Douglas W. (2003): *Bad News, Good News: Conversational Order in Everyday Talk and Clinical Settings.* Chicago: University of Chicago Press.

Maynard, Douglas W. & Frankel, Richard M. (2006): On diagnostic rationality: bad news, good news, and the symptom residue. In John Heritage & Douglas W. Maynard (Hrsg.), *Communication in Medical Care. Interaction between primary care physicians and patients*, 248–278. Cambridge: Cambridge University Press.

Noack, Thorsten (2007): Die Beziehung zwischen Patient und Arzt. In Thorsten Noack, Heiner Fangerau & Jörg Vögele (Hrsg), *Querschnitt Geschichte, Theorie und Ethik der Medizin*, 27–36. München, Jena: Urban & Fischer.

Noack, Thorsten, Heiner Fangerau & Jörg Vögele (Hrsg.) (2007): *Querschnitt Geschichte, Theorie und Ethik der Medizin.* München, Jena: Urban & Fischer.

Peters, Tim (2015): *„Sie können sich das quasi aussuchen, welches sie nehmen." – Die interaktionale Aushandlung der therapeutischen Entscheidungsfindung in der medizinischen Ausbildung.* Mannheim: Verlag für Gesprächsforschung.

Sacks, Harvey, Emanuel Schegloff & Gail Jefferson (1974): A simplest systematics of turntaking in conversation. *Language* 50 (4), 696–735.

Sapir, Edward (1933/1949): Language. In David G. Mandelbaum (Hrsg.), *Selected Writings of Edward Sapir in Language, Culture and Personality*, 7–32. Berkeley, Los Angeles: University of California Press.

Schatzki, Ted R. (2001): Introduction: Practice Theory. In Ted. R. Schatzki, Karin Knorr-Cetina, & Eike v. Savigny (Hrsg.), *The Practice Turn in Contemporary Theory*, 1–14. London, New York: Routledge.

Schröter, Juliane, Susanne Tienken & Yvonne Ilg (2019): Linguistische Kulturanalyse eine Einführung. In: Schröter, Juliane, Susanne Tienken, Yvonne Ilg, Joachim Scharloth & Noah Bubenhofer (Hrsg.): Linguistische Kulturanalyse. Berlin, Boston: de Gruyter, 1–27.

Schütz, Alfred & Thomas Luckmann (1979): *Strukturen Der Lebenswelt. Band 1.* Frankfurt: Suhrkamp.

Selting, Margret et al. (2009): Gesprächsanalytisches Transkriptionssystem 2 (GAT 2). *Gesprächsforschung – Online-Zeitschrift zur verbalen Interaktion* 10, 353–402. http://www.gespraechsforschung-ozs.de/heft2009/px-gat2.pdf (31.01.2017).

Silverstein, Michael & Greg Urban (1996): The natural history of discourse. In Michael Silverstein & Greg Urban (Hrsg.), *Natural histories of discourse*, 1–20. Chicago: University of Chicago Press.

Spranz-Fogasy, Thomas (2010): Verstehensdokumentation in der medizinischen Kommunikation: Fragen und Antworten im Arzt-Patient-Gespräch. In Arnulf Deppermann, Ulrich Reitemeier, Reinhold Schmitt & Thomas Spranz-Fogasy (Hrsg.), *Verstehen in professionellen Handlungsfeldern*, 27–116. Tübingen: Narr.

Soeffner, Hans-Georg (2004): Die Kultur des Alltags und der Alltag der Kultur. In Friedrich Jaeger & Jörn Rüsen (Hrsg.), *Handbuch der Kulturwissenschaften: Themen und Tendenzen*, 399–411. Stuttgart, Weimar: Metzler.

Vološinov, Valentin (1929/75): *Marxismus und Sprachphilosophie.* Frankfurt: Ullstein.

Susanne Günthner

„mit ner beSTRAHlung (.) wirken sie lokal auf eIne stelle"

zum Gebrauch des generischen *Sie* in medizinischen Interaktionen[1]

1 Einleitung

Auf die Tatsache, dass Pronomina der 1. und 2. Person in zahlreichen Sprachen der Welt auch unpersönlich bzw. generisch verwendet werden, wird immer wieder verwiesen (vgl. u.a. Kitagawa/Lehrer 1990; Siewierska 2004). Studien zu Formen und Funktionen solcher „shifts in pronoun use" (Kitagawa/Lehrer 1990: 739) im Deutschen fokussieren vor allem generische bzw. nicht-kanonische Verwendungen der Pronomen *du* bzw. *ich* (Kluge 2016; Zobel 2016; Eggs 2017; Stukenbrock/Bahr 2017; Auer/Stukenbrock 2018). Der vorliegende Beitrag widmet sich dagegen dem „non-prototypical use" (Helmbrecht 2015) des Pronomens der 2. Person *Sie* (Distanz- bzw. Höflichkeitsform).

In der Forschung zum generischen bzw. nicht-adressierenden *du* wird immer wieder hervorgehoben, dass *Sie* (im Unterschied zum generischen *du* oder auch zum generischen *ich*) nur äußerst selten generisch verwendet wird (Kluge 2016; Stukenbrock/Bahr 2017; Auer/Stukenbrock 2018), so dass das generische *du* selbst auf Kontexte ausgeweitet wird, in denen Interagierende sich siezen. Allerdings finden sich in dem der vorliegenden Analyse zugrundeliegenden Datenmaterial – in institutionellen Interaktionen zwischen ÄrztInnen und PatientInnen – durchaus Verwendungen eines vom Standardgebrauch der deiktischen Adressatenreferenz abweichenden *Sie*, dessen Referenzdomäne die AdressatIn nicht bzw. nicht exklusiv umfasst und das dem Gebrauch des depersonalisierten *man* (Imo/Ziegler 2019) nahekommt. In diesem Zusammenhang stellen sich folgende Fragen:

---

1 Diese Untersuchung steht in Zusammenhang mit der von der DFG geförderten Forschungsgruppe „Praktiken der Personenreferenz: Personal-, Indefinit- und Demonstrativpronomen im Gebrauch" (Projektnummer 457855466). Für Kommentare zu einer früheren Fassung dieses Beitrags danke ich Peter Auer, Marcel Fladrich, Dominic Hendricks, Wolfgang Imo und Franziska Schwenniger.

- In welchen Kontexten aktualisieren Interagierende das Pronomen *Sie* jenseits seiner deiktischen, adressaten-referenziellen Funktion?
- Welche Kontextualisierungsverfahren verwenden SprecherInnen zur Indizierung der Referenzdomäne bei einem nicht-adressierenden *Sie*? Bzw. welche Indikatoren leiten die Inferenzen der RezipientInnen?
- Inwiefern überlappen die Funktionen dieses generischen *Sie* mit denen des depersonalisierten Pronomens *man*?
- Welche Partizipationsformationen werden anhand des generischen *Sie*-Gebrauchs konstituiert? Inwiefern zeichnen sich hierbei unterschiedliche Typen der Inklusion bzw. Exklusion anwesender InteraktionsteilnehmerInnen ab?
- Entsprechen die Verwendungsweisen des generischen *Sie* denen des generischen *du* (Kluge 2016; Stukenbrock/Bahr 2017; Auer/Stukenbrock 2018)? Handelt es sich also um ein Äquivalent zum generischen *du* innerhalb von Siez-Beziehungen?

2 Zur generischen Verwendung von Pronomen der 2. Person Singular

In zahlreichen indoeuropäischen wie auch nicht-indoeuropäischen Sprachen finden sich generalisierende bzw. unpersönliche Verwendungsweisen[2] von Pronomen der 2. Person (*du, you, tu,* 你 etc.) (Kitagawa/Lehrer 1990; Siewierska 2004; De Cock 2016).[3] Solche nicht-prototypischen Instanziierungen werden u.a. damit erklärt, dass Deiktika der 1. und 2. Person „[are] only partially specified, and therefore may apply across a large number of actual discourse situations" (Rubba 1996: 228).[4]

---

2 Im Zusammenhang mit dem nicht-adressierenden *du* trifft man auf unterschiedliche Begrifflichkeiten wie „generisches", „nicht-referenzielles", „unpersönliches", „indefinites", „nicht-adressierendes" und „generalisierendes" *du*. Siehe hierzu auch Zobel (2016) sowie Stukenbrock/Bahr (2017: 155).

3 Nach Kitagawa/Lehrer (1990: 753; 756) besteht die Verwendungsmöglichkeit von Personalpronomen als unpersönliche Referenzformen in all jenen Sprachen, die „a closed set of pronominal systems" aufweisen.

4 Vgl. auch Eisenberg (1999: 173), der postuliert, dass Pronomen der 1. und 2. Person „funktional äquivalent" zum unpersönlichen Personalpronomen *man* gebraucht werden können, da aufgrund der Anwesenheit von SprecherIn und AdressatIn in der Äußerungssituation – sofern in

Empirische Studien zum nicht-kanonischen Gebrauch von *du* verweisen auf unterschiedliche Ausprägungen, die von uneingeschränkter (*du*$_{alle\ Menschen}$) zu eingeschränkter Generizität (*du*$_{Menschen\ einer\ bestimmten\ sozialen\ Gruppe}$) mit diversifizierten Partizipationskonstellationen reichen, bzw. gar ein subjektiviertes, sprecher-bezogenes *du*$_{ich}$ umfassen. Da in Zusammenhang mit der vorliegenden Analyse sowohl Parallelen als auch Unterschiede zu den Gebrauchsweisen von *du* aufgezeigt werden,[5] sollen im Folgenden die von Kluge (2016) sowie Auer/Stukenbrock (2018) hierzu erarbeiteten, teilweise überlappenden Typologien vorgestellt werden.

Kluge (2016: 504) diskutiert am Beispiel europäischer Sprachen die unterschiedlichen Möglichkeiten des Referenzbezugs mittels Pronomen der 2. Person Singular (*you, tu, du/Sie* etc.). Diese erstrecken sich auf einem Kontinuum, das vom prototypischen adressatendeiktischen Gebrauch (Typ 5: „you, the person in front of me") über eine generische Verwendung im Sinne von *anyone* (Typ 3) bis hin zum Gebrauch von *you* anstelle von *I* „I, the speaker (hiding behind ‚you')" (Typ 1) reicht. Diese drei Optionen werden durch zwei weitere Varianten ergänzt: Typ 4 „you, the person in front of me, as representative of a larger entity" und Typ 2 „I, the speaker, as a representative of a larger entity" (Kluge 2016: 504).

Die Typologie von Auer/Stukenbrock (2018), die sich auf nicht-kanonische Gebrauchsweisen von *du* konzentriert, beginnt mit dem generischen Gebrauch von *du* (Typ 1), der wiederum in zwei Subtypen zerfällt: 1a maximal generisch (im Sinne von „alle Menschen") und 1b restriktiv generisch (das *du* referiert hier auf eine soziale Gruppe, die sowohl SprecherIn als auch AdressatIn inkludiert). Typ 2 beinhaltet jene restriktiv generische Gebrauchsweise, die die/den SprecherIn inkludiert, die/den AdressatIn jedoch exkludiert. Typ 3 fungiert zwar auch restriktiv generisch, doch schließt er sowohl SprecherIn als auch AdressatIn aus. Im Unterschied zu den generischen Typen 1–3 handelt es sich bei Typ 4 um kein generisches, sondern um ein „Sprecher-subjektives" *du* (vergleichbar mit Kluges Typ 1).

---

der Sprechsituation „genügend Hinweise auf das jeweils Gemeinte" gegeben werden – keine Probleme der Referenzfixierung aufkommen.

5 Das Pronomen der 2. Person *Sie* unterscheidet sich allerdings bereits darin vom Pronomen *du*, dass es in Bezug auf Numerus ambig ist und in Mehrparteieninteraktionen auf eine Referentengruppe (2. P. Pl.) verweisen kann. (In der gesprochenen Sprache ist das deiktische Pronomen *Sie* darüber hinaus auch homonym mit dem anaphorischen Pronomen der 3. Person Singular Feminin *sie* sowie der 3. Person Plural *sie*.)

Kluge 5 Typen	Auer/Stukenbrock 4 Typen[6]
Typ 1: I, the speaker (hiding behind ‚you')	Typ 1a: maximally generic: speaker and addressee included in generic category
	Typ 1b: restricted generic: speaker and addressee included in collectivity
Typ 2: I, the speaker, as a representative of a larger entity	Typ 2: restricted generic: speaker included, addressee excluded, displacement required
Typ 3: anyone	Typ 3: restricted generic: speaker and addressee excluded, displacement required
Typ 4: you, the person in front of me, as representative of a larger entity	Typ 4: speaker subjective: ‚thou-monologue', displacement required
Typ 5: you, the person in front of me	

Inwiefern die konstatierten Typen des nicht-adressierenden Gebrauchs von *du* auch auf das Distanzpronomen *Sie* zutreffen, bleibt zu untersuchen, zumal bis dato keine systematische Untersuchung zum nicht-kanonischen bzw. generischen Gebrauch von *Sie* vorliegt.[7] Zugleich betonen Arbeiten zum generischen *du* (Kluge 2016; Stukenbrock/Bahr 2017; Auer/Stukenbrock 2018), dass eine nicht adressatendeiktische Funktion beim Pronomen *Sie* extrem selten auftrete und selbst in Siez-Beziehungen das generische *du* (und nicht etwa ein nicht-adressierendes *Sie*) verwendet werde (Kluge 2016: 501). Auer/Stukenbrock (2018: 300–301) erwähnen, dass in ihrem Korpus lediglich ein Beispiel eines nicht-adressierenden *Sie* auftritt und nennen als Grund für den extrem seltenen Gebrauch, dass bei distanzierten Siez-Beziehungen ein Involvement des Gegenübers (wie beim generischen *du* der Fall) als „übergriffig" interpretiert werden könnte.

Eine der wenigen empirischen Studien, die auf den generischen Gebrauch von *Sie* (neben *du* und *ich*) eingeht, ist Eggs (2017) Darlegung zu „ungewöhnlichen Formen der Selbst- und Fremdreferenz". Diese argumentiert, dass nicht nur

---

6 Da Auer/Stukenbrocks (2018) Studie nicht-kanonische Typen fokussiert, schließt ihre Typologie den prototypischen Gebrauch von *du* (d.h. Kluges Typ 4 „you, the person in front of me, as representative of a larger entity") aus.

7 Auch Grammatiken, die das unpersönliche bzw. generische *du* erwähnen (vgl. IDS-Grammatik Zifonun et al. 1997: 939–940; Hoffmann 2016: 91), schweigen meist zum generischen *Sie*. Eine Ausnahme bildet die neuste Ausgabe der Duden-Grammatik (2022: 738), die nicht nur die „verallgemeinernde" Funktion des 2. Person Singular *du* erwähnt, sondern auch die der „Höflichkeitsform *Sie*": „Die Bedeutung entspricht dann ungefähr derjenigen des Indefinitpronomens *man*".

beim generischen *du*, sondern auch beim *Sie* dessen „genuin hörerdeiktische Qualität" zum Tragen komme, da „immer noch auch der konkrete Hörer angesprochen wird" (Eggs 2017: 74).

3 Daten und methodisches Vorgehen

Grundlage der vorliegenden Untersuchung bildet ein Korpus von 56 onkologischen Aufklärungsgesprächen, die im Rahmen des von der Deutschen Krebshilfe geförderten Forschungsprojektes *„Von der Pathologie zum Patienten: Optimierung von Wissenstransfer und Verstehenssicherung in der Onkologie zur Verbesserung der Patientensicherheit"* (Projektnr. 111172; Projektleitung: M. Bentz und W. Imo) an einem Klinikum in Süddeutschland von Oktober 2014 bis April 2015 erhoben wurden (Bentz et al. 2016). Die Gespräche, zu denen die PatientInnen aufgrund einer Krebsdiagnose in das Klinikum eingeladen werden, werden von ÄrztInnen der jeweiligen Fachkliniken durchgeführt (Bentz et al. 2016; Günthner 2017; Imo 2019). In diesen institutionell situierten Gesprächen finden sich 12 Verwendungen des generischen *Sie*, die auf 9 Aufklärungsgespräche verteilt sind. Alle 12 Aktualisierungen werden von Seiten der jeweils gesprächsleitenden ÄrztInnen realisiert.

Die Analyse basiert auf Methoden der Konversationsanalyse und Interaktionalen Linguistik (Couper-Kuhlen/Selting 2018; Imo/Lanwer 2019): Zunächst wurden im Korpus alle Instanzen von Verwendungsweisen eines generischen *Sie* einschließlich ambiger Fälle gesichtet, um im Anschluss Kollektionen verwandter Fälle hinsichtlich der betreffenden Referenzdomänen, der Partizipationskonfiguration, sequenzieller Einbettungen, kommunikativer Handlungen, kookkurrierender Elemente etc. zu erstellen. Auf diese Weise galt es, Typen des Gebrauchs von *Sie* zu eruieren, bei denen die prototypische adressatendeiktische Referenz (zumindest teilweise) außer Kraft gesetzt wird, um eine generalisierende (sprecher- bzw. adressaten-inkludierende oder aber -exkludierende) Referenzdomäne zu aktivieren.

Da in den vorliegenden onkologischen Gesprächen weder Sequenzen auftreten, bei denen RezipientInnen explizit nach der konkreten Referenzdomäne eines verwendeten *Sie* fragen, noch die Folgeäußerung der RezipientInnen als eindeutige Interpretationsressource für die vorausgegangene *Sie*-Verwendung fungiert, ist die in der Konversationsanalyse übliche Vorgehensweise des analytischen Einbezugs der „next turn proof procedure" für die Erschließung der Referenzdomäne des betreffenden *Sie* nur begrenzt aussagekräftig. Die Analyse musste sich deshalb (jenseits der Folgehandlungen) auf „the same contextual features that the participants base their inferences on" (Auer/Stukenbrock 2018: 281) verlassen. Hierzu zählen u.a. kookkurrierende Kontextualisierungshinweise, „membership categorization devices" (Sacks 1972), kontextuelle Situierungen, epistemisches Wissen etc.

Die audio-aufgezeichneten Gespräche wurden nach GAT 2 (Selting et al. 2009) transkribiert.

4 Analyse des generischen Gebrauchs von *Sie* in der Interaktion

Wie Zifonun (2000: 240) in Bezug auf die generische Verwendung von Pronomen am Beispiel von *man* ausführt, kann der Grad der Generalität „extrem unterschiedlich sein: Er reicht – jeweils ohne Anspruch auf ausnahmslose Geltung – von zeitlosen Aussagen über alle Menschen bis zu solchen über die Menschen einer kontextuell eingebetteten Gruppe zu einer bestimmten Zeit und in einer bestimmten singulären Situation."[8] Zwischen diesen beiden Polen liegen zahlreiche Zwischenstufen mit unterschiedlichen Graden an Generizität. Solche graduellen Abstufungen mit diversen Überlappungen und Ambiguitäten finden sich – wie die vorliegende Analyse zeigen wird – nicht nur beim Indefinitpronomen *man*, sondern auch bei generalisierenden Gebrauchsweisen von *Sie*.

Im Folgenden werde ich die in den vorliegenden Interaktionen auftretenden Verwendungen des seiner kanonischen adressatendeiktischen Funktion enthobenen *Sie* skizzieren, deren Referenzdomänen „in the unfolding of the speech event itself" (Silverstein 1976: 29) eruieren sowie die Kontextualisierungsverfahren (Gumperz 1992) ermitteln, die SprecherInnen zur Inferenz einer nicht-adressierenden Lesart einsetzen. In diesem Zusammenhang erweist sich das der Interaktionssoziologie entstammende Konzept der „Partizipationskonfiguration" (Goffman 1979; Goodwin/Goodwin 2000; Günthner 2021) als relevantes Tool, da – wie die Daten veranschaulichen – der Gebrauch des generischen *Sie* mit unterschiedlichen Partizipationsformationen einhergeht: So können zum einen alle am Interaktionsereignis beteiligten Personen (d.h. SprecherIn wie auch AdressatIn(nen)) inkludiert sein, zum andern kann das *Sie* aber auch einen „participation

---

8 Obgleich Zifonun (2000: 249) ausführt, dass neben *man* sehr wohl auch andere Personalpronomina (*ich, wir* bzw. *du*) generisch verwendet werden können, wird *Sie* nicht erwähnt. Vgl. De Cock (2016: 365) zur Problematik des Begriffs „generisch" für die vielfältigen Verwendungsweisen, die unter dem Begriff subsumiert werden.

frame" (Hanks 2005: 207) mit einer gespaltenen Partizipationskonstellation konstruieren bzw. sogar SprecherIn wie auch AdressatInnen exkludieren.

4.1 Generisches *Sie*, das sowohl AdressatIn(nen) als auch SprecherIn inkludiert (Sie_alle Menschen)

In den vorliegenden Gesprächssituationen finden sich Verwendungsweisen, die insofern dem uneingeschränkt bzw. maximal generischen *Sie*_alle Menschen nahekommen, als sie sich auf eine unspezifische Gesamtheit von Personen (einschließlich SprecherIn und RezipientIn(nen)) beziehen, auf die die als allgemeingültig indizierte Aussage zutrifft.[9]

Im folgenden Ausschnitt klärt die ÄrztIn A den Patienten PM über dessen Lymphomdiagnose auf, indem A den betreffenden Befund aus der Pathologie erläutert:[10]

```
(1) EINSTUFUNGEN (Gespräch 015)
110 A:   hh° endgültig sagt der pathoLOge,
111      es handelt sich um ein follikuLÄ:res,
112      non hOdgkin lymPHOM-
113 PM:  hm_hm.
114 A:   grad ZWEI.
115 PM:  grad ZWEI,
116 A:   die graduierung is auch wieder ne FEINunterteilung.
117 PM:  ja.
118      ich hab fast nur g_HÖRT, (.)
119      es gä- es würde vier STÜCK geben-
120      (-) hab ich geLEsen.
121 A:   es gibt STAdien,
122      und es gibt graduIErungen.
123 PM:  [hm_hm.]
124 A:   [und je] nachDEM (.) welche,
125      (---) klassifikatIon sie ANgucken,
```

---

9 Diese allumfassende Verwendung von *Sie* entspricht Kluges (2016: 504) Typ 3 „anyone", bzw. Typ 1a bei Auer/Stukenbrock (2018: 306) „maximally generic: speaker and addressee are included in generic category".

10 Die Sigle A verweist auf die ÄrztInnen, PM bzw. PW verweisen auf männliche bzw. weibliche PatientInnen, LM bzw. LW auf die LebenspartnerInnen der PatientInnen und KM bzw. KW auf deren (erwachsene) Kinder. Aus Gründen der Anonymisierung kann bei den ÄrztInnen keine Genderdifferenzierung vorgenommen werden; folglich werde ich im Fließtext genderunabhängig von „ÄrztInnen" bzw. „der ÄrztIn... sie" sprechen. Auch wenn alle beteiligten Ärzte und Ärztinnen die Sigle A zugeordnet bekommen, handelt es sich um verschiedene MedizinerInnen unterschiedlicher Fachgebiete.

```
126        gibts unterschiedliche (.) FEI[N (.)] einstufungen.
127 PM:                              [hm hm]
128 A:  des ist zU akaDEm <<lachend> isch. hi>
129 PM: klar es IS-
130 A:  sie ham ne erkrankung die bei IH:nen. (0.67)
131       insbesondere auf den KNOCHen bezogen ist, (.)
132       und im knochen tuts auch WEH.
```

Im Anschluss an PMs Aussage (Z. 118–120), dass er von vier Einstufungstypen gehört habe, führt A aus, dass man in der Medizin zwischen Stadien und Graduierungen unterscheidet: „[und je] nachDEM (.) welche, (---) klassifikatIon sie ANgucken, gibts unterschiedliche (.) FEI[N (.)] einstufungen." (Z. 124–126). Bei dieser Übermittlung medizinischen Wissens[11] nimmt die ÄrztIn mit dem Pronomen *Sie* „auf alle, die im Prinzip für die Satzprädikation überhaupt in Frage kommen, pauschalisierend Bezug" (Zifonun 2000: 248). Der Rezipient PM ist zwar Bestandteil der nicht näher spezifizierten Personengruppe, die sich Klassifikationen anschaut, doch wird er nicht als Individuum adressiert. Folglich ist hier eine kanonische adressatedeiktische Lesart zugunsten eines Verweises auf alle Personen (*Sie*alle Menschen), die sich jemals eine Klassifikation anschauen (bzw. angeschaut haben), auszuschließen.

Mit dem von Lachen begleitetem Nachtrag „des ist zU akaDEm <<lachend> isch. hi>„ (Z. 128) indiziert A, dass die erfolgte medizinische Ausführung den Patienten u.U. überfordert hat. Im Anschluss setzt A dazu an, die Wissensübermittlung auf den Fall des Patienten im Hier-und-Jetzt runter zu brechen, wobei sie nun auf das Gegenüber mit einem adressatendeiktischen, personifizierten *Sie* referiert: „sie ham ne erkrankung die bei IH:nen. (0.67) insbesondere auf den KNOCHen bezogen ist, (.) und im knochen tuts auch WEH." (Z. 130–132). Auffällig an diesem Wechsel vom generischen zum adressatendeiktischen *Sie* (Z. 125 vs. 130) ist, dass das auf das Gegenüber (d.h. auf PM) referierende *Sie* durch den mit dem Nukleusakzent auf „IH:" ausgewiesenen Zusatz „die bei IH:nen" (Z. 130) hervorgehoben und zugleich desambiguiert wird.

A hätte die als allgemeingültig präsentierte Aussage in den Zeilen 124–126 problemlos mit dem generischen, unpersönlich ausgerichteten Pronomen *man* formulieren können: „und je nachdem, welche Klassifikation man anguckt, gibt es feine Einstufungen". Mit dem Einsatz des generischen *Sie* rekonfiguriert A allerdings ihr Gegenüber – auf Basis der „genuin hörerdeiktische Qualität" des Pronomens *Sie* (Eggs 2017: 74) – in der Welt der Personen, die sich Klassifikationen

---

11 Zur kommunikativen Vermittlung medizinischen Wissens in onkologischen Aufklärungsgesprächen siehe Günthner (i.Dr.).

anschauen und dadurch zu einer entsprechenden Einstufung gelangen. Dieser *Sie*-Gebrauch entspricht der Beobachtung von Kitagawa/Lerner (1990: 752), die in Zusammenhang mit dem „impersonal use" von Pronomen argumentieren, dass mittels einer solchen von den Identitäten der Interaktionsteilnehmenden abstrahierenden Verwendung die/der RezipientIn als Figur in einer Welt der Verallgemeinerungen (quasi als „Everyman") inszeniert wird.

Eine ähnlich gelagerte Verwendung von *Sie*_{alle Menschen}, die ebenfalls in einer als allgemeingültig präsentierten Vermittlung medizinischen Wissens auftritt, findet sich im folgenden Ausschnitt, der demselben Gespräch wie (1) entstammt und einige Minuten später einsetzt:

```
(2) LYMPHBAHNEN (Gespräch 015)
303 A:  die krankheit STECKT im knOchen,
304     und geht ausm knochen RAUS.=
305 PM: =die KOMMT [ ausm- ]
306 A:             [und hat] d[ie  NERven-        ]
307 PM:                       [w- wie KOMMT denn] des ausm
        knochen?
308     des verSTEH ich immer noch nicht so ganz-
309     is [des]
310 A:     [die] zellen sind im ganz FEInen [(so ne art?)   ]
311 PM:                                     [also des SIND-]
312     nIcht nur (.) die LYMPHknoten die man hier da
        irgendwo hat-
313     SONdern [die hocken IM KNOchen] drin-
314 A:          [nein     des    ISCH- ]
315     und die LYMPHbahnen sind so klein,
316     dass sie die gar nicht SEHen wo die überall sInd.
317 PM: hm_hm oke also im knochen DRIN [quasi.]
318 A:                                 [die   ]
319 PM: [in in den RÖHren oder was ich da-]
320 A:  [ lymphzellen  sitzen       auch-]
321     im knochenMARK sitzen auch lymphoZYten drin.
322     da KÖNnen sie sich auch mAl-=
323 PM: =oKE; (--)
324     ja dann würd ich SAgen,
325     dann machen wir erschtmal DAS,=
326     =is ja KLAR.
327 A:  wir stEllen sie in der strahlenklinik VOR,
```

Im Anschluss an die Verständnisfrage von PM (Z. 307) vermittelt A medizinisches Wissen zu Lymphbahnen, die „so klein [sind], dass sie die gar nicht SEHen wo die überall sind." (Z. 315–316). Wie im vorausgehenden Ausschnitt baut A auch hier mit dem generisch gebrauchten *Sie* eine Szene bzw. einen „mental space"

(Fauconnier 1985; Ehmer 2011; Kluge 2016) auf und lädt den Rezipienten PM ein,[12] sich als Figur in der medizinischen Fachwelt bzw. der Welt des Labors zu rekonfigurieren. Wie in Exzerpt (1) ist auch hier die Transposition in die Fachwelt der Medizin mit der „Interaktionsmodalität der fraglosen Sicherheit" (Kallmeyer/Keim 1994: 269) ausgestattet.[13] Das Fachwissen, das mit dem Gestus der „Gewissheit" (Berger/Luckmann 1969/2016: 101) übermittelt wird, zeichnet sich durch eine „Entindexikalisierung" (Kallmeyer/Keim 1994: 268) der Aussage aus: So trägt u.a. das atemporal verwendete Präsens dazu bei, die Wissenskundgabe als generell akzeptiertes, quasi zeitloses Faktum zu konstituieren.

In den vorliegenden Aufklärungsgesprächen, in denen eine der zentralen Aufgaben die Übermittlung von Wissen in Bezug auf die betreffende Diagnose darstellt (Bentz et al. 2016; Günthner 2018), setzen ÄrztInnen immer wieder ein generalisierendes *Sie*alle Menschen als Ressource ein, um die präsentierte Sachlage zu entindividualisieren und eine maximale Generizität für ihre informationsbezogene Darlegung zu konstituieren. Dies wird auch in den beiden Gesprächskontexten (1) und (2) ersichtlich, in denen die ÄrztIn medizinische Sachverhalte als fraglos gegeben vorführt, um der Skepsis bzw. dem „nicht nachvollziehen Können" des Patienten entgegenzuwirken.

Obgleich generische Verwendungen des Pronomens *Sie* – angesichts äquivalenter Wahrheitsbedingungen – durch ein unpersönliches *man* austauschbar sind,[14] differieren die interaktionalen Funktionen dieser Pronomenverwendungen: So bleibt bei der Verwendung des *Sie* die „residual semanticity" (Silverstein 1976: 47) bzw. „genuin hörerdeiktische Qualität" (Eggs 2017: 74) dahingehend erhalten, dass diese stärker als beim depersonalisierten *man* an dem/der AdressatIn orientiert ist und diese/n dazu einlädt, sich in die skizzierte Szene bzw. Sachlage einzudenken.

---

12 Die Metapher des „Einladens" („to invite") wird von mehreren AutorInnen (Zobel 2016; Kluge 2016; Stukenbrock/Bahr 2017; Auer/Stukenbrock 2018) im Kontext der Funktionsweisen von nicht-adressierendem *du* verwendet.

13 Zu „kategorischen Formulierungen" im Kontext onkologischer Aufklärungsgespräche siehe Günthner (i. Dr.).

14 Siehe Krifka et al. (1995) sowie Zobel (2016) zu Wahrheitsbedingungen bei generisch gebrauchten Pronomina.

4.2 Kategorienbezogenes *Sie* mit eingeschränkter Generizität (*Sie*Menschen einer bestimmten sozialen Gruppe)

Während die Referenzdomäne des Pronomens der 2. Person in den vorausgehenden Exzerpten einer uneingeschränkten Generizität (Kluge 2016) sehr nahekommt (*Sie*alle Menschen), ist die Generizität in den folgenden Ausschnitten auf eine bestimmte soziale Gruppe – im Sinne einer „membership category" (Sacks 1972) – begrenzt. Bei dieser eingeschränkten Generalisierung können sowohl AdressatIn(nen) als auch SprecherIn in- bzw. exkludiert sein.

4.2.1 Kategorienbezogene Generizität, die die AdressatIn(nen) inkludieren, die SprecherIn aber exkludieren (*Sie*Menschen einer bestimmten sozialen Gruppe: AdressatIn(nen) inkludiert; SprecherIn exkludiert)

In den vorliegenden Interaktionen schließen die von Seiten der ÄrztInnen instanziierten kategorienbezogenen Generalisierungen gelegentlich nur die AdressatInnen (nicht aber die SprecherInnen) ein – und zwar entweder in ihrer gerade erst erworbenen neuen Identität als KrebspatientInnen oder aber als Teil einer sozialen Gruppe, der sie angesichts der anstehenden Therapiemaßnahmen in naher Zukunft angehören werden.[15]

Solche jenseits der rein deiktischen Adressierung fungierenden, eingeschränkt generischen Verwendungen von *Sie* aktivieren ÄrztInnen primär in Kontexten, in denen sie den PatientInnen medizinisches Wissen über deren potenziellen Krankheitsverlauf, über Therapiemaßnahmen und -auswirkungen etc. vermitteln. Obgleich die als allgemeingültig präsentierten Sachverhalte alle Interaktionsbeteiligten (also auch die ÄrztInnen und die Begleitpersonen irgendwann einmal) betreffen können, liegen im Hier-und-Jetzt der Interaktion partizipationsbezogene Unterschiede bzgl. der Gruppenzugehörigkeit und Betroffenheit vor: Für die PatientInnen haben diese Informationen insofern eine erhöhte Relevanz, als diese entweder bereits der mit *Sie* evozierten „membership category" (Sacks 1972) angehören oder in naher Zukunft (voraussichtlich) Teil dieser Gruppe sein werden (z.B. als ChemopatientInnen etc.). Für die anderen InteraktionsteilnehmerInnen (ÄrztInnen bzw. Begleitpersonen) ist der als

---

15 Dieser Fall entspricht Typ 4 bei Kluge 2016 („you, the person in front of me, as the representative of a larger entity").

allgemeingültig präsentierte Sachverhalt insofern von sekundärer Relevanz, als sie im Hier-und-Jetzt kein unmittelbar betroffenes Mitglied dieser sozialen Gruppe sind.

Der folgende Gesprächsausschnitt setzt ein, nachdem A die Patientin PW über deren Lymphom und mögliche Therapiemaßnahmen aufgeklärt hat. Im Anschluss an die Frage von PWs Lebenspartner (LM), was passieren würde, wenn man auf die Chemotherapie verzichtet (Z. 660–664), antwortet A, dass dies schwer zu sagen sei, da es durchaus Fälle gebe, bei denen die Krankheit nur langsam fortschreite bzw. sich gelegentlich sogar spontane Rückbildungen abzeichnen. Allerdings betont die MedizinerIn, dass im Fall der Patientin PW wegen der vielen Lymphome im Bauch vom Hinausschieben einer Chemotherapie abzuraten ist:

```
(3) NIERE (Gespräch 001)
660 LM: ähm (--) ich sags jetzt mal SO-
661     was passiert wenn NIX passiert;
662     also ANgenommen-
663     man würde das jetzt nIcht mit chemotherapie
        beHANdeln-
664     wie wie wie (-) wird sich das lymphom
        WEIterentwickeln;
665     (0.6)
666 A:  DAS ist natürlich was-
667     was ich ihnen wirklich NICHT-
668     genau SAgen [kann,]
 (...)
684 A:  ich HAB auch einen paTIENten;
685     (0.4)°hh viele viele jahre beTREUT-
686     ähm:: (.) wo wir (.) KEIne spe[zifische ]
        Therapie gemacht haben-
687 LM:                              [hm_hm.   ]
688 A:  °hh und immer wieder (.) geGUCKT ham und-
689     aber dann irgendwann gings halt AU nimmer
        anders.
690     und bei IHNen halt-
691     wegen dieser doch VIElen-
692     °hh lymPHOmen-
693     die da im BAUCH sind-
694     <<p> würden wir_s halt DOCH nicht rAten;>
695 PW: hm_[hm;]
696 A:     [JA;]
697     °hh aber WIE,
698     und WIE das jetzt-
699     in ihrem fall WÄre,
700     wenn man KEIne chemotherapie jetzt erschtmal
        mAcht-
701     des isch alles spekulaTION;
```

```
702      ja?
703 PW:  hm;
704 A:   °h wenn die dinger im bauch GRÖßer werden,
705      dann müssen se damit RECHnen,
706      dass die NIEre,
707      °hh dass de niere ABfluss gestört [wird. ]
708 LM:                                   [hm_hm.]
709 A:   WEIL des ja-
710      es DRÜCKT ja.
711 LM:  weil [das][PHY]sisch drückt.
712 PW:       [hm_  hm;]
713 A:              [JA.]
714      geNAU.
```

Im Anschluss an A's Ausführung, dass man keine definitive Aussage darüber machen kann, was im Fall des Verzichts auf eine Chemotherapie bei der Patientin PW passieren würde („des isch alles spekulaTION;"; Z. 701), setzt A zu einer Konditionalkonstruktion an: Der *wenn*-Teilsatz „°h wenn die dinger im bauch GRÖßer werden," (Z. 704) liefert als Protasis die Bedingung, unter der die in der Apodosis geäußerte Sachlage „dann müssen se damit RECHnen- dass die NIEre- °hh dass de niere ABfluss gestört [wird.]" (Z. 705–707) gültig ist. Mittels dieser kategorischen *wenn...dann*-Konstruktion[16] abstrahiert A vom individuellen Fall der Patientin, indem sie den potenziellen Fortgang der Krankheit unter eine medizinische Erfahrung subsumiert, die für alle Personen gilt, auf die die in der Protasis genannte Bedingung zutrifft. Anhand dieser „Dekontextualisierungsleistung" (Frommer 2014: 109) nimmt A einen Perspektivwechsel von der individuellen Patientin zur Generizität vor.[17]

Das in die kategorische *wenn...dann*-Konstruktion eingebettete *Sie* wäre auch hier durch ein unpersönliches *man* ersetzbar („dann muss man damit rechnen- dass die Niere- °hh dass der Nierenabfluss gestört wird.");[18] zugleich trägt das stärker adressaten-zugewandte *Sie* zur „transposition of the recipient into a mental space built by the speaker" (Auer/Stukenbrock 2018: 290) bei.[19] Auf diese

---

16 Siehe Ayaß (1999) zu „kategorischen *wenn...dann*-Formulierungen".

17 Siehe Bergmann (2014) sowie Frommer (2014) zum ärztlichen Dilemma zwischen „objektiver Professionalität" versus „Zuwendung zum Einzelschicksal" der/des PatientIn. Hierzu auch Günthner (2021).

18 Siehe Stukenbrock/Bahr (2017: 161) sowie Auer/Stukenbrock (2018: 287) zur Inferenz einer generischen Lesart von *du* aufgrund allgemeingültiger *wenn...dann*- Darlegungen. Zur Verwendung des depersonalisierten *man* in *wenn...dann*-Konstruktionen siehe Imo/Ziegler (2019).

19 Die vorliegende Verwendung des Pronomen *Sie*~Menschen einer bestimmten sozialen Gruppe~ mit der AdressatIn als Mitglied der betreffenden Gruppe entspricht Typ 4 („you, the person in front of me, as representtative of a larger entity") in Kluges (2016: 504) Typologie. Kluge (2016: 501) führt hierbei

Weise konfrontiert A die RezipientInnen (die Patientin PW sowie deren Lebenspartner LM) mit einem Szenario, mit dem – im Fall einer Unterlassung der Chemotherapie – durchaus zu rechnen ist. Diese „in der Zone der Potenzialität"
(Schütz 1971: 257) angesiedelte Sachlage fungiert zugleich als „account" für A's
vorausgehenden Ratschlag, nicht auf die Chemotherapie zu verzichten. Anhand
dieser Wissensvermittlung rekalibriert die ÄrztIn wiederum ihre Rolle als „epistemic authority" (Heritage 2004), deren Empfehlung zur Chemotherapie medizinisch fundiert ist.

Das vorliegende Exzerpt liefert einen Einblick in die inhärente Ambiguität
und Vagheit der Referenzdomänen beim Gebrauch von *Sie*: Das aktivierte *Sie*
(„dann müssen se damit RECHnen- dass die NIEre- °hh dass de niere ABfluss gestört [wird.]"; Z. 705–707) kann einerseits als adressatendeiktische Form (*Sie*$_{Adres-}$
$_{satin}$) interpretiert werden; aufgrund seiner Pluralfähigkeit kann es andererseits
(im Unterschied zum *du*) in Mehrparteieninteraktionen wie im vorliegenden Gespräch auch auf mehrere AdressatInnen (d.h. auf PW und ihren Lebenspartner
LM; *Sie*$_{beide}$) Bezug nehmen. Darüber hinaus kann die adressatendeiktische Lesart
u.a. aufgrund der Entindexikalisierung der als allgemeingültig präsentierten
Aussage allerdings auch durch eine eingeschränkt generische überschrieben
werden, so dass die Patientin nicht individuell, sondern als Mitglied der sozialen
Gruppe der LymphompatientInnen mit Metastasen im Bauchraum (*Sie*$_{Menschen\ einer}$
$_{bestimmten\ sozialen\ Gruppe}$) konzeptualisiert wird, auf die dieser Sachverhalt potenziell zutreffen kann.[20] Ferner illustriert die vorliegende *Sie*-Verwendung die durchaus
fließende Grenze zum maximal generischen Gebrauch *Sie*$_{alle\ Menschen}$ (siehe 4.1): So
unterscheidet sich die hier indizierte, ambig gehaltene Referenzdomäne wiederum nur graduell vom *Sie*$_{alle\ Menschen}$, zumal auch hier eine als allgemeingültig präsentierte Sachlage vermittelt wird, die potenziell auf alle Menschen zutreffen
kann. Trotz des dem Pronomen *Sie* inhärenten Potenzials der Mehrdeutigkeit
wird diese Vagheit von Seiten der RezipientInnen (im vorliegenden Gesprächsausschnitt) problemlos akzeptiert, ohne dass diese eine genauere Spezifikation
von der SprecherIn einfordern.

Im folgenden längeren Gesprächsausschnitt versucht die ÄrztIn der Patientin PW die Angst vor der empfohlenen Chemotherapie zu nehmen. Nach A's

---

aus, dass das generische *du* die/den AdressatIn einlädt, „to insert him or herself into a particular
discursive position which is suggested to the addressee by the speaker".
20 Siehe auch Kluge (2016: 504) zur inhärenten Ambiguität bei Typ 4 des generischen *du*, „in
which it cannot be decided whether the recipient is addressed individually or as part of a generic
statement are more frequent".

Eingeständnis, dass die Chemo „einen schon krank macht und auch die Haare ausgehen", schließt die ÄrztIn diese Ausführung mit der beschwichtigenden Formulierung „aber man KOMMT (.) ganz gut damit DURCH;" ab. Im Anschluss informiert A die Patientin darüber, dass deren Chemo „ambuLANT" ablaufen wird (Z. 506) und leitet mit der kategorischen Formulierung „[das is] so" (Z. 508) eine als allgemeingültig indizierte Sachverhaltsdarlegung ein:

```
(4) TAGESABLAUF (GESPRÄCH 042)
506 A:   [die  k]emo läuft ambuLANT,
507 PW:  [hm_hm-]
508 A:   [das is] so dass sie mOrgens um NEUN oder um ELF
         komm_n,
509 PW:  [hm_hm-]
510 A:   un dann so zwei drei STUNDN-
511      hm na DREI stunden sinds eher-
512       drei vier stunden DA sind,=
513 PW:  =hm_hm-
514 A:   °h und dann wieder nach HAUse gehen-
515      entweder ABgeholt werden-
516      oder mit dem TAxi abgeholt werd_n-
517      <<p> das kommt immer drauf AN °h->
518 PW:  hm_[hm-]
  (...)
524 A:   <<p> °h des is eigentlich alles GUT->
525       sie sollen auch WÄHrend der kemo-
526       nich die ganze zEIt zu hause nur im BETT liegen
         ja,
527       man soll[te wenns einem wieder] gut geht-
528 PW:          [ja ja       des isch-]
529 A:   des is ja SO,
530      die kemo geht alle drei WOchen,
531 PW:  hm_hm-
532 A:   °h sie haben immer drei wochen PAUse,
533      zwischen den einzelnen ZYKlen °h-
534      u::nd dann Äh:m,
535      ((Schmatzlaut)) is es SO,
  (...)
542      [°h und-]dann isses wie son schalter UMgelegt,
543 PW:  [ hm_hm-]
544 A:   und dann hat man fast ZWEI wochen normAles
         leben-
545      [ne dann ko]mmt natürlich der NÄCHste,
546 PW:  [ hm_ hm - ]
547 A:   und je mEhr man HAT, °h
548      umso anstrengender WIRD[_s natürlich,]
549 PW:                        [ isch  klar- ]
550 A:   ja Aber °h-
551      is jetzt nich SO,
```

```
552        dass sie die ganze ZEIT,
553        irgendwie so totAl schlapp im bett LIEgen,
554 PW:   hm_hm-
555 A:    und auch nich liegen SOLLten;
556        sondern sie sOllen wirklich akTIV sein,
557        sie solln n BISSL °h-
558        <<behaucht> sport (.) fahrrad FAHren->
```

Mittels der kategorisch ausgerichteten Projektorkonstruktion „[das is] so dass" (Z. 508) abstrahiert A von der individuellen Patientin PW und präsentiert einen allgemeingültigen Sachverhalt: Der im generischen Präsenz vorgetragene Ablauf der ambulanten Chemo unterstreicht die Regelhaftigkeit des beschriebenen Therapiealltags. Diese „Dekontextualisierungsleistung" (Frommer 2014: 109) – in Kombination mit der Tatsache, dass die Adressatin im Hier-und-Jetzt der Interaktionssituation noch nicht Mitglied der Personengruppe der ChemopatientInnen ist – konstituiert wiederum die Voraussetzung für eine generalisierende Interpretation des Pronomens *Sie*, mittels dessen die Adressatin (PW) eingeladen wird, sich in das Szenario des allgemeingültigen Normalfalls (Bergmann 2014: 428) einzufinden. Trotz der entindividualisierten Referenz schwingt auch hier – anders als beim depersonalisierten *man*, das durchaus möglich wäre („das ist so, dass man morgens um neun oder um elf kommt, und dann so zwei drei Stunden..."; Z. 508ff.) – eine Orientierung am Gegenüber mit: Anhand der Darlegung der prospektiven Welt des Therapiealltags offeriert A ihrer Patientin eine Art szenische Grenzüberschreitung und damit eine „Synthese von ‚Präsentem' und ‚Nichtpräsentem'" (Schütz/Luckmann 1984: 178-179). Auf diese Weise wird PW ermöglicht, etwas „gegenwärtig Nichtgegebenes" erfahrbar zu machen.

Zugleich wird ein weiterer Aspekt potenzieller Vagheit in Bezug auf nichtkanonische *Sie*-Gebrauchsweisen erkenntlich: Eingeschränkt generische Verwendungen führen u.a. dazu, dass die Partizipationskonstellation der Interaktionsteilnehmenden aufgesplittet wird in Personen, für die die „membership category" im Hier-und-Jetzt bereits zutrifft bzw. in den nächsten Wochen zutreffen wird (die Patientin) und solchen, bei denen unklar ist, ob der medizinische Sachverhalt jemals auf sie selbst zutreffen wird und die somit (vorläufig) exkludiert sind (wie die SprecherIn A). Diese Graduierung der Gruppenteilhabe stützt die Beobachtung von Auer/Stukenbrock (2018: 288) bzgl. der Aushandelbarkeit von Kategorienzugehörigkeiten im Falle eines nicht adressatendeiktischen *du*. Sie argumentieren, dass es oftmals den Teilnehmenden überlassen bleibt, „whether they want to accept its deontic value for themselves, i.e. accept it as a generic rule, or rather interpret it as a rule that only applies to the social category [...] i.e. excluding them". Auch im vorliegenden Fall lässt die Verwendung des *Sie* der

Rezipientin einen gewissen Interpretationsspielraum in Hinblick darauf, wie stark sie sich als inkludiert betrachten möchte.

Ab Zeile 525 liefert A adressaten-bezogene Ratschläge (u.a. mit dem deontisch fungierenden Modalverb *sollen*) bzgl. des medizinisch angesagten Verhaltens während einer ambulanten Chemotherapie: „sie sollen auch WÄHrend der kemo- nich die ganze zEIt zu hause nur im BETT liegen ja,". Im Anschluss an die empfohlene Verhaltensregel wechselt A zum Pronomen *man*, das die Generizität der als allgemeingültig präsentierten Empfehlung untermauert: „man soll[te wenns einem wieder] gut geht-" (Z. 527).

Sowohl die vorliegenden *wenn...dann*-Sätze als auch die mehrfach eingesetzten kategorischen *es ist so-* bzw. *es ist nicht so*-Formulierungen (Z. 508, 529, 535, 542, 551; Günthner i. Dr.)[21] wie auch der Wechsel zum depersonalisierten *man* zementieren die Faktizität der präsentierten Sachverhalte bzw. medizinischen Erkenntnisse und tragen zur Konstruktion des skizzierten Therapieverlaufs als regelhaft und gegeben bei. Die im Gesprächsausschnitt gehäuft auftretende Wechsel zwischen dem Pronomen *man* und dem eingeschränkt generischen *Sie* indizieren nicht nur die Nähe und den Überlappungsbereich dieser pronominalen Ressourcen, sondern verdeutlichen darüber hinaus auch die interaktionale Strategie, relevante Bedeutungsnuancen anhand der betreffenden Pronomenwahl zu kontextualisieren bzw. dem Gegenüber gewisse Interpretationsspielräume einzugestehen: So setzt A das generische *man* vor allem dann ein, wenn allgemeingültige Erkenntnisse „und je mEhr man HAT, °h umso anstrengender WIRD [=s natÜrlich,]" (Z. 547-548) formuliert werden. Dagegen wechselt A bei den Ratschlägen (vgl. den gehäuften Gebrauch des Modalverbs „sollen"; Z. 555, 556, 557) und Hinweisen zum adäquaten Verhalten während der Therapie zum *Sie*, welches – u.a. aufgrund seiner Residualsemantizität – ein stärker adressatenbezogenes Involvement nahelegt.

Die mithilfe des Pronomens *Sie* vorgenommene Rekonfiguierung der Adressatin in einer ihr bislang nicht vertrauten „Sinnprovinz" (Schütz 1971) bereitet die Patientin auf eine potenzielle, im Raum stehende Zukunft vor: Die Appräsentation[22] des anvisierten Therapieablaufs (inklusive der Ratschläge zum

---

21 Siehe auch Stukenbrock/Bahr (2016: 163) zu Vorlaufkonstruktionen mit so im Kontext generischer du-Verwendungen.

22 In der Phänomenologie versteht man unter „Appräsentationen" Transpositionen, die „Raum und Zeit in Erinnerung und Entwurf" überschreiten (Schütz/Luckmann 1984: 178) und im Hier-und-Jetzt etwas Nichtvorhandenes „vergegenwärtigen". Dieses „Überschreiten der Grenzen zu anderen Wirklichkeiten" kann anhand unterschiedlicher Techniken bzw. „Bewußtseinsleistungen" vorgenommen werden (Schütz/Luckmann 1984: 179), so dass es „zur Synthese von 'Präsentem' und 'Nichtpräsentem'„ kommt.

angemessenen Verhalten) fungiert somit als kommunikative Ressource, der Rezipientin ihre Angst zu nehmen, indem ihr veranschaulicht wird, dass man selbst während der Chemotherapie eine Art „Alltag" mit zeitweise „normAle[m] leben" (Z. 544) etc. hat.

4.2.2 Kategorienbezogene Generalisierungen, die die SprecherIn inkludieren, die AdressatIn(nen) aber exkludieren (*Sie*_{Menschen einer bestimmten} *sozialen Gruppe: AdressatIn(nen) exkludiert; SprecherIn inkludiert*)

Geht man davon aus, dass dem Pronomen der 2. Person *Sie* insofern eine „residual semanticity" (Silverstein 1976: 47) innewohnt, als selbst bei nicht-kanonischen, generalisierenden Verwendungen (wie in 4.2.1.) seine „genuin hörerdeiktische Qualität" (Eggs 2017: 74) erhalten bleibt, so würde dies implizieren, dass sämtliche Typen des generisch gebrauchten *Sie* die RezipientInnen obgleich nicht individuell adressieren, so doch inkludieren. Dies ist jedoch nicht der Fall. Bei der folgenden kategorienbezogenen Generalisierung inkludiert das *Sie* zwar die SprecherIn als RepräsentantIn der betreffenden „membership category", doch die AdressatInnen sind exkludiert.[23]

Das Exzerpt entstammt einem Gespräch zwischen der ÄrztIn A, der Patientin PW, ihrem Ehemann LM und dem Sohn KM. Auf A's Vorschlag, der Patientin zwecks Verbesserung der Lebensqualität und einer möglichen Verlängerung von Lebenszeit eine Chemotherapie anzubieten, fragt der Sohn nach „was isch da im mAximale FALL rauszuholen, sozuSAge, mit dere KEmotherapie?" (Z. 309–311):

```
(5) LEBENSQUALITÄT (Gespräch 009)
304 A:   (--) also WIR ham die erfahrung gemacht,
305      dass die menschen unter DIEser kemotherapie,
306      in aller regel sich WOHler fühlen,
307      wie wenn man GAR nichts mAcht.
308      (4.4)
309 KM: was isch da im mAximale FALL rauszuholen,
310      sozuSAge,
311      mit dere KEmotherapie?
```

---

23 Diese Referenzform entspricht Typ 2 bei Kluge (2016: 504) „I, the speaker, as a representative of a larger entity" bzw. Typ 2 bei Auer/Stukenbrock (2018: 306): „...the addressee of the *du*-utterance is ostensibly not part of the group of referents over which something is predicated. Rather, the speaker generalizes over the members of a social category which includes himself/herself but excludes the addressee".

```
312 A:   den mAximalen FALL können sie im endeffekt nich
         sAgen,
313      weil EInzelfälle können auch über JAHre leben,
314      (--) aber die DURCHschnittliche,=
315 KM:  =oder DURCHschnitt,=
316 A:   =die DURCHschnittliche lEbenserwartung,
317      (--) HAT sich,
318      MITtlerweile,
319      in den STUdien,
320      von FRÜher (.) mal sieben bis acht mOnate,
321      auf (--) ZWANzig,
322      ZWEIundzwanzig,
323      VIERundzwanzig monate verlängert.
324      also ZWEI jahre.
325      in EINzelnen studien fast drei jahre.
326      (--) fast ZWEIeinhalb jahre ist richtig.
```

A reagiert auf die Nachfrage des Sohnes mit „epistemological caution" (Heritage 2004: 238–239), indem sie die Möglichkeit einer konkreten Zeitangabe bzw. Benennung des „mAximalen FALL[s]", was an Lebenszeit zu gewinnen wäre, negiert. A's Antwort beinhaltet eine Kombination aus Mitigationsmarker („im endeffekt") und einem seiner Adressatendeixis enthobenen *Sie*: „den mAximalen FALL können sie im endeffekt nich sAgen," (Z. 312). Dass der vorausgehende Sprecher und Fragesteller KM nicht Teil der durch *Sie* konstituierten Referenzdomäne ist, ist nicht nur kontextuell erschließbar, sondern wird auch anhand KM's Reaktion in Zeile 315 bekräftigt, in der dieser seine vorausgehende Frage zu „=oder DURCHschnitt,=" korrigiert und dabei verdeutlicht, dass er das *Sie* in A's Antwort keineswegs als adressierende Referenz interpretiert hat. Auch die andern in der Sprechsituation anwesenden RezipientInnen – die Patientin PW und ihr Ehemann LM – sind als medizinische LaiInnen aus der sozialen Gruppe der ExpertInnen, auf die sich die generalisierende Aussage bezieht, ausgeschlossen. Die Referenzdomäne des *Sie*_{Menschen einer bestimmten sozialen Gruppe} teilt somit die Partizipationskonstellation auf in ExpertInnen (die MedizinerInnen, zu denen A zählt) und LaiInnen (wie die anwesenden RezipientInnen PW, LM und KM), die aus der sozialen Gruppe ausgeschlossen sind.

Bei den vorausgehenden Gebrauchsweisen des generalisierenden *Sie* (vgl. die Exzerpte (1) bis (4)) war das Gegenüber entweder als Teil der Allgemeinheit (*Sie*_{alle Menschen}) oder aber als Mitglied der sozialen Gruppe, auf die die Generizität (in naher Zukunft) zutrifft (*Sie*_{Menschen einer bestimmten sozialen Gruppe; AdressatIn(nen) inkludiert}) einbezogen. Folglich blieb die Residualsemantizität von *Sie* bzgl. Adressateninklusion wirksam. Der vorliegende Ausschnitt (5) LEBENSQUALITÄT zeigt dagegen einen *Sie*-Gebrauch, der aufgrund der Enthebung seiner adressatendeiktischen Funktion in einem merklichen Widerspruch zum kanonischen *Sie* („you, the person in front of me"; Kluge 2016) steht und als Fall des „Personenwechsels" (Grimm 1856; Auer/Stukenbrock 2018) zu betrachten ist: Anhand des *Sie*_{Menschen einer bestimmten sozialen Gruppe} werden der unmittelbare Rezipient KM sowie die anwesende Patientin PW und ihr Ehemann LM eingeladen, eine Transposition in die Rolle von MedizinerInnen vorzunehmen, um sich in einer Welt „außerhalb ihrer aktuellen Reichweite" (Schütz/Luckmann 1979) – d.h. in der Welt der SprecherIn – wiederzufinden. Auer/Stukenbrock (2018: 291) führen in Zusammenhang mit einer vergleichbaren Verwendung des kategorien-gebundenen *du* aus:

> by using the second person pronoun in a context in which a purely addressee deictic understanding is impossible, requests his addressees to transpose themselves into an imagined world in which they are members of the social category to which the speaker belongs. This is what invites (and even forces) the recipients to engage with the speaker in joint perspective taking via imagined co-membership in a category for which a generalization is presented.

Angesichts der vorliegenden Transposition in Bezug auf die Welt der MedizinerInnen stellt sich die Frage, inwiefern hier nicht das depersonalisierte Pronomen *man*, das als Standardpronomen für generische Aussagen gilt, die naheliegende Option wäre: „den maximalen Fall kann man im Endeffekt nicht sagen". Ein solches *man* würde allerdings einen distanzierteren, unpersönlichen „matter-of-fact stance" indizieren,[24] und nicht wie das *Sie* den Kommunikationspartner zum „Mitspieler" machen. Ein unpersönliches *ich*, das ebenfalls eine Option wäre („den mAximalen FALL kann ich im endeffekt nicht sAgen,"), würde dagegen eine persönliche Einschätzung der ÄrztIn suggerieren. Da A in Bezug auf die konkrete Vorhersage zur Lebenserwartung der Patientin jedoch eine subjektive Stellungnahme zu vermeiden versucht, erweist sich das Pronomen *Sie* (statt *ich*) als ideale, mit der epistemischen Vorsicht kompatible Ressource.

Aufschlussreich ist auch die Fortsetzung von A's Redezugs:

```
325 A:   in EINzelnen studien fast drei jahre.
326      (--) fast ZWEIeinhalb jahre ist richtig.
327      (1.8)
328      das ist der DURCHschnitt;
329      (1.1)
330      sie könn_s auf_n EINzelfall,
331      NIE runterbrechen;
332 LM: JA: [ich denk dass te  ]
333 A:      [DURCHschnitt heißt ] MITte.
334      die HÄLFte.
```

---

24 Siehe auch Auer/Stukenbrock (2018: 289).

A schwächt ihre Angabe zum Durchschnitt (Z. 326–328) nach einer kurzen Pause (Z. 329) durch den Zusatz ab, dass man (bzw. *Sie*) dies jedoch auf den konkreten „EINzelfall, NIE RUNterbrechen" kann (bzw. „könn_s") (Z. 330–331). Bei dieser Vermittlung von allgemeingültigem Wissen darüber, was Durchschnitt eigentlich bedeutet, kommt das Pronomen wiederum dem uneingeschränkt bzw. maximal generischen *Sie*$_{alle\ Menschen}$ nahe, da es sich auf eine unspezifische Gesamtheit von Personen (einschließlich SprecherIn und RezipientIn) bezieht (vgl. 4.1.). (Die generische Lesart wird ferner durch das verabsolutierende Adverb *nie* unterstützt.) A's folgende belehrende Erläuterung zu „Durchschnittsangaben" hinsichtlich der Prognostizierung der Lebenserwartung („[DURCHschnitt heißt] MITte. die HÄLFte."; Z. 333–334) unterstreicht den „impersonal use" (Kitagawa/Lerner 1990: 752) von *Sie* als „Everyman". Einmal mehr weist der Ausschnitt auf den fließenden Übergang zwischen den *Sie*-Verwendungsweisen *Sie*$_{Menschen\ einer}$ $_{bestimmten\ sozialen\ Gruppe}$ und *Sie*$_{alle\ Menschen}$ innerhalb einer Erläuterungssequenz hin.

4.3 Kategorienbezogene Generizitäten, die sowohl AdressatIn(nen) als auch SprecherIn exkludieren
(*Sie*$_{Menschen\ einer\ bestimmten\ sozialen\ Gruppe}$: *AdressatIn(nen) exkludiert; SprecherIn exkludiert*)

Die nicht-adressierende, generalisierende Verwendung des Pronomens *Sie* wird darüber hinaus selbst dann aktiviert, wenn keine der anwesenden TeilnehmerInnen (weder AdressatIn(nen) noch SprecherIn) Teil der sozialen Gruppe sind, auf die die betreffende Prädikation zutrifft.[25]

Der folgende Ausschnitt entstammt einem Gespräch zwischen der ÄrztIn A, der Patientin PW sowie deren Tochter KW. Im Anschluss an die Diagnose eines aggressiven Plasmozytoms präsentiert A die Therapieempfehlung: Eine Chemotherapie soll die weitere Ausbreitung des Tumors verhindern, auch wenn diese die Patientin nicht „für immer gesund machen" kann. Daraufhin setzt folgende Sequenz ein:

---

25 Diese Gebrauchsweise entspricht Typ 3 in der Typologie von Auer/Stukenbrock (2018: 307): „restricted generic: speaker and addressee excluded; displacement required". Bei Kluge (2016) wird diese Verwendungsweise nicht erwähnt.

```
(6) STABILISIEREN (Gespräch 046-1)
776 A:   °hh aber äh sagen wir mal SO?
777      (0.8)
778      die CHANce dass wir_s LÄNgerfristig- (1.0)
779      STAbilisiert bekommen,
779      DIE is gut.
780      (0.5)
781      ja,
782      (1.1)
783 KW:  <<p> das wär SCHÖN;>
784 A:   und es muss überHAUPT nich sein,
785      dass man (.) im DORF ihnen ansehen wird,
786      <all> also das is ANders als wenn sie jetzt weiß
         ich nicht,
787      (-) schlimmen BRUSTkrebs hätten,
788      wo sie stArke SCHEmo brauchen,
789      wo die hAAre alle AUSfallen; =ne,>
790      das ist NICHT zu erwarten.
791      (0.4)
792      <<pp> ne,>
793      (1.0)
794      is vielleicht AUCH nicht ganz unwichtig zu
         [wissen,]
795 PW:  [ja isch]auch net Unwichtig aber-
794      wenn_s so WÄR,
795      wär_s [AU ??; ]
```

Im Anschluss an das ärztliche Eingeständnis, dass mit der Chemobehandlung zwar keine Heilung erzielt werden kann, doch zumindest eine längerfristige Stabilisierung zu erreichen ist, formuliert die Tochter mit leiser Stimme ihren hoffnungsvollen Wunsch „<<p> das wär SCHÖN;>„ (Z. 783). A knüpft daraufhin mit dem Konnektor „und" (Z. 784) an ihre vorausgehende Ausführung an und geht auf die zuvor geäußerte Befürchtung der Patientin, dass andere Personen im Dorf über deren Erkrankung reden, ein: Bei der empfohlenen Chemotherapie muss es keineswegs so sein, dass die DorfbewohnerInnen ihr dies ansehen (Z. 784–785). Die von A verwendete, im Konjunktiv realisierte *wenn...dann*-Konstruktion übermittelt ein Szenario, das auf PW gerade nicht zutrifft: „das is ANders als wenn sie jetzt, weiß ich nicht, (-) schlimmen BRUSTkrebs hätten, wo sie stArke SCHEmo brauchen, wo die hAAre alle AUSfallen; =ne," (Z. 786–788). Obgleich die Referenzdomäne dieser als kontrafaktisch konstruierten Situation keinen der anwesenden TeilnehmerInnen inkludiert, aktualisiert A weder ein depersonalisiertes *man* („das ist anders als wenn man jetzt [...] schlimmen Brustkrebs hätte, wo man eine starke Chemo braucht") noch eine deagentivierte Konstruktion (wie „das ist anders als bei schlimmen Brustkrebs, wo eine starke Chemo gebraucht wird"). Stattdessen konstruiert sie eine hypothetische „Welt außerhalb der aktuellen

Reichweite" (Schütz/Luckmann 1979: 63–65), in der die Rezipientin als inszenierte Figur erscheint und eine Situation eintritt, die in PWs Fall gerade nicht „zu erwarten" ist. Anhand dieses in eine „irreale Sinnprovinz" (Schütz 1971) transferierten Kontrastszenarios versucht A (ex negativo) der Patientin ihre Befürchtung bzgl. Sichtbarkeit ihrer Erkrankung und Gerede im Dorf zu nehmen.

Während die ÄrztInnen bei den im Potentialis präsentierten *wenn…dann*-Konstruktionen (siehe u.a. Exzerpt (4)) ein Szenario aktivieren, das das Gegenüber in naher Zukunft durchaus erleben könnte, schließt die hier als irreal porträtierte Szene den adressatendeiktischen Einbezug der Adressatin klar aus. Dennoch wird auch hier die Patientin dazu eingeladen, sich anhand einer Transposition etwas Nichtvorhandenes zu „vergegenwärtigen" (Schütz/Luckmann 1984: 178).[26]

In den vorliegenden Aufklärungsgesprächen verwenden ÄrztInnen allerdings auch dann ein seiner deiktischen Funktion enthobenes *Sie*_{Menschen einer bestimmten sozialen Gruppe: AdressatIn(nen) und SprecherIn exkludiert}, wenn kein kontrafaktisches Szenario aufgebaut wird – wie im folgenden Exzerpt, in dem die ÄrztIn A den Patienten PM über die Wirkung der empfohlenen Strahlentherapie aufklärt. Nachdem A bzgl. der Therapieempfehlung betont, dass man im Fall des Patienten ein Problem der Einschätzung hat, ob man erst einmal nur eine Bestrahlung machen sollte und abwartet, inwiefern diese ausreicht, oder ob man sofort zu einer systemischen Therapie (Chemotherapie) greifen sollte. Aufgrund dieser Unsicherheit schlägt A vor, PMs Fall zunächst nochmals mit den Strahlentherapeuten abzustimmen und dabei die möglichen Auswirkungen der Radiotherapie zu eruieren. Im Anschluss an diese Ausführung thematisiert der Patient PM seine Vermutung, eine solche Strahlentherapie könnte gesundes Gewebe „kaputt machen" (Z. 337–340). Dem widerspricht A mehrfach (Z. 341–343), wobei das *Sie* in Zeile 343 „NEIN gesUndes wollen sie nich kaPUTT machen;" insofern ambig ist, als es zwar keine adressatendeiktische Funktion hat, doch nur schwerlich anaphorisch zu interpretieren ist, da kein vorausgegangenes Bezugsnomen vorhanden ist. In ihrer Fortsetzung des Redezugs begründet A nun diese Gegenposition: „[mit ner beS]TRAHlung (.) wirken sie lokal auf eIne stelle." (Z. 353). Auch das hier aktualisierte *Sie* verweist weder auf den Adressaten oder gar Sprecher, noch fungiert es als Anapher:

---

26 Siehe die Parallele zu Bühlers (1934/1965: 121–123) Deixis am Phantasma, bei dem anwesende Lokalitäten und Ereignisse über die Vorstellung im Hier-und-Jetzt imaginiert werden, indem die Interagierenden displaziert werden (Auer/Stukenbrock 2018: 290).

(7) STRAHLENTHERAPIE (Gespräch 015)
337 PM: [da verMUT ich jetzt mal dass-] man die bestrahlung,
338   <<all> sag ich mal,>
339   drumherUM auch (.) was? (--) geSUNdes kaPUTT macht.
340   [sag ich jetzt mal SO.]
341 A: [geSUNdes nicht kaputt.]
342   nein;
343   **NEIN gesUndes wollen sie nich kaPUTT machen;**
344   **sie beSTRAHlen mit ner sIcherheitszone außenrum;**
345   im [falle] wenn DORT noch-
346 PM: [oKEE,]
347   (0.3)
348 PM: und wo [isch jetzt da das PROblem da;]
349 A: [mikrosKOpisch (gleich) krAnkheiten
        sind;   ]
350 PM: [we_ we_man in RICHtung] bestrAhlung denkt,
351 A: [((seufzt,))   ] (2.0)
352 PM: weil sie noch [SCHWANken-]
353 A: **[mit ner beS]TRAHlung (.)**
        wirken sie lokal auf eIne stelle.
354 PM: ja?
355   (2.9)
356 A: [mir geht_s DA rum-   ]
357 PM: [un die KRIEGT man-=]
358   =die dann nIcht zur HEIlung,
359   oder oder ver- wie verSTEH ich das jetzt?
360 A: nee das proBLEM is,
361   (0.3)
362   was macht die ZUkunft;
363 PM: h°
364 A: mach ich ihnen jetzt SECHS mal kEmotherapie,
365   das kostet sie UNgefähr;
366   (0.7)
367   eh vIer bis fünf MOnate -

Im Anschluss an A's Zusicherung, dass kein gesundes Gewebe „kaPUTT" gemacht wird (Z. 342–345), unterbricht ihn PM mit der Nachfrage, weshalb die ÄrztIn dennoch Bedenken in Bezug auf die Strahlentherapie hat und „schwankt" (Z. 348–352). Anstatt direkt darauf zu antworten, setzt A ihre Ausführung zur Radiotherapie fort: „[mit ner beS]TRAHlung (.) wirken sie lokal auf eIne stelle." (Z. 353), wobei sich die „agency" dieser mittels des Pronomens *Sie* vollzogenen Aussage auf die Radiologen und damit weder auf die SprecherIn noch auf den Adressaten bezieht. Zugleich wird dem Patienten ein „als ob"-Transfer (Schütz 1971: 271) in die „außerhalb seiner aktuellen Reichweite" (Schütz/Luckmann 1979) liegende Welt der Radiologen angeboten. Die Reaktion des Patienten (Z. 354–359) indiziert, dass dieser das vorausgehende *Sie* als depersonalisiertes Pronomen verstanden hat, zumal er die Aussage von A mit der Partikel *ja*, dem Konnektor *und* sowie einem Wechsel vom eingeschränkt generischen *Sie* zum entpersonalisierten Pronomen *man* in Form einer Frage fortführt: „ja? (2.9) un die KRIEGT man==die dann nicht zu HEILung," (Z. 354–358).

Zusammenfassend gilt, dass SprecherInnen (hier: ÄrztInnen) in den vorliegenden Interaktionen das Pronomen *Sie* im Rahmen der Vermittlung medizinischen Wissens selbst dann aktivieren, wenn weder die AdressatInnen noch sie selbst Teil der durch *Sie* aktivierten Referenzgruppe sind. Dieser jenseits der adressatendeiktischen Verwendung liegende Gebrauch des Distanzpronomens der 2. Person (*Sie*Menschen einer bestimmten sozialen Gruppe: AdressatIn(nen) und SprecherIn exkludiert) dient dazu, die PatientInnen (und deren Begleitpersonen) mit einer ihnen bislang unvertrauten Welt zu konfrontieren, um ihnen auf diese Weise Einblicke in die Welt der Medizin zu vermitteln und diese intersubjektiv erfahrbar zu machen.

4.4 Die retraktive Implementierung einer adressatendeiktischen *Sie*-Lesart

Die bisherigen Ausschnitte veranschaulichen, wie Interagierende das Pronomen *Sie* in bestimmten Kontexten aktivieren, um abweichend von der prototypischen adressatendeiktischen Lesart eine generische bzw. teilweise sogar adressaten-exkludierende Interpretation nahezulegen. Allerdings zeichnen sich im vorliegenden Korpus auch Kontexte ab, die eine nicht-prototypische, generalisierende Interpretation präferiert suggerieren, so dass die SprecherIn das Pronomen *Sie* mit einer desambiguierenden Referenzzuweisung expandiert,[27] um eine deiktisch personifizierte Inferenz *Sie*AdressatIn zu implementieren.

Der folgende Ausschnitt skizziert, wie die ÄrztIn A im Kontext einer zur Wissensvermittlung initiierten, kategorischen *wenn...dann*-Konstruktion die Lesart eines generalisierenden *Sie* anhand einer retrospektiven Explikation blockiert. Nachdem A die Patientin PW über die Eigenschaften ihres Mammakarzinoms aufgeklärt hat, informiert sie PW über die inzwischen gängige medizinische Praxis, die angesagte Chemotherapie bereits vor der Brust-OP vorzunehmen:

```
(8) CHEMOTHERAPIE (Gespräch 044)
049 A:   jetzt is HEUTzutage so,
050      °hh DASS man,
051      WENN man schon ne KEmo machen MUSS,
052      (.) ä:hm,
```

---

27 Siehe auch Mostovaia/Fedorovskaya/Imo (2023) zu „Desambiguierungsmittel zur Referenzklärung" bei deutschen und russischen Pronomen der 1. Person Plural.

```
053        MACHT mer_s heutzutage nicht mehr sO,
054        dass man zuNÄCHST die operation macht,
055        des WEGoperiert,
056        DANN die kemo macht,
057        (--) ä::hm,
058        weil man dann gar kein ANhalt hat,
059        und weiß,
060        ob des erschtens die RICHtige kemo isch,
061        WIRKT die überhaupt,
062        man hat überhaupt nix mehr wo man GUCKe kann,
063        ob das für SIE:,
064        speziell als (.) frau MÜLler²⁸,
065        die [richtige] KEmo isch,
066 PW:        [passt, ]
067 A:     ob das PASST,
068        geNAU,
069        ((zieht die Nase hoch)) DESwegen,
070        (.) macht man es heutzutage ANdersrum,
071        (-) dass man zuNÄCHST,
072        (.) die CHEmo gibt,
```

A beginnt mit einer als allgemeingültig dargelegten, „entindexikalisierten Information" (Kallmeyer/Keim 1994: 268) darüber, was ·„HEUTzutage" der Stand der Dinge in Bezug auf die empfohlene Chemotherapie ist (Z. 049ff.). Der projektiven *es ist so*-Konstruktion²⁹ folgt eine *wenn...dann*-Konstruktion mit einer sich über mehrere Intonationseinheiten erstreckenden Apodosis (Z. 053–065). In dem mit dem Konnektor *ob* einsetzenden Teilsatz (Z. 063) findet ein Pronomenwechsel vom depersonalisierten *man* zum *Sie* („ob das für SIE:,") statt, welches aufgrund der als allgemeingültig und vom konkreten *hic et nunc* losgelösten Sachlage weiterhin eine depersonalisierte Interpretation suggerieren könnte. Unmittelbar nach der Artikulation des Pronomens *Sie* fügt A jedoch eine Parenthese ein („speziell als (.) frau MÜLler,"), die das vorausgehende Pronomen retraktiv als nicht länger generisch, sondern als auf die im Hier-und-Jetzt anwesende Adressatin gerichtete Anrede rekalibriert. Diese pronominale Expansion mittels namentlicher Anrede wirkt einer potenziellen Fehlinterpretation insofern entgegen, als die zuvor präsentierte, allgemeingültige Sachlage nun auf die individuelle Adressatin im Hier-und-Jetzt der Interaktion heruntergebrochen wird.

Dieser Ausschnitt veranschaulicht, wie ein spezifischer sequenzieller Kontext (z.B. Wissensvermittlung im Rahmen von Experten-Laien-Gesprächen,

---

28 Der Name wurde anonymisiert.

29 Siehe Günthner (i. Dr.) zu kategorischen *es ist (immer/halt/einfach) so*-Konstruktionen in medizinischen Konsultationen.

angereichert mit kategorischen *es ist so, dass-* bzw. *wenn...dann-*Formulierungen, entindexikalisierten und als allgemeingültig präsentierten Aussagen etc.) eine generische Interpretation geradezu suggerierten kann, so dass es einer besonderen Anstrengung bedarf, eine prototypische, adressatendeiktische Inferenz zu mobilisieren.

5 Fazit

Wie die vorliegenden Gesprächsdaten verdeutlichen, setzen Interagierende das Pronomen *Sie* neben seiner prototypischen Funktion der deiktischen Referenz auf AdressatInnen auch als generalisierendes Pronomen zur Indizierung unterschiedlicher Referenzdomänen und Partizipationskonstellationen ein.

SprecherInnen mobilisieren das Pronomen *Sie* u.a. im Sinne einer generischen Gebrauchsweise (*Sie*_{alle Menschen}), vergleichbar mit dem depersonalisierten *man*. Hierbei bezieht sich das *Sie* auf eine unspezifische Gesamtheit von Personen (einschließlich SprecherIn und RezipientIn(nen)), auf die die als allgemeingültig markierte Aussage zutrifft.[30] Ein solches (nahezu) uneingeschränkt generisches *Sie*_{alle Menschen} wird von Seiten der ÄrztInnen in den vorliegenden Gesprächen als Ressource eingesetzt, um ihre PatientInnen – im Fall von verunsicherten Nachfragen, Indizierung von Skepsis und Besorgnis – von der fraglosen Gegebenheit medizinischer Vorgänge, ärztlicher Einschätzungen, Verhaltensratschläge etc. zu überzeugen. Ferner zeigt sich in den Gesprächsdaten auch ein eingeschränkt generisch fungierendes *Sie*_{Menschen einer bestimmten sozialen Gruppe: AdressatIn(nen) inkludiert}, mit dem die AdressatIn zwar nicht direkt adressiert, so doch als Teil der sozialen Gruppe inkludiert wird.[31] Dieses *Sie* wird von Seiten der ÄrztInnen primär aktualisiert, um das Gegenüber mit seiner neuen Rolle als KrebspatientIn bzw. mit ihrer/seiner in naher Zukunft eintretenden „neuen" Lebenswelt zu konfrontieren. Anhand von Szenarien des Therapiealltags, Darlegungen möglicher Nebenwirkungen,

---

30 Diese allumfassende Verwendung von *Sie* entspricht Kluges (2016: 504) Typ 3 „anyone", bzw. Typ 1a bei Auer/Stukenbrock (2018: 306) „maximally generic: speaker and addressee are included in generic category".

31 Zugleich ist hervorzuheben, dass sich eine strikte Grenzziehung zwischen uneingeschränkter und eingeschränkter Generizität als problematisch erweist, da selbst bei Aussagen mit einer (nahezu) uneingeschränkten Gültigkeit bestimmte Kontextfaktoren gegeben sein müssen, damit die Sachlage auf ausnahmslos alle Menschen zu jeder Zeit zutrifft (siehe hierzu u.a. die Gesprächsausschnitte (1) und (2)).

Risiken bzw. Heilungsoptionen etc. werden die PatientInnen durch das inkludierende *Sie* in einer ihnen bislang unvertrauten Welt rekonfiguriert, um ihnen auf diese Weise Einblicke in eine potenziell auf sie zutreffende bzw. eine hypothetische „Welt außerhalb der aktuellen Reichweite" (Schütz/Luckmann 1979: 63–65) zu übermitteln. Bei diesen Appräsentationen einer (noch) nicht vorhandenen aber potenziell zutreffenden Erfahrung (Schütz/Luckmann 1984: 178) zeichnen sich allerdings unterschiedliche Graduierungen der Betroffenheit unter den GesprächsteilnehmerInnen ab: Obgleich die präsentierten Szenarien irgendwann auch Teil des Alltags der SprecherInnen selbst bzw. der Begleitpersonen der PatientInnen sein können, haben sie für die soeben als KrebspatientIn diagnostizierten PatientInnen eine deutlich höhere Inklusionsrelevanz.

In den vorliegenden Interaktionen finden sich allerdings auch generalisierende Verwendungen des Pronomens *Sie*, die über dessen eigentliche Residualsemantik der Adressateninklusion hinausgehen, indem sie entweder nur die SprecherIn inkludieren (*Sie*_{Menschen einer bestimmten sozialen Gruppe: AdressatIn(nen) exkludiert; SprecherIn inkludiert}) oder aber sowohl AdressatIn(nen) als auch SprecherIn exkludieren (*Sie*_{Menschen einer bestimmten sozialen Gruppe: AdressatIn(nen) exkludiert; SprecherIn exkludiert}). Diese ihrer „hörerdeiktischen Grundfunktion" (Eggs 2017: 74) enthobenen *Sie*-Verwendungen werden in Kontexten aktiviert, in denen die ÄrztInnen ihre PatientInnen mit der ihnen unvertrauten Welt der MedizinerInnen konfrontieren, um auf diese Weise medizinische Erwägungen, Empfehlungen bzw. anvisierte Handlungsschritte intersubjektiv erfahrbar zu machen („situational insertion", Du Cock 2016: 365); bzw. einen „common ground" zwischen ÄrztIn und PatientIn (sowie deren Begleitpersonen) zu konstituieren (vgl. Exzerpte (7) und (8)).

Auf Basis der vorliegenden Analyse möchte ich argumentieren, dass die immer wieder zu beobachtenden Ambiguitäten, die eine trennscharfe Abgrenzung der Referenzdomänen bzw. Partizipationskonstellationen verhindern (siehe die „fuzzy boundaries" zwischen uneingeschränkt und eingeschränkt generischen Verwendungsweisen sowie die graduellen Abstufungen möglicher Inklusion der InteraktionsteilnehmerInnen), geradezu Bestandteil der Funktionalität des generalisierenden *Sie* sind: Auch wenn das Gegenüber in allen Fällen zur Immersion in die skizzierte reale, potenziell-zukünftige, hypothetische bzw. irreale Situation „eingeladen" wird, kann sich die/der RezipientIn mehr oder weniger stark als imaginierte Figur in dieser Welt (jenseits seiner aktuellen Reichwelt) positionieren. Hierbei wird zugleich der Mehrwert bzw. die interaktionale Stärke des (generisch verwendeten) *Sie* im Vergleich zum depersonifizierten *man* erkenntlich: Aufgrund seiner Residualsemantizität markiert der/die SprecherIn mit dem Pronomen *Sie* eine stärkere Orientierung am Gegenüber und indiziert so ein erhöhtes intersubjektives Involvement;[32] darüber hinaus ermöglicht das *Sie* (ähnlich wie das *du*) dem/der SprecherIn, sein Gegenüber als Figur im Geschehen zu konzeptualisieren, und ihm so eine bestimmte Perspektive nahe zu bringen.

Der Vergleich mit Forschungsergebnissen zum nicht-adressierenden *du* (Kluge 2016; Stukenbrock/Bahr 2017; Auer/Stukenbrock 2018) veranschaulicht neben Parallelen (siehe oben), auch Unterschiede, die u.a. an der Pluralfähigkeit von *Sie* (sowohl in seiner deiktischen als auch anaphorischen Verwendung) als auch seinem vorrangigen Einsatz bei Distanzbeziehungen festzumachen sind. Ferner findet sich in den vorliegenden Interaktionen kein Fall eines subjektivierten, sprecher-bezogenen *Sie*$_{ich}$ (Typ 1 bei Kluge (2016) bzw. Typ 4 bei Auer/Stukenbrock (2018)). Dies könnte darauf zurückzuführen sein, dass in der institutionellen Gesprächsgattung onkologischer Aufklärungsgespräche weder von Seiten der ÄrztInnen noch PatientInnen subjektive Erlebnisse rekonstruiert werden, bei denen die SprecherIn ihr Gegenüber einladen möchte, ihre auf persönliche Erfahrungen basierende Perspektive zu übernehmen.[33] Dieser Sachverhalt verweist einmal mehr auf die Kontextbezogenheit zwischenmenschlicher Interaktionen und deren Verwobenheit mit dem jeweiligen „social field" (Hanks 2005: 18), welche nicht nur die Verwendungspräferenzen beeinflussen, sondern auch deren Inferenzen mitbestimmen.

---

32 Dies widerspricht bisherigen Hypothesen, dass aufgrund der Distanz bei Siez-Beziehungen eine solche, das Gegenüber involvierende, Verwendung des Pronomens *Sie* (im Gegensatz zum *du*) als „übergriffig" interpretiert würde: „The most straightforward explanation is that in a *Sie*-relationship, it would come across as encroaching to engage the other in the way non-addressee deictic *du* engages the co-participant, given the negative politeness rules that characterize such a relationship." (Auer/Stukenbrock (2018: 301). Auch Kluge (2016: 519) betont: „Therefore, generic seconds should be more likely to occur in these interactions than among people who know each other less well."

33 In informellen Alltagsinteraktionen werden solche *Sie*$_{ich}$-Verwendungen (speziell im Kontext von *wenn...dann*-Konstruktionen) durchaus eingesetzt. Vgl. folgende Äußerung einer Gästehausbesitzerin im Gespräch mit einem Gast. Es geht um die Frage, inwiefern sich der Gästehausbetrieb noch lohnt: „WISset se, (.) w_wenn se halt VIER monat lang (-) kaum GÄSCHT hän, überlegt se scho:, ob sich des no: rendiert." (Übersetzung: „wissen Sie, wenn Sie halt vier Monate lang kaum Gäste haben, überlegen Sie schon, ob sich dies noch rentiert".)

6 Literaturangaben

Auer, Peter & Anja Stukenbrock (2018): When ‚you' means ‚I': The German 2nd Ps.Sg. pronoun *du* between genericity and subjectivity. *Open Linguistics* 4, 280–309.

Ayaß, Ruth (1999): Form und Funktion kategorischer Formulierungen. In Jörg Bergmann & Thomas Luckmann (Hrsg.), *Kommunikative Konstruktion von Moral. Band 1: Struktur und Dynamik der Formen moralischer Kommunikation*, 106–124. Opladen: Westdeutscher Verlag.

Bentz, Martin, Martin Binnenhei, Georgios Coussios, Juliana Gruden, Wolfgang Imo, Lisa Korte, Thomas Rüdiger, Antonia Ruf-Dördelmann, Michael R. Schön & Sebastian Stier (2016): Von der Pathologie zum Patienten: Optimierung von Wissenstransfer und Verstehenssicherung in der medizinischen Kommunikation. In *SpIn* 72, 1–43. http://krebshilfe.sprache-interaktion.de/wp-content/uploads/2016/08/Bentz-et-al.-2016-Von-der-Pathologie-zum-Patienten.pdf

Berger, Peter & Thomas Luckmann (1969/2016): *Die gesellschaftliche Konstruktion der Wirklichkeit. Eine Theorie der Wissenssoziologie.* Frankfurt: Fischer.

Bergmann, Jörg (2014): Der Fall als epistemisches Objekt. In Jörg Bergmann, Ulrich Dausendschön-Gay & Frank Oberzaucher (Hrsg.), *‚Der Fall' – Studien zur epistemischen Praxis professionellen Handelns*, 423–440. Bielefeld: transcript.

Bühler, Karl (1934/1965): *Sprachtheorie.* Stuttgart: Fischer.

Couper-Kuhlen, Elizabeth & Margret Selting (2018): *Interactional Linguistics. Studying Language in Social Interaction.* Cambridge, New York: Cambridge University Press.

De Cock, Barbara (2016): Register, genres and referential ambiguity of personal pronouns: A cross-linguistic analysis. *Pragmatics* 26 (3), 361–378.

Duden (2022): *Duden - Die Grammatik. Struktur und Verwendung der deutschen Sprache. Sätze - Wortgruppen - Wörter. Band 4.* 10. Aufl. Mannheim u.a.: Dudenverlag.

Eggs, Frederike (2017): ‚Darf man fragen, wie alt Sie sind?' - Zu einigen ungewöhnlichen Formen der Selbst- und Fremdreferenz und ihren Funktionen. In Yüksel Ekinci, Elke Montanari & Lirim Selmani (Hrsg.), *Grammatik und Variation. Festschrift für Ludger Hoffman*, 67–81. Heidelberg: Synchron.

Ehmer, Oliver (2011): *Imagination und Animation. Die Herstellung mentaler Räume durch animierte Rede.* Berlin, New York: De Gruyter.

Eisenberg, Peter (1999): Grundriß der deutschen Grammatik: Der Satz. Stuttgart: Metzler.

Fauconnier, Gilles (1985): *Mental spaces: Aspects of Meaning Construction in Natural Language.* Cambridge/Mass.: MIT Press.

Frommer, Jörg (2014): Therapie als Fallarbeit: Über einige Grundprobleme und Paradoxien professionellen Handelns in der Medizin. In Jörg Bergmann, Ulrich Dausendschön-Gay & Frank Oberzaucher (Hrsg.), *‚Der Fall' – Studien zur epistemischen Praxis professionellen Handelns*, 103–123. Bielefeld: transcript.

Goffman, Erving (1979): Footing. *Semiotica* 25 (1–2), 1–29.

Goodwin, Charles & Marjorie Goodwin (2000): Participation. *Journal of Linguistic Anthropology* 9 (1), 173–176.

Grimm, Jacob (1856): Über den pronomenwechsel in der rede. In Königliche Akademie der Wissenschaften zu Berlin (Hrsg.), *Philologische und historische Abhandlungen*, 1–64. Berlin: Königliche Akademie der Wissenschaften.

Gumperz, John J. (1992): Contextualization and understanding. In Alessandro Duranti & Charles Goodwin (Hrsg.), *Rethinking Context*, 229–252. Amsterdam: Benjamins.

Günthner, Susanne (2017): Diskursmarker in der Interaktion – Formen und Funktionen univerbierter guck mal- und weißt du-Konstruktionen. In Hardarik Blühdorn, Arnulf Deppermann, Henrike Helmer & Thomas Spranz-Fogasy (Hrsg.), *Diskursmarker im Deutschen. Reflexionen und Analysen*, 103–130. Göttingen: Verlag für Gesprächsforschung.

Günthner, Susanne (2018): Thomas Luckmanns Einfluss auf die Sprachwissenschaft – Kommunikative Gattungen im Alltagsgebrauch am Beispiel onkologischer Aufklärungsgespräche. In Alois Hahn & Martin Endreß (Hrsg.), *Lebenswelt und Gesellschaft. Gedenkband für Thomas Luckmann*, 358–400. Konstanz: UVK.

Günthner, Susanne (2021): WIR im interaktionalen Gebrauch: Zur Verwendung des Pronomens der 1. Person Plural in der institutionellen Kommunikation – am Beispiel onkologischer Aufklärungsgespräche. *Zeitschrift für Germanistische Linguistik* 49 (2), 292–334. https://doi.org/10.1515/zgl-2021-2034 (letzter Zugriff 05.09.2023).

Günthner, Susanne (2023): Kategorische Formulierungen als Praktiken der Rekalibrierung von Normalität in 'brüchigen Zeiten': Strategien der Vermittlung von allgemeingültigem Wissen in onkologischen Aufklärungsgesprächen. Erscheint in Nathalie Bauer, Susanne Günthner & Juliane Schopf (Hrsg.), *Kommunikative Konstruktion von Normalitäten in der Medizin – Gesprächsanalytische Perspektiven*. Berlin, Boston: De Gruyter.

Hanks, William F. (2005): Explorations in the Deictic Field. *Current Anthropology* 46 (2), 191–220.

Helmbrecht, Johannes (2015): A typology of non-prototypical uses of personal pronouns: Synchrony and diachrony. *Journal of Pragmatics* 88, 176–189.

Heritage, John (2004): Conversation analysis and institutional talk: analysing data. In David Silverman (Hrsg.), *Qualitative Research: Theory, Method and Practice*. London: Sage

Hoffmann, Ludger (2016): *Deutsche Grammatik, Grundlagen für die Lehrerausbildung, Schule, Deutsch als Zweitsprache und Deutsch als Fremdsprache*. Berlin: Erich Schmidt.

Imo, Wolfgang (2019): Sprachliche Akkomodation in onkologischen Therapieplanungsgesprächen. *Zeitschrift für Angewandte Linguistik* (71), 269–298.

Imo, Wolfgang & Jens Lanwer (2019): *Interaktionale Linguistik: Eine Einführung*. Berlin: Metzler.

Imo, Wolfgang & Evelyn Ziegler (2019): Situierte Konstruktionen: das Indefinitpronomen man im Kontext der Aushandlung von Einstellungen zu migrationsbedingter Mehrsprachigkeit. *Osnabrücker Beiträge zur Sprachtheorie* 94, 75–104.

Kallmeyer, Werner & Inken Keim (1994): Formelhaftes Sprechen in der Filsbachwelt. In Werner Kallmeyer (Hrsg.), *Kommunikation in der Stadt. Teil 1: Exemplarische Analysen des Sprachverhaltens in Mannheim*, 250–317. Berlin, New York: De Gruyter.

Kitagawa, Chisato & Adrienne Lehrer (1990): Impersonal uses of personal pronouns. *Journal of Pragmatics* 14 (5), 739–775.

Kluge, Bettina (2016): Generic Uses of the second person singular - how speakers deal with referential ambiguity and misunderstandings. *Pragmatics* 26 (3), 501–522.

Krifka, Manfred, Francis Jeffry Pelletier, Gregory N. Carlson, Alice ter Meulen, Gennaro Chierchia & Godehard Link (1995): Genericity: An Introduction. In Gregory N. Carlson & Francis Jeffry Pelletier (Hrsg.), *The Generic Book*, 1–124. Chicago: Chicago University Press.

Mostovaia, Irina, Victoria Fedorovskaya & Wolfgang Imo (2003): Wir beide und мы с вами („wir mit Ihnen'): Strategien zur Vagheitsreduktion im Gebrauch des Personalpronomens der 1.

Person Plural in deutschen und russischen Diagnosemitteilungs- und Therapieplanungs-gesprächen. *Zeitschrift für Germanistische Linguistik* 51 (1), 88–123.

Rubba, Jo (1996): Alternate Grounds in the interpretation of deictic expressions. In Gilles Fauconnier & Eve Sweetser (Hrsg.), *Spaces, worlds and grammars*, 227–261. Chicago: Chicago University Press.

Sacks, Harvey (1972): On the analyzability of stories by children. In John H. Gumperz & Dell Hymes (Hrsg.), *Directions in sociolinguistics: the ethnography of communication*, 325–345. New York: Rinehart & Winston.

Schütz, Alfred (1971): Das Problem der sozialen Wirklichkeit. In Alfred Schütz (Hrsg.), *Gesammelte Aufsätze*, 237–298. Den Haag: Martinus Nijhoff.

Schütz, Alfred & Thomas Luckmann (1979): *Strukturen der Lebenswelt. Band 1.* Frankfurt a.M.: Suhrkamp.

Schütz, Alfred & Thomas Luckmann (1984): *Strukturen der Lebenswelt. Band 2.* Frankfurt a.M.: Suhrkamp.

Selting, Margret, Peter Auer, Dagmar Barth-Weingarten, Jörg Bergmann, Pia Bergmann, Karin Birkner, Elizabeth Couper-Kuhlen, Arnulf Deppermann, Peter Gilles, Susanne Günthner, Martin Hartung, Friederike Kern, Christine Mertzlufft, Christian Meyer, Miriam Morek, Frank Oberzaucher, Jörg Peters, Uta Quasthoff, Winfried Schütte, Anja Stukenbrock & Susanne Uhmann (2009): Gesprächsanalytisches Transkriptionssystem 2 (GAT 2). *Gesprächsforschung – Online-Zeitschrift zur verbalen Interaktion* 10, 353–402. http://www.gespraechsforschung-ozs.de/heft2009/px-gat2.pdf (letzter Zugriff 24.06.2023).

Siewierska, Anna (2004): *Person.* Cambridge: Cambridge University Press.

Silverstein, Michael (1976): Shifters, Linguistic Categories, and Cultural Description. In Keith H. Basso & Henry A. Selby (Hrsg.), *Meaning in Anthropology*, 11–55. Albuquerque: University of New Mexico Press.

Stukenbrock, Anja & Cornelia Bahr (2017): Zur kommunikativen Leistung des generischen „du"-Gebrauchs in der sozialen Interaktion. In Angelika Linke & Juliane Schröter (Hrsg.), *Sprache und Beziehung*, 149–182. Berlin: De Gruyter.

Zifonun, Gisela (2000): ‚Man lebt nur einmal.' Morphosyntax und Semantik des Pronomen MAN. *Deutsche Sprache* 28, 232–253.

Zifonun, Gisela, Ludger Hoffmann & Bruno Strecker (1997): *Grammatik der deutschen Sprache. Band 1–3.* Berlin, New York: De Gruyter.

Zobel, Sarah (2016): A pragmatic analysis of German impersonally used first person singular ‚ich'. *Pragmatics* 26 (3), 379–416.